צליח

בעברית!

א מתחילים

בליווי תרגום לאנגלית

TO SUCCEED IN HEBREW

Accompanied by English Translations

מהדורה חדשה

מאירה מעדיה

ת"ד 7533, רמת גן 52175

רח' רימלט 12/3 רמת גן 52281

טל: 03-5740833

פקס: 03-6741276

נייד: 050-5706941

E-mail: contact@succeedinhebrew.com :דוא"ל

Web: www.succeedinhebrew.com :אינטרנט

הדפסה ראשונה: **2004**

כתיבה ועריכה לשונית: **מאירה מעדיה**

איורים: **דנה ליאור**

תרגום לאנגלית: **ד"ר ג'ו שוורץ**

ייעוץ ועריכה: **הדר קרופניק, קני קרופניק**

נדפס בישראל בשנת תש"ע 2009

Published in Israel 2009

By Meira Ma'adia

מאירה מעדיה

ת"ד 7533, רמת גן 52175

רח' רימלט 12/3   רמת גן 52281

טל: 03-5740833

פקס: 03-6741276

נייד: 050-5706941

דוא"ל: E-mail: contact@succeedinhebrew.com

אינטרנט: Web: www.succeedinhebrew.com

מסת"ב: ISBN: 978-965-7493-02-1

Contents   תוכן העניינים

להצליח בעברית א' ב

Lesson 5   82   שיעור 5

Lesson 6   92   שיעור 6

להצליח בעברית א'

מבוא

הספר **"להצליח בעברית א׳ - למתחילים" + CDs** מיועד לדוברי אנגלית, החפצים ללמוד את יסודות השפה העברית: תלמידי אולפן, סטודנטים באוניברסיטה, תלמידי תיכון וחטיבת הביניים ועוד.

מטרות הספר הן לאפשר ללומדים:

- להגיע לרמת בקיאות גבוהה בשפה העברית.
- לשלוט בארבע המיומנויות הלשוניות הבסיסיות של השפה - **קריאה, כתיבה, דיבור והבנת הנקרא**.
- להכיר את ערכי המסורת היהודית, ולטעום מהווי התרבות הישראלית.
- לתקשר ולתפקד במגוון סיטואציות טבעיות בחיי היום יום.

מטרות אלה מבוססות על שלושת השלבים של תהליך הלמידה - ידע, הבנה ויישום (בלום). המטרות מיושמות על ידי תרגול הקריאה בנושאים אקטואליים, תרגול שיטתי של תבניות לשון ותרגול הכתיבה הפונקציונלית.

חמישה עשר פרקי הספר חושפים בפני הלומדים קטעי קריאה מקוריים, מעניינים ואקטואליים, שנלקחו מסיטואציות יומיומיות בישראל. מגוון הדיאלוגים, הסיפורים, הטבלות והאיורים מאפשר ללומדים להכיר ביטויים שימושיים מחיי היום יום, שהם חלק חיוני מהשפה. היכרות זאת מאפשרת להם לתקשר באופן יעיל יותר עם הסביבה.

כל ההסברים וההוראות בספר תורגמו לאנגלית על מנת לתת ללומדים חווית לימוד ידידותית. תרגום זה חיוני ביותר בראשית הדרך לרכישת השפה.

בסוף כל שיעור מופיע פרק מסכם הנקרא: **"מה למדנו?"**. הפרק כולל את אוצר המילים החדש בעברית ובאנגלית (מחולק לפי חלקי דיבר - שמות עצם, פעלים וכו׳, ולפי תוכן - בבנק, בדואר ועוד) ואת המבעים והמבנים הלשוניים של אותו שיעור. מומלץ מאוד להיעזר בפרק זה בעת הלימוד בספר, וכמו כן במילון העברי - אנגלי בסוף הספר.

שני תקליטורים (CDs)

שני תקליטורים מלווים את לימוד השפה בספר. בתקליטורים מושמעים כל **קטעי הקריאה, הדיאלוגים והשירים** שבספר. ניתן למצוא את מיקומם בדף על פי תמונות התקליטורים.

לימוד העברית בשילוב הספר והתקליטורים חשוב ביותר לפיתוח מיומנות ההאזנה ולתרגול הדיבור, ומביא להצלחה ברכישת השפה.

לסיכום, הספר **"להצליח בעברית א׳ - למתחילים"** מאפשר ללומדים לרכוש את השפה העברית בדרך מובנית, יצירתית וידידותית, ומאפשר להם להכיר את מסורת ישראל ותרבותה.

אז לפני שמתחילים... ברצוני לאחל לכם **בהצלחה!**

מאירה מעדיה

Introduction

To Succeed in Hebrew "Aleph" - for Beginners +CDs is intended for English speakers who are studying at the ulpan, junior high / high school or university level and are eager to take on the challenge of mastering the foundations of the Hebrew language.

The objectives of the book are to enable learners to:
- Reach a high level of proficiency in the Hebrew language
- Begin the process of acquiring the four basic language skills – ***reading, writing, speaking and reading comprehension.***
- Become acquainted with Jewish values and tradition, and to get a taste of Israeli life and culture
- Communicate effectively with the Hebrew speaker and function successfully in a variety of natural every day situations

2 **CD**s accompany the book. The **CD**s include the ***reading passages***, ***dialogs*** and ***songs*** that appear within the book.

These can be found via the CD icon.

Studying Hebrew using a book and CD enables the learner to develop listening ability and to practice speech. It brings the learner complete success in acquiring the Hebrew language.

Fifteen lessons expose the student to original, interesting and authentic reading passages that have been taken from every day situations in Israel. The variety of dialogs, stories, tables and illustrations allows the learner to understand and use practical expressions from daily life, which are an essential part of the living language. It also results in his/her ability to establish a more effective and active contact with the Hebrew speaking environment.

All of the explanations and instructions of the book have been translated into English to provide the learner with a friendly and satisfying learning experience. Such a translation is most essential for someone who embarks on the road of acquiring a new language.

A summing-up section, called, ***"What have we learned?"*** appears at the end of each lesson. It includes a list of new vocabulary items in Hebrew and in English (arranged according to the parts of speech - nouns, verbs, etc. and according to subject area - at the bank, at the post office, etc.). This section is also accompanied by common, practical expressions and the grammatical structures of that lesson.

In conclusion, ***To Succeed in Hebrew "Aleph" - for Beginners*** permits the learner to study the Hebrew language in a structured, creative, uncomplicated and friendly manner and at the same time provides him/her with the opportunity to become acquainted with Israel and its unique culture.

So, before you begin, let me wish you בהצלחה! Good Luck!

Meira Ma'adia

The Hebrew Alpha - Bet

אותיות האלף בית

Phonetic transcript	The names of the letters שמות האותיות		Cursive כתב	Print דפוס
A	aleph אָלֶף	lc lċ lc̈	lc	א
B	bet בֵּית	ā ā	ā	בּ
V	vet בֵית	ā ā	ā	ב
G	gimel גִּימֶל	ε ε̇	ε	ג
D	dalet דָלֶת	ą ą̇	ą	ד
H	he הֵא	ā ā̇	ā	ה
V	vav וָו	⊥ ‖	|	ו
Z	zayin זַיִן	כ̄ כ̇	כ̄	ז
H	het חֵית	m̄ m̄̇	m	ח
T	tet טֵית	G Ġ	G	ט
Y	yod יוֹד	⊤ ‖	'	י
K	kaf כָּף	ɔ̄ ɔ̇	ɔ	כּ
K̄H	k̄haf כָף	ɔ̄ ɔ̇	ɔ	כ
	k̄haf at the end of a word כָף סוֹפִית	₹ ₹̇	₹	ך
L	lamed לָמֶד	ƒ ƒ̇	ƒ	ל

Phonetic transcript	The names of the letters שמות האותיות		Cursive כתב	Print דפוס
M	mem מֵם		מ	מ
	mem at the end of a word מֵם סוֹפִית		ם	ם
N	nun נוּן		נ	נ
	nun at the end of a word נוּן סוֹפִית		ן	ן
S	סָמֶךְ samekh		ס	ס
	a'yin עַיִן		ע	ע
P	pe פֵּא		פ	פּ
F	fe פֵא		פ	פ
	fe at the end of a word פֵא סוֹפִית		ף	ף
TZ	tzadi צָדִי		צ	צ
	tzadi at the end of a word צָדִי סוֹפִית		ץ	ץ
Q	qof קוֹף		ק	ק
R	resh רֵישׁ		ר	ר
SH	shin שִׁין		שׁ	שׁ
S	sin שִׂין		שׂ	שׂ
T	tav תָּיו		ת	ת

The vowels הַתְּנוּעוֹת

אנגלית

A	קָנַדָה	דָנָה	אַבָּא	□ָ □ַ □ֲ
I	פִּיצָה	נִילִי	גִּילִי	□ִי □ִ
E	בַּנְק	אֵילַת	קָפֶה	□ֶ □ֱ □ֵ □ְ
O	דּוֹלָר	אוֹטוֹ	אֲבוֹקָדוֹ	□ֹ □וֹ
U	רוּסְיָה	אוּרִי	רוּתִי	□ֻ □וּ

Letters which have double pronunciation **אותיות בעלות הגייה כפולה**

בּ , ב	כּ , כ	פּ , פ	שׁ , שׂ
B V	K KH	P F	SH S

The Final Letters* **אותיות סופיות**

כ – ך | מ – ם | נ – ן | פ – ף | צ – ץ

Letters which have the same pronunciation **אותיות בעלות הגייה זהה**

ח / כ	א / ע	ב / ו	ט / ת	ק / כּ	ס / שׂ
(KH)	(A)	(V)	(T)	(K)	(S)

Reading Exercises תרגילי קריאה

אנגלית

A	אָ בָּ בָ גָ דָ הָ מַ רַ שַׁ תַ קַ אֲ חֲ הֲ עֲ
I	אִי אִ בִּי בִּ טִי טִ מִי מִ סִי סִ עִי עִ
E	אֶ אֵ אֱ בֶּ בֵּ בְּ נֶ נֵ נְ צֶ צֵ צְ עֶ עֵ עֱ כֶּ כֵּ כְּ
O	אוֹ אֹ בּוֹ בֹּ חוֹ חֹ יוֹ יֹ סוֹ סֹ מוֹ מֹ
U	אוּ אֻ בּוּ בֻּ זוּ זֻ לוּ לֻ קוּ קֻ דוּ דֻ

* Certain letters change their forms when appearing at the end of words.

להצליח בעברית א' 3

קראו את המילים הלועזיות.

Read the foreign words below.

1. telephone — טֶלֶפוֹן
2. telecard — טֶלֶכַּרְט
3. history — הִיסְטוֹרְיָה
4. bus — אוֹטוֹבּוּס
5. chocolate — שׁוֹקוֹלָד
6. dollar — דּוֹלָר
7. Canada — קַנָדָה
8. fax — פַקְס
9. pizza — פִּיצָה
10. sport — סְפּוֹרְט
11. acamol — אָקָמוֹל
12. coffee — קָפֶה
13. visa — וִיזָה
14. doctor — דּוֹקְטוֹר
15. Television — טֶלֶוִויזְיָה
16. museum — מוּזֵאוֹן
17. bank — בַּנְק
18. America — אָמֶרִיקָה
19. toast — טוֹסְט
20. consert — קוֹנְצֶרְט
21. opera — אוֹפֶּרָה
22. e- mail — אִי מֵייל
23. shekel — שֶׁקֶל
24. student — סְטוּדֶנְט
25. radio — רַדְיוֹ
26. supermarket — סוּפֶּרמַרְקֶט
27. music — מוּסִיקָה
28. internet — אִינְטֶרְנֶט

עָרִים בְּיִשְׂרָאֵל
Cities in Israel

יְרוּשָׁלַיִם	תֵּל אָבִיב	חֵיפָה
רָמַת גַּן	עֲפוּלָה	רַעֲנָנָה
צְפַת	נְתַנְיָה	טְבֶרְיָה
בַּת יָם	חוֹלוֹן	אַשְׁדּוֹד
רְחוֹבוֹת	אַשְׁקְלוֹן	בְּאֵר שֶׁבַע
הֶרְצְלִיָּה	כְּפַר סַבָּא	רִאשׁוֹן לְצִיּוֹן

כתבו את המילים באותיות כתב.

Write the words in script form (as they appear in the second column).

טֶלֶפוֹן	טלפון	______
פַקְס	פקס	______
פִּיצָה	פיצה	______
סְטוּדֶנְט	סטודנט	______
אוּנִיבֶרְסִיטָה	אוניברסיטה	______
אָמֵרִיקָה	אמריקה	______
אוֹקְטוֹבֶּר	אוקטובר	______
בַּנְק	בנק	______
טֶלֶוִויזְיָה	טלוויזיה	______
תֵּאַטְרוֹן	תאטרון	______
סְפּוֹרְט	ספורט	______
קָפֶה	קפה	______
קוֹנְצֶרְט	קונצרט	______
טֶלֶכַּרְט	טלכרט	______
פָּארְק	פארק	______

מִקְצוֹעוֹת
Professional

מְהַנְדֵס engineer	מְנַהֵל manager	מַדְרִיךְ guide
מוֹרָה teacher	מוּסִיקַאי musician	אַרְכִיטֶקְט architect
מַזְכִּירָה secretary	שַׂחְקָן actor	גְרָפִיקַאי Graphic artist

הַמִקְצוֹעַ שֶׁלִי: ___________

My profession is: ___________

חוֹדָשִׁים
Months

יָנוּאָר	פֶבְּרוּאַר	מָארְס	אַפְּרִיל
מַאי	יוּנִי	יוּלִי	אוֹגוּסְט
סֶפְּטֶמְבֶּר	אוֹקְטוֹבֶּר	נוֹבֶמְבֶּר	דֶצֶמְבֶּר

נוֹלַדְתִי בְּחוֹדֶשׁ: ___________ .

I was born in the month of ___________ .

אֲרָצוֹת
Countries

יִשְׂרָאֵל	אִיטַלְיָה	צָרְפַת
רוּסְיָה	בְּרָזִיל	הוֹלַנְד
הוּנְגַרְיָה	סְפָרַד	רוֹמַנְיָה

מֵאַיִן אַתָּה / אַתְּ ? אֲנִי מ___________ .

Where are you from? I am from ___________ .

יַבָּשׁוֹת
Continents

אַסְיָה אָמֵרִיקָה אָפְרִיקָה

אֵירוֹפָּה אוֹסְטרַלְיָה

שִׂיחַת הֶיכֵּרוּת
A Getting Acquainted Conversation

Read and write. | קִרְאוּ וְכִתְבוּ.

שָׁלוֹם ______ שלום ______

בּוֹקֶר טוֹב ______________

אֲנִי שָׂרָה. ______________

מִי אַתָּה ? ______________

אֲנִי דָנִי. ______________

מִי הוּא ? ______________

הוּא גַּדִי. ______________

מִי הִיא ? ______________

הִיא חַנָּה. ______________

מֵאַיִן ... ? מ____
Where (are you) from? ____ From ____

Complete according to the example. | הַשְׁלִימוּ לְפִי הַדּוּגְמָה.

1. מֵאַיִן אַתְּ ? ____________ מִיִּשְׂרָאֵל.
2. מֵאַיִן אַתָּה ? ____________ מֵרוּסְיָה.
3. מֵאַיִן שָׂרָה ? ____________ מֵאָמֵרִיקָה.
4. מֵאַיִן נָתָן ? ____________ מִמָּרוֹקוֹ.
5. ____________________? חַנָּה מֵאִיטַלְיָה.
6. ____________________? הַסְּטוּדֶנְט מִצָּרְפַת.
7. ____________________? הַתַּלְמִידָה מִבְּרָזִיל.
8. ____________________? הַמִּכְתָּב מֵהוֹלַנְד.

Read and Write. **קִרְאוּ וְכִתְבוּ.**

אֲנִי — אני — I am

אַתָּה — אתה — You (m/s) are

אַתְּ — את — You (f /s) are

קִרְאוּ וְכִתְבוּ לְפִי הַדּוּגְמָה.
Read and write according to the example.

אֲנִי חַנָּה. אני חנה. ________

מִי אַתָּה ? ________

אֲנִי דָנִי. ________

וּמִי אַתְּ ? ________

אֲנִי שָׂרָה. ________

אני חנה

אתה דני

את שרה

אֵיפֹה הַ... ? ______ בּ...

Where is the ...? The ____ is in the...____

עֲנוּ עַל הַשְּׁאֵלוֹת לְפִי הַתְּמוּנוֹת.

Answer the questions according to the pictures.

1. אֵיפֹה הַפָּקִיד ? הפקיד בבנק.
2. אֵיפֹה הַסְטוּדֶנְט? ______
3. אֵיפֹה הֶחָלָב ? ______
4. אֵיפֹה הַחוּלְצָה ? ______
5. אֵיפֹה הַסֵפֶר ? ______
6. אֵיפֹה הָרוֹפֵא ? ______
7. אֵיפֹה הַתַּלְמִיד ? ______

סִפְרִיָּיה - סֵפֶר

אָרוֹן - חוּלְצָה

בַּנְק - פָּקִיד

כִּיתָה - תַלְמִיד

מִרְפָּאָה - רוֹפֵא

אוּנִיבֶרְסִיטָה - סְטוּדֶנְט

מקרֵר - חָלָב

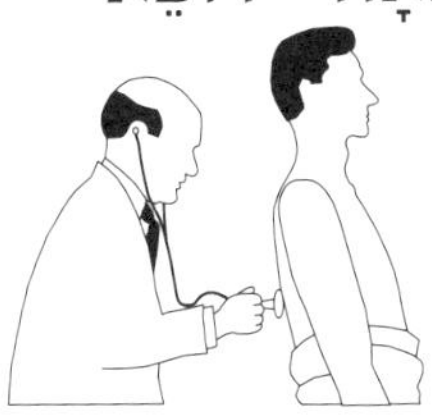

קִרְאוּ אֶת הַשִּׂיחָה. **Read the Dialog .**

רוֹנִי: שָׁלוֹם, מַה שִּׁמְךָ?

דָנִי: שְׁמִי דָנִי.

רוֹנִי: נָעִים מְאוֹד, שְׁמִי רוֹנִי.

דָנִי: נָעִים מְאוֹד.

רוֹנִי: מֵאַיִן אַתָּה ?

דָנִי: אֲנִי מִצָּרְפַת.

רוֹנִי: אַתָּה לוֹמֵד אוֹ עוֹבֵד ?

דָנִי: אֲנִי לוֹמֵד, אֲנִי לֹא עוֹבֵד.

רוֹנִי: מַה אַתָּה לוֹמֵד ?

דָנִי: אֲנִי לוֹמֵד עִבְרִית.

רוֹנִי: אֵיפֹה אַתָּה גָּר עַכְשָׁיו ?

דָנִי: אֲנִי גָּר בִּירוּשָׁלַיִם.

רוֹנִי: אַתָּה מְדַבֵּר אַנְגְּלִית ?

דָנִי: לֹא, אֲנִי לֹא מְדַבֵּר אַנְגְּלִית. אֲנִי מְדַבֵּר צָרְפָתִית.

עֲנוּ עַל הַשְּׁאֵלוֹת. **Answer the questions.**

1. מֵאַיִן דָנִי ? ______________________
2. דָנִי לוֹמֵד אַנְגְּלִית ? ______________________
3. דָנִי לוֹמֵד עִבְרִית ? ______________________
4. אֵיפֹה גָּר דָנִי ? ______________________
5. דָנִי מְדַבֵּר צָרְפָתִית אוֹ אַנְגְּלִית ? ______________________

כִּתְבוּ סִיפּוּר עַל דָנִי. **Write a story about Dani .**

דני מצרפת. הוא ______________________

____

____

____

רוֹצֶה רוֹצָה רוֹצִים רוֹצוֹת + שם עצם

"WANT" (m/s , f/s , m/pl , f/pl) + Noun

קִרְאוּ אֶת הַשְּׁאֵלוֹת, וַעֲנוּ תְּשׁוּבוֹת.

Read the questions and answer them.

מַה אַתָּה רוֹצֶה	רוֹצֶה	בּוּלִים
מַה אַתְּ רוֹצָה	רוֹצָה	בִּירָה
מַה מִיכָאֵל וְשָׂרָה רוֹצִים	רוֹצִים	שָׁלוֹם
מַה הֵן רוֹצוֹת	רוֹצוֹת	פָלָאפֶל
		כֶּסֶף
		טֶלְכַּרְט
		קָפֶה
		חֶשְׁבּוֹן
		עִיתוֹן

?

הַשְׁלִימוּ אֶת הַמִּשְׁפָּטִים לְפִי הַדּוּגְמָה.

Complete the sentences according to the example.

1. רוני רוצה קפה.
2. הַהוֹרִים רוצים עיתון
3. שרה ואסתר רוצות חשבון
4. הסטודנט רוצה טלכרט
5. הסטודנטית רוצה כסף
6. אני רוצה שלום
7. הָרוֹפֵא רוצה בירה
8. החברים רוצים בולים
9. הפקידה רוצה קפה
10. העולות החדשות רוצות פלאפל

שְׁמוֹת גּוּף
Personal Pronouns

Write in the personal pronouns .

כִּתבוּ אֶת שְׁמוֹת הַגּוּף.

אֲנִי	*אני, אני, אני*	אֲנַחְנוּ	אנחנו
אַתָּה	אתה	אַתֶּם	אתם
אַתְּ	את	אַתֶּן	אתן
הוּא	הוא	הֵם	הם
הִיא	היא	הֵן	הן

Match the correct form of the 2nd person personal pronoun before each word.

הַתְאִימוּ: אַתָּה, אַתְּ, אַתֶּם, אַתֶּן

את	סְטוּדֶנְט	אתה	תַּיָּר
אתם	תַּלְמִידִים	אתם	עוֹלוֹת חֲדָשׁוֹת
את	יַלְדָּה	אתן	פְּקִידָה
אתם	מוֹרוֹת	אתם	פְּקִידִים
אתן	תַּיֶּרֶת	את	תַּלְמִידָה

Match the correct form of the 3rd person personal pronoun before each word.

הַתְאִימוּ: הוּא, הִיא, הֵם, הֵן

הוא	רוֹפֵא	הוא	אוֹפְּטִיקָאִית
היא	מְהַנְדֶּסֶת	היא	נֶהָג
הוא	פָּקִיד	הם	הוֹרִים
הן	תַּלְמִידוֹת	היא	דוֹדָה
הוא	תַּיָּר	הן	יְלָדוֹת

הוּא - הִיא He - She - It	הֵם - הֵן They (m / f)

הַבַּנְק לֹא כָּאן. **<u>הוּא</u>** שָׁם.

הַתְּמוּנָה לֹא קְטַנָּה. **<u>הִיא</u>** גְדוֹלָה.

הַתַּלְמִידִים לֹא בַּכִּיתָה. **<u>הֵם</u>** בַּחוּץ.

הַסְּטוּדֶנְטִיּוֹת לֹא בָּאוּנִיבֶרְסִיטָה. **<u>הֵן</u>** בְּקוֹנְצֶרְט.

הַשְׁלִימוּ: הוּא, הִיא, הֵם, הֵן

Complete using the correct 3rd person personal pronoun.

1. הַתְּמוּנוֹת לֹא בַּבַּיִת. ___*הן*___ בַּמִּשְׂרָד.
2. הַסְּפָרִים לֹא בַּסִּפְרִיָּיה. ___הם___ בַּבַּיִת.
3. הַתַּלְמִידוֹת לֹא בָּאוּלְפָּן. ___הם___ בַּקָּפִיטֶרְיָה.
4. הַהוֹרִים לֹא בָּאָרֶץ. ___הם___ בְּאִיטַלְיָה.
5. הַתְּמוּנָה לֹא בַּסָּלוֹן. ___היא___ בַּחֲדַר הָאוֹכֶל.
6. הַכַּרְטִיסִים לֹא בַּבַּיִת. ___הם___ בַּמִּשְׂרָד.
7. הַכְּנֶסֶת לֹא בְּחֵיפָה. ___הן___ בִּירוּשָׁלַיִם.
8. הַבַּנְק לֹא פֹּה. ___הוא___ בִּרְחוֹב בֶּן-יְהוּדָה.

עֲנוּ עַל הַשְּׁאֵלוֹת (לפי התרגיל למעלה).

Answer the questions according to the exercise above.

1. אֵיפֹה הַתְּמוּנוֹת? ___במשרד___
2. אֵיפֹה הַסְּפָרִים ? ___בבית___
3. אֵיפֹה הַתַּלְמִידוֹת ? ___בקפיטריה___
4. אֵיפֹה הַהוֹרִים ? ___באיטליה___
5. אֵיפֹה הַתְּמוּנָה ? ___בחדר האוכל___
6. אֵיפֹה הַכַּרְטִיסִים ? ___במשרד___
7. אֵיפֹה הַכְּנֶסֶת ? ___בירושלים___
8. אֵיפֹה הַבַּנְק ? ___ברחוב בן-יהודה___

שְׁמוֹת עֶצֶם
Nouns

יָחִיד יְחִידָה רַבִּים רַבּוֹת
Masculine / Feminine / Singular / Plural

כתבו את שמות העצם לפי הדוגמה. **Write the nouns according to the example.**

הוּא תַלְמִיד   הִיא ________   הֵם ________   הֵן ________

הוּא סְטוּדֶנְט   הִיא ________   הֵם ________   הֵן ________

הוּא יֶלֶד   הִיא ________   הֵם ________   הֵן ________

תַּלְמִיד	תַּלְמִידָה	תַּלְמִידִים	תַּלְמִידוֹת
סְטוּדֶנְט	סְטוּדֶנְטִית	סְטוּדֶנְטִים	סְטוּדֶנְטִיּוֹת
יֶלֶד	יַלְדָּה	יְלָדִים	יְלָדוֹת

כִּתְבוּ את שמות העצם ברבים. **Write the nouns in the plural .**

תַּלְמִיד - תלמידים

סְטוּדֶנְט - ________

דִּירָה - ________

מִשְׂרָד - ________

טֶלֶוִויזְיָה - ________

פִּיצָה - ________

בַּנְק - ________

מִכְתָּב - ________

מְכוֹנִית - ________

שֶׁקֶל - ________

סֵפֶר - ________

שׁוּלְחָן - ________

חַלּוֹן - ________

כִּיסֵּא - ________

תַּיָּיר - ________

מְנוֹרָה - ________

גָר - גָרָה לוֹמֵד - לוֹמֶדֶת עוֹבֵד - עוֹבֶדֶת

The 3rd person m/s and f/s of the verbs: LIVE, LEARN, WORK

השלימו לפי הדוגמה.

Complete according to the example.

דָנִי *גָר* בְּתֵל אָבִיב.

שָׂרָה ______ בְּחֵיפָה.

הַסְטוּדֶנְט *לוֹמֵד* בָּאוּנִיבֶרְסִיטָה.

הַסְטוּדֶנְטִית ______ ______.

הוּא לֹא *עוֹבֵד*.

הִיא לֹא ______.

קִרְאוּ וְסַמְּנוּ בְּקַו.

Read and connect the columns with arrows .

אֵיפֹה	שָׂרָה	גָר	בְּתֵל אָבִיב
	דָנִי	גָרָה	בַּבַּנְק
		לוֹמֵד	בַּדּוֹאַר
		לוֹמֶדֶת	בְּבֵית סֵפֶר
		עוֹבֵד	בָּאוּנִיבֶרְסִיטָה
		עוֹבֶדֶת	בְּחֵיפָה

?

כתבו שאלות ותשובות לפי הדוגמה:

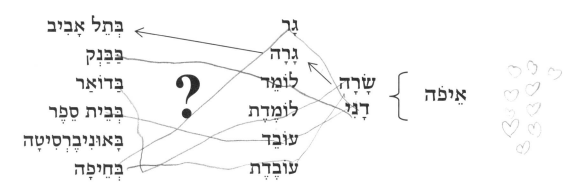

Write questions and answers according to the example.

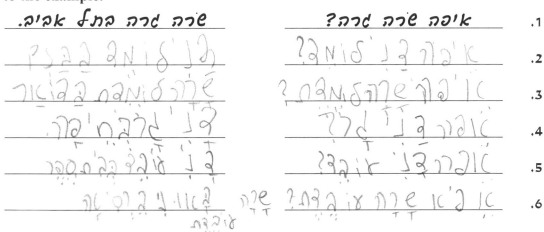

1. *אֵיפֹה שָׂרָה גָרָה?* — *שָׂרָה גָרָה בְּתֵל אָבִיב.*
2. ______ — ______
3. ______ — ______
4. ______ — ______
5. ______ — ______
6. ______ — ______

הפּועל בִּזְמַן הווה
The Verb in the Present Tense

f/pl	m/pl	f/s	m/s
גָּרוֹת	גָּרִים	גָּרָה	גָּר
לוֹמְדוֹת	לוֹמְדִים	לוֹמֶדֶת	לוֹמֵד
קוֹרְאוֹת	קוֹרְאִים	קוֹרֵאת	קוֹרֵא
מְדַבְּרוֹת	מְדַבְּרִים	מְדַבֶּרֶת	מְדַבֵּר

קִרְאוּ בְּקוֹל רָם. **Read out loud.**

דָנִי גוֹלָן מֵאַנְגְלִיָה. הוּא *גָר* בְּחֵיפָה. הוּא *לוֹמֵד* עִבְרִית בָּאוּלְפָּן. הוּא *כּוֹתֵב* מִכְתָבִים להוֹרִים בְּאַנְגְלִית, הוּא *קוֹרֵא* עִיתוֹנִים בְּאַנְגְלִית, וְהוּא *מְדַבֵּר* אַנְגְלִית, אבל הוא *לוֹמֵד* עברית...

כִּתְבוּ אֶת הַקֶטַע בִּלְשׁוֹן נְקֵבָה. **Write the passage in the feminine.**

מיכל ____________________

____

____

____

כִּתְבוּ אֶת הַקֶטַע בִּלְשׁוֹן רַבִּים. **Write the passage in the plural.**

דני ומיכל ____________________

____

____

____

____

בִּינוּיֵי רֶמֶז
Demonstrative Pronouns

זֶה   זֹאת (זוֹ)
This / That / It (is) ---- m and f

קראו וענו על השאלות (בקול רם).
Read and answer the questions out loud.

מַה זֶה ?
What is this?

זֶה בַּנְק
זאת טֶלֶוִויזְיָה
זֶה קָפֶה
זאת פִּיצָה

מִי זֶה ?
Who is this?

זֶה דָּוִד
זֶה אַבָּא

מִי זֹאת ?

זאת דָּנָה
זאת אִמָּא

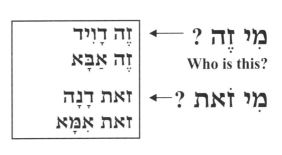

השלימו: זה או זאת.
Complete using "זה" or "זֹאת".

זאת שָׂרָה.
זאת מְקָרֵר.
זה מִשְׂרָד.
זה סְטוּדֶנְטִית.

זאת תַּיֶּירֶת.
זאת עוֹלֶה חָדָשׁ.
זאת פְּקִידָה.
זה סוּפֶּרְמַרְקֶט.

שיעור 1   17   להצליח בעברית א'

כִּינּוּיֵי רֶמֶז
Demonstrative Pronouns

אֵלֶּה	זֹאת (זוֹ)	זֶה
↓	↓	↓
תַּלְמִידִים תַּלְמִידוֹת	תַּלְמִידָה	תַּלְמִיד
These (m + f)	This (f)	This (m)

כִּתְבוּ: זֶה, זֹאת או אֵלֶּה. — **Write using "זה", "זאת", or "אלה".**

1. זה כִּיתָּה
2. זה פִּיצָה
3. אלה תַּלְמִידִים
4. זאת תַּיָּיר
5. זאת סְטוּדֶנְטִיּוֹת
6. זה בַּנְק
7. אלה דִּירוֹת
8. זאת טֶלֶוִויזְיָה
9. זאת דָּנִי
10. זה חַיֶּילֶת

הוֹסִיפוּ שְׁמוֹת עֶצֶם. — **Add nouns.**

1. זֶה תמונה
2. זֹאת בקבוק
3. אֵלֶּה חנה ושרה
4. זֶה מנורה
5. זֹאת מכתב
6. אֵלֶּה ספרים
7. זֶה טלפון
8. זֹאת סטודנטית
9. אֵלֶּה פרחים

מִכְתָּב

סְטוּדֶנְטִית

תְּמוּנָה

חַנָּה וְשָׂרָה

טֶלֶפוֹן

בַּקְבּוּק

סְפָרִים

פְּרָחִים

מְנוֹרָה

מִי או מַה + כינויי רֶמֶז
Who or What + Demonstrative Pronouns

קראו את השאלות, וענו תשובות.

Read the questions and answer them.

דוגמה: מִי זֶה ? זֶה אַבָּא.

Example: Who is this? This is Dad.

מִי

זֶה ?
This (m)

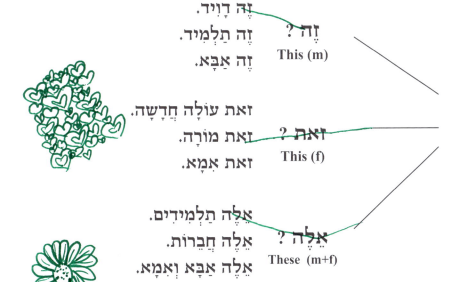

- זֶה דָוִיד.
- זֶה תַּלְמִיד.
- זֶה אַבָּא.

זאת ?
This (f)

- זאת עוֹלָה חֲדָשָׁה.
- זאת מוֹרָה.
- זאת אִמָא.

אֵלֶּה ?
These (m+f)

- אֵלֶּה תַּלְמִידִים.
- אֵלֶּה חֲבֵרוֹת.
- אֵלֶּה אַבָּא וְאִמָא.

דוגמה: מַה זֶה ? זֶה מַחְשֵׁב.

Example: What is this? This is a computer.

מַה

זֶה ?

- זֶה רַדְיוֹ.
- זֶה דוֹאַר.
- זֹאת טֶלֶוויזְיָה.

אֵלֶּה ?

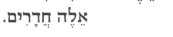

- אֵלֶּה בַּנְקִים.
- אֵלֶּה תְּמוּנוֹת.
- אֵלֶּה חֲדָרִים.

בָּאוּנִיבֶרְסִיטָה
At the University

- בּוֹקֶר טוֹב.
- מִי זֶה ?
- זֶה דָנִי.
- מִי זאת ?
- זֹאת חַנָּה.
- דָנִי לוֹמֵד בָּאוּנִיבֶרְסִיטָה, הוּא סְטוּדֶנְט.
- וְחַנָּה ?
- הִיא לא לוֹמֶדֶת, הִיא לא סְטוּדֶנְטִית, הִיא עוֹבֶדֶת בַּסִפְרִיָּיה.

הַשְׁלִימוּ אֶת הַשְׁאֵלוֹת וְאֶת הַתְּשׁוּבוֹת.
Complete the questions as well as the answers.

מֹשֶׁה.	זֶה	זֶה ?	מִי	.1
רָחֵל.	זֹאת	זֹאת ?	מִי	.2
תַּיָּירִים.	אֵלֶּה	אֵלֶּה ?	מִי	.3
מִכְתָּב.	זֶה	זֶה ?	מַה	.4
חֲבֵרָה.	זֹאת	זֹאת ?	מִי	.5
כִּסֵּא וְשׁוּלְחָן.	אֵלֶּה	אֵלֶּה ?	מַה	.6
קָפֶה.	זֶה	זֶה ?	מַה	.7
פִּיצָה.	זֶה	זֶה ?	מַה	.8
חֲבֵרִים.	אֵלֶּה	אֵלֶּה ?	מִי	.9
מִכְתָּבִים.	אֵלֶּה	אֵלֶּה ?	מַה	.10

הַשְׁלִימוּ אֶת שְׁמוֹת הַשָּׂפוֹת בַּמִּשְׁפָּטִים:
Complete the sentences with the names of the languages.

עִבְרִית - אַנְגְּלִית - רוּסִית - יַפָּנִית ו
צָרְפָתִית - עֲרָבִית - גֶּרְמָנִית - סְפָרַדִית ו

1. לוּדְמִילָה מֵרוּסְיָה, הִיא מְדַבֶּרֶת רוּסִית

2. יַעֲקֹב מִיִשְׂרָאֵל, הוּא כּוֹתֵב וְקוֹרֵא עִבְרִית

3. הַסְטוּדֶנְטִית מִיַפָּן, הִיא מְדַבֶּרֶת וְקוֹרֵאת יַפָּנִית

4. יוֹסֵף מִיַרְדֵן, הוּא קוֹרֵא וּמְדַבֵּר עֲרָבִית

5. שָׂרָה וּמֹשֶׁה מִסְפָרַד, הֵם מְדַבְּרִים סְפָרַדִית

6. אָנָה וְקָארִין מִגֶּרְמַנְיָה, הֵן כּוֹתְבוֹת וְקוֹרְאוֹת גֶּרְמָנִת

7. יוֹסֵף וְחַנָּה מִצָרְפַת, הֵם מְדַבְּרִים וְקוֹרְאִים צָרְפָתִים

8. הַסְטוּדֶנְט מֵאַנְגְלִיָה, הוּא כּוֹתֵב וְקוֹרֵא אַנְגְלִית

Lesson 1 : What have we learned? — שיעור 1 : מה למדנו?

Vocabulary — אוצר מילים

Verbs	**פְּעָלִים**
live	גָּר- לָגוּר
write	כּוֹתֵב- לִכְתּוֹב
study, learn	לוֹמֵד- לִלְמוֹד
speak, talk	מְדַבֵּר- לְדַבֵּר
work	עוֹבֵד- לַעֲבוֹד
want	רוֹצֶה- לִרְצוֹת
read, call	קוֹרֵא- לִקְרוֹא

Personal Pronouns	**שְׁמוֹת גּוּף**
I (am)	אֲנִי
you (m+ f are)	אַתָּה, אַתְּ
he, it (is)	הוּא
she, it (is)	הִיא
we (m + f are)	אֲנַחְנוּ
you (m + f are)	אַתֶּם, אַתֶּן
they (m + f are)	הֵם, הֵן

Demonstrative Pronouns	**כִּינּוּיֵי הָרֶמֶז**
this (m + f)	זֶה, זֹאת / זוֹ
these (m + f)	אֵלֶּה

Question Words	**מִילּוֹת שְׁאֵלָה**
Who (is, are)?	מִי?
What (is, are)?	מָה?

Countries and Cities	**אֲרָצוֹת וְעָרִים***
Italy	אִיטַלְיָה
America	אָמֶרִיקָה
England	אַנְגְלִיָה
Brazil	בְּרָזִיל
Germany	גֶּרְמַנְיָה
Holland	הוֹלַנְד
Japan	יַפָּן
Jordan	יַרְדֵּן
Israel	יִשְׂרָאֵל
Morocco	מָרוֹקוֹ
Spain	סְפָרַד
France	צָרְפַת
Russia	רוּסְיָה
Haifa	חֵיפָה
Jerusalem	יְרוּשָׁלַיִם
Tel Aviv	תֵּל אָבִיב

*All place names are feminine

Nouns	**שְׁמוֹת עֶצֶם**
stamp	(ז) בּוּל (בּוּלִים)
Beer	(נ) בִּירָה
bottle	(ז) בַּקְבּוּק (בַּקְבּוּקִים)
friend, boyfriend	(ז) חָבֵר (חֲבֵרִים)
friend, girlfriend	(נ) חֲבֵרָה (חֲבֵרוֹת)
shirt/blouse	(נ) חוּלְצָה (חוּלְצוֹת)
milk	(ז) חָלָב
bill, bank account	(ז) חֶשְׁבּוֹן (חֶשְׁבּוֹנוֹת)
phone card	(ז) טֶלֶכָּרְט
money	(ז) כֶּסֶף (כְּסָפִים)
ticket	(ז) כַּרְטִיס (כַּרְטִיסִים)
car	(נ) מְכוֹנִית (מְכוֹנִיּוֹת)
refrigerator	(ז) מְקָרֵר (מְקָרְרִים)
letter	(ז) מִכְתָּב (מִכְתָּבִים)
story	(ז) סִיפּוּר (סִיפּוּרִים)
book	(ז) סֵפֶר (סְפָרִים)
new immigrant	(ז״נ) עוֹלֶה חָדָשׁ(ה)
new immigrants	(ז״ר) עוֹלִים חֲדָשִׁים
new immigrants	(נ״ר) עוֹלוֹת חֲדָשׁוֹת
newspaper	(ז) עִיתּוֹן (עִיתּוֹנִים)
pizza	(נ) פִּיצָה (פִּיצוֹת)
falafel	(ז) פָּלָאפֶל
flower	(ז) פֶּרַח (פְּרָחִים)
concert	(ז) קוֹנְצֶרְט (קוֹנְצֶרְטִים)
coffee	(ז) קָפֶה
tourist	(ז) תַּיָּיר (תַּיָּירִים)
tourist	(נ) תַּיֶּירֶת (תַּיָּירוֹת)

Adverbs	**תּוֹאֲרֵי הַפּוֹעַל**
at home	בַּבַּיִת
outside	בַּחוּץ
here	כָּאן
now	עַכְשָׁיו
here	פֹּה
there	שָׁם

Adjectives	**שְׁמוֹת תּוֹאַר**
big	גָּדוֹל (ה) (ים) (וֹת)
small	קָטָן (ה) (ים) (וֹת)

Languages — שָׂפוֹת*

English	אַנְגְּלִית
German	גֶּרְמָנִית
Japanese	יַפָּנִית
Spanish	סְפָרַדִּית
Hebrew	עִבְרִית
Arabic	עַרְבִית
French	צָרְפָתִית
Russian	רוּסִית

* All languages are in the feminine.

Inside a Room — בְּתוֹךְ הַחֶדֶר

cupboard, closet	(ז) אָרוֹן (אֲרוֹנוֹת)
window	(ז) חַלּוֹן (חַלּוֹנוֹת)
television	(נ) טֶלֶוִויזְיָה (טלוויזיות)
chair	(ז) כִּיסֵּא (כיסאות)
light, lamp	(נ) מְנוֹרָה (מְנוֹרוֹת)
radio	(ז) רַדְיוֹ
table	(ז) שׁוּלְחָן (שׁוּלְחָנוֹת)
picture	(נ) תְּמוּנָה (תְּמוּנוֹת)

Family Members — בְּנֵי מִשְׁפָּחָה

father, dad	(ז) אַבָּא (אָבוֹת)
mother, mum	(נ) אִימָּא (אִימָּהוֹת)
aunt	(נ) דּוֹדָה (דּוֹדוֹת)
parents	(ז"ר) הוֹרִים
boy, child (children)	(ז) יֶלֶד (יְלָדִים)
girl, child	(נ) יַלְדָּה (יְלָדוֹת)

Professions — מִקְצוֹעוֹת

optician	(ז) אוֹפְּטִיקַאי(ת)(ים)(ות)
soldier	(ז) חַיָּיל (ת) (ים) (וֹת)
engineer	(ז) מְהַנְדֵּס (ת) (יָם) (וֹת)
teacher	(ז) מוֹרֶה, מוֹרָה (ים) (וֹת)
driver	(ז) נֶהָג (ת) (ים) (וֹת)
student	(ז) סְטוּדֶנְט (ית)(ים) (יות)
clerk	(ז) פָּקִיד (ה) (ים) (וֹת)
doctor, physician	(ז) רוֹפֵא (ה) (ים) (וֹת)
pupil	(ז) תַּלְמִיד (ה) (ים) (וֹת)

Places — מְקוֹמוֹת

ulpan, studio	(ז) אוּלְפָּן (אוּלְפָּנִים)
university	(נ) אוּנִיבֶרְסִיטָה (אוּנִיבֶרְסִיטָאוֹת)
house, home	(ז) בַּיִת (בָּתִּים)
school	(ז) בֵּית סֵפֶר (בָּתֵּי סֵפֶר)
bank	(ז) בַּנְק (בַּנְקִים)
post office	(ז) דּוֹאַר
flat, apartment	(נ) דִּירָה (דִּירוֹת)
dining hall	(ז) חֲדַר(י) אוֹכֶל
class, classroom	(נ) כִּיתָּה (כִּיתּוֹת)
Knesset	(נ) כְּנֶסֶת
clinic	(נ) מִרְפָּאָה (מִרְפָּאוֹת)
office	(ז) מִשְׂרָד (מִשְׂרָדִים)
supermarket	(ז) סוּפֶּרְמַרְקֶט (סוּפֶּרְמַרְקֶטִים)
living room	(ז) סָלוֹן
library	(נ) סִפְרִיָּה (סִפְרִיּוֹת)
cafeteria	(נ) קָפִיטֶרְיָה (קָפִיטֶרְיוֹת)
street	(ז) רְחוֹב (רְחוֹבוֹת)

Expressions — מַבָּעִים

Hello .	שָׁלוֹם .
Good morning .	בּוקר טוֹב.
I am Sara .	אֲנִי שָׂרָה .
Who are you? Who is he? Who is she?	מִי אַתָּה / מִי אַתְּ? מִי הוּא? מִי הִיא?
Where are you from? …from Israel .	מֵאַיִן אַתָּה? / מֵאַיִן אַתְּ? ... מִיִּשְׂרָאֵל .
Where is the clerk? The clerk is in the bank.	אֵיפֹה הַפָּקִיד? הַפָּקִיד בַּבַּנְק.
Where does Dani live? Dani lives in Haifa .	אֵיפֹה גָּר דָּנִי? דָּנִי גָּר בְּחֵיפָה.
What's your name? My name is Dani .	מַה שִׁמְךָ? שְׁמִי דָּנִי.
Pleased to meet you .	נָעִים מְאוֹד.
Who is this? (m/f)	מִי זֶה? מִי זֹאת?
Who are they? (m/f/pl)	מִי אֵלֶּה?
This is a boy. This is Dani. This is a girl.	זֶה יֶלֶד. זֶה דָּנִי. זֹאת יַלְדָּה.

This is Sara. These are children.	זֹאת שָׂרָה. אֵלֶה יְלָדִים/ יְלָדוֹת.
What is this? (m/f)	מַה זֶה? מַה זֹאת?
What are these? (m/f/pl)	מָה אֵלֶה?
This is a bank. This is a picture.	זֶה בַּנְק. זֹאת תְּמוּנָה.
These are computers.	אֵלֶה מַחְשְׁבִים.

Grammatical Structures	**מִבְנִים לְשׁוֹנִיִּים**

1) Where (are you, is he, she) **from**? **From** ___	1) מֵאַיִן ___ ? מ ___ .
Where are you **from**? **From** Israel.	מֵאַיִן אַתָּה? / מֵאַיִן אַתְּ? מִיִשְׂרָאֵל.
2) Where is the_____? _____ **in the** _____.	2) אֵיפֹה ה ___ ? ___ בְּ ___ .
Where is the milk? The milk is **in the** refrigerator.	אֵיפֹה הֶחָלָב? הֶחָלָב בַּמְּקָרֵר .
3) Want + noun	3) רוֹצֶה, רוֹצָה, רוֹצִים, רוֹצוֹת + שֵׁם עֶצֶם
What do you **want**? I **want** peace.	מָה אַתָּה רוֹצֶה? אֲנִי רוֹצֶה שָׁלוֹם.
4) Verbs in the present tense – 4 variations (m/s, f/s, m/pl, f/pl)	4) פְּעָלִים בִּזְמַן הוֹוֶה (ז + נ בְּיָחִיד וּבְרַבִּים)
live	גָּר, גָּרָה, גָּרִים, גָּרוֹת
learn, study	לוֹמֵד, לוֹמֶדֶת, לוֹמְדִים, לוֹמְדוֹת
read	קוֹרֵא, קוֹרֵאת, קוֹרְאִים, קוֹרְאוֹת
speak, talk	מְדַבֵּר, מְדַבֶּרֶת, מְדַבְּרִים, מְדַבְּרוֹת
5) Nouns (m/s, f/s, m/pl, f/pl)	5) שְׁמוֹת עֶצֶם (ז + נ בְּיָחִיד וּבְרַבִּים)
pupil, pupils	תַּלְמִיד, תַּלְמִידָה, תַּלְמִידִים, תַּלְמִידוֹת
tourist, tourists	תַּיָּיר, תַּיֶּירֶת, תַּיָּירִים, תַּיָּירוֹת
student, students	סְטוּדֶנְט, סְטוּדֶנְטִית, סְטוּדֶנְטִים, סְטוּדֶנְטִיוֹת
car, cars	מְכוֹנִית, מְכוֹנִיּוֹת
6) Who is this? Who are they?	6) מִי זֶה? מִי זֹאת? מִי אֵלֶה?
This is Dani. **This is** Sara.	זֶה דָּנִי. זֹאת שָׂרָה.
These (They) **are** Dad and Mum.	אֵלֶה אַבָּא וְאִימָא.
("**Who**" for people)	("מִי" לָאֲנָשִׁים)
7) What is this? What are these?	7) מַה זֶה? מַה זֹאת? מָה אֵלֶה?
This is a bank. **This is** an apartment.	זֶה בַּנְק. זֹאת דִּירָה.
These are flowers.	אֵלֶה פְּרָחִים.
("**What**" for things)	("מַה" לַדְּבָרִים)

שְׁמוֹת תוֹאַר Adjectives

יָחִיד (m/s)	יְחִידָה (f/s)	רַבִּים (m/pl)	רַבּוֹת (f/pl)
טוֹב	טוֹבָה	טוֹבִים	טוֹבוֹת
חָדָשׁ	חֲדָשָׁה	חֲדָשִׁים	חֲדָשׁוֹת
גָּדוֹל	גְּדוֹלָה	גְּדוֹלִים	גְּדוֹלוֹת
קָטָן	קְטַנָּה	קְטַנִּים	קְטַנּוֹת
יָפֶה	יָפָה	יָפִים	יָפוֹת
מְעַנְיֵין	מְעַנְיֶינֶת	מְעַנְיְינִים	מְעַנְיְינוֹת
נֶחְמָד	נֶחְמָדָה	נֶחְמָדִים	נֶחְמָדוֹת

שימו לב! יֵשׁ הַתְאָמָה בֵּין שֵׁם הָעֶצֶם וּבֵין שֵׁם הַתּוֹאַר בְּמִין וּבְמִסְפָּר.

הוֹסִיפוּ שֵׁם עֶצֶם וְשֵׁם תּוֹאַר לַמִּשְׁפָּטִים הָאֵלֶּה:

Add nouns and adjectives to the following sentences:

1. הוא *תלמיד* *טוב.*
   היא ילדה נחמדה
   הם ______ ______
   הן ______ ______

2. זה שָׁעוֹן ______
   זאת חֲנוּת *חדשה.*
   אלה רָהִיטִים ______
   אלה דִּירוֹת ______

3. זה סוּפֶּרְמַרְקֶט ______
   זאת מִסְעָדָה ______
   אלה בַּנְקִים *גדולים.*
   אלה מְכוֹנִיוֹת ______

4. זה ______ ______
   זאת ______ ______
   אלה ______ ______
   אלה *ילדות* *קטנות.*

5. דני בָּחוּר *יפה.*
   שׂרה ______ ______
   הם ______ ______
   הן ______ ______

6. זה ספר ______
   זאת עיר *מעניינת.*
   אלה סְרָטִים ______
   אלה תמונות ______

Write the sentences in the plural. כתבו את המשפטים ברבים.

1. זֶה סֵפֶר מְעַנְיֵין.　　אֵלֶּה* סְפָרִים מְעַנְיְינִים.

2. זֶה מַחְשֵׁב חָדָשׁ.　　אֵלֶּה מַחְשְׁבִים חֲדָשִׁים

3. זֹאת אִשָּׁה יָפָה.　　אֵלֶּה נָשִׁים יָפוֹת

4. זֶה רוֹפֵא טוֹב. _____

5. זֹאת מְכוֹנִית קְטַנָּה. _____

6. זֹאת דִּירָה חדשה. _____

7. זֶה חֶדֶר גָּדוֹל. _____

8. זֶה חַלּוֹן גָּדוֹל. _____

9. זֶה שׁוּלְחָן קָטָן. _____

10. זֶה אָרוֹן חָדָשׁ. _____

11. זֹאת תְּמוּנָה מְעַנְיֶינֶת. _____

12. זֹאת בַּחוּרָה יָפָה. _____

הוֹסִיפוּ אֶת שְׁמוֹת הַתּוֹאַר הָאֵלֶּה. הַתְאִימוּ אוֹתָם לְשֵׁם הָעֶצֶם בְּמִין וּבְמִסְפָּר:
Add the adjectives appearing below and conjugate them according to the gender and number of the nouns.

| טוֹב, חָדָשׁ, גָּדוֹל, קָטָן, יָפֶה, מְעַנְיֵין, עַתִּיק, נֶחְמָד |

1. דּוּגְמָה: אני רוצה פיצה גְדוֹלָה.

2. זֹאת תְּמוּנָה עַתִּיקָה

3. זֶה בֵּית סֵפֶר טוֹב

4. הַסְטוּדֶנְט רוֹצֶה סֵפֶר טוֹב חָדָשׁ

5. הָרָהִיטִים בַּסָּלוֹן _____

6. הַמַּחְשֵׁב בַּמִּשְׂרָד _____

7. הַחֲדָרִים בַּדִּירָה _____

8. הֵן רוֹצוֹת עֲבוֹדָה _____

9. אֵלֶּה נַעֲלַיִים _____

10. אֵלֶּה נָשִׁים _____

אני רוצה פיצה גדולה.

* אלה או אלו

The Definite Article (1)

הַיְדִיעָה (1)

ה' הידיעה באה לפני שם עצם, והיא מציינת משהו ספציפי (מיוחד, מסוים).

The definite article is placed before the noun and signifies something specific.

Example: *the* table, *the* picture

לדוגמה: הַשולחן, הַתמונה

Write sentences according to the example below:

כתבו משפטים לפי הדוגמה:

זֶה סֵפֶר. הוּא מְעַנְיֵין. הַסֵּפֶר ______ מְעַנְיֵין. ______

1. זֶה מַחְשֵׁב. הוּא חָדָשׁ. ______ ______
2. זֹאת אִישָׁה. הִיא יָפָה. ______ ______
3. אֵלֶּה חלונות. הם גְּדוֹלִים. ______ ______
4. זֶה רוֹפֵא. הוּא טוֹב. ______ ______
5. אלה רָהִיטִים. הם יָפִים. ______ ______
6. אלה בַּחוּרוֹת. הן צְעִירוֹת. ______ ______
7. זאת מְכוֹנִית. היא קְטַנָּה. ______ ______
8. אלה תמונות. הן מְעַנְיְינוֹת. ______ ______
9. אלה סטודנטים. הם נֶחְמָדִים. ______ ______
10. זאת דִירָה. היא חֲדָשָׁה. ______ ______

> **זֶה פָּקִיד. הַפָּקִיד עוֹבֵד בַּבַּנְק.**
> **זֹאת אִירִית. אִירִית לוֹמֶדֶת בָּאוּנִיבֶרְסִיטָה.**

לִפְנֵי שֵׁם פְּרָטִי אֵין ה' הַיְדִיעָה.

The definite article is not used before a person's name.

Place the definite article <u>only</u> where necessary.

כתבו הַ' הידיעה <u>רק</u> במקום המתאים.

1. אֵלֶּה ___רָהִיטִים. ___רָהִיטִים בַּסלון חֲדָשִׁים.
2. אֵלֶּה ___נַעֲלַיִים. ___נַעֲלַיִים יָפוֹת.
3. זאת ___רוֹפְאָה. ___רוֹפְאָה עוֹבֶדֶת בְּבֵית חוֹלִים.
4. ___דני סטודנט. ___סטודנט גָּר בחיפה.
5. איפה לוֹמְדִים ___סטודנטים ? ___סטודנטים לוֹמְדִים באוניברסיטה.
6. איפה ___מִשְׂרָד ? ___מִשְׂרָד בִּרחוב ביאליק.
7. זה ___מְקָרֵר. ___מְקָרֵר חָדָשׁ.
8. ___תַּיֶּירֶת מְדַבֶּרֶת אנגלית. ___ תַּיֶּירֶת נֶחְמָדָה.

הַזֶה | הַזֹאת | הָאֵלֶה

◆ **כינוי רמז מיודע** (עם ה׳ הידיעה) בּא אחרי **שם עצם מיודע.**

"This" / "These" appear after definite noun (in Eng. , before the noun as adjs.) to indicate particularity.

Write the sentences according to the example. **כתבו את המשפטים לפי הדוגמה.**

Ex. *This* is a new classroom. – This classroom is new.

1. זאת כִּיתָה חֲדָשָׁה. — הכיתה הזאת חדשה.
2. זֶה סֵפֶר טוֹב. ______
3. זאת בַּחוּרָה נֶחְמָדָה. ______
4. זה סֶרֶט מְעַנְיֵין. ______
5. אֵלֶה סטוּדנטים חֲדָשִׁים. ______
6. זאת אִישָּׁה צְעִירָה. ______
7. זֶה מִקְצוֹעַ טוֹב. ______
8. זאת אוּנִיבֶרְסִיטָה טוֹבָה. ______
9. זֶה סְטוּדֶנְט צָעִיר. ______
10. זֶה סוּפֶּרְמַרְקֶט קָטָן. ______
11. זאת חֲנוּת חֲדָשָׁה. ______
12. אֵלֶה נָשִׁים יָפוֹת. ______

◆ **כינוי רמז**, הבּא **לפני שם עצם**, אינו מיודע.

The following demonstrative pronouns appearing before nouns do not express particularity.

Write the sentences according to the example. **כתבו את המשפטים לפי הדוגמה.**

1. This teacher is new. - *This is* a new teacher.

1. המוֹרָה **הזאת** חֲדָשָׁה. — זאת מוֹרָה חֲדָשָׁה.
2. הָרָהִיטִים **הָאֵלֶה** יָפִים. ______
3. הילדים **הָאֵלֶה** נֶחְמָדִים. ______
4. הָרוֹפֵא **הַזֶה** טוֹב. ______
5. הַנַעֲלַיִים **הָאֵלֶה** חֲדָשׁוֹת. ______
6. הסטודנטית **הזאת** יָפָה. ______
7. הסִפְרִייה **הזאת** גְדוֹלָה. ______
8. הַפְּרָחִים **הָאֵלֶה** יָפִים. ______
9. הַבָּחוּר **הזה** צָעִיר. ______
10. הַבַּחוּרָה **הזאת** נֶחְמָדָה. ______

של מי הנעליים האלה?
הנעליים של שׂרה.
הנעליים האלה חדשות.

Story ◆ סִיפּוּר ◆

יוֹסֵף עוֹלֶה חָדָשׁ. הוּא בָּא מֵרוּסְיָה. עַכְשָׁיו הוּא גָר בִּירוּשָׁלַיִם. יְרוּשָׁלַיִם הִיא עִיר הַבִּירָה שֶׁל יִשְׂרָאֵל.

יוֹסֵף תַּלְמִיד בָּאוּלְפָּן. הוּא לוֹמֵד עִבְרִית. בַּכִּיתָה הוּא לֹא מְדַבֵּר רוּסִית. בַּכִּיתָה הוּא מְדַבֵּר רַק עברית.

יוֹסֵף מַרְגִישׁ מְצוּיָּן בְּיִשְׂרָאֵל. הוּא מְטַיֵּיל בְּיִשְׂרָאֵל עִם הַמִּשְׁפָּחָה. הוּא מְבַקֵּר בְּהַרְבֵּה מְקוֹמוֹת מְעַנְיְינִים. הוּא מְבַקֵּר **בַּכְּנֶסֶת - בַּפַּרְלָמֶנְט שֶׁל יִשְׂרָאֵל וּבַכּוֹתֶל הַמַּעֲרָבִי.**

הוּא כּוֹתֵב מִכְתָּבִים לַחֲבֵרִים. הוּא כּוֹתֵב עַל הַחַיִּים בְּיִשְׂרָאֵל.

עֲנוּ עַל הַשְּׁאֵלוֹת. **Answer the questions.**

1. מִי עוֹלֶה חָדָשׁ ? יוסף
2. מֵאַיִן הוּא בָּא ? מרוסיה
3. אֵיפֹה הוּא גָר ? בירושלים
4. אֵיפֹה הוּא לוֹמֵד ? באולפן
5. מַה הוּא לוֹמֵד ? עברית
6. אֵיזוֹ שָׂפָה הוּא מְדַבֵּר בַּבַּיִת / בַּכִּיתָה ? ______
7. אֵיךְ הוּא מַרְגִישׁ בְּיִשְׂרָאֵל ? ______
8. אֵיפֹה הוּא מְבַקֵּר בְּיִשְׂרָאֵל ? ______
9. מַה כּוֹתֵב יוֹסֵף לַחֲבֵרִים ? ______
10. עַל מַה הוּא כּוֹתֵב ? ______

סַפְּרוּ / כִּתְבוּ אֶת הַסִּיפּוּר בִּלְשׁוֹן נְקֵבָה. **Tell / write the story in the feminine form.**

שָׂרָה עוֹלָה חֲדָשָׁה. ______

______

______

______

______

______

______

______

מִילוֹת שְׁאֵלָה
Question Words

כתבו שאלות לתשובות האלה:

Write questions beside the answers.

מֵאַיִן... ? מ...
אֵיפֹה... ? ב...
לְאָן... ? ל...

1. איפה היא עובדת ? היא עוֹבֶדֶת בבנק.
2. ____________ ? הם גָרִים באילת.
3. ____________ ? הן מִסְפָּרַד.
4. ____________ ? הם בָּאִים מֵהַבַּיִת.
5. ____________ ? משה וחנה גָרִים בערד.
6. ____________ ? הַתַּיָירִים בְּבֵית מָלוֹן.
7. ____________ ? הם הוֹלְכִים לסופרמרקט.
8. ____________ ? הילדה הוֹלֶכֶת לַגַן.

לְאָן... ? לְ...

Where (to) ...? To ...

הוֹלֵךְ ל...	⇦	הוֹלֶכֶת	הוֹלְכִים	הוֹלְכוֹת
נוֹסֵעַ ל...	⇦	נוֹסַעַת	נוֹסְעִים	נוֹסְעוֹת

going to ...m/s, f/s, m/pl, f/pl

דני: אני הוֹלֵךְ לתאטרון בָּעֶרֶב.
לְאָן אַתָּה הוֹלֵךְ ?

יוסף: עכשיו אני הוֹלֵךְ לַסוּפֶּרְמַרְקֶט.
בָּעֶרֶב אני נוֹסֵעַ לִירוּשָׁלַיִם.
גם שָׂרה נוֹסַעַת, אנחנו נוֹסְעִים בְּיַחַד לִירוּשָׁלַיִם.

דני: וּלְאָן הוֹלְכִים רוּת וּמִיכָאֵל ?

יוסף: הם הוֹלְכִים לְבֵית קפה.

דני: יוֹפִי !

יוסף: לְהִתְרָאוֹת !

ענו על השאלות.

Answer the questions.

לאן הוֹלֵךְ דני ? ____________

לאן נוֹסְעִים יוסף ושׂרה ? ____________

לאן הוֹלְכִים רות ומיכאל ? ____________

כתבו תשובות.

Write answers.

לאן אתה /אתְ הולך /ת ? ____________

לאן אתה /אתְ נוסע /ת ? ____________

Ask one another and answer. **שאלו זה את זה וענו.**

◄ איפה הבנק ?
הבנק על-יד הסופרמרקט.

◄ סליחה, איפה חֲנוּת הַנַּעֲלַיִים ?
חֲנוּת הַנַּעֲלַיִים מוּל הַקּוֹלְנוֹעַ.

◄ סליחה, איפה הָאוֹטוֹבּוּס ?
הָאוֹטוֹבּוּס לא פה, הָאוֹטוֹבּוּס שָׁם.

◄ סליחה, אוּלַי אתה יוֹדֵעַ, אֵיפֹה הָאוֹטוֹבּוּס לִירוּשָׁלַיִם ?
הָאוֹטוֹבּוּס לירושלים בַּתַּחֲנָה הַמֶּרְכָּזִית הַחֲדָשָׁה.

שׁוֹאֵל, שׁוֹאֶלֶת, שׁוֹאֲלִים, שׁוֹאֲלוֹת - לִשְׁאוֹל
עוֹנֶה, עוֹנָה, עוֹנִים, עוֹנוֹת - לַעֲנוֹת

Ask / Answer **in the m/s, f/s, m/pl, f/pl and the infinitive**

דני **שׁוֹאֵל** את שׂרה: לְאָן אַתְּ נוֹסַעַת ?

שׂרה **עוֹנָה**: אני נוֹסַעַת לחיפה.

שׂרה **שׁוֹאֶלֶת** את דני: לְאָן אתה הוֹלֵךְ בָּעֶרֶב ?

דני **עוֹנֶה**: אני הוֹלֵךְ לְבֵית קפה.

Fill in the blanks. **השלימו את החסר.**

שׂרה __שואלת__ את דני: מה שְׁלוֹמְךָ ?

דני __שואל__: טוֹב, תוֹדָה.

הַחֲבֵרִים ____________: מה נִשְׁמָע ?

ואנחנו ____________: הַכּוֹל בְּסֵדֶר.

0 - 10 מִסְפָּרִים בִּנְקֵבָה
0 -10 Numbers in the feminine

0	אֶפֶס	
1	אַחַת	מְסִיבָּה אַחַת
2	שְׁתַּיִם / שְׁתֵּי	שְׁתֵּי פִּיצוֹת
3	שָׁלוֹש	שָׁלוֹש בָּנוֹת
4	אַרְבַּע	אַרְבַּע שָׁנִים
5	חָמֵשׁ	חָמֵשׁ אֲגוֹרוֹת
6	שֵׁשׁ	שֵׁשׁ שְׂמָלוֹת
7	שֶׁבַע	שֶׁבַע חַיָּילוֹת
8	שְׁמוֹנֶה	שְׁמוֹנֶה נָשִׁים
9	תֵּשַׁע	תֵּשַׁע סְטוּדֶנְטִיוֹת
10	עֶשֶׂר	עֶשֶׂר תַּלְמִידוֹת

שימו לב !

• המספרים באים לפני שם העצם, לדוגמה: חָמֵשׁ תְּמוּנוֹת.

• המספר 1 בא אחרי שם העצם, לדוגמה: פִּיצָה אַחַת.

• המספר 2 מתקצר לפני שם העצם, לדוגמה: שְׁתַּיִם – שְׁתֵּי נָשִׁים.

Note !
• Numbers are placed before the noun as in English , ex. *five pictures*
• The numeral "1" is placed after the noun . See the example above (one pizza).
• The numeral "2" is shortened before a noun. See the example above (two women).

כתבו את המספרים במילים (בנקבה) לפי הדוגמה.
Write the numbers in words (in the f) according to the example.

1. דני גָר בְּדִירָה מִסְפָּר (9) ___תֵּשַׁע.___

2. מִסְפַּר הטלפון של גלית 03-5740833 ___eide ,eide ,jine ,odic ,צֶרֶת,___ _____

3. מִסְפַּר תְּעוּדַת הַזֶּהוּת שֶׁל יעקב 4-32133429 _____

4. הַבַּנְק נִמְצָא בִּרְחוֹב הירדן מִסְפָּר (7) ___שֶׁבַע___ _____

5. אוטובוס מִסְפָּר (5) ___חָמֵשׁ___ נוֹסֵעַ לִרְחוֹב דיזינגוף.

6. יֵשׁ לָנוּ כַּרְטִיסִים בְּשׁוּרָה מִסְפָּר (8) ___שְׁמוֹנֶה___ _____

מִסְפָּר מוֹנֶה בְּנְקֵבָה 1 - 12
Numbers in the feminine 1- 12 (clock time)

מַה הַשָׁעָה? הַשָׁעָה אַחַת, שְׁתַּיִם, שָׁלוֹש, אַרְבַּע, חָמֵש, שֵׁש, שֶׁבַע, שְׁמוֹנֶה, תֵּשַׁע, עֶשֶׂר, אַחַת עֶשְׂרֵה, שְׁתֵּים עֶשְׂרֵה

What time is it? The time is ...

- סְלִיחָה, מַה הַשָׁעָה ?
  הַשָׁעָה חָמֵש.

- סְלִיחָה אֲדוֹנִי, מַה הַשָׁעָה ?
  אֲנִי מִצְטַעֵר, אֵין לִי שָׁעוֹן.

- סְלִיחָה גְבֶרֶת, מַה הַשָׁעָה ?
  הַשָׁעָה שְׁמוֹנֶה.

- סְלִיחָה אֲדוֹנִי, אַתָּה יוֹדֵעַ מַה הַשָׁעָה ?
  כֵּן, הַשָׁעָה עֶשֶׂר.

- סְלִיחָה, אַתְּ יוֹדַעַת מַה הַשָׁעָה ?
  לֹא, אֲנִי מִצְטַעֶרֶת, הַשָׁעוֹן שֶׁלִי לֹא בְּסֵדֶר.

- סְלִיחָה, אוּלַי אַתָּה יוֹדֵעַ מַה הַשָׁעָה ?
  כֵּן, הַשָׁעָה אַחַת.

- סְלִיחָה, אוּלַי אַתְּ יוֹדַעַת מַה הַשָׁעָה ?
  לֹא, אֵין לִי שָׁעוֹן.

- אוּלַי מִישֶׁהוּ יוֹדֵעַ מַה הַשָׁעָה ?
  כֵּן, אֲנִי יוֹדַעַת, הַשָׁעָה שֶׁבַע בְּדִיוּק.

בתוך הבועה: סליחה, אולי אתה יודע מה השעה?

Read out loud.   קִרְאוּ בְּקוֹל רָם.

4:00 השעה - הַשָׁעָה אַרְבַּע בְּדִיוּק.

4:15 השעה - הַשָׁעָה אַרְבַּע וָרֶבַע.

4:30 השעה - הַשָׁעָה אַרְבַּע וָחֵצִי.

4:20 השעה - הַשָׁעָה אַרְבַּע וְעֶשְׂרִים.

4:35 השעה - הַשָׁעָה אַרְבַּע שְׁלוֹשִׁים וְחָמֵש.
(אוֹ: עֶשְׂרִים וַחֲמִישָׁה לְחָמֵש).

4:45 השעה - הַשָׁעָה רֶבַע לְחָמֵש.

4:50 השעה - הַשָׁעָה עֶשֶׂר דַקוֹת לְחָמֵש.
(אוֹ: עֲשָׂרָה לְחָמֵש).

מָתַי...?

Time Expressions

בַּבּוֹקֶר ? בַּצָּהֳרַיִים ? אַחֲרֵי הַצָּהֳרַיִים ? בָּעֶרֶב ?

In the morning? At noon? In the afternoon? In the evening?

1. מָתַי הַקּוֹנְצֶרְט ?
2. מָתַי הַחֲתוּנָּה ?
3. מָתַי יֵשׁ חֲדָשׁוֹת ?
4. מָתַי הַמְּסִיבָּה ?
5. מָתַי הַפְּגִישָׁה ?
6. מָתַי אַתָּה הולך לְבֵית הַכְּנֶסֶת ?
7. מָתַי הַטִּיּוּל ?

רִאשׁוֹן	(א)	20:30
שֵׁנִי	(ב)	19:45
שְׁלִישִׁי	(ג)	12:00
רְבִיעִי	(ד)	21:20
חֲמִישִׁי	(ה)	16:00
שִׁישִׁי	(ו)	7:15
שַׁבָּת	(ש)	8:00

ענו על השאלות, לפי הדוגמה. **Answer the questions according to the example.**

1. הקונצרט ביום ראשון בשעה שמונה וחצי בערב.
2. ______
3. ______
4. ______
5. ______
6. ______
7. ______

אתם רוצים לָלֶכֶת לתאטרון ?
קראו את המוֹדָעָה על הַצָּגוֹת
בתאטרון "הַבִּימָה" בתל אביב,
והשלימו את הטבלה.

Do you want to go to the theater?
Read the ad regarding performances at the "Habima" theater in Tel Aviv, and complete the chart.

שם ההצגה	יום	תאריך	שעה
1.			
2.			
3.			
4.			
5.			

אפשר להזמין כרטיסים להצגות בטלפון מספר: ______

כָּל + שם עצם
Every / All The + Noun

כָּל + מילת זמן
Every + Time Expression

כָּל יום - כָּל הַיּוֹם
כָּל בּוֹקֶר - כָּל הַבּוֹקֶר
כָּל עֶרֶב - כָּל הָעֶרֶב
כָּל שָׁבוּעַ - כָּל הַשָּׁבוּעַ
כָּל חוֹדֶשׁ - כָּל הַחוֹדֶשׁ
כָּל שָׁנָה - כָּל הַשָּׁנָה

דוגמות:

הַפְּקִידָה נוֹסַעַת לַבַּנק כָּל בּוֹקֶר.
הַפְּקִידָה עוֹבֶדֶת בַּבַּנְק כָּל הַבּוֹקֶר.

שאלו זה את זה: מה את/ה עושה כָּל יום / כָּל בוקר/ כָּל ערב.

Ask one another: what you do *every* day / *every* morning / *every* evening.

כָּל + שם עצם
Every / All + Noun

יחיד (singular - *every*)

כָּל יֶלֶד הוֹלֵךְ לְבֵית הספר בַּבּוֹקֶר.
כָּל נוֹסֵעַ יוֹשֵׁב בָּאוֹטוֹבּוּס.
כָּל סְטוּדֶנְט רוֹצֶה לְהַצְלִיחַ בַּבְּחִינוֹת.

כָּל ה... + שם עצם
Every / All The + Noun

רבים (plural – *all the*)

כָּל הילדים הוֹלְכִים לְבֵית הספר בבוקר.
כָּל הַנּוֹסְעִים יוֹשְׁבִים בָּאוֹטוֹבּוּס.
כָּל הַסְּטוּדֶנְטִים רוֹצִים לְהַצְלִיחַ בַּבְּחִינוֹת.

כִּתבו את המשפטים ביחיד או ברבים.
Write the sentences in the s. or the pl.

1. **כָּל סטודנט רוצה לְהַצְלִיחַ בַּבְּחִינוֹת.** ____________________
2. ____________________ **כָּל החיילים מַרְגִישִׁים מצוין.**

בְּכָל / לְכָל / מִכָּל + שם עצם
in / to / from + every / all the + noun

יחיד (singular)

בְּכָל בית יש טלוויזיה.
לְכָל ילד יש מחשב.

רבים (plural)

בְּכָל הבתים יש טלוויזיות.
לְכָל הילדים יש מחשב.

כִּתבו את המשפטים ביחיד או ברבים.
Write the sentences in the s. or the pl.

1. **מִכָּל מקום רוֹאִים את הנוף.** ____________________
2. ____________________ **לְכָל התיירים יש דרכונים.**

Write the sentences in the plural. כִּתבו את המשפטים ברבים.

כָּל סֵפֶר

כָּל הַסְּפָרִים

דוגמה:

כָּל סֵפֶר עוֹלֶה **חֲמִישִּׁים שקלים.**

כָּל **ה**ספר**ים** עוֹלִים **מָאתַיִים שקלים.**

1. כָּל תלמיד צָרִיךְ לְהָכִין שִׁיעוּרֵי בַּיִת.

_______ _______ _______ לְהָכִין שִׁיעוּרֵי בַּיִת.

2. כָּל סטודנטית מְכִינָה עֲבוֹדוֹת בָּאוניברסיטה בְּכָל סֵמֶסְטֶר.

_______ _______ _______ עֲבוֹדוֹת בָּאוּנִיבֶרְסִיטָה בְּכָל סֵמֶסְטֶר.

3. בְּכל עִיתוֹן יש עֶשְׂרִים וְאַרְבָּעָה עַמוּדִים.

_______ _______ יש עֶשְׂרִים וְאַרְבָּעָה עַמוּדִים.

4. בְּכָל חֶדֶר יש אֲרוֹנוֹת.

_______ _______ יש אֲרוֹנוֹת.

5. לְכָל סטודנט יש חֲבֵרִים.

_______ _______ יש חֲבֵרִים.

6. מִכָּל בַּיִת רוֹאִים את הַיָּם.

_______ _______ רוֹאִים את הַיָּם.

7. בְּכָל חוּפְשָׁה נוֹסְעִים הַיִשְׂרְאֵלִים לְחוּץ לָאָרֶץ.

_______ _______ נוֹסְעִים הַיִשְׂרְאֵלִים לְחוּץ לָאָרֶץ.

8. כָּל פְּקִידה מַגִיעָה לַבַּנק בְּשָׁעָה שְׁמוֹנֶה בַּבּוֹקֶר.

_______ _______ _______ לַבַּנק בְּשָׁעָה שְׁמוֹנֶה בַּבּוֹקֶר.

9. לְכָל שַׂר בַּמֶמְשָׁלָה יש מַזְכִּירוֹת.

_______ _______ בַּמֶמְשָׁלָה יש מַזְכִּירוֹת.

10. כָּל כַּרְטִיס עוֹלֶה שְׁלוֹשִׁים שְׁקָלִים.

_______ _______ _______ תִּשְׁעִים שְׁקָלִים.

"כָּל יִשְׂרָאֵל חֲבֵרִים" (תלמוד ירושלמי חגיגה עט, ד)

לָמָה הוּא עָיֵף? Why is He Tired?

יונתן טל הוא עוֹרֵךְ דִּין. הוא קָם **בשעה** 7:30 בבוקר. **בשעה** 8:15 הוא נוֹסֵעַ לַמִּשְׂרָד. שם הוא שׁוֹתֶה קפה וּמְדַבֵּר בטלפון עם אֲנָשִׁים. **בשעה** 9:20 יש לו פְּגִישָׁה חֲשׁוּבָה עם מְנַהֵל הַבַּנְק. **בשעה** 10:15 הוא הוֹלֵךְ לְבֵית הַמִּשְׁפָּט בתל-אביב.

בשעה 12:00 הוא כּוֹתֵב מכתבים בַּמִּשְׂרָד, **ובשעה** 14:20 הוא נוֹסֵעַ לִשְׂדֵה הַתְעוּפָה לִפְגּוֹשׁ קְרוֹבֵי מִשְׁפָּחָה. **בשעה** 18:45 הוא חוֹזֵר הַבַּיְתָה, נָח, אוֹכֵל אֲרוּחַת עֶרֶב, וּמְשַׂחֵק עם הילדים.

בשעה 20:00 בדיוק הוא רוֹאֶה חדשות בַּטלוויזיה, **ובשעה** 22:30 בָּעֶרֶב הוא הוֹלֵךְ לִישׁוֹן, כִּי הוא עָיֵף...

כִּתבו: מה עושה יוֹנָתָן טַל? Write: What does Yonatan Tal do?

בשעה 7:30 בבוקר
בשעה 8:15 נוסע למשרד
בשעה 9:20 פגישה חשובה עם מנהל הבנק.
בשעה 10:15 הוא הולך לבית המשפט בתל אביב.

כִּתבו במילים. Write in full words.

1. בְּאֵיזוֹ שָׁעָה נוֹסֵעַ יונתן טל לִשְׂדֵה הַתְעוּפָה? ______
2. בְּאֵיזוֹ שָׁעָה הוא חוֹזֵר הַבַּיְתָה? ______
3. בְּאֵיזוֹ שָׁעָה הוא רוֹאֶה חֲדָשׁוֹת בטלוויזיה? ______
4. בְּאֵיזוֹ שָׁעָה הוא הוֹלֵךְ לִישׁוֹן? ______

כִּתבו: לאן הוֹלֵךְ יונתן טל? Write: Where does Yonatan Tal go?

1. למשרד 2. ______ 3. ______ 4. ______

מַה אַתְּ/ אַתָּה עוֹשֶׂה כָּל יוֹם? What do you do every day?

בשעה ______
בשעה ______
בשעה ______

Lesson 2 : What have we learned? — שיעור 2 : מה למדנו?

Vocabulary — אוצר מילים

Verbs — פְּעָלִים

eat	אוֹכֵל- לֶאֱכוֹל
come	בָּא- לָבוֹא
go, walk	הוֹלֵךְ- לָלֶכֶת
return	חוֹזֵר- לַחֲזוֹר
know	יוֹדֵעַ- לָדַעַת
sit	יוֹשֵׁב - לָשֶׁבֶת
sleep	יָשֵׁן- לִישׁוֹן
visit	מְבַקֵּר- לְבַקֵּר
go, get to, arrive	מַגִּיעַ - לְהַגִּיעַ
travel, wander, tour	מְטַיֵּיל- לְטַיֵּיל
prepare	מֵכִין - לְהָכִין
feel sorry	מִצְטַעֵר – לְהִצְטַעֵר
succeed	מַצְלִיחַ - לְהַצְלִיחַ
feel	מַרְגִּישׁ- לְהַרְגִּישׁ
play, act	מְשַׂחֵק- לְשַׂחֵק
travel	נוֹסֵעַ- לִנְסוֹעַ
rest	נָח- לָנוּחַ
is located	נִמְצָא- לְהִימָּצֵא
cost	עוֹלֶה - לַעֲלוֹת
answer	עוֹנֶה- לַעֲנוֹת
meet	פּוֹגֵשׁ- לִפְגּוֹשׁ
need, has to	צָרִיךְ – צְרִיכָה
rise, get up	קָם- לָקוּם
see, watch	רוֹאֶה- לִרְאוֹת
ask	שׁוֹאֵל- לִשְׁאוֹל
drink	שׁוֹתֶה- לִשְׁתּוֹת

Adjectives — שְׁמוֹת תּוֹאַר

many	הַרְבֵּה
new	חָדָשׁ (ה) (ים) (ות)
important	חָשׁוּב (ה) (ים) (ות)
good	טוֹב (ה) (ים) (ות)
pretty, beautiful	יָפֶה, יָפָה (ים) (ות)
interesting	מְעַנְיֵין (ת) (ים) (ות)
excellent	מְצוּיָּן (ת) (ים) (ות)
nice	נֶחְמָד (ה) (ים) (ות)
tired	עָיֵיף (ה) (ים) (ות)
young	צָעִיר (ה) (ים) (ות)

Nouns — שְׁמוֹת עֶצֶם

bus	(ז) אוֹטוֹבּוּס (אוֹטוֹבּוּסִים)
supper	(נ) אֲרוּחַת עֶרֶב
test, examination	(נ) בְּחִינָה (בְּחִינוֹת)
play (theatrical)	(נ) הַצָּגָה (הַצָּגוֹת)
news	(נ"ר) חֲדָשׁוֹת
month	(ז) חוֹדֶשׁ (חוֹדָשִׁים)
holiday	(נ) חוּפְשָׁה (חוּפְשׁוֹת)
wedding	(נ) חֲתוּנָּה (חֲתוּנוֹת)
chart, table	(נ) טַבְלָה (טַבְלָאוֹת)
advertisement	(נ) מוֹדָעָה (מוֹדָעוֹת)
computer	(ז) מַחְשֵׁב (מַחְשֵׁבִים)
someone, somebody	(ז) מִישֶׁהוּ
government	(נ) מֶמְשָׁלָה (מֶמְשָׁלוֹת)
party	(נ) מְסִיבָּה (מְסִיבּוֹת)
number	(ז) מִסְפָּר (מִסְפָּרִים)
place	(ז) מָקוֹם (מְקוֹמוֹת)
profession	(ז) מִקְצוֹעַ (מִקְצוֹעוֹת)
shoe	(נ) נַעַל (נַעֲלַיִים)
semester	(ז) סֶמֶסְטֶר (סֶמֶסְטְרִים)
movie, film	(ז) סֶרֶט (סְרָטִים)
work	(נ) עֲבוֹדָה (עֲבוֹדוֹת)
page	(ז) עַמּוּד (עַמּוּדִים)
meeting	(נ) פְּגִישָׁה (פְּגִישׁוֹת)
furniture	(ז"ר) רָהִיטִים
week	(ז) שָׁבוּעַ (שָׁבוּעוֹת)
row	(נ) שׁוּרָה (שׁוּרוֹת)
homework	(ז"ר) שִׁיעוּרֵי בַּיִת
dress	(נ) שִׂמְלָה (שְׂמָלוֹת)
year	(נ) שָׁנָה (שָׁנִים)
watch, clock	(ז) שָׁעוֹן (שְׁעוֹנִים)
shekel	(ז) שֶׁקֶל (שְׁקָלִים)
identity card	(נ) תְּעוּדַת זֶהוּת

Question Words — מִילוֹת שְׁאֵלָה

which?	אֵיזוֹ?
at which?	בְּאֵיזוֹ?
how?	אֵיךְ?
where (to)?	לְאָן?
when?	מָתַי?
about what?	עַל מָה?

Prepositions	**מִילּוֹת יַחַס**
opposite, across from	מוּל
beside	עַל יַד

People	**אֲנָשִׁים**
men, people	(ז"ר) אֲנָשִׁים
woman, women	(נ) אִישָּׁה (נָשִׁים)
young man, fellow	(ז) בָּחוּר (בַּחוּרִים)
young woman	(נ) בַּחוּרָה (בַּחוּרוֹת)
Israeli	(ז) יִשְׂרְאֵלִי (יִשְׂרְאֵלִים)
secretary	(נ) מַזְכִּירָה (מַזְכִּירוֹת)
manager	(ז) מְנַהֵל (מְנַהֲלִים)
family	(נ) מִשְׁפָּחָה (מִשְׁפָּחוֹת)
passenger	(ז) נוֹסֵעַ (נוֹסְעִים)
lawyer	(ז) עוֹרֵךְ (י) דִּין
family relatives	(ז"ר) קְרוֹבֵי מִשְׁפָּחָה
(cabinet) minister	(ז) שַׂר (שָׂרִים)

Parts of the Day	**זְמַנֵּי הַיּוֹם**
day	(ז) יוֹם (יָמִים)
morning	(ז) בּוֹקֶר (בְּקָרִים)
noon	(ז) צָהֳרַיִים
afternoon	אַחֲרֵי הַצָּהֳרַיִים
Evening	(ז) עֶרֶב (עֲרָבִים)

Adverbs	**תּוֹאֲרֵי הַפּוֹעַל**
maybe, perhaps	אוּלַי
exactly	בְּדִיּוּק
about, approximately	בְּעֵרֶךְ
together	יַחַד

Places	**מְקוֹמוֹת**
Eilat	(נ) אֵילַת
synagogue	(ז) בֵּית כְּנֶסֶת (בָּתֵּי כְּנֶסֶת)
hospital	(ז) בֵּית חוֹלִים (בָּתֵּי חוֹלִים)
hotel	(ז) בֵּית מָלוֹן (בָּתֵּי מָלוֹן)
law court	(ז) בֵּית מִשְׁפָּט (בָּתֵּי מִשְׁפָּט)
café	(ז) בֵּית קָפֶה (בָּתֵּי קָפֶה)
kindergarten	(ז) גַּן (גַּנִּים)
the Western Wall	(ז) הַכּוֹתֶל הַמַּעֲרָבִי
the new central bus station	(נ) הַתַּחֲנָה הַמֶּרְכָּזִית הַחֲדָשָׁה
room	(ז) חֶדֶר (חֲדָרִים)
abroad, overseas	חוּץ לָאָרֶץ (חו"ל)
store, shop	(נ) חֲנוּת (חֲנוּיוֹת)
shoe store	(נ) חֲנוּת נַעֲלַיִים
sea	(ז) יָם (יַמִּים)
restaurant	(נ) מִסְעָדָה (מִסְעָדוֹת)
city	(נ) עִיר (עָרִים)
capital city	(נ) עִיר בִּירָה
Arad	עֲרָד
parliament, Knesset	(ז) פַּרְלָמֶנְט
movie theater	(ז) קוֹלְנוֹעַ (בָּתֵּי קוֹלְנוֹעַ)
airport	(נ) שְׂדֵה תְּעוּפָה (שְׂדוֹת תְּעוּפָה)

Expressions / מַבָּעִים

I have…. / I don't have….	יֵשׁ לִי .... / אֵין לִי....
It's possible to… Can one order tickets?	אֶפְשָׁר לְהַזְמִין כַּרְטִיסִים?
Where are you going to? To Tel Aviv.	לְאָן אַתָּה הוֹלֵךְ? .... נוֹסֵעַ? לְתֵל אָבִיב .
What time is it?	מָה הַשָּׁעָה?
Maybe you know the time?	אוּלַי אַתָּה יוֹדֵעַ מָה הַשָּׁעָה?
At what time does he go to sleep?	בְּאֵיזוֹ שָׁעָה הוּא הוֹלֵךְ לִישׁוֹן?
In the morning,	בַּבּוֹקֶר,
At noon, In the evening.	בַּצָּהֳרַיִים, בָּעֶרֶב
my, his, her telephone number…	מִסְפַּר הַטֶּלֶפוֹן שֶׁלִּי \ שֶׁלּוֹ \ שֶׁלָּהּ...
How are you?	מַה נִּשְׁמָע?
Everything is fine .	הַכּוֹל בְּסֵדֶר.
Excuse me .	סְלִיחָה.
I'm sorry.	אֲנִי מִצְטַעֵר / אֲנִי מִצְטַעֶרֶת.
Great! Wonderful!	יוֹפִי!
Bye. See you. See you later!	לְהִתְרָאוֹת!

Grammatical Structures

1) Agreement between adjectives and nouns according to gender and number
good boy, good boys, (children)
good girl, good girls, (children)

2) "the" - The Definite Article (1)
The computer is new.
The computers are new.

3) "this" (m + f) **"these"** (m + f) + Noun
this class, **this** book , **these** numbers

4) Cardinal numerals in the f – 1-12
The time is **2:00/ 2:15/ 2:30 …**

5) Numerals 0-10 in the feminine
one dress , **ten** apartments

6) Days of the Week
Sunday --- Saturday

7) Question Words
Where (to)______? _______to_____.
Where are the children going **(to)**?
They are going **to** the movies .
Which______?
Which language does he speak?

How_________?
How do you feel?

About what _______?
About what is he writing?

When__________?
When does he get up in the morning?

8) every / all + time expression
every day, **all** day
every morning , **all** morning

9) every / all the + Noun
every child, **all the** children

10) in / to / from every + Noun
In every home and family there is hope.
From every place **to everything.**

מִבְנִים לְשׁוֹנִיִּים

1) הַתְאָמָה בֵּין שְׁמוֹת תּוֹאַר וּשְׁמוֹת עֶצֶם בְּמִין וּבְמִסְפָּר. יָחִיד \ יְחִידָה \ רַבִּים \ רַבּוֹת
יֶלֶד טוֹב , יְלָדִים טוֹבִים
יַלְדָּה טוֹבָה , יְלָדוֹת טוֹבוֹת

2) ה' הַיְדִיעָה (1)
הַמַּחְשֵׁב חָדָשׁ.
הַמַּחְשֵׁבִים חֲדָשִׁים.

3) "הַזֶּה", "הַזֹּאת" , "הָאֵלֶּה"
הַכִּיתָּה הַזֹּאת, הַסֵּפֶר הַזֶּה , הַמִּסְפָּרִים הָאֵלֶּה

4) מִסְפָּר מוֹנֶה בִּנְקֵבָה – 1 - 12
הַשָּׁעָה **שְׁתַּיִם\ שְׁתַּיִם וָרֶבַע\ שְׁתַּיִם וָחֵצִי …**

5) מִסְפָּרִים 0 – 10 בִּנְקֵבָה
שִׂמְלָה **אַחַת**, **עֶשֶׂר** דִּירוֹת

6) יְמֵי הַשָּׁבוּעַ
יוֹם רִאשׁוֹן \ שֵׁנִי \ שְׁלִישִׁי \ רְבִיעִי \ חֲמִישִׁי \ שִׁישִּׁי \ שַׁבָּת

7) מִילּוֹת שְׁאֵלָה
לְאָן________? ______**ל**__.
לְאָן הוֹלְכִים הַיְּלָדִים? הֵם הוֹלְכִים **לְ**קוֹלְנוֹעַ.

אֵיזוֹ_________?
אֵיזוֹ שָׂפָה הוּא מְדַבֵּר?

אֵיךְ_______?
אֵיךְ אַתָּה מַרְגִּישׁ? **אֵיךְ** אַתְּ מַרְגִּישָׁה?

עַל מָה______?
עַל מָה הוּא כּוֹתֵב?

מָתַי_______?
מָתַי הוּא קָם בַּבּוֹקֶר?

8) כָּל + מִילַּת זְמַן
כָּל יוֹם, כָּל הַיּוֹם
כָּל בּוֹקֶר, כָּל הַבּוֹקֶר

9) כָּל + שֵׁם עֶצֶם
כָּל יֶלֶד, **כָּל הַיְּלָדִים**

10) בְּכָל \ לְכָל \ מִכֹּל + שֵׁם עֶצֶם
בְּכָל בַּיִת וּ**לְכָל** מִשְׁפָּחָה יֵשׁ תִּקְוָוה.
מִכָּל מָקוֹם **לְכָל** דָּבָר.

יֵש / אֵין + שם עצם

There is /are, There isn't / aren't + Noun

יֵש כּוֹחַ ⇐ יֵש עֲבוֹדָה

יֵש עֲבוֹדָה ⇐ יֵש כֶּסֶף

יֵש כֶּסֶף ⇐ יֵש אִשָּׁה

יֵש אִשָּׁה ⇐ יֵש יְלָדִים

יֵש יְלָדִים ⇐ אֵין כּוֹחַ

אֵין כּוֹחַ ⇐ אֵין עֲבוֹדָה

אֵין עֲבוֹדָה ⇐ אֵין כֶּסֶף

אֵין כֶּסֶף ⇐ אֵין אִשָּׁה

אֵין אִשָּׁה ⇐ אֵין יְלָדִים

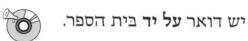

אֵין יְלָדִים ⇐ יֵש כּוֹחַ

איפה יש דוֹאַר ? — יש דואר **על יד** בית הספר.

איפה יש בנק ? — יש בנק **מול** הַתַּחֲנָה.

איפה אין יָם ? — בירושלים אֵין יָם.

איפה יש קוּפַּת חוֹלִים ? — יש קוּפַּת חוֹלִים **על יד** הגן הציבורי.

איפה יש סוּפֶּרמרקט ? — אין כאן סוּפֶּרמרקט. יש סוּפֶּרמרקט **מול** הגן.

השלימו את התשובות. **Complete the answers.**

1. איפה יש תאטרון ?
   יש תאטרון על יד ה
2. איפה יש בית מִרְקַחַת ?
   יש בית מרקחת מול ה
3. איפה יש תַּחֲנָה ?
   יש תחנה על יד ה
4. איפה יש אולפן ?
   יש אולפן על יד ה
5. איפה יש טלפון ציבורי ?
   יש טלפון ציבורי על יד ה
6. איפה יש בית ספר ?
   יש בית ספר מול ה
7. איפה יש קולנוע ?
   יש קולנוע על יד ה
8. איפה יש אוניברסיטה ?
   יש אוניברסיטה מול ה

מַה יֵשׁ בּ... ? מַה אֵין בּ... ?

What is / are in the ...? What isn't / aren't in the ...?

כתבו. **Write.**

בַּכִּיתָה יֵשׁ: תַלְמִידִים, מוֹרָה, ____________ ____________ ____________

בַּבַּנְק יֵשׁ: פָּקִיד, כֶּסֶף, ____________ ____________ ____________

בַּדוֹאַר יֵשׁ: בּוּלִים, מִכְתָבִים, ____________ ____________ ____________

בַּסוּפֶּרְמַרְקֶט אֵין: מְכוֹנִית, טֶלֶוִויזְיָה, ____________ ____________ ____________

בַּמִסְעָדָה אֵין: סִיגָרִיּוֹת, רוֹפֵא, ____________ ____________ ____________

בְּקוּפַּת חוֹלִים אֵין: מֶלְצָר, לֶחֶם, ____________ ____________ ____________

השלימו: יש ... בּ .../ אין ... בּ ..., לפי הדוגמה.

Complete according to the example: There is...in the... / There isn't...in the ...

1. יש חלב במקרר. _אין חלב במקרר._
2. יש מלח בסלט. ____________________
3. ____________________ .אין כסף בחשבון.
4. יש טלפון בסלון. ____________________
5. יש אוטובוס ברחוב דיזנגוף. ____________________
6. ____________________ . אין תיירים בתל אביב.
7. יש אינפלציה בישׂראל. ____________________
8. ____________________ . אין רופא בקופּת חולים.

דָנִי נוֹסֵעַ לִירוּשָׁלַיִם.

Dani is Going to Jerusalem.

יוסף: לאן אתה נוסֵעַ?
דני: לירושלים.
יוסף: יש שם ים ?
דני: לא, אין שם ים.
יוסף: מה יש בירושלים ?
דני: בירושלים יש מוזאון.
יש עיר עַתִּיקָה, ויש כְּנֶסֶת.
יוסף: מה זאת הַכְּנֶסֶת ?
דני: הכנסת היא הַפַּרְלָמֶנְט של ישׂראל.
יוסף: יופי ! להתראות
נְסִיעָה טוֹבָה !

The Knesset **בניין הכּנסת**

ענו על השאלות. **Answer the questions.**

מה יש בירושלים ? ________________________________

מה אין בירושלים ? ________________________________

מה היא הכנסת ? ________________________________

יוֹדֵעַ יוֹדַעַת *Know* m/s, f/s

בָּרְחוֹב
In the Street

- איפה יש בנק?
- אני לא יוֹדֵעַ.
- סליחה, אולי את יוֹדַעַת, איפה יש בנק ?
- כן, יש בנק על יד חֲנוּת הַיְרָקוֹת.
- תודה רבה.

אוֹטוֹבּוּס לְחֵיפָה
Bus to Haifa

- סליחה, איפה יש אוטובוס לחיפה?
- אני מִצְטַעֵר, אני לא גר פּה.
- גברת, את יודעת, איפה יש אוטובוס לחיפה ?
- כן. יש אוטובוס על יד תַּחֲנַת הָרַכֶּבֶת.
- ואיפה תחנת הרכבת ?
- ברחוב ארלוזורוב.
- תודה רבה לך.

בַּחֲנוּת
In the Store

- סליחה, יש לכם סיגריות ?
- כן, בבקשה.
- כמה זה עוֹלֶה ?
- שמוֹנָה שקלים ועשׂרים אגורות.
- תודה.

אֵיפֹה הַבַּנְק?
Where's the Bank?

דני: סליחה, אולי את יודַעַת איפה הבנק ?
שרה: ברחוב בן-יהודה על יד הסופרמרקט.
דני: רגע..., רגע..., אני לא מֵבִין...
את יכולה לְדַבֵּר לאט...
שׂרה: הבנק נִמְצָא ברחוב בן-יהודה
על יד הסופרמרקט.
דני: ואיפה נִמְצָא הסופרמרקט ?
שׂרה: בוא, אני הוֹלֶכֶת לשם.

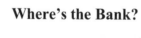

עֲנוּ עַל הַשְּׁאֵלוֹת.
Answer the questions.

1. מי לא יוֹדֵעַ איפה הבנק ? ____________
2. מי יוֹדֵעַ איפה הבנק ? ____________
3. מי לא מֵבִין ? ____________
4. מי מְדַבֵּר מַהֵר ? ____________
5. מי הוֹלֵךְ לבנק ? ____________

להצליח בעברית א׳ 42 שיעור 3

אֵיךְ פּוֹתְחִים בְּשִׂיחָה ? וּמַה שׁוֹאֲלִים ?

How Does One Begin a Conversation? What Does One Ask?

מַה שְּׁלוֹמְךָ ?
מַה נִּשְׁמָע ?
מַה חָדָשׁ ?
אֵיךְ אַתָּה מַרְגִּישׁ ?
אֵיךְ אַתְּ מַרְגִּישָׁה ?
מַה שְּׁלוֹם ... ?
מַה הָעִנְיָינִים ?

טוֹב, תּוֹדָה
מְצוּיָּן
בְּסֵדֶר / בְּסֵדֶר גָּמוּר
אֶצְלִי, הַכּוֹל בְּסֵדֶר
מֵאָה אָחוּז
כָּכָה - כָּכָה
רַע
לֹא רַע
טוֹב מְאוֹד
הַכּוֹל בְּסֵדֶר
יִהְיֶה טוֹב
אַל תִּשְׁאַל / אַל תִּשְׁאֲלִי / אַל תִּשְׁאֲלוּ

מַה שׁוֹאֲלִים?

What does one ask?

שַׁאֲלוּ זֶה אֶת זֶה וַעֲנוּ.

Ask one another and answer.

מה שמך, בבקשה ? ______________________

מאין אתה ? ______________________

מה הַכּתוֹבֶת שלך ? ______________________

איפה נוֹלַדת ? ______________________

אתה עוֹבֵד ? ______________________

איפה אתה עוֹבֵד ? ______________________

אתה נָשׂוּי ? ______________________

אתה מ ... (אנגליה) ? ______________________

אתה לומד באולפן בתל-אביב ? ______________________

מתי אתה לומד ? ______________________

קראו את הצירופים האלה.

Read the phrases below.

1. בּוקר טוב. מה נִשְׁמָע ?
טוב, תודה. הכּול בסדר.

2. שלום, מה שלומך ?
טוב, תודה.

3. דני, מה שלומך ?
תודה, מְצוּיָּן, ואתה ?

4. שלום, מה נִשְׁמָע ?
לא טוב, יש בְּעָיוֹת.

ציווי
Imperative

תֵּן לִי...   תְּנִי לִי...   תְּנוּ לִי...

"give me" ... (m/s, f/s, m + f /pl)

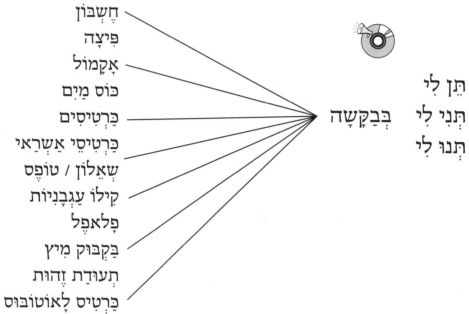

תֵּן לִי
תְּנִי לִי   בְּבַקָּשָׁה
תְּנוּ לִי

- חֶשְׁבּוֹן
- פִּיצָה
- אָקָמוֹל
- כּוֹס מַיִם
- כַּרְטִיסִים
- כַּרְטִיסֵי אַשְׁרַאי
- שְׁאֵלוֹן / טוֹפֶס
- קִילוֹ עַגְבָנִיּוֹת
- פָלאפֶל
- בַּקְבּוּק מִיץ
- תְּעוּדַת זֶהוּת
- כַּרְטִיס לָאוֹטוֹבּוּס

בַּדּוֹאַר
At the Post Office

- • תן לי בבקשה שני בולים.
- \- לאן ?
- • לארצות הברית.
- • כמה זה עוֹלֶה ?
- \- שבעה שקלים.
- • תן לי גם טלכרט, בבקשה.
- \- הנה הבולים, הנה הטלכרט.
- • תודה.

מִבְרָק
A Telegram

הצילו!
איפה הדואר?

- • סליחה, אפשר לִשְׁלוֹחַ מִבְרָק ?
- \- לאן ?
- • לרוסיה.
- • כמה עולה הַמִּבְרָק ?
- \- רק רגע, כמה מילים יש בַּמִּבְרָק ?
- • שבע מילים.
- \- תני לי בבקשה שלושים שקלים.
- • תודה רבה לך.

השלימו את הפעלים בטבלה בזמן הווה.

Complete the table by filling in the verbs in the present tense.

זכר m/s	נקבה f/s	רבים m/pl	רבות f/pl	שם הפועל Infinitive
כּוֹתֵב	כּוֹתֶבֶת	כּוֹתְבִים	כּוֹתְבוֹת	לִכְתּוֹב
לוֹמֵד	לוֹמֶדֶת			
קוֹרֵא		קוֹרְאִים		
עוֹבֵד			עוֹבְדוֹת	לַעֲבוֹד
מְדַבֵּר	מְדַבֶּרֶת			לְדַבֵּר
מְטַיֵּיל		מְטַיְּילִים		
מְבַקֵּר			מְבַקְּרוֹת	
גָּר	גָּרָה			לָגוּר
בָּא		בָּאִים		
נָח			נָחוֹת	
רוֹצֶה	רוֹצָה			לִרְצוֹת
עוֹשֶׂה		עוֹשִׂים		
קוֹנֶה			קוֹנוֹת	
אוֹכֵל				לֶאֱכוֹל
אוֹהֵב				לֶאֱהוֹב

השלימו את המשפטים לפי הדוגמה.

Complete the sentences according to the example.

1. מה אתה לוֹמֵד ? — מה את לומדת ?
2. הוא מְדַבֵּר בטלפון. — הם ______________.
3. דני מְבַקֵּר אצל הרופא. — את ______________.
4. אתה בָּא לחוף הים ? — אתם ______________?
5. מה אתן רוֹצוֹת ? — מה היא ______________ ?
6. מה אתְ עוֹשָׂה היום ? — מה אתה ______________?
7. התלמידים מְטַיְּילִים בירושלים, — גם התלמידות ______________.
8. מתי אתה נָח ? — מתי את ______________?
9. איזה עיתון אתה קוֹרֵא ? — איזה עיתון היא ______________ ?
10. למה אתם לא עוֹבְדִים ? — למה אתן לא ______________ ?

רוֹצֶה / יָכוֹל / צָרִיךְ / אוֹהֵב + שם הפועל

Want / Can / Should (Need To) / Like (Love) + Infinitive

אֲנִי
אַתָּה
אַתְּ
הוּא
הִיא
אֲנַחְנוּ
אַתֶּם
אַתֶּן
הֵם
הֵן

רוֹצֶה, רוֹצָה, רוֹצִים, רוֹצוֹת
יָכוֹל, יְכוֹלָה, יְכוֹלִים, יְכוֹלוֹת
צָרִיךְ, צְרִיכָה, צְרִיכִים, צְרִיכוֹת
אוֹהֵב, אוֹהֶבֶת, אוֹהֲבִים, אוֹהֲבוֹת

+ שם הפועל

לִלְמוֹד (ב)
לָגוּר (ב)
לְדַבֵּר (עם)
לַעֲבוֹד (ב)
לִקְרוֹא
לִכְתּוֹב (את)
לָבוֹא (ל)
לִנְסוֹעַ (ל)
לְטַייל (ב, עם)
לִישׁוֹן
לַעֲשׂוֹת (את)
לָלֶכֶת (ל)

קראו את השאלות והתשובות, וכתבו לפי הדוגמות.

Read the questions and answers and fill in according to the examples.

◄ אתה רוצה לֶאֱכוֹל ?
לא תודה, אני לא רוצה לֶאֱכוֹל.

◄ אתְ רוצָה ________________?
____

◄ אתְ יכולה לָבוֹא לַחֲתוּנָה ?
לא, אני לא יכולה לָבוֹא לַחֲתוּנָה.

◄ אתם יכולים ________________?
____

◄ אתְ צריכה לַעֲבוֹד היום ?
כֵּן, אני צריכה לַעֲבוֹד היום.

◄ אתן צריכות ________________?
____

◄ את אוֹהֶבֶת לִקְרוֹא עיתון ?
כֵּן, אני אוֹהֶבֶת לִקְרוֹא עיתון.

◄ אתה אוֹהֵב ________________?
____

◄ אתה יָכוֹל לִסְגּוֹר את החלון ?
כֵּן, אני יָכוֹל לִסְגּוֹר את החלון.

◄ אתן יכולות ________________?
כֵּן, ________________

השלימו את המשפטים עם שם הפועל לפי הדוגמה.

Complete the sentences with the infinitive according to the example.

1. חנה לא **מְדַבֶּרֶת** עברית. היא **רוצה** _לדבר_ עברית.
דני לא _מדבר_ עברית, הוא _רוצה לדבר_ עברית.

2. מיכאל **קוֹרֵא** עיתון. הוא **אוֹהֵב** __________ עיתון.
הסטודנטית ______________________________

3. העולים **בָּאִים** לישׂראל. הם **רוצים** __________ לישׂראל.
העולות ______________________________

4. אתן **נוֹסְעוֹת** לִצְפַת. אתן **אוֹהֲבוֹת** __________ לצפת.
את ______________________________

5. היא לא **מְבִינָה** את המילים. היא **רוֹצָה** __________ את המילים.
דני ______________________________

6. יצחק לא **שׁוֹמֵעַ** חדשות. הוא לא **יָכוֹל** __________ חדשות.
שׂרה ______________________________

7. אנחנו **כּוֹתְבִים** מכתבים. אנחנו **צְרִיכִים** __________ מכתבים.
הן ______________________________

8. אני **הוֹלֶכֶת** לתאטרון. אני **אוֹהֶבֶת** __________ לתאטרון.
אתה ______________________________

9. הסטודנטים **קוֹנִים** ספרים. הם **צְרִיכִים** __________ ספרים.
הסטודנטיות ______________________________

10. הוא לא **עוֹבֵד**. הוא לא **יָכוֹל** __________.
אתם ______________________________

בָּא - לָבוֹא		כּוֹתֵב - לִכְתּוֹב		הוֹלֵךְ - לָלֶכֶת	
מְדַבֵּר - לְדַבֵּר		קוֹנֶה - לִקְנוֹת		עוֹבֵד - לַעֲבוֹד	
קוֹרֵא - לִקְרוֹא		מֵבִין - לְהָבִין		רוֹאֶה - לִרְאוֹת	

Read the passage. **קראו את הקטע**

דניאל סטודנט באוניברסיטה. הוא לא יָכוֹל לַעֲבוֹד, כִּי הוא צָרִיךְ לִלְמוֹד. הוא אוֹהֵב לְטַיֵּיל בארץ עם חברים. הוא רוֹצֶה לִנְסוֹעַ לחוץ לארץ, אבל הוא לא יָכוֹל, כִּי הוא צריך ללמוד...

מה הוא יָכוֹל לַעֲשׂוֹת ?

הוא יכול לָלֶכֶת למסיבָּה בערב. הוא אוֹהֵב לִרְקוֹד. הוא אוֹהֵב לִשְׁמוֹעַ מוסיקה. הוא רוֹצֶה לָלֶכֶת עם החברים לקולנוע או לבית קפה.

Write the passage in the feminine. **כתבו את הקטע בלשון נקבה.**

אירית סטודנטית באוניברסיטה. היא ______________________

____

____

____

____

____

____

Write the passage in the plural. **כתבו את הקטע בלשון רבים.**

דניאל ואירית סטודנטים באוניברסיטה. הם ______________________

____

____

____

____

____

____

משפטי סיבּה

Causal Clauses - because

מתחו קווים לפי הדוגמה.

Connect each item of each column, using arrows according to the example.

1. הוא רוצה לָלֶכֶת לבנק.	כִּי	1. הוא אוהב לִרְאוֹת סרטים.
2. הוא רוצה לִנְסוֹעַ לירושלים.	Because	2. הוא צריך לִמְשׁוֹךְ כסף.
3. הוא רוצה לִרְאוֹת סרט.		3. הוא אוהב לְטַייל בּעיר העתיקה.
4. הוא רוצה לָלֶכֶת לדואר.		4. הוא צריך לִשְׁלוֹחַ מִבְרָק.
5. הוא רוצה לִקְנוֹת טלכּרט.		5. הוא אוהב לִשְׁמוֹעַ מוסיקה.
6. הוא רוצה לָבוֹא לקונצרט.		6. הוא צריך לְצַלְצֵל לחברים.

העתיקו את המשפטים הנ"ל לפי הדוגמה.

Copy the sentences below according to the example.

1. הוא רוצה לָלֶכֶת לבנק, כּי הוא צריך לִמְשׁוֹךְ כסף.
2. ______
3. ______
4. ______
5. ______
6. ______

שׂיחה **A Conversation**

אני רוצה...
אני צריך...
אני יכול...

יוסף: אתה רוצה לַעֲבוֹד ?

נתן: כֵּן, אני רוצה לַעֲבוֹד, אבל אין לי עֲבוֹדָה.

יוסף: אתה צריך לְחַפֵּשׂ עבודה.

נתן: איפה אני יכול לְחַפֵּשׂ עבודה ?

יוסף: בּמודעות בּעיתון.

נתן: אני רוצה... אני צריך... אני יכול...
אבל מה לַעֲשׂוֹת !
אני צריך קוֹדֶם ללמוד עברית.

ענו על השאלות. **Answer the questions.**

1. מה נתן רוצה ? ______
2. מה הבּעיה של נתן ? ______
3. איפה אנחנו יכולים לְחַפֵּשׂ עֲבוֹדָה ? ______

יֵשׁ ל...

I / you (m) / you (f) he / she / we ...

Have / Has

אֵין ל...

I / you (m) / you (f) he / she / we ...

Haven't / Hasn't

יֵשׁ ל...

יֵשׁ לִי	יֵשׁ לָנוּ
יֵשׁ לְךָ	יֵשׁ לָכֶם
יֵשׁ לָךְ	יֵשׁ לָכֶן
יֵשׁ לוֹ	יֵשׁ לָהֶם
יֵשׁ לָהּ	יֵשׁ לָהֶן

אֵין ל...

אֵין לִי	אֵין לָנוּ
אֵין לְךָ	אֵין לָכֶם
אֵין לָךְ	אֵין לָכֶן
אֵין לוֹ	אֵין לָהֶם
אֵין לָהּ	אֵין לָהֶן

ל... ← יֵשׁ / אֵין

... have / has / ... havn't / hasn't

השלימו לפי הדוגמה.

Complete according to the example.

לשׂרה יש משפחה גדולה ? כן, יש __לה__ משפחה גדולה.

למיכאל יש אחות ? לא, אין ________ אחות.

לשׂרה וליצחק יש ילדים ? כן, יש ________ ילדים.

לחנה ולרות יש פגישה ? כן, יש ________ פגישה.

לראש הממשלה יש זמן ? לא, אין ________ זמן.

לנשׂיא יש אישה ? כן, יש ________ אישה.

לחברים יש כסף ? כן, יש ________ כסף.

לסטודנטית יש דירה ? כן, יש ________ דירה.

לחיילת יש תיק ? כן, יש ________ תיק.

יֵשׁ / אֵין ← ל... לִי, לְךָ...

I ... you ... have / haven't

יש לך משפחה ? כן, **יש** __לי__ משפחה.

יש לך טלפרט ? לא, **אין** ________ טלפרט.

יש לכם מִקְצוֹעַ ? כן, **יש** ________ מִקְצוֹעַ.

יש לו עבודה ? לא, **אין** ________ עבודה.

יש לה טלפון בבית ? כן, **יש** ________ טלפון בבית.

יש לכן מכונית ? לא, **אין** ________ מכונית.

יש להם זמן ? כן, **יש** ________ זמן.

יש להן תעודת זֶהוּת ? כן, **יש** ________ תעודת זֶהוּת.

יש לה דַרְכּוֹן ? כן, **יש** ________ דרכון.

יש לכם ילדים ? לא, **אין** ________ ילדים.

יש לכן כרטיסים ? כן, **יש** ________ כרטיסים.

'שֶׁל' בנטייה

Conjugation of the preposition "של" (of)

שֶׁלָּהֶן	שֶׁלָּהֶם	שֶׁלָּכֶן	שֶׁלָּכֶם	שֶׁלָּנוּ	שֶׁלָּה	שֶׁלּוֹ	שֶׁלָּךְ	שֶׁלְּךָ	שֶׁלִּי
their	their	your	your	our	her	his	your	your	my
theirs	theirs	yours	yours	ours	hers	his	yours	yours	mine
(f)	(m)	(f)	(m)	(m+f)	(f)	(m)	(f)	(m)	(m+f)
הן	הם	אתן	אתם	אנחנו	היא	הוא	את	אתה	אני

השלימו את המשפטים. **Complete the sentences.**

1. יש **לִי** ספר. זה הספר *שלי*.
2. יש **לְךָ** מכונית. זאת המכונית ________.
3. יש **לָכֶם** דירה גדולה. זאת הדירה ________.
4. יש **לוֹ** טלפון. זה הטלפון ________.
5. יש **לָנוּ** רהיטים חדשים. אלה הרהיטים ________.
6. יש **לָהֶם** משפחה גדולה. זאת המשפחה ________.
7. יש **לָהּ** תְּעוּדַת זֶהוּת . זאת תְּעוּדַת הַזֶּהוּת ________.
8. יש **לָהֶן** חברות. אלה החברות ________.
9. יש **לָךְ** כסף בבנק. זה הכסף ________.
10. יש **לָהּ** תור לרופא. זה התור ________.

שֶׁל מִי ה...? Whose ... is it?

השלימו את המשפטים. **Complete the sentences.**

1. **של מי** הספר ? *הספר* *של* דוד. *הספר* *שלו*.
2. **של מי** התיק ? ______ ___ שרה. ______ ______
3. **של מי** המכונית ? ______ ___ ההורים. ______ ______
4. **של מי** הדירה ? ______ ___ הסטודנטיות. ______ ______
5. **של מי** הַמַּפְתֵּחַ ? ______ ___ הסטודנטית. ______ ______
6. **של מי** הסיגריות ? ______ ___ מיכאל. ______ ______

ענו על השאלות. **Answer the questions.**

1. הספרים **הָאֵלֶּה** שלכם ? לא, ______________________________
2. הסיגריות **הָאֵלֶּה** שלהם ? כן, ______________________________
3. המפתחות **הָאֵלֶּה** של חנה ? לא, ______________________________
4. מספר הטלפון **הַזֶּה** שלכן ? כן, ______________________________
5. המכתב **הַזֶּה** של מיכאל ? לא, ______________________________
6. התמונה **הזאת** של ההורים שלך? כן, ______________________________

Going to the Cafe

הוֹלְכִים לְבֵית קָפֶה

יעקב: יש לך זמן בבוקר?

רחל: לא, אין לי זמן, אני לומדת בָּאוּנִיבֶרְסִיטָה.

יעקב: אולי יש לָך זמן בערב ?

רחל: כן, לאן אתה רוצה לָלֶכֶת ?

יעקב: אני רוצה לָלֶכֶת לבית קפה.
יש בית קפה חָדָש על יד הים.

רחל: יופי ! מתי ?

יעקב: ב-8:30 זה בסדר ?

רחל: מצוין.

יעקב: להתראות ב-8:30.

רחל: להתראות.

What's Important in Life?

מַה חָשוב בַחַיִים ?

דני: בוקר טוב, מיכאל.

מיכאל: בוקר טוב, מה שלומך ?

דני: הכּוֹל בסדר.

מיכאל: יש לך דירה ?

דני: לא, אין לי דירה.

מיכאל: יש לך מכונית ?

דני: לא, אין לי מכונית.

מיכאל: יש לך מִקְצוֹעַ ?

דני: אין לי מִקְצוֹעַ.

מיכאל: אין לך דירה, אין לך מכונית, ואין לך מִקְצוֹעַ.
אז מה יש לך ?

דני: יש לי אישה נֶחְמָדָה, ויש לי ילדים נֶחְמָדִים,
ויש לי שִׂמְחָה בַּלֵב - וזה חשוב בַּחַיים !!!

יֵשׁ בָּעִיר מְסִיבָּה
There's a Party in Town

חנה: מה אתה עוֹשֶׂה ביום שישי ?

יוסף: בבוקר מוקדם אני הוֹלֵךְ לים.

חנה: מה אתה עוֹשֶׂה בים ?

יוסף: אני רוֹאֶה בַּחוּרוֹת יפות.

חנה: מה אתה עוֹשֶׂה בצהריים,
אתה רוצה לִשְׁתוֹת משהו ?

יוסף: כן, אני רוצה לִשְׁתוֹת קפה
וגם לִרְאוֹת סרט מְעַנְיֵין.

חנה: בסדר, ובערב ?

יוסף: הוי, בערב יש בעיר מסיבה... ! ! !
אנחנו הוֹלְכִים יחד למסיבה.

חנה: ומה עוֹשִׂים במסיבה ?

יוסף: רוֹקְדִים, שָׁרִים, שׁוֹתִים בִּירָה,
ו"עוֹשִׂים חַיִּים" עד אמצע הלילה.

חנה: יופי ! זה בֶּאֱמֶת כֵּיף ! ! !

מה חנה ויוסף רוצים לַעֲשׂוֹת ביום שישי ?
What do Joseph and Hana want to do on Friday?

1. _____
2. _____
3. _____
4. _____

What do you do on Friday?   מה אתה / את עושה ביום שישי ?

1. _____
2. _____
3. _____
4. _____

"נִכְנַס יַיִן - יָצָא סוֹד" (עירובין סה)

כִּתבו: 'ל' או 'של' בנטייה.

Complete, using the correct Conjugation of "ל" or "של"

דניאל סטודנט באוניברסיטה. יש לו דירה גדולה, וְהָרְהִיטִים בדירה ______ יפים. יש ______ יום הולדת היום. החברים ______ בָּאִים לדירה ______. הוא מֵכִין ______ עוּגָה טְעִימָה, והם קוֹנִים ______ מַתָּנוֹת יפות. הוא אומר ______ "תודה". החברה ______ אוֹמֶרֶת ______ "מזל טוב", והוא נוֹתֵן ______ נשיקה. החברים ______ אוֹמְרִים ______ שהמסיבה ______ יפה מאוד.

יוֹדֵעַ, יוֹדַעַת, יוֹדְעִים, יוֹדְעוֹת – לָדַעַת
Know (m/s , f/s , m/pl , f/pl , infinitive)

מתחו קווים בין שני הטורים.

Draw lines connecting the two columns.

1. אולי אתה יודע, מה	1. נוֹסֵעַ לטיול ?
2. אולי את יודעת, איפה	2. אין פה טלפון ציבורי ?
3. אולי אתם יודעים, מי	3. השעה ?
4. אולי מישהו יודע, למה	4. עוֹלֶה כרטיס ?
5. אולי הן יודעות, מאין	5. אוטובוס נוֹסֵעַ לחיפה ?
6. אולי היא יודעת, כמה	6. הבנק פָּתוּחַ ?
7. אולי מישהו יודע, איזה	7. בָּאָה הָרַכֶּבֶת ?
8. אולי הם יודעים, מתי	8. יש פה סופרמרקט ?

כתבו את המשפטים הנ"ל לפי הדוגמה, וענו על השאלות בעל-פה.

Write the sentences below according to the example and answer the questions orally.

1. אולי אתה יודע, מה השעה ?
2. ______
3. ______
4. ______
5. ______
6. ______
7. ______
8. ______

אֲנִי חוֹשֵׁב שֶׁ...
אֲנִי חוֹשֶׁבֶת שֶׁ...

I (m/f) think that ...

מלצר! מלצר!
אני חושב ש...!

◀◀ איפה הבנק ?

אני לא יוֹדֵעַ איפה הבנק,

אבל **אני חוֹשֵׁב** שֶׁיֵשׁ בנק ברחוב בן יהודה.

◀◀ סליחה, את יוֹדַעַת איפה הדואר ?

אני חוֹשֶׁבֶת שֶׁיֵשׁ דואר על יד התחנה.

◀◀ סליחה, אולי אתם יוֹדְעִים איפה האוניברסיטה ?

אנחנו חוֹשְׁבִים שֶׁהאוניברסיטה על יד המוזאון.

◀◀ סליחה, אולי אתן יוֹדְעוֹת, איפה נמצא המוזאון ?

אנחנו חוֹשְׁבוֹת שֶׁהמוזאון נִמְצָא מול בית המשפט.

ענו על השאלות לפי הדוגמות הנ״ל.

Answer the questions according to the examples above.

1. איפה האולפן ?

_____ אני חושב ש...

2. אתה יוֹדֵעַ, איפה המסעדה ?

_____

3. סליחה, אולי אתְ יוֹדַעַת איפה יש סופרמרקט ?

_____

4. סליחה, אולי אתם יוֹדְעִים, איפה מלון הילטון ?

_____

5. אתה יודע, מתי הבנק פָּתוּחַ ?

_____

6. סליחה, אולי אתְ יוֹדַעַת, מתי נמצא הָרוֹפֵא בקופת חולים ?

_____

לְאָן... ? ל...	מֵאַיִן... ? מ...
Where to ...? To ...	From where ...? From ...
אֵיפֹה... ? בּ...	עִם מִי... ? עִם...
Where ...? In the ...	With whom ...? With ...

השלימו את השאלות, וענו תשובות לפי הדוגמה.

Complete the questions and answer them according to the example.

1. **לאן** היא הוֹלֶכֶת ? _היא הולכת לסופרמרקט._ **(סופרמרקט)**

   לאן אתה _הוֹלֵך_ ? _אני הולך לדואר._ **(דואר)**

2. **מאין** אתְ בָּאָה ? ______ **(חנות)**

   מאין אתם ______ ? ______ **(ירושלים)**

3. **איפה** הוא מְבַקֵר ? ______ **(מוזאון)**

   איפה היא ______ ? ______ **(עכּו)**

4. **מאין** הם בָּאִים ? ______ **(אוניברסיטה)**

   מאין הן ______ ? ______ **(ספרייה)**

5. **לאן** את נוֹסַעַת ? ______ **(חיפה)**

   לאן אתן ______ ? ______ **(אילת)**

6. **עם** מי הוא מְדַבֵּר ? ______ **(אבּא)**

   עם מי הן ______ ? ______ **(אימא)**

7. **איפה** אתם מְטַיילִים ? ______ **(פּארק)**

   איפה הן ______ ? ______ **(רחוב)**

8. **מתי** היא נוֹסַעַת ? ______ **(היום)**

   מתי הן ______ ? ______ **(עכשיו)**

9. **מתי** הוא מְטַיֵּיל ? ______ **(שבּת)**

   מתי היא ______ ? ______ **(בּוקר)**

תרגילי סיכום
Summing-Up Exercises

עבודה בקבוצות. (שיחה בין תלמידים)
Group Work (a conversation among pupils)

1. מי עולה חדש ?
2. מי תלמיד ? מי תלמידה ?
3. מי מורה ?
4. מי ראש הממשלה של ישׂראל ?
5. מי הנשׂיא של ישׂראל ?
6. מי לוֹמֵד באולפן ?
7. מי מְדַבֵּר רוסית ? אנגלית ? צרפתית ?
8. מי מְהַנְדֵס ?
9. מי רוֹפֵא ?
10. מי גר בתל-אביב ?
11. מה יש בישׂראל ? מה אין בישׂראל ?
12. מה יש ברחוב ? מה אין ברחוב ?
13. מה יש בכיתה ? מה אין בכיתה ?
14. מה הַמִקְצוֹעַ שלך ?
15. מה הכתובת שלך ?
16. מה יש בטלוויזיה ? מה יש ברדיו ?
17. איפה אתה גר ? איפה את גָרָה ?
18. איפה אתה לוֹמֵד ? איפה את לוֹמֶדֶת ?
19. איפה אתה עוֹבֵד ? איפה את עוֹבֶדֶת ?
20. איפה יש דואר ? איפה יש בנק ?
21. איך אתה מַרְגִיש עכשיו ?
22. איך את מַרְגִישָה עכשיו ?

השלימו את הצורה הנכונה. Complete using the correct form.

1. הסטודנט לוֹמֵד __אוניברסיטה. **(אל, ב, את)**
2. אני לא יוֹדֵעַ ________ השעה. **(מי, מה, למה)**
3. הם מדברים ________ פוליטיקה. **(על, את, אל)**
4. ________ נוֹסֵעַ לירושלים ? **(מי, מה, איפה)**
5. איפה דני ? ________ בחיפה. **(הם, הן, הוא)**
6. בירושלים ________ ים. **(יש, לא, אין)**
7. דניאל במשׂרד. ________ לוֹמֵד. **(הוא, היא, אתה)**
8. המסעדה ________ סגורה. **(החדשה, היקר, הגדול)**
9. יש פה אוטובוס ? יש, אבל ________ לא נוֹסֵעַ. **(הוא, הם, אתה)**
10. בדירה יש ________ חדרים. **(שלוש, שלושה, ארבע)**
11. ________ סטודנט ו________ סטודנטיות. **(זה, זאת, אלה)**
12. ________ אתה בא ? **(לאן, מאין, איפה)**
13. ________ אתם הוֹלְכִים ? **(לאן, מאין, איפה)**
14. ________ עוֹלָה הטלוויזיה ? **(כמה, למה, איזה)**
15. ________ ספר יש לך ? **(איזה, איזו, אילו)**
16. ________ עיתונים אתה קוֹנֶה ? **(איזה, איזו, אילו)**
17. הוא עָסוּק. ________ לו זמן. **(אתה, לאן, אין)**
18. הם מְבַקְּרִים ________ חברים. **(אצל, ב, אל)**
19. היא מִתְקַשֶּׁרֶת ________ המשׂרד. **(עם, אל, מה)**
20. יש ________ נִסָּיוֹן בעבודה. **(לו, אצלו, איזה)**
21. מה הכתובת ________ ? **(שלך, לך, אתה)**
22. מה השעה? השעה ________. **(אחת, אחד, שבעה)**
23. יש לו ________ אֲחָיוֹת. **(שתיים, שְׁתֵּי, שלושה)**
24. מלצר, ________ לי בבקשה סלט. **(תֵּן, תְּנִי, תְּנוּ)**

Song ! שִׁירוּ !

אֶרֶץ יִשְׂרָאֵל שֶׁלִּי / דָּתְיָה בֶּן-דּוֹר
My Land of Israel / Datia Ben-Dor

אֶרֶץ יִשְׂרָאֵל שֶׁלִּי יָפָה וְגַם פּוֹרַחַת.
מִי בָּנָה וּמִי נָטַע ?
כֻּלָּנוּ בְּיַחַד !
אֲנִי בָּנִיתִי בַּיִת בְּאֶרֶץ יִשְׂרָאֵל -
אָז יֵשׁ לָנוּ אֶרֶץ,
וְיֵשׁ לָנוּ בַּיִת בְּאֶרֶץ יִשְׂרָאֵל.

בית
עץ

אֶרֶץ יִשְׂרָאֵל שֶׁלִּי יָפָה וְגַם פּוֹרַחַת.
מִי בָּנָה וּמִי נָטַע ?
כֻּלָּנוּ בְּיַחַד !
אֲנִי נָטַעְתִּי עֵץ בְּאֶרֶץ יִשְׂרָאֵל -
אָז יֵשׁ לָנוּ אֶרֶץ,
וְיֵשׁ לָנוּ בַּיִת,
וְיֵשׁ לָנוּ עֵץ בְּאֶרֶץ יִשְׂרָאֵל.

אֶרֶץ יִשְׂרָאֵל שֶׁלִּי יָפָה וְגַם פּוֹרַחַת.
מִי בָּנָה וּמִי נָטַע ?
כֻּלָּנוּ בְּיַחַד !
אֲנִי סָלַלְתִּי כְּבִישׁ בְּאֶרֶץ יִשְׂרָאֵל -
אָז יֵשׁ לָנוּ אֶרֶץ,
וְיֵשׁ לָנוּ בַּיִת,
וְיֵשׁ לָנוּ עֵץ
וְיֵשׁ לָנוּ כְּבִישׁ בְּאֶרֶץ יִשְׂרָאֵל.

כביש

אֶרֶץ יִשְׂרָאֵל שֶׁלִּי יָפָה וְגַם פּוֹרַחַת.
מִי בָּנָה וּמִי נָטַע ?
כֻּלָּנוּ בְּיַחַד !
אֲנִי בָּנִיתִי גֶּשֶׁר בְּאֶרֶץ יִשְׂרָאֵל -
אָז יֵשׁ לָנוּ אֶרֶץ,
וְיֵשׁ לָנוּ בַּיִת,
וְיֵשׁ לָנוּ עֵץ
וְיֵשׁ לָנוּ כְּבִישׁ
וְיֵשׁ לָנוּ גֶּשֶׁר בְּאֶרֶץ יִשְׂרָאֵל.

אֶרֶץ יִשְׂרָאֵל שֶׁלִּי יָפָה וְגַם פּוֹרַחַת.
מִי בָּנָה וּמִי נָטַע ?
כֻּלָּנוּ בְּיַחַד !

אֲנִי חִבַּרְתִּי שִׁיר בְּאֶרֶץ יִשְׂרָאֵל -
אָז יֵשׁ לָנוּ אֶרֶץ,
וְיֵשׁ לָנוּ בַּיִת,
וְיֵשׁ לָנוּ עֵץ
וְיֵשׁ לָנוּ כְּבִישׁ
וְיֵשׁ לָנוּ גֶּשֶׁר
וְיֵשׁ לָנוּ שִׁיר עַל אֶרֶץ יִשְׂרָאֵל.

ענו: מה יש לנו בארץ ישראל?

Answer: What do we have in our land of Israel?

יש ____________________

____

____

____

Lesson 3 : What have we learned? | שיעור 3 : מה למדנו?

Vocabulary | אוצר מילים

Nouns | שְׁמוֹת עֶצֶם

agora, cent	(נ) אֲגוֹרָה (אֲגוֹרוֹת)
percent	(ז) אָחוּז (אָחוּזִים)
sister	(נ) אָחוֹת (אֲחָיוֹת)
Miss, lady	(נ) גְּבֶרֶת (גְּבָרוֹת)
passport	(ז) דַּרְכּוֹן (דַּרְכּוֹנִים)
time	(ז) זְמַן (זְמַנִּים)
life	(ז"ר) חַיִּים
public telephone	(ז) טֶלֶפוֹן צִיבּוּרִי
birthday	(ז) יוֹם הוּלֶדֶת
strength, power	(ז) כּוֹחַ (כּוֹחוֹת)
credit card	(ז) כַּרְטִיס אַשְׁרַאי
address	(נ) כְּתוֹבֶת (כְּתוֹבוֹת)
heart	(ז) לֵב
music	(נ) מוּסִיקָה
key	(ז) מַפְתֵּחַ (מַפְתְּחוֹת)
something	(ז) מַשֶּׁהוּ
present, gift	(נ) מַתָּנָה (מַתָּנוֹת)
experience	(ז) נִיסָּיוֹן (נִיסְיוֹנוֹת)
kiss	(נ) נְשִׁיקָה (נְשִׁיקוֹת)
cigarette	(נ) סִיגַרְיָה (סִיגַרְיוֹת)
tree, wood	(ז) עֵץ (עֵצִים)
moment, instant	(ז) רֶגַע (רְגָעִים)
happiness, joy	(נ) שִׂמְחָה (שְׂמָחוֹת)
purse, file	(ז) תִּיק (תִּיקִים)

Adverbs | תוֹאֲרֵי הַפּוֹעַל

in the middle	בְּאֶמְצַע
slowly	לְאַט
(to) there	לְשָׁם
early	מוּקְדָּם

Miscellaneous | שׁוֹנוֹת

then, so	אָז
really	בֶּאֱמֶת
all of us	כּוּלָּנוּ
so, so	כָּכָה, כָּכָה
fun	כֵּיף
very, very much	מְאוֹד
until	עַד
only	רַק

Verbs | פְּעָלִים

like, love	אוֹהֵב- לֶאֱהוֹב
build, construct	בּוֹנֶה- לִבְנוֹת
think	חוֹשֵׁב- לַחֲשׁוֹב
can	יָכוֹל - יְכוֹלָה
understand	מֵבִין- לְהָבִין
compose	מְחַבֵּר- לְחַבֵּר
withdraw(money)	מוֹשֵׁךְ - לִמְשׁוֹךְ
phone, call up	מְצַלְצֵל- לְצַלְצֵל
plant (a tree)	נוֹטֵעַ- לִנְטוֹעַ
is born	נוֹלָד - לְהִיוָּולֵד
give	נוֹתֵן- לָתֵת
close	סוֹגֵר- לִסְגּוֹר
pave	סוֹלֵל- לִסְלוֹל
work as, occupied with	עוֹסֵק- לַעֲסוֹק
do, make	עוֹשֶׂה- לַעֲשׂוֹת
open	פּוֹתֵחַ- לִפְתּוֹחַ
buy, purchase	קוֹנֶה- לִקְנוֹת
dance	רוֹקֵד- לִרְקוֹד
send	שׁוֹלֵחַ- לִשְׁלוֹחַ
hear	שׁוֹמֵעַ- לִשְׁמוֹעַ
sing	שָׁר- לָשִׁיר

Adjectives | שְׁמוֹת תּוֹאַר

tasty	טָעִים (ה) (ים) (ות)
married (m/s, m/pl)	נָשׂוּי (נְשׂוּאִים)
married (f/s, f/pl)	נְשׂוּאָה (נְשׂוּאוֹת)
closed	סָגוּר (ה) (ים) (ות)
blooming	פּוֹרֵחַ (ת) (ים) (ות)
open	פָּתוּחַ (ה) (ים) (ות)
bad	רַע (ה) (ים) (ות)

Question Words | מִילּוֹת שְׁאֵלָה

which?	אֵיזֶה?
how many?	כַּמָּה?
why?	לָמָּה?

Places	מְקוֹמוֹת	In a Restaurant	בַּמִּסְעָדָה
drug store	(ז) בֵּית מִרְקַחַת (בָּתֵּי מִרְקַחַת)	glass	(נ) כּוֹס (כּוֹסוֹת)
public park, garden	(ז) גַּן צִיבּוּרִי	water	(ז"ר) מַיִם
bridge	(ז) גֶּשֶׁר (גְּשָׁרִים)	juice	(ז) מִיץ (מִיצִים)
beach	(ז) חוֹף הַיָּם	salt	(ז) מֶלַח
green grocer	(נ) חֲנוּת יְרָקוֹת	waiter	(ז) מֶלְצָר (מֶלְצָרִים)
road, highway	(ז) כְּבִישׁ (כְּבִישִׁים)	waitress	(נ) מֶלְצָרִית (מֶלְצָרִיּוֹת)
old city	(נ) עִיר עַתִּיקָה	bread	(ז) לֶחֶם (לְחָמִים)
Acre	(נ) עַכּוֹ	salad	(ז) סָלָט (סָלָטִים)
park	(ז) פָּארְק (פָּארְקִים)	tomato	(נ) עַגְבָנִיָּה (עַגְבָנִיּוֹת)
Safed	(נ) צְפַת	cake	(נ) עוּגָה (עוּגוֹת)
public health clinic	(נ) קוּפַּת חוֹלִים		
bus stop	(נ) תַּחֲנָה (תַּחֲנוֹת)		
railway station	(נ) תַּחֲנַת הָרַכֶּבֶת		

At the Post Office	בַּדּוֹאַר	Politics	פּוֹלִיטִיקָה
form	(ז) טוֹפֶס (טְפָסִים)	inflation	(נ) אִינְפְלַצְיָה
address	(נ) כְּתוֹבֶת (כְּתוֹבוֹת)	president	(ז) נָשִׂיא (נְשִׂיאִים)
telegram	(ז) מִבְרָק (מִבְרָקִים)	politics	(נ) פּוֹלִיטִיקָה
questionnaire	(ז) שְׁאֵלוֹן (שְׁאֵלוֹנִים)	Prime Minister	(ז) רֹאשׁ הַמֶּמְשָׁלָה

Expressions / מבעים

I don't know .		אֲנִי לֹא יוֹדֵעַ .
Just a moment!		רֶגַע, רַק רֶגַע !
Wait a moment !		חַכֵּה רֶגַע!

How are you?	Good, thanks.	טוֹב, תּוֹדָה.	מַה שְׁלוֹמְךָ?
What's up?	Very good.	טוֹב מְאוֹד.	מַה נִּשְׁמָע?
What's new?	Excellent. O.K .	מְצוּיָּן . בְּסֵדֶר.	מַה חָדָשׁ?
How do you feel?	Everything is O.K.	הַכּוֹל בְּסֵדֶר.	אֵיךְ אַתָּה מַרְגִּישׁ?
(m + f)	100%.	מֵאָה אָחוּז.	אֵיךְ אַתְּ מַרְגִּישָׁה?
How is _____?	With me everything is O.K.	אֶצְלִי הַכּוֹל בְּסֵדֶר.	מַה שְׁלוֹם ___ ?
How are you?	Not bad. Very bad.	לֹא רַע. רַע מְאוֹד.	מַה הָעִנְיָינִים?
	So, so. It'll be O.K.	כָּכָה, כָּכָה. יִהְיֶה טוֹב.	
	Don't ask !!	אַל תִּשְׁאַל (י) (ו)	

How much does this/that cost?	כַּמָּה זֶה עוֹלֶה?
Excuse me, maybe you know …	סְלִיחָה, אוּלַי אַתָּה יוֹדֵעַ... / אוּלַי אַתְּ יוֹדַעַת...
What's your name?	מַה שְׁמְךָ? / מַה שְׁמֵךְ... ?
What's your address?	מַה הַכְּתוֹבֶת שֶׁלְּךָ? / מַה הַכְּתוֹבֶת שֶׁלָּךְ?
Where were you born?	אֵיפֹה נוֹלַדְתָּ? / אֵיפֹה נוֹלַדְתְּ?

Are you married?	אַתָּה נָשׂוּי? אַתְ נְשׂוּאָה?
I have to withdraw money.	אֲנִי צָרִיךְ לִמְשׁוֹךְ כֶּסֶף.
Do you have a doctor's appointment?	יֵשׁ לְךָ תּוֹר לָרוֹפֵא?
I don't understand.	אֲנִי לֹא מֵבִין.
You can speak slowly.	אַתָּה יָכוֹל לְדַבֵּר לְאַט.
I think that …	אֲנִי חוֹשֵׁב שֶׁ.....
Do you have time?	יֵשׁ לְךָ זְמַן?
I have no time.	אֵין לִי זְמַן .
Do you have a profession?	יֵשׁ לְךָ מִקְצוֹעַ?
I have joy in my heart.	יֵשׁ לִי שִׂמְחָה בַּלֵב.
There's a party in town this evening.	בָּעֶרֶב יֵשׁ בָּעִיר מְסִיבָּה.
We're having fun.	אֲנַחְנוּ "עוֹשִׂים חַיִים".
Congratulations!	מַזָל טוֹב!
That's really fun!	זֶה בֶּאֱמֶת כֵּיף!
Thank you.	תּוֹדָה רבה לְךָ.

Grammatical Structures	מִבְנִים לְשׁוֹנְיִים

1) **There is/ isn't/ are/ aren't + noun**	1) יֵשׁ/אֵין + שֵׁם עֶצֶם
There is strength. **There is no** strength.	יֵשׁ כּוֹחַ. אֵין כּוֹחַ.
There are computers.	יֵשׁ מַחְשְׁבִים.
There are no computers.	אֵין מַחְשְׁבִים.
2) **Where is (isn't) are (aren't) there?**	2) אֵיפֹה יֵשׁ____? אֵיפֹה אֵין_____?
Where are there parties?	אֵיפֹה יֵשׁ מְסִיבּוֹת?
Where isn't there a sea?	אֵיפֹה אֵין יָם?
3) **What is/ are in (the) ___?**	3) מָה יֵשׁ בּ_____?
In (the)____ there is /are_____.	בּ ____ יֵשׁ _____.
What is there in Jerusalem?	מָה יֵשׁ בִּירוּשָׁלַיִם?
In Jerusalem there is the Knesset.	בִּירושלים יֵשׁ הַכְּנֶסֶת.
What isn't/aren't in the ___?	מָה אֵין בּ_____?
In the___ there isn't/ aren't ____.	בּ ____ אֵין _____.
What isn't in the refrigerator?	מָה אֵין בַּמְקָרֵר?
In the refrigerator **there is no** juice .	בַּמְקָרֵר אֵין מִיץ .

4) **יוֹדֵעַ, יוֹדַעַת** – זְמַן הוֹוֶה
אֲנִי **יוֹדֵעַ(ת)** עִבְרִית , אֲנִי לֹא **יוֹדֵעַ(ת)** סְפָרַדִּית.
הוּא **יוֹדֵעַ** , אֵיפֹה יֵשׁ מִסְעָדָה .

4) **know** (m + f) – present tense
I **know** Hebrew; I **don't know** Spanish.
He **knows** where there is a restaurant.

5) צִיווּי – **תֵּן לִי, תְּנִי לִי, תְּנוּ לִי**
(ז/נ/ר) **תֵּן לִי** בְּבַקָּשָׁה כּוֹס מַיִם.

5) the imperative - **give me** (m, f, + pl)
Please **give me** a glass of water.

6) **רוֹצֶה / יָכוֹל / צָרִיךְ / אוֹהֵב + שֵׁם הַפּוֹעַל**
הַסְּטוּדֶנְט **רוֹצֶה לִלְמוֹד** בָּאוּנִיבֶרְסִיטָה.
הַתַּלְמִידָה **יְכוֹלָה לִנְסוֹעַ** בָּאוֹטוֹבּוּס.
הַפְּקִידוֹת **צְרִיכוֹת לַעֲבוֹד** בַּבַּנְק.
הַיְלָדִים **אוֹהֲבִים לָלֶכֶת** לַקּוֹלְנוֹעַ.

6) **want / can / need / like + infinitive**
The student **wants to study** at the university.
The pupil **can travel** by bus.
The clerks **have to work** in the bank.
The children **like to go** to the movies.

7) מִשְׁפְּטֵי סִיבָּה: **כִּי...**
הוּא רוֹצֶה לִלְמוֹד אַנְגְּלִית , **כִּי** הוּא צָרִיךְ לִנְסוֹעַ לְאָמֶרִיקָה.

7) the conjunction – **because** - causal clauses
He wants to learn English **because** he has to travel to America.

8) **יֵשׁ / אֵין + לִי/ לְךָ/ לָךְ/ לוֹ/ לָהּ**
לָנוּ/ לָכֶם/ לָכֶן/ לָהֶם/ לָהֶן
יֵשׁ לוֹ כֶּסֶף. **אֵין לוֹ** אִישָּׁה .
יֵשׁ לָהֶם פְּגִישׁוֹת.

8) **to have / to have not**
in 1st, 2nd +3rd persons, m + f / s + pl
He has money. **He has no** wife.
They have meetings.

9) **ל_____ יֵשׁ/ אֵין** _____ + שֵׁם עֶצֶם
לַמֶּלְצַר יֵשׁ לֶחֶם.
לָרוֹפֵא אֵין טוֹפֶס.

9) **to have / to have not** with nouns
The waiter **has** bread.
The doctor **doesn't have** a form.

10) **כִּינּוּיֵי שַׁיָּיכוּת**
מִילַּת הַיַּחַס "שֶׁל" בִּנְטִיָּיה

שֶׁל מִי ה_____?
שֶׁלִּי/ שֶׁלְּךָ/ שֶׁלָּךְ/ שֶׁלּוֹ/ שֶׁלָּהּ
שֶׁלָּנוּ/ שֶׁלָּכֶם/ שֶׁלָּכֶן/ שֶׁלָּהֶם/ שֶׁלָּהֶן

שֶׁל מִי הַסֵּפֶר?
הַסֵּפֶר **שֶׁל** הַיְלָדִים, הַסֵּפֶר **שֶׁלָּהֶם.**
לֹא, הַסֵּפֶר **שֶׁלִּי.**

10) **the possessive pronouns** –
the conjugation of the preposition "שֶׁל"

Whose---------- is it?
my/ your (m + f /s) **his/ her**
our /your (m + f /pl) **their** (m + f /pl)

Whose book is it?
It's the children'**s** book, **their** book.
No, it's **my** book.

Lesson 4 שיעור 4

בָּא ל... come to ...

הוֹלֵךְ ל... go to ...

נוֹסֵעַ ל... traveling to ...

מְדַבֵּר עם... speak to ...

מְטַייל ב... tour ...

מְבַקֵּר ב... / אֵצֶל / אֶת visit ... / at the place of / the

קראו את הקטע. **Read the passage.**

ראש הממשלה של ישׂראל *נוֹסֵעַ* *ל*ארצות הברית. הוא *הוֹלֵךְ* *לְבַקֵּר* *אצל* הנשׂיא. הוא צריך לְדַבֵּר אִיתוֹ על תַּהֲלִיך השלום. הוא לא *מְבַקֵּר* *ב*מוזאון, הוא לא *מְטַייל* *ב*עיר, כי אין לו זמן. הוא *בָּא* *ל*ארצות הברית *לְדַבֵּר* *עם* הנשׂיא על שלום.

כתבו שאלות ותשובות לפי הקטע.
Write questions and answers according to the passage.

1. *לאן* ______________? ______________
2. *עם מי* ______________? ______________
3. *למה* ______________? ______________
4. *על מה* ______________? ______________

השלימו את הטבלה. **Fill in the table.**

Infinitive	f/pl	m/pl	f/s	m/s
לָגוּר	גָּרוֹת	גָּרִים	גָּרָה	גָּר
לָבוֹא				בָּא
לָלֶכֶת				הוֹלֵךְ
לִנְסוֹעַ				נוֹסֵעַ
לְדַבֵּר				מְדַבֵּר
לְטַייל				מְטַייל
לְבַקֵּר				מְבַקֵּר

לוֹמֵד – לִלְמוֹד
study – to study

Complete the sentences using the infinitive. **השלימו את שם הפועל.**

.1 הוא **קוֹרֵא** עיתון, **כִּי** הוא אוֹהֵב *לִקְרוֹא* עיתון.

.2 הם **נוֹסְעִים** לירושלים, **כִּי** הם צריכים ________ לירושלים.

.3 היא **אוֹכֶלֶת** פיצה, **כִּי** היא אוֹהֶבֶת ________ פיצה.

.4 הן **עוֹבְדוֹת**, **כִּי** הן צריכות ________.

.5 הילדים **קָמִים** מוקדם, **כִּי** הם צריכים ________ מוקדם.

.6 הסטודנט לא **עוֹבֵד**, **כִּי** הוא לא יכול ________.

.7 הסטודנטים **הוֹלְכִים** לאוניברסיטה, **כִּי** הם צריכים ________ לאוניברסיטה.

.8 הוא **מְדַבֵּר** בטלפון, **כִּי** הוא צריך ________ בטלפון.

.9 הם **מְטַיילִים** בפארק, **כִּי** הם אוֹהֲבִים ________ בפארק.

.10 הן **נוֹסְעוֹת** לִשְׂדֵה הַתְעוּפָה, **כִּי** הן צריכות ________ לִשְׂדֵה הַתְעוּפָה.

.11 התלמידים **מְבַקְרִים** במוזאון, **כִּי** הם אוֹהֲבִים ________ במוזאון.

כתבו שאלות לתשובות.

Write answers to the questions, using the question words below.

השתמשו במילות שאלה אלה: ________

לְאָן?	אֵיפֹה?	מָתַי?
Where to?	Where?	When?

דוגמה: Example: Where are you going? I am going to the university.

.1 *לאן אתה הולך?* אני הוֹלֵךְ לאוניברסיטה.

.2 ________? יוסף הוֹלֵךְ לעבודה.

.3 ________? שׂרה נוֹסַעַת לִירוּשלים.

.4 ________? נתן עוֹבֵד בבנק.

.5 ________? הם גָרִים בקנדה.

.6 ________? הן קָמוֹת בשעה 7:00.

.7 ________? בבוקר אנחנו מִתְרַחֲצִים וּמִתְלַבְּשִׁים.

.8 ________? אני אוֹכֵל אֲרוּחַת בוקר בבית.

.9 ________? בשבת אנחנו קָמוֹת מְאוּחָר.

"דַע מֵאַיִן בָּאתָ וּלְאָן אַתָּה הוֹלֵךְ" (פרקי אבות ג, א)

השלימו את השאלות לפי הדוגמה.

Complete the questions according to the example.

1. איפה היא **גָרָה** ? — איפה הוא _גר_ ?
2. איפה הם **עוֹבְדִים** ? — איפה הן ____________?
3. את **קוֹרֵאת** עִיתון ? — אתן ____________?
4. מה אַתְּ **עוֹשָׂה** היום ? — מה אתם ____________?
5. איפה אתם **מְטַיְילִים** ? — איפה אתן ____________?
6. מתי אתן **עוֹבְדוֹת** ? — מתי את ____________?
7. מה אתה **אוֹהֵב** לֶאֱכוֹל ? — מה הוא ____________?
8. מה היא **אוֹהֶבֶת** לִקְרוֹא ? — מה הוא ____________?
9. מה אתְּ **אוֹהֶבֶת** לַעֲשׂוֹת בגן ? — מה אתן ____________?
10. עם מי היא **מְדַבֶּרֶת** בטלפון ? — עם מי אתה ____________?
11. מתי הם **רוֹצִים** לָבוֹא ? — מתי אתן ____________?
12. מאין הוא **בָּא** ? — מאין היא ____________?
13. מה אתם **אוֹהֲבִים** לֶאֱכוֹל ? — מה אתן ____________?
14. מה הוא **אוֹכֵל** בבּוֹקר ? — מה הן ____________?
15. את **רוֹצָה** לֶאֱכוֹל פּיצה ? — אתן ____________?
16. איפה הם **רוֹצִים** לָגוּר ? — איפה הן ____________?
17. מתי היא **מְטַיילֶת** ? — מתי הן ____________?
18. איפה הן **אוֹהֲבוֹת** לְטַייל ? — איפה הם ____________?

קראו את המשפטים והשלימו לפי הדוגמה. (שימו לב למילת היחס בשאלה ובתשובה).

Read and complete the sentences according to the example.
(note the preposition in both question and answer).

1. **מֵאַיִן** אתה ? אני מֵצרפת.
2. **לְאָן** אתה הולך ? אני הולך לַבנק.
3. **שֶׁל מִי** הספר ? הספר ________ הסטודנט.
4. **עַל מִי** אתם מְדַבְּרִים ? אנחנו מְדַבְּרִים ________ הילדים.
5. **בִּשְׁבִיל מִי** הקפה ? הקפה ________ שׂרה.
6. **עִם מִי** הוא הולֵךְ לסרט ? הוא הולֵךְ לסרט ________ גילה.
7. **עַל מָה** אתם לוֹמְדִים ? אנחנו לוֹמְדִים ________ ירושלים.
8. **עַל יַד מִי** אתן גָרוֹת ? אנחנו גָרוֹת ________ ההורים.
9. **עַל יַד מָה** היא עוֹבֶדֶת ? היא עוֹבֶדֶת ________ המוזאון.
10. **מִמָּתַי** אתה חולה ? אני חולה ________ יום ראשון.

כתבו שאלות לתשובות, השתמשו במילות השאלה האלה:

Write answers to the questions, using the question words below:

שֶׁל מִי...?	עַל מַה...?	בִּשְׁבִיל מִי...?	מֵאַיִן...?
Whose...?	**About what...?**	**For whom...?**	**From where...?**
לְאָן...?	אֶת מַה...?	עִם מִי...?	מִמָּתַי...?
Where to...?	**What ...?**	**With whom ...?**	**Since when ...?**

1. של מי המכונית ? המכונית **של** דני.
2. ______ ? הם נמצאים בישראל **מֵ**חודש ינואר.
3. ______ ? המתנה **בשביל** החברה שלו.
4. ______ ? הסטודנטית לוֹמֶדֶת **עם** משה.
5. ______ ? היא נוֹסַעַת **ל**ירושלים.
6. ______ ? הן חוֹשְׁבוֹת **על** העתיד.
7. ______ ? הם **מֵ**רוסיה.
8. ______ ? אנחנו מדברים **על** פוליטיקה.
9. ______ ? אני מְשַׁלֶּמֶת **את** החשבון.
10. ______ ? היא שׁוֹלַחַת מכתב **ל**צרפת.

חברו את שני החלקים למשפטים.

Compose sentences by connecting the two columns.

אֲבָל **But**

דוגמה: יֵשׁ לִי קָפֶה, אֲבָל אֵין לִי חָלָב.

Example: I have coffee, but I don't have milk.

יש לי קפה,		הוא לא בסדר.
יש לו אחות,		המנהל לא נִמְצָא.
יש לה שעון,		אִשְׁתּוֹ לא עוֹבֶדֶת.
הפקידה נִמְצֵאת במשׂרד,	אֲבָל →	אין לי חלב.
הוא עוֹבֵד,		הוא לא פּוֹגֵשׁ את המלכּה.
ראש הממשלה נוֹסֵעַ לאנגליה,		הספר עוֹלֶה הרבּה כּסף.
הוא רוצה לִקְנוֹת את הספר,		אין להם כּרטיסים.
הם רוצים לִרְאוֹת את הסרט,		אין לו אח.

The Human Body   גּוּף הָאָדָם

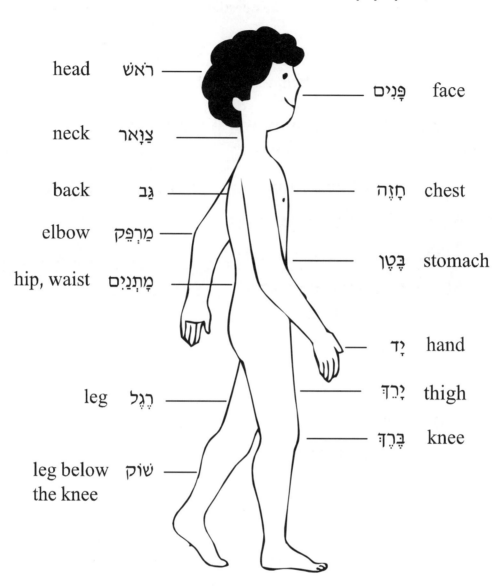

head   רֹאשׁ

neck   צַוָּאר

back   גַּב

elbow   מַרְפֵּק

hip, waist   מָתְנַיִם

leg   רֶגֶל

leg below the knee   שׁוֹק

פָּנִים   face

חָזֶה   chest

בֶּטֶן   stomach

יָד   hand

יָרֵךְ   thigh

בֶּרֶךְ   knee

The Face   פָּנִים

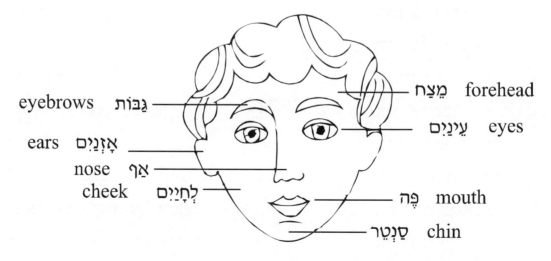

eyebrows   גַּבּוֹת

ears   אָזְנַיִם

nose   אַף

cheek   לְחָיַיִם

מֵצַח   forehead

עֵינַיִם   eyes

פֶּה   mouth

סַנְטֵר   chin

מַה כּוֹאֵב לְךָ ? כּוֹאֵב לִי ה... כּוֹאֶבֶת לִי ה... כּוֹאֲבוֹת לִי ה...

What hurts you? **(Note: the verb agrees in gender and number with the part of the body referred to.)**

כּוֹאֵב	לִי, לְךָ, לָךְ, לוֹ, לָהּ, לָנוּ, לָכֶם, לָכֶן, לָהֶם, לָהֶן	ה	רֹאשׁ, גוּף, גָרוֹן, פֶּה, גַב, לֵב
כּוֹאֶבֶת			בֶּטֶן, שֵׁן, עַיִן, אוֹזֶן, יָד, רֶגֶל
כּוֹאֲבוֹת			עֵינַיִים, יָדַיִים

מַה כּוֹאֵב לָהֶם ?

כּוֹאֶבֶת לָהּ הָאוֹזֶן.

She has an earache.

כּוֹאֵב לוֹ הָרֹאשׁ.

He has a headache.

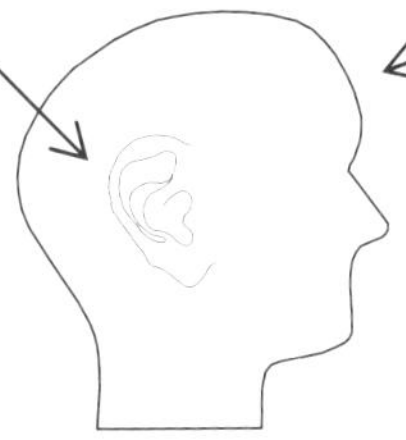

כּוֹאֶבֶת לִי הָעַיִן.

My eye hurts.

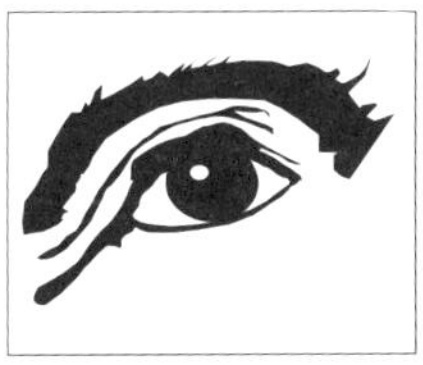

כּוֹאֲבוֹת לָהֶן הָרַגְלַיִים.

Their feet hurt.

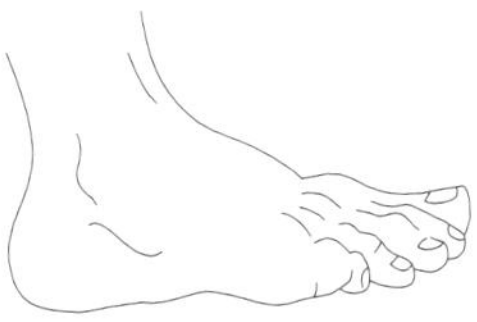

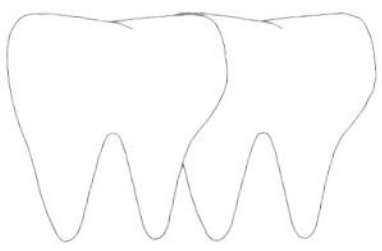

כּוֹאֲבוֹת לָהֶם הַשִּׁינַיִים.

They have toothaches.

"נֶפֶשׁ בְּרִיאָה בְּגוּף בָּרִיא" (תרגום מלטינית)

"A Healthy Mind in a Healthy Body"

השלימו: כּוֹאֵב, כּוֹאֶבֶת, כּוֹאֲבִים, כּוֹאֲבוֹת

Complete, using the correct form of "כּוֹאב".

1. יעקב חולה, ___________ לו הָרֹאשׁ.
2. היא הוֹלֶכֶת לרופא, כּי ___________ לה הָעֵינַיִים.
3. לשׂרה ___________ הָעַיִן הַיְמָנִית.
4. לילד ___________ הַבֶּטֶן.
5. כָּל הגוף ___________ לו.
6. לאיש הזה ___________ הָרַגְלַיִים.
7. אני מַרְגִישָׁה לא טוב, ___________ לי הַגָּרוֹן.
8. לתינוק ___________ הָאוֹזְנַיִים.
9. לחייל ___________ הַשִּׁינַּיִים.
10. האישה שלי חוֹלָה.___________ לה הַגַּב.

אוי,
איזה
כּאב ראש!

אֵצֶל הָרוֹפֵא — At the Doctor's

דוקטור,
אני לא יודע למה,
אבל כּואב לי הגב!

רופא: בּבקשה לְהִיכָּנֵס !

חולה: שלום דוקטור, אני מַרְגִישׁ רע.

רופא: יש לך חום ?

חולה: לא, אין לי חום.

רופא: מה כּוֹאֵב לך ?

חולה: _________ לי הָרֹאשׁ. _________ לי הַגַּב.

_________ לי הָרַגְלַיִים. _________ לי הָאוֹזֶן.

ו_________ לי הַבֶּטֶן.

רופא: סליחה, מה לא כּוֹאֵב לך ?

חולה: לא כּוֹאֵב לי ה... ה...

(אתה)	(את)	(אתם)	(אתן)
תִּהְיֶה בָּרִיא!	תִּהְיִי בְּרִיאָה!	תִּהְיוּ בְּרִיאִים!	תִּהְיוּ בְּרִיאוֹת!
m/s	f/s	m/pl	f/pl

Get Well!! / Be Healthy!!

מִשְׁפְּטֵי סִיבָּה
Causal Clauses

Because ...   **כִּי...   מִפְּנֵי שֶׁ...**

השלימו את המשפטים. השתמשו במילים: כּוֹאב, כּוֹאבת, כּוֹאבים, כּוֹאבות

Complete the sentences. Use the correct form of "כּוֹאב".

1. אני לא יכול לָבוֹא לאולפן, כִּי כּוֹאֵב לִי הָרֹאשׁ.
2. היא עֲצוּבָה, כּי ______
3. הוא לא יכול לַעֲמוֹד, מפּני שֶׁ______
4. הם לא יכולים לָשִׁיר, כּי ______
5. הילד לא יכול לִישׁוֹן, מפּני ש______
6. הן לא יכולות לָרוּץ, כּי ______
7. אתה לא יכול לָלֶכֶת לעבודה, מפּני שֶׁ______
8. אתן לא יכולות לִרְקוֹד, כּי ______
9. אנחנו לא יכולים לֶאֱכוֹל, מפּני שֶׁ______
10. אתְ לא יכולה לָבוֹא, כּי ______

מַה כְּדַאי לְךָ לַעֲשׂוֹת כְּדֵי לִהְיוֹת בָּרִיא ?
?What's worth doing in order for you to be healthy

כְּדַאי לְךָ
אָסוּר לְךָ + **שם הפועל**
מוּתָר לְךָ

1. כְּדַאי לך לָלֶכֶת בּרגל.
2. אָסוּר לך לִשְׁתּוֹת ויסקי.
3. מוּתָר לך לֶאֱכוֹל רק סלט ירקות.

It's worth your while
You're forbidden   **+ Infinitive**
You're allowed

1. *It's worth your while* to go by foot.
2. *You're forbidden* to drink whiskey.
3. *You're allowed* to eat only vegetable salad.

השלימו את המשפטים.   **Complete the sentences.**

1. כּדאי לך ______
2. כּדאי לך ______
3. אסור לך ______
4. אסור לך ______
5. מותר לך ______
6. מותר לך ______

Song ! **שירו !**

חָבֵר שָׁלֵם / שלומית כהן אסיף

A Real Friend / Shlomit Cohen Asif

כָּל אֶחָד צָרִיךְ
שֶׁיִּהְיֶה לוֹ חָבֵר אֶחָד לְפָחוֹת
חָבֵר יוֹתֵר מֵאָח, יוֹתֵר מֵאָחוֹת.
חָבֵר כָּל הַזְּמַן, כָּל הַיָּמִים
לא חָבֵר לִפְעָמִים.
חָבֵר שֶׁמַּקְשִׁיב
שֶׁיּוֹדֵעַ לָרִיב.
חָבֵר בְּלִי לְשַׁקֵּר
חָבֵר שֶׁתָּמִיד חוֹזֵר.

כָּל אֶחָד צָרִיךְ
שֶׁיִּהְיֶה לוֹ חָבֵר.
לא רֶבַע חָבֵר,
לא חֵצִי
חָבֵר שָׁלֵם, אֶחָד לְפָחוֹת
חָבֵר יוֹתֵר מֵאָח, יוֹתֵר מֵאָחוֹת.

Answer the questions according to the song. **ענו על השאלות לפי השיר.**

1. מה צריך כָּל אחד ? ______________________

2. השלימו: איזה חבר צריך כָּל אחד ?

חבר ש______________________

חבר ש______________________

חבר בלי______________________

חבר שתמיד______________________

חבר יותר מ______________, יותר מ______________.

3. איזה חבר אתה /את צריך /ה ?

____

____

השיר לקוח מתוך "הספר הגדול של שלומית" הוצאת עם עובד.

בניין פיעל - זמן הווה
"Pi'el" Conjugation – Present Tense

השלימו את הפעלים בטבלה. Complete the table by filling in the verbs.

לְדַבֵּר	מְדַבְּרוֹת	מְדַבְּרִים	מְדַבֶּרֶת	מְדַבֵּר
				מְטַיֵּיל
			מְחַפֶּשֶׂת	
		מְבַקְּרִים		
	מְשַׁלְמוֹת			
לְקַבֵּל				

נוֹסְעִים לִירוּשָׁלַיִם
Going to Jerusalem

דני: אפשר לְדַבֵּר עם מיכאל ?

מיכאל: כן, מְדַבֵּר.

דני: שלום מיכאל, מְדַבֵּר דני. אתה רוצה לִנְסוֹעַ לירושלים ?

מיכאל: כן, אני אוֹהֵב לְטַיֵּיל בִּירושלים.

דני: יופי ! ! !

מיכאל: מה אתה רוצה לַעֲשׂוֹת בירושלים ?

דני: אפשר לְבַקֵּר במוזאון. אפשר לְטַיֵּיל בָּעיר העתיקה.
אפשר לְצַלֵּם בִּירושלים, יש שם רחובות מעניינים וּבָתִּים עַתִּיקִים.

מיכאל: מתי אתה רוצה לִנְסוֹעַ ?

דני: מחר בבוקר בשעה שְׁמוֹנֶה.

מיכאל: בסדר, להתראות בתחנת "אגד" בשעה שְׁמוֹנֶה.

ענו על השאלות. Answer the questions.

1. איפה מְטַיְּילִים דני ומיכאל ? _____

2. מה מְצַלֵּם דני בירושלים ? _____

3. איפה הם מְבַקְּרִים ? _____

4. מתי הם נוֹסְעִים ? _____

אֵיךְ מַגִּיעִים לְ... ? אֵיךְ הוֹלְכִים לְ... ?
How Does One Go To / Get To ...?

קִרְאוּ את השאלות, וענו תשובות.

Read and answer the questions.

אֵיךְ מַגִּיעִים ל / אֵיךְ הוֹלְכִים ל	דואר	?	■ אני מִצְטַעֵר, אני לא יוֹדֵעַ.
	סופרמרקט		■ זה רחוק, צריך לִנְסוֹעַ באוטובוס.
	תחנת רכבת		■ זה קרוב, זה מול הבנק.
	שוק		■ זה ברחוב אלנבי.
	קַנְיוֹן		■ זה על יד כִּכַּר דיזנגוף.
	משרד הַפְּנִים		■ זה מול תַּחֲנַת הַדֶּלֶק.
	קופת חולים		■ אני מִצְטַעֶרֶת, אני לא מִפֹּה.
	בנק		■ אני לא מְדַבֶּרֶת עברית.

כִּתבו שאלות ותשובות לפי הדוגמה.

Write questions and answers according to the example.

1. איך מגיעים לדואר? ___ אני מצטער, אני לא יודע.
2. ________? ________
3. ________? ________
4. ________? ________
5. ________? ________
6. ________? ________
7. ________? ________
8. ________? ________

> "כָּל הַנְּחָלִים הוֹלְכִים אֶל הַיָּם" (קהלת א, ז)

How does one get to the bank? אֵיךְ מַגִּיעִים לַבַּנְק?

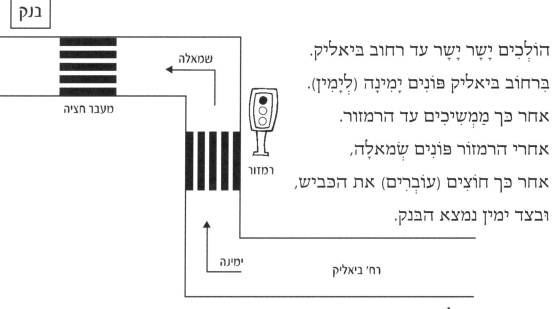

הוֹלְכִים יָשָׁר יָשָׁר עד רחוב בּיאליק.
בּרחוב בּיאליק פּוֹנִים יָמִינָה (לְיָמִין).
אחר כּך מַמְשִׁיכִים עד הרמזור.
אחרי הרמזור פּוֹנִים שְׂמאלָה,
אחר כּך חוֹצִים (עוֹבְרִים) את הכּביש,
וּבצד ימין נמצא הבנק.

אֵיךְ מַגִּיעִים לַבַּנְק ? כִּתְבוּ אֶת הַטֶּקְסְט בּגוּף שני (יחיד).

How does one get to the bank? Write the passage in the 2nd person m / s.

אתה הולך ______________________________

____

____

____

אֵיךְ מַגִּיעִים לַבַּנְק ? כִּתְבוּ אֶת הַטֶּקְסְט בּגוּף שני (יחידה).

How does one get to the bank? Write the passage in the 2nd person f /s.

אתְ הולכת ______________________________

____

____

____

כִּתְבוּ: אֵיךְ אַתֶּם /ן מַגִּיעִים /וֹת לָאוּלְפָּן / לָאוּנִיבֶרְסִיטָה ?

Write how you (m / f /pl) get to the Ulpan / to the University.

אני ______________________________

____

____

____

כַּאֲשֶׁר לֹא יוֹדְעִים צָרִיךְ לִשְׁאוֹל...
When One Does Not Know One Has To Ask ...

Read the Dialogs.

קראו את השׂיחות.

שׂיחה ① Dialog 1

נוסע: סליחה, אתה מַגִּיעַ לרחוב דיזינגוף ?

נהג: כֵּן, אני מַגִּיעַ לשם.

נוסע: כמה תחנות אני צריך לִנְסוֹעַ ?

נהג: אתה צריך לִנְסוֹעַ שבע תחנות.

(אחרי שנסעו כמה תחנות)

נוסע: סליחה, אני צריך לָרֶדֶת עכשיו ?

נהג: לא, בַּתַּחֲנָה הַבָּאָה אתה צריך לָרֶדֶת.

נוסע: תודה רבּה לך.

זה בסוף הרחוב.

שׂיחה ② Dialog 2

לאה: סליחה, איך אפשר לְהַגִּיעַ לַתַּחֲנָה הַמֶּרְכָּזִית ?

רחל: אפשר לָלֶכֶת בּרגל, זה לא רחוק.

לאה: איפה נמצאת התחנה ?

רחל: היא נִמְצֵאת בּסוף הרחוב הזה.

לאה: תודה רבּה.

שלום.

שׂיחה ③ Dialog 3

איש: סליחה, איך הוֹלְכִים לרחוב אסתר המלכּה ?

גברת: בּרחוב הראשון אתה צריך לִפְנוֹת יָמִינָה.

אתה מְחַפֵּשׂ את מִשְׂרַד הקליטה ?

איש: נכון, איך יָדַעְתְּ ?

גברת: אני מְבִינָה שֶׁאתה עוֹלֶה חדש.

איש: אני מְחַפֵּשׂ גם עבודה טובה.

אני מְחַפֵּשׂ גם דירה גדולה,

ואני מְחַפֵּשׂ גם אִשָּׁה יפה...

משרד הקליטה
...גם אישה יפה...!

0 - 10 מִסְפָּרִים בְּזָכָר
0 – 10 Numbers in the Masculine

0	אֶפֶס	
1	אֶחָד	בַּיִת אֶחָד
2	שְׁנַיִים / שְׁנֵי	שְׁנֵי בָּתִים
3	שְׁלוֹשָׁה	שְׁלוֹשָׁה מִבְרָקִים
4	אַרְבָּעָה	אַרְבָּעָה כַּרְטִיסִים
5	חֲמִישָּׁה	חֲמִישָּׁה חֲבֵרִים
6	שִׁישָּׁה	שִׁישָּׁה סְפָרִים
7	שִׁבְעָה	שִׁבְעָה שָׁבוּעוֹת
8	שְׁמוֹנָה	שְׁמוֹנָה יָמִים
9	תִּשְׁעָה	תִּשְׁעָה חוֹדָשִׁים
10	עֲשָׂרָה	עֲשָׂרָה שְׁקָלִים

שימו לב !

- **המספר 1 בא אחרי שם העצם, לדוגמה: בית** אחד.
- **המספר 2 מתקצר לפני שם העצם, לדוגמה: שניים** – שני **בתים.**

Note !
The numeral "1" is placed after the noun . See the example above (one house).
The numeral "2" is shortened before a noun. See the example above (two houses).

Write the numbers using full words. כתבו את המספרים במילים.

1. **תֵּן לי בבקשה** (5) ______________ **בולים.**
2. **זה עולֶה** (8) ______________ **שקלים.**
3. **תְּני לי בבקשה** (3) ______________ **כרטיסים.**
4. **בתורה יש** (5) ______________ **ספרים.**
5. **בשבוע יש** (7) ______________ **ימים.**
6. **אני שולַחַת** (4) ______________ **מכתבים.**
7. **יש לי** (2) ______________ **חברים טובים.**
8. **כמה עולֶה כרטיס** (1) ______________ **לקולנוֹעַ ?**
9. **אנחנו בישראל** (9) ______________ **חודשים.**
10. **הם לוֹמְדִים** (10) ______________ **שבועות.**

11 - 20 מִסְפָּרִים בִּנְקֵבָה

11 – 20 Numbers in the Feminine

11	אַחַת עֶשְׂרֵה		20-100 בזכר ובנקבה
12	שְׁתֵּיים עֶשְׂרֵה	20	עֶשְׂרִים
13	שְׁלוֹשׁ עֶשְׂרֵה	30	שְׁלוֹשִׁים
14	אַרְבַּע עֶשְׂרֵה	40	אַרְבָּעִים
15	חֲמֵשׁ עֶשְׂרֵה	50	חֲמִישִּׁים
16	שֵׁשׁ עֶשְׂרֵה	60	שִׁישִּׁים
17	שְׁבַע עֶשְׂרֵה	70	שִׁבְעִים
18	שְׁמוֹנֶה עֶשְׂרֵה	80	שְׁמוֹנִים
19	תְּשַׁע עֶשְׂרֵה	90	תִּשְׁעִים
20	עֶשְׂרִים	100	מֵאָה

שימו לב !

אַרְבַּע – אַרְבָּעִים, שֶׁבַע – שִׁבְעִים
שְׁלוֹשִׁים וְאֶחָד **תלמידים**, **שלושים** וְאַחַת **תלמידות**,
שלושים וְאֶחָד **תלמידים ותלמידות**.

Note !
the spelling in Hebrew of: four (f) – ***forty*, seven** (f) – ***seventy***
the spelling in Hebrew of thirty-*one* (boy) pupils, thirty-*one* (girl) pupils
thirty-*one* (boy) *pupils* and (girl) *pupils*

כִּתבו את המספרים בנקבה במילים.

Write the numbers in the feminine using full words.

11 חיילות ____________

13 שְׂמָלוֹת ____________

15 בנות ____________

16 מנורות ____________

19 מחברות ____________

17 שנים ____________

14 נָשִׁים ____________

21 דירות ____________

32 אגורות ____________

43 מחברות ____________

75 פקידות ____________

87 מורות ____________

68 טלוויזיות ____________

55 תמונות ____________

Lesson 4 : What have we learned? שִׁיעוּר 4 : מה למדנו?

Vocabulary אוֹצר מילים

Verbs	פְּעָלִים	Nouns	שְׁמוֹת עֶצֶם
cross	חוֹצֶה- לַחֲצוֹת	man	(ז) אָדָם
go down, get off	יוֹרֵד- לָרֶדֶת	brother	(ז) אָח (אַחִים)
pain, hurt	כּוֹאֵב- לִכְאוֹב	breakfast	(נ) אֲרוּחַת בּוֹקֶר
look for	מְחַפֵּשׂ- לְחַפֵּשׂ	U. S. A.	(נ) אַרְצוֹת הַבְּרִית
continue	מַמְשִׁיךְ- לְהַמְשִׁיךְ	daughter, girl	(נ) בַּת (בָּנוֹת)
take a picture, film	מְצַלֵּם- לְצַלֵּם	body	(ז) גוּף
listen	מַקְשִׁיב- לְהַקְשִׁיב	fever	(ז) חוֹם
pay for	מְשַׁלֵּם- לְשַׁלֵּם	notebook	(נ) מַחְבֶּרֶת (מַחְבָּרוֹת)
tell a lie	מְשַׁקֵּר- לְשַׁקֵּר	queen	(נ) מַלְכָּה (מְלָכוֹת)
dress (oneself)	מִתְלַבֵּשׁ- לְהִתְלַבֵּשׁ	Interior Ministry	(ז) מִשְׂרַד הַפְּנִים
wash (oneself)	מִתְרַחֵץ- לְהִתְרַחֵץ	Ministry of Absorpti	(ז) מִשְׂרַד הַקְּלִיטָה
enter , get into	נִכְנָס- לְהִיכָּנֵס ל...	shopping center	(ז) קַנְיוֹן (קַנְיוֹנִים)
stand	עוֹמֵד- לַעֲמוֹד	traffic light	(ז) רַמְזוֹר (רַמְזוֹרִים)
turn to (someone)	פּוֹנֶה- לִפְנוֹת ל...	market	(ז) שׁוּק (שְׁוָוקִים)
quarrel, fight	רָב- לָרִיב	process	(ז) תַּהֲלִיךְ (תַּהֲלִיכִים)
run	רָץ- לָרוּץ	Torah	(נ) תּוֹרָה

Adverbs of Place	תּוֹאֲרֵי הַפּוֹעַל- מָקוֹם	Adverbs of Time	תּוֹאֲרֵי הַפּוֹעַל- זְמַן
at the end (of the street)	בְּסוֹף ה...	afterwards	אַחַר כָּךְ
at / on the side	בְּצַד...	sometimes	לִפְעָמִים
on the right side	בְּצַד יָמִין	late	מְאוּחָר
on the left side	בְּצַד שְׂמֹאל		
by foot	בְּרֶגֶל		
to the right	יָמִינָה (לְיָמִין)		
straight	יָשָׁר		
near, nearby	קָרוֹב		
to the left	שְׂמֹאלָה (לִשְׂמֹאל)		

Adverbs of Quantity	תּוֹאֲרֵי הַפּוֹעַל- כַּמוּת	Adjectives	שְׁמוֹת תּוֹאַר
half	חֵצִי	healthy	בָּרִיא (ה)(יִם)(וֹת)
more than …	יוֹתֵר מ...	sick	חוֹלֶה, חוֹלָה (יִם)(וֹת)
at least	לְפָחוֹת	right	יָמִין (יְמָנִית)
quarter	רֶבַע	sad	עָצוּב (ה)(יִם)(וֹת)
full, whole, complete	שָׁלֵם (ה)(יִם)(וֹת)		

Conjunctions	מִילוֹת קִישׁוּר	Prepositions	מִילוֹת יַחַס
also	גַּם	at (the place of …)	אֵצֶל
because	מִפְּנֵי שֶׁ...	without	בְּלִי
when	כַּאֲשֶׁר		

Parts of the Face	חֶלְקֵי הַפָּנִים	The Human Body	גּוּף הָאָדָם
ear	(נ) אוֹזֶן (אוֹזְנַיִים)	stomach	(נ) בֶּטֶן
nose	(ז) אַף	knee	(נ) בֶּרֶךְ (בִּרְכַּיִים)
eyebrow	(נ) גַּבָּה (גַּבּוֹת)	back	(ז) גַּב
cheek	(נ) לְחִי (לְחָיַיִם)	throat	(נ) גָּרוֹן
forehead	(ז) מֵצַח	chest	(ז) חָזֶה
chin	(ז) סַנְטֵר	hand	(נ) יָד (יָדַיִים)
eye	(נ) עַיִן (עֵינַיִים)	thigh	(נ) יָרֵךְ (יְרֵכַיִים)
mouth	(נ) פֶּה	hip, waist	(ז"ר) מׇותְנַיִים
tooth	(נ) שֵׁן (שִׁינַּיִים)	elbow	(ז) מַרְפֵּק (מַרְפְּקִים)
		face	(נ) פָּנִים
		neck	(ז) צַוָּואר
		head	(ז) רֹאשׁ
		leg	(נ) רֶגֶל (רַגְלַיִים)
		leg below the knee	(נ) שׁוֹק
		hair	(ז) שֵׂיעָר

Expressions — מבעים

What pain do you have? (What hurts you?)
I have a ….. ache.
I have an ear ache. I have a back ache.
My feet hurt. Dani has a stomach ache.
I feel bad. I have a fever.

מַה כּוֹאֵב לָךְ?

כּוֹאֵב (כּוֹאֶבֶת , כּוֹאֲבוֹת) לִי הַ ...
כּוֹאֶבֶת לִי הָאוֹזֶן. כּוֹאֵב לִי הַגַּב .
כּוֹאֲבוֹת לִי הָרַגְלַיִים. לְדָנִי כּוֹאֶבֶת הַבֶּטֶן.
אֲנִי מַרְגִּישׁ רַע . יֵשׁ לִי חוֹם.

How does one go to Jerusalem?
How does one get to the market?
How does one get from here to there?
You go straight till…, turn (to the) right…,
turn (to the) left …,
continue to (till) …, cross the road .
The market is on the right side .
One can go by foot .

אֵיךְ מַגִּיעִים לִירוּשָׁלַיִם?
אֵיךְ הוֹלְכִים לַשּׁוּק?
אֵיךְ מַגִּיעִים מִפֹּה לְשָׁם?
נוֹסְעִים יָשָׁר עַד....., פּוֹנִים יָמִינָה... ,
פּוֹנִים שְׂמֹאלָה ...,
מַמְשִׁיכִים עַד....., חוֹצִים אֶת הַכְּבִישׁ.
בְּצַד יָמִין נִמְצָא הַשּׁוּק .
אֶפְשָׁר לָלֶכֶת בָּרֶגֶל.

Grammatical Structures — מבנים לשוניים

1) Verbs taking specific prepositions
The teacher is coming to the class.
Sara is going to the bus stop.

1) פְּעָלִים + מִילַת יַחַס
בָּא לְ ...   הַמּוֹרֶה בָּא לַכִּיתָּה.
הוֹלֵךְ לְ ...   שָׂרָה הוֹלֶכֶת לַתַּחֲנָה.

Dani **is going** to Jerusalem.
The boy **is talking to** his friend.

The tourists **are traveling in** Israel.
They **are visiting** the museum.
Hana **is visiting** the president.

The children **are visiting** their friends.

2) Question words

For whom …? Who are the books **for?**
What …? What is she paying **for?**
With whom…? With whom are you speaking?
Since when…? Since when is the tourist learning Hebrew?

3) Causal clauses –" because"

The boy goes to sleep **because** he's tired.

4) It's worth your while
You're forbidden } **+ infinitive**
You're permitted

It's worthwhile for you to study.
You're forbidden to eat much.
You're allowed to travel on this road.

5) The "Pi'el" Verb Conjugation – Present Tense

"speak" – in all persons and gender
She **is speaking** on the telephone.
They **are** also **speaking.**

6) Numerals 0-10 in the masculine

1 house / **3** friends / **9** months -

7) Numerals 11 – 20 in the feminine

fifteen presents

8) Numerals 20 -100 in both m + f

sixty friends

נוֹסֵעַ ל ... דָּנִי **נוֹסֵעַ לִירוּשָׁלַיִם.**
מְדַבֵּר עִם ... הַיֶּלֶד **מְדַבֵּר עִם** הֶחָבֵר שֶׁלּוֹ.
מְטַיֵּיל ב ... הַתַּיָּירִים **מְטַיְּילִים בָּאָרֶץ.**
מְבַקֵּר ב ... הֵם **מְבַקְּרִים בַּמּוּזֵיאוֹן.**
מְבַקֵּר אֵצֶל ... חַנָּה **מְבַקֶּרֶת אֵצֶל** הַנָּשִׂיא.
מְבַקֵּר אֶת ... הַיְלָדִים **מְבַקְּרִים אֶת** הַחֲבֵרִים שֶׁלָּהֶם.

2) מִילּוֹת שְׁאֵלָה

בִּשְׁבִיל מִי...? **בִּשְׁבִיל מִי** הַסְּפָרִים?
אֶת מָה ...? **אֶת מָה** הִיא מְשַׁלֶּמֶת?
עִם מִי....? **עִם מִי** אַתָּה מְדַבֵּר?
מִמָּתַי...? **מִמָּתַי** הַתַּיָּיר לוֹמֵד עִבְרִית?

3) מִשְׁפְּטֵי סִיבָּה --- מִפְּנֵי שֶׁ.... (אוֹ) **כִּי...**

הַיֶּלֶד הוֹלֵךְ לִישׁוֹן, **מִפְּנֵי שֶׁהוּא** עָיֵיף .
הַיֶּלֶד הוֹלֵךְ לִישׁוֹן, **כִּי** הוּא עָיֵיף.

4) כְּדַאי לְךָ
אָסוּר לְךָ } + **שֵׁם הַפּוֹעַל**
מוּתָּר לְךָ

כְּדַאי לְךָ לִלְמוֹד.
אָסוּר לְךָ לֶאֱכוֹל הַרְבֵּה.
מוּתָּר לְךָ לִנְסוֹעַ בַּכְּבִישׁ הַזֶּה.

5) בִּנְיָין פִּיעֵל –
זְמַן הוֹוֶה

מְדַבֵּר \ מְדַבֶּרֶת \ מְדַבְּרִים \ מְדַבְּרוֹת
הִיא **מְדַבֶּרֶת** בַּטֶּלֶפוֹן.
גַּם הֵם **מְדַבְּרִים.**

6) מִסְפָּרִים בְּזָכָר 0 - 10

בַּיִת **אֶחָד** \ **שְׁלוֹשָׁה** חֲבֵרִים \ **תִּשְׁעָה** חוֹדָשִׁים

7) מִסְפָּרִים בִּנְקֵבָה 11 - 20

חֲמֵשׁ עֶשְׂרֵה מַתָּנוֹת

8) מִסְפָּרִים בְּזָכָר וּבִנְקֵבָה 20 - 100

שִׁישִּׁים חֲבֵרִים \ **שִׁישִּׁים** חֲבֵרוֹת

בִּניין הִפעיל - זמן הווה

"Hif'il" Conjugation – Present Tense

Complete the table by filling in the verbs. **הַשלימו את הפעלים בטבלה.**

infinitive	f/pl	m/pl	f/s	m/s
לְהַזְמִין	מַזְמִינוֹת	מַזְמִינִים	מַזְמִינָה	מַזְמִין
				מַרְגִּישׁ
			מַתְחִילָה	
		מַפְסִיקִים		
	מַסְבִּירוֹת			
לְהַמְשִׁיךְ				

One Begins … But (one) Doesn't Continue **מַתְחִיל... אֲבָל לא מַמְשִׁיךְ...**

דן: איך אתה מַרְגִּישׁ ?

רוני: אני מַרְגִּישׁ מצוין. ואתה ?

דן: לא כל כך טוב.

רוני: אתה יכול לְהַסְבִּיר לי למה ?

דן: אני מַתְחִיל מחר עבודה חדשה.

רוני: יופי ! ומה הבעיה ?

דן: אני מעוניין לְהַמְשִׁיךְ בעבודה הזאת.

רוני: אז מה הבעיה ?

דן: כָּל עבודה אני מַתְחִיל וּמַפְסִיק,
מַתְחִיל וּמַפְסִיק, וזה לא טוב.

רוני: עכשיו אני מֵבִין.
אז אני אוֹמֵר לך **בהצלחה** !

Answer the questions. **ענו על השאלות.**

מה הבעיה של דן ? ____________________

מה רוצה דן ? ____________________

מה אוֹמֵר רוני לדן ? ____________________

מה צריך דן לַעֲשׂוֹת, לְפִי דעתך ? ____________________

מַה מַזְמִינִים?

What Does One Order?
Who Does One Invite?

Read the sentences.

קראו את המשפטים.

1.	דני מַזְמִין פנקס שֶקים.	(בנק)
2.	היא מַזְמִינָה תור לרופא.	(מרפאה)
3.	המנהל מַזְמִין את יורם לרֵיאָיון עבודה.	(משרד)
4.	הם מַזְמִינִים סלטים ופיתות.	(מסעדה)
5.	הן מַזְמִינוֹת פיצה בטלפון.	(פיצרייה)
6.	אנחנו מַזְמִינִים מונית לרמת גן.	(תַחֲנַת מוֹניוֹת)
7.	דני מַזְמִין את שרה לסרט.	(קוֹלנוע)
8.	אנחנו מַזְמִינִים כרטיסים.	(תאטרון)
9.	יצחק ושרה מַזְמִינִים חברים למסיבה.	(מסיבה)
10.	דני מַזְמִין את רותי לִרְקוֹד.	(חתונה)

אֵיךְ מַזְמִינִים... ?
וּמָה אוֹמְרִים... ?

How Does One Order / Invite...?

What Does One Say...?

כתבו את המשפטים הנ"ל כמשפטי בקשה לפי הדוגמה.
Write the sentences below as requests according to the example.

השתמשו בצורות: Use one of the forms:

> אֶפְשָר לְהַזְמִין...
> אֲנִי יָכוֹל /ה לְהַזְמִין...
> אֲנִי רוֹצה לְהַזְמִין...

1. אפשר להזמין פנקס שֶקים ?

2. אני יכולה להזמין תור לרופא ?

3. _____

4. _____

5. _____

6. _____

7. _____

8. _____

9. _____

10. _____

בניין התפעל - זמן הווה

"Hitpa'el" Conjugation – Present Tense

Complete the table by filling in the verbs. **השלימו את הפעלים בטבלה.**

infinitive	f/pl	m/pl	f/s	m/s
לְהִתְלַבֵּשׁ	מִתְלַבְּשׁוֹת	מִתְלַבְּשִׁים	מִתְלַבֶּשֶׁת	מִתְלַבֵּשׁ
				מִתְרַחֵץ
			מִתְקַדֶּמֶת	
		מִתְרַגְּשִׁים		
	מִתְפַּלְּלוֹת			
לְהִתְחַתֵּן				

Why Doesn't He Get Excited?

למה הוא לא מִתְרַגֵּשׁ ?

דני קָם בשעה 7:00 בבוקר. הוא מִתְרַחֵץ לאט, הוא מִתְלַבֵּשׁ לאט. למה לאט? כי יש לו זמן... הוא מִתְפַּלֵּל בבית הכנסת רק בשבת, למה? כי אין לו זמן לְהִתְפַּלֵּל כָּל יום. הוא לא מִתְרַגֵּשׁ. למה? כי הוא עדיין לא מִתְחַתֵּן. למה ? כי יש לו זמן ...

Complete according to the passage above. **כִּתבו את הקטע הנ"ל.**

נועה קָמָה ______________________________

____

____

____

דני ונועה קָמִים ______________________________

____

____

____

׳בִּשְׁבִיל׳ בנטייה

The Conjugation of the Preposition "בשביל" (for)

בִּשְׁבִילִי	בִּשְׁבִילְךָ	בִּשְׁבִילֵךְ	בִּשְׁבִילוֹ	בִּשְׁבִילָהּ	בִּשְׁבִילֵנוּ	בִּשְׁבִילְכֶם/ן	בִּשְׁבִילָם/ן
for me	for you	for you	for him	for her	for us	for you	for them
אני	אתה	את	הוא	היא	אנחנו	אתם / אתן	הם / הן

בִּשְׁבִיל מִי ה...? For whom is the...?

השלימו את המשפטים לפי הדוגמה.

Complete the sentences according to the example.

1. **בשביל מי** הקפה ? הקפה בשביל חנה. *הקפה בשבילה.*
2. **בשביל מי** הסלטים ? הסלטים בשביל דני ושׂרה. __________
3. **בשביל מי** התרופה ? התרופה בשביל הילד. __________
4. **בשביל מי** הכּרטיסים ? הכּרטיסים בשביל ההורים. __________
5. **בשביל מי** הטלפון ? הטלפון בשביל דני. __________
6. **בשביל מי** השׂמלות ? השׂמלות בשביל מיכל. __________
7. **בשביל מי** פנקס הַשֶּׁקים ? פנקס הַשֶּׁקים בשביל רן. __________
8. **בשביל מי** הדירה ? הדירה בשביל הסטודנטיות. __________

❀ יֵשׁ לָהּ יוֹם הוּלֶדֶת ❀ She Has a Birthday

משה: שלום דוד, יש לי מתנה **בִּשְׁבִילְךָ**.

דוד: מתנה **בִּשְׁבִילִי**?

משה: כֵּן **בִּשְׁבִילְךָ**.

דוד: המתנה לא **בִּשְׁבִילִי**. המתנה **בִּשְׁבִיל** ענת.

משה: למה ?

דוד: המתנה **בִּשְׁבִילָהּ**, כִּי יש לה יום הולדת.

משה: מזל טוב, ענת ! המתנה הזאת **בִּשְׁבִילֵךְ**.

ענת: הוי, תודה על המתנה.

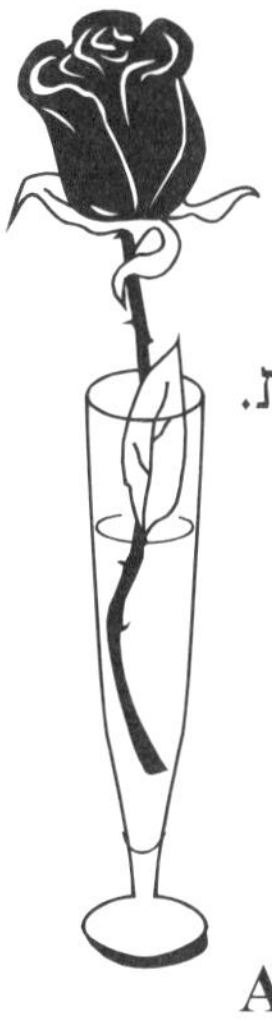

לענת,

מזל טוב
ליום הולדתֵך

מְאַחֲלִים:
כָּל החברים

ענו על השאלות. **Answer the questions.**

1. למי יש יום הולדת ? __________
2. מי קָנָה לה מתנה ? __________
3. מה אוֹמְרִים לה החברים ? __________

בַּמִסְעָדָה

In the Restaurant

מלח ופלפל

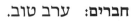

חברים: ערב טוב.

מלצר: ערב טוב.

דני: אפשר לְקַבֵּל תפריט ?

מלצר: כן, בבקשה, הנה התפריט.
אתם רוצים לְהַזְמִין ?

חנה: כן, אנחנו רוצים לְהַזְמִין.

מלצר: כן, מה אתם מַזְמִינִים ?

חנה: בשבילי מְרַק יְרָקוֹת וסטייק.

מלצר: אני מִצְטַעֵר, אין לנו סטייק, אבל יש לנו שניצל מצוין.

חנה: בסדר, תֵּן לי בבקשה שניצל ואורז.

חברים: אנחנו רוצים לְהַזְמִין סלטים ופיתות.

מלצר: מַשֶּׁהוּ לִשְׁתּוֹת ?

דני: כן, תֵּן לנו בבקשה בירה ומיץ אשכוליות.

מלצר: בסדר.

דני: סליחה, אני יכול לְקַבֵּל גם כוס מים ?

מלצר: כמובן.

הַמֶּלְצַר בָּא

The Waiter Comes

מלצר: בשביל מי השניצל והאורז ?

דני: בשביל חנה.

מלצר: בשביל מי הבירה ?

דני: בשביל חנה ומשה.

חנה ומשה: לא, הבירה לא בשבילנו, היא בשביל רוני.

מלצר: בשביל מי כוס המים ?

דני: בשבילי, בבקשה.

דני: מלצר ! אפשר לְקַבֵּל חשבון ?

מלצר: הנה החשבון בבקשה.

דני: אפשר לְשַׁלֵּם בְּכַרְטִיס אשרַאי.

מלצר: כמובן.

חברים: תודה רבה לך.

מלצר: תודה רבה גם לכם.

חשבון

בַּחֲנוּת הַבְּגָדִים

In the Clothes Store

מוכר: שלום אדוני.

דני: אתה יכול לַעֲזוֹר לי ?

מוכר: כֵּן, אדוני, מה אתה רוצה ?

דני: אולי יש לך מכנסיים לערב.

מוכר: כֵּן, יש לי, באיזה צֶבַע?

דני: כחול או שחור.

מוכר: הנה, אתה יכול לִמְדוֹד אותם.

דני: תודה.

מוכר: הוי ! המכנסיים יפים מאוד ! ! ! !

דני: כמה הם עוֹלִים ?

מוכר: מאתיים שקלים.

דני: הוי ! זה יקר בשבילי ! ! ! !
אפשר לְקַבֵּל הֲנָחָה ?

מוכר: אתה יכול לְקַבֵּל הֲנָחָה של עשׂרה אחוזים.

דני: בסדר, תודה.
קח בבקשה מאתיים שקלים, ותֵן לי עודף.

מוכר: הנה העוֹדֶף.
תודה רבה, וְתִתְחַדֵּשׁ ! ! !

(אַתָּה)	(אַתְּ)	(אַתֶּם/אַתֶּן)
תִּתְחַדֵּשׁ !	**תִּתְחַדְּשִׁי !**	**תִּתְחַדְּשׁוּ !**
m/s	**f/s**	**m+f/pl**

Wear it in good health!

*** a word to congratulate someone on a new purchase, hair style, etc.**

The Construct State (1)

סְמִיכוּת (1)

bank clerk (m) = (clerk of bank) bank clerk (f) = (clerk of bank)	פְּקִיד בַּנְק (פקיד של בנק) פְּקִידַת בַּנְק (פקידה של בנק)
children's doctor (m) =(doctor of children) children's doctor (f) = (doctor of children)	רוֹפֵא יְלָדִים (רופא של ילדים) רוֹפְאַת יְלָדִים (רופאה של ילדים)

Construct State with Definite Article:
the bank clerk (m), *the* bank clerk (f)
the children's doctor (m)
the children's doctor (f)

סמיכות מיודעת:
פְּקִיד הַבַּנְק, פְּקִידַת הַבַּנְק
רוֹפֵא הַיְלָדִים, רוֹפְאַת הַיְלָדִים

Write using the construct state. **כתבו את הסמיכות.**

עוגה /גבינה	עוּגַת	גְבִינָה	פקיד /קבלה	________	________
מסעדה /דגים	________	________	ביקור /נשיא	________	________
דירה /סטודנטים	________	________	תחנה /רכבת	________	________
שיעור /אנגלית	________	________	פגישה /חברים	________	________
כרטיס /טיסה	________	________	שיחה /טלפון	________	________

Complete using the construct state. **השלימו את הסמיכות.**

1. אפשר לְקַבֵּל ________ ________? בקבוק / יין
2. תֵּן לי, בבקשה, ________ ________. כרטיס / אוטובוס
3. מתי את מְכִינָה ________ ________? ארוחה / ערב
4. מתי אַתְּ קוֹנָה ________ ________? שׂמלה / ערב
5. אני יכולה לְהַזְמִין ________ ________? סלט / יְרָקוֹת
6. אפשר לְקַבֵּל ________ ________? מספָּר / טלפון

כתבו את המשפטים הנ"ל בסמיכות מיודעת. הוסיפו את ______ ה ______
Write the sentences using the construct state above with the definite article.
Add ______ ה ______ את.

1. אפשר לְקַבֵּל את בקבוק היין ?
2. ____________ ________ ________.
3. ____________ ________ ________?
4. ____________ ________ ________?
5. ____________ ________ ________?
6. ____________ ________ ________?

כתבו את הפעלים האלה בקבוצות לפי הדוגמה.

Write in the verbs below in groups according to the example.

לִפְגּוֹשׁ, לָגוּר, לְטַיֵּיל, לִקְנוֹת, לָטוּס, לְחַפֵּשׂ,
לִשְׁתּוֹת, לִסְגּוֹר, לַעֲשׂוֹת, לָנוּחַ, לְשַׁלֵּם, לַעֲבוֹד

Infinitive	He	She	They (m)	They (f)
שם הפועל	הוא	היא	הם	הן
לִכְתּוֹב	כּוֹתֵב	כּוֹתֶבֶת	כּוֹתְבִים	כּוֹתְבוֹת

לָבוֹא				

לִרְאוֹת				

לְבַקֵּר				

Lesson 5 : What have we learned? שיעור 5 : מה למדנו?

Vocabulary אוצר מילים

Verbs פְּעָלִים

Fly in a plane	טָס- לָטוּס
take	לוֹקֵחַ- לָקַחַת
wish	מְאַחֵל - לְאַחֵל
measure, try on	מוֹדֵד- לִמְדוֹד
order, invite	מַזְמִין- לְהַזְמִין
explain	מַסְבִּיר- לְהַסְבִּיר
stop (doing something)	מַפְסִיק- לְהַפְסִיק
begin	מַתְחִיל- לְהַתְחִיל
get married	מִתְחַתֵּן- לְהִתְחַתֵּן
pray	מִתְפַּלֵּל- לְהִתְפַּלֵּל
advance, progress	מִתְקַדֵּם- לְהִתְקַדֵּם
get excited	מִתְרַגֵּשׁ- לְהִתְרַגֵּשׁ
help	עוֹזֵר- לַעֲזוֹר

Nouns שְׁמוֹת עֶצֶם

clothes	(ז״ר) בְּגָדִים
visit	(ז) בִּיקּוּר (בִּיקּוּרִים)
problem	(נ) בְּעָיָה (בְּעָיוֹת)
discount, reduction	(נ) הֲנָחָה (הֲנָחוֹת)
flight	(נ) טִיסָה (טִיסוֹת)
taxi	(נ) מוֹנִית (מוֹנִיוֹת)
trousers, pants	(ז״ר) מִכְנָסַיִים
change (money)	(ז) עוֹדֶף
check book	(ז) פִּנְקָס (י) שֶׁק (**ים**)
color	(ז) צֶבַע (צְבָעִים)
interview	(ז) רֵאָיוֹן (רֵאָיוֹנוֹת)
conversation	(נ) שִׂיחָה (שִׂיחוֹת)
turn, appointment	(ז) תּוֹר (תּוֹרִים)
menu	(ז) תַּפְרִיט (תַּפְרִיטִים)
medicine	(נ) תְּרוּפָה (תְּרוּפוֹת)

Miscellaneous שׁוֹנוֹת

but	אֲבָל
here is	הִנֵּה
blue (adj.)	כָּחוֹל (ה) (ים) (וֹת)
of course	כַּמּוּבָן
tomorrow	מָחָר
still	עֲדַיִין
black (adj)	שָׁחוֹר (ה) (ים) (וֹת)

Foods מַאֲכָלִים

rice	(ז) אוֹרֶז
fish	(ז) דָּג (דָּגִים)
wine	(ז) יַיִן (יֵינוֹת)
grapefruit juice	(ז) מִיץ אֶשְׁכּוֹלִיּוֹת
vegetable soup	(ז) מְרַק יְרָקוֹת
steak	(ז) סְטֵייק (סְטֵייקִים)
schnitzel	(ז) שְׁנִיצֶל (שְׁנִיצְלִים)

Expressions מבעים

How do you feel? Not so well.	אֵיךְ אַתָּה מַרְגִּישׁ ? לֹא כָּל כָּךְ טוֹב.
What's the matter? What's the problem?	מַה הַבְּעָיָה?
I want to make a doctor's appointment /	אֲנִי רוֹצֶה לְהַזְמִין תּוֹר לָרוֹפֵא /
order a check book / order salads at a restaurant/	פִּנְקָס שֵׁיקִים / סָלָטִים בַּמִּסְעָדָה /
invite Sara to a movie /	אֶת שָׂרָה לַסֶּרֶט /
invite friends to a party / order a taxi	חֲבֵרִים לַמְּסִיבָּה / מוֹנִית.
All your friends wish to congratulate you on your birthday.	מַזָּל טוֹב לְיוֹם הוּלַּדְתֵּךְ, מְאַחֲלִים כָּל הַחֲבֵרִים.
Good evening.	עֶרֶב טוֹב.
Could I have a menu?	אֶפְשָׁר לְקַבֵּל תַּפְרִיט?
Yes, here's the menu .	כֵּן בְּבַקָּשָׁה, הִנֵּה הַתַּפְרִיט.
Would you like (do you want) to order?	אַתֶּם רוֹצִים לְהַזְמִין?

Yes, we would like (want) to order.	כֵּן, אֲנַחְנוּ רוֹצִים לְהַזְמִין.
May I have a glass of water, please?	אֶפְשָׁר לְקַבֵּל כּוֹס מַיִם, בְּבַקָּשָׁה?
May I have the bill, please?	אֶפְשָׁר לְקַבֵּל אֶת הַחֶשְׁבּוֹן, בְּבַקָּשָׁה?
May I pay with a credit card?	אֶפְשָׁר לְשַׁלֵּם בְּכַרְטִיס אַשְׁרַאי?
You can try on the trousers.	אַתָּה יָכוֹל לִמְדּוֹד אֶת הַמִּכְנָסַיִים?
It's a bit expensive for me!	זֶה קְצָת יָקָר בִּשְׁבִילִי!
Is it possible to get a discount?	אֶפְשָׁר לְקַבֵּל הֲנָחָה?
Yes, you can have a discount.	כֵּן, אַתָּה יָכוֹל לְקַבֵּל הֲנָחָה.
Use it in good health!	תִּתְחַדֵּשׁ! תִּתְחַדְּשִׁי! תִּתְחַדְּשׁוּ!

Grammatical Structures / מִבְנִים לְשׁוֹנִיִּים

1) The "Hif'il" Verb Conjugation – Present Tense
"invite", "order" in all persons and gender
Dani **orders** tickets to the movies.
The girlfriends **invite** friends to the party.

1) בִּנְיַין הִפְעִיל – זְמַן הוֹוֶה
מַזְמִין \ מַזְמִינָה \ מַזְמִינִים \ מַזְמִינוֹת
דָּנִי **מַזְמִין** כַּרְטִיסִים לַקּוֹלְנוֹעַ.
הַחֲבֵרוֹת **מַזְמִינוֹת** חֲבֵרִים לַמְּסִיבָּה .

2) The "Hitpa'el" Verb Conjugation - Present Tense
"dress (oneself)" in all persons and gender

Sara **is dressing** nicely for the wedding.
Her friends **pray** in the synagogue.

2) בִּנְיָין הִתְפַּעֵל – זְמַן הוֹוֶה
מִתְלַבֵּשׁ \ מִתְלַבֶּשֶׁת \ מִתְלַבְּשִׁים \ מִתְלַבְּשׁוֹת

שָׂרָה **מִתְלַבֶּשֶׁת** יָפֶה לַחֲתוּנָּה.
הַחֲבֵרִים שֶׁלָּהּ **מִתְפַּלְּלִים** בְּבֵית כְּנֶסֶת.

3) " For whom" is….? **For** ….
The prep. **"for"** in agreement with the personal pronouns **(for me / you / him / her / us / you / them)**
Whom are all the things **for**?
The dresses are **for them (f); **the salads **for us**; and the coffee **for me.**

3) בִּשְׁבִיל מִי הַ ...? בִּשְׁבִיל ....
**בִּשְׁבִילִי \ בִּשְׁבִילְךָ \ בִּשְׁבִילֵךְ \ בִּשְׁבִילוֹ **
**בִּשְׁבִילָהּ \ בִּשְׁבִילֵנוּ \ בִּשְׁבִילְכֶם **
בִּשְׁבִילְכֶן \ בִּשְׁבִילָם \ בִּשְׁבִילָן
בִּשְׁבִיל מִי כָּל הַדְּבָרִים?
הַשְּׂמָלוֹת **בִּשְׁבִילָן**; הַסָּלָטִים **בִּשְׁבִילֵנוּ** ;
וְהַקָּפֶה **בִּשְׁבִילִי.**

4) The Construct State / Construct State with the Definite Article

bank clerk (m + f) = clerk of bank
the bank clerk (m + f) **= the clerk of the bank**

children's doctor (m + f) = doctor of children
the children's doctor (m + f) =
the doctor of **(the)** children

Can I have **a bottle of wine?**
Can I have **the bottle of wine**?

4) סְמִיכוּת \ סְמִיכוּת מְיוּדַעַת

פְּקִיד בַּנְק = פָּקִיד שֶׁל בַּנְק
פְּקִידַת בַּנְק = פְּקִידָה שֶׁל בַּנְק
פְּקִיד הַבַּנְק = **הַפָּקִיד** שֶׁל **הַבַּנְק**
פְּקִידַת הַבַּנְק = **הַפְּקִידָה** שֶׁל **הַבַּנְק**
רוֹפֵא יְלָדִים = רוֹפֵא שֶׁל יְלָדִים
רוֹפְאַת יְלָדִים = רוֹפְאָה שֶׁל יְלָדִים
רוֹפֵא הַיְלָדִים = **הָרוֹפֵא** שֶׁל **הַיְלָדִים**
רוֹפְאַת הַיְלָדִים = **הָרוֹפְאָה** שֶׁל **הַיְלָדִים**

אֶפְשָׁר לְקַבֵּל **בַּקְבּוּק** יַיִן?
אֶפְשָׁר לְקַבֵּל **אֶת בַּקְבּוּק הַיַּיִן**?

הפועל - זמן עבר, גזרת השלמים

The Verb – Past Tense, Strong Verb Types

בניין	פעל	פיעל	הפעיל	התפעל	נפעל
Conjugation	Pa'al	Pi'el	Hif'il	Hitpa'el	Nif'al
שם הפועל	לִכְתּוֹב	לְדַבֵּר	לְהַרְגִּישׁ	לְהִתְלַבֵּשׁ	לְהִיכָּנֵס
אני	כָּתַבְתִּי	דִּיבַּרְתִּי	הִרְגַּשְׁתִּי	הִתְלַבַּשְׁתִּי	נִכְנַסְתִּי
אתה	כָּתַבְתָּ	דִּיבַּרְתָּ	הִרְגַּשְׁתָּ	הִתְלַבַּשְׁתָּ	נִכְנַסְתָּ
את	כָּתַבְתְּ	דִּיבַּרְתְּ	הִרְגַּשְׁתְּ	הִתְלַבַּשְׁתְּ	נִכְנַסְתְּ
הוא	**כָּתַב**	**דִּיבֵּר**	**הִרְגִּישׁ**	**הִתְלַבֵּשׁ**	**נִכְנַס**
היא	כָּתְבָה	דִּיבְּרָה	הִרְגִּישָׁה	הִתְלַבְּשָׁה	נִכְנְסָה
אנחנו	כָּתַבְנוּ	דִּיבַּרְנוּ	הִרְגַּשְׁנוּ	הִתְלַבַּשְׁנוּ	נִכְנַסְנוּ
אתם	כְּתַבְתֶּם	דִּיבַּרְתֶּם	הִרְגַּשְׁתֶּם	הִתְלַבַּשְׁתֶּם	נִכְנַסְתֶּם
אתן	כְּתַבְתֶּן	דִּיבַּרְתֶּן	הִרְגַּשְׁתֶּן	הִתְלַבַּשְׁתֶּן	נִכְנַסְתֶּן
הם / הן	כָּתְבוּ	דִּיבְּרוּ	הִרְגִּישׁוּ	הִתְלַבְּשׁוּ	נִכְנְסוּ

השלימו את נטיות הפעלים בטבלה.

Conjugate the verbs in the table.

בניין	פעל	פיעל	הפעיל	התפעל	נפעל
שם הפועל	לִפְגּוֹשׁ	לְשַׁלֵּם	לְהַזְמִין	לְהִתְקַדֵּם	לְהִיפָּגֵשׁ
אני	תִי				
אתה	תָ				
את	ת				
הוא	פָּגַשׁ	שִׁילֵּם	הִזְמִין	הִתְקַדֵּם	נִפְגַּשׁ
היא	ה				
אנחנו	נוּ				
אתם	תֶם				
אתן	תֶן				
הם / הן	וּ				

זמן עבר – הבניינים

Past Tense – The Verb Conjugations

How do we know how to identify the verb conjugation?

אֵיךְ נֵדַע לְזַהוֹת אֶת הַבִּנְיָין ?

1. צריך לשנות את הפועל ל**זמן עבר גוף שלישי יחיד** (הוא)
2. צריך לכתוב במקום השורש את האותיות **פּ. ע. ל**
3. צריך להוסיף את המוספיות.

1. Change the verb to the past – 3rd person singular masculine (he) .

2. Substitute the letters פּ. ע. ל. for the root of the verb.

3. Add the suffixes .

.1 בניין פָּעַל (קל): כּוֹתֵב   **בעבר הוא** ← כָּ תַ ב

↓ ↓ ↓

הבניין: פָּ עַ ל

.2 בניין פִּיעֵל: מְשַׁלֵּם   **בעבר הוא** ← שִׁ י לֵ ם

↓   ↓ ↓

הבניין: פִּ י עֵ ל

.3 בניין הִפְעִיל: מַזְמִין   **בעבר הוא:** ← הִ זְ מִ י ן

↓ ↓   ↓

הבניין: הִ פְ עִ י ל

.4 בניין הִתְפַּעֵל: מִתְקַשֵּׁר   **בעבר הוא:** ← הִ תְ קַ שֵּׁ ר

↓ ↓ ↓

הבניין: הִ תְ פַּ עֵ ל

.5 בניין נִפְעַל: נִכְנַס   **בעבר הוא:** ← נִ כְ נַ ס

↓ ↓ ↓

הבניין: נִ פְ עַ ל

כתבו את כינויי הגוף (אני, אתה, אתְ ...).

Write in the correct personal pronoun (I, you (m), you (f) ...).

1. אנחנו פָּגַשְׁנוּ
2. ________ נִכְנַסְתֶּן
3. ____/____ קַמוּ
4. ________ הִתְחִילָה
5. ________ קָנְתָה
6. ________ נִגְמְרָה
7. ________ טִיילְתָּ
8. ________ הִתְלַבַּשְׁתֶּן
9. ________ שִׁילַמְתִּי
10. ________ יְדַעְתֶּם
11. ________ הִמְשַׁכְתְּ
12. ________ נִבְדַקְנוּ
13. ____/____ הִפְסִיקוּ
14. ________ הִתְפַּלֵל
15. ________ קִיבַּלְתֶּם
16. ____/____ חִיפְּשׂוּ
17. ________ הִזְמִין
18. ____/____ הִתְקַדְמוּ
19. ____/____ נִשְׁאֲרוּ
20. ________ הִתְרַגְשָׁה

כתבו את הפעלים הנ"ל על פי הבניינים.

Fill in the table, using the verbs above according to the correct conjugation.

פעל	פיעל	הפעיל	התפעל	נפעל
פגשנו				

Time expressions in the past — מילות זמן לעבר

אֶתְמוֹל, שִׁלְשׁוֹם, בַּשָּׁבוּעַ שֶׁעָבַר, בַּחוֹדֶשׁ שֶׁעָבַר, בַּשָּׁנָה שֶׁעָבְרָה,

לִפְנֵי שָׁעָה, לִפְנֵי יוֹמַיִים, לִפְנֵי שְׁעָתַיִים, לִפְנֵי חוֹדְשַׁיִים,

לִפְנֵי שְׁלוֹשָׁה חוֹדָשִׁים, לִפְנֵי חָמֵשׁ שָׁנִים, אֶמֶשׁ (אֶתְמוֹל בָּעֶרֶב)

מִתְחוּ קַו מִשֵּׁם הַפּוֹעַל לַבִּנְיָין.

Draw lines, connecting the infinitives to the correct verb conjugations.

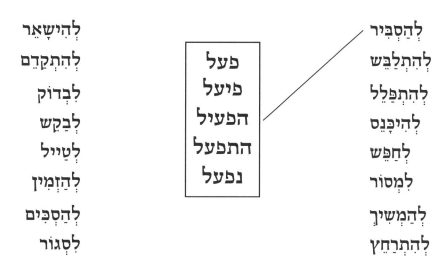

לְהַסְבִּיר	**פעל**	לְהִישָּׁאֵר
לְהִתְלַבֵּשׁ	**פיעל**	לְהִתְקַדֵּם
לְהִתְפַּלֵּל	**הפעיל**	לִבְדּוֹק
לְהִיכָּנֵס	**התפעל**	לְבַקֵּשׁ
לְחַפֵּשׂ	**נפעל**	לְטַייל
לִמְסוֹר		לְהַזְמִין
לְהַמְשִׁיךְ		לְהַסְכִּים
לְהִתְרַחֵץ		לִסְגּוֹר

כִּתבו את המשפטים בזמן עבר. **Write the sentences in the past tense.**

1. הוא **נוֹסֵעַ** לירושלים. ___הוא נסע לירושלים.___
2. ראש הממשלה **פּוֹגֵשׁ** את הנשׂיא. ________
3. הסטודנט **מְחַפֵּשׂ** עבודה. ________
4. הסטודנטית **לוֹמֶדֶת** באוניברסיטה. ________
5. הילדים **מִתְרַחֲצִים** בבוקר. ________
6. היא **מִתְלַבֶּשֶׁת** יפה. ________
7. הילדים **נִשְׁאָרִים** בבית. ________
8. היא **מַדְלִיקָה** נרות שבת. ________
9. על מה אתן **חוֹשְׁבוֹת** ? ________
10. איפה אתם **עוֹבְדִים** ? ________
11. שׂרה **שׁוֹלַחַת** מברק בדואר. ________
12. החייל **נוֹסֵעַ** לרמת הגולן. ________
13. הרופא **בּוֹדֵק** את החולה. ________
14. דני **מְקַבֵּל** דרכון חדש. ________
15. הן **מְשַׁלְּמוֹת** חשבונות בדואר. ________
16. הם **מִתְפַּלְּלִים** בבית הכנסת. ________
17. הוא **מַזְמִין** תור לרופא. ________
18. הפקידה **נִכְנֶסֶת** למשׂרד. ________

עֲנוּ עַל הַשְּׁאֵלוֹת.

Answer the questions.

1. מתי פָּגַשְׁתְּ את החברים ? ____________________
2. לאן נָסַעְתְּ בקיץ ? ____________________
3. איך אתה מַרְגִּישׁ ? ____________________
4. לאן הָלַכְתְּ בשבת ? ____________________
5. מתי הִגַּעְתְּ לישׂראל ? ____________________
6. איפה עָבַדְתְּ בשנה שעברה ? ____________________
7. הִזְמַנְתְּ חברים למסעדה ? ____________________
8. באיזה אולפן לָמַדְתְּ ? ____________________
9. מה חִיפַּשְׂתְּ בחנות ? ____________________
10. מתי הִתְחַלְתְּ ללמוד ? ____________________
11. נִפְגַּשְׁתְּ עם חברים בקולנוע ? ____________________
12. כמה כסף שִׁילַּמְתְּ בעד הכרטיס ? ____________________
13. באילו מקומות בִּיקַּרְתְּ בישׂראל ? ____________________
14. האם הִתְקַדַּמְתְּ בעברית ? ____________________
15. איפה לָמַדְתְּ את הַמִּקְצוֹעַ שלך ? ____________________
16. למי הִתְקַשַּׁרְתְּ ? ____________________

חלוקת הפעלים על פי הבניינים השונים:

Classification of verbs according to the various verb conjugations.

פעל

- נָסַע - לִנְסוֹעַ
- פָּגַשׁ - לִפְגּוֹשׁ
- חָשַׁב - לַחְשׁוֹב
- בָּדַק - לִבְדּוֹק

פיעל

- דִּיבֵּר - לְדַבֵּר
- בִּיקֵּר - לְבַקֵּר
- שִׁילֵּם - לְשַׁלֵּם
- חִיפֵּשׂ - לְחַפֵּשׂ

הפעיל

- הִרְגִּישׁ - לְהַרְגִּישׁ
- הִתְחִיל - לְהַתְחִיל
- הִזְמִין - לְהַזְמִין
- הִגִּיעַ - לְהַגִּיעַ

התפעל

- הִתְלַבֵּשׁ - לְהִתְלַבֵּשׁ
- הִתְקַדֵּם - לְהִתְקַדֵּם
- הִתְרַגֵּשׁ - לְהִתְרַגֵּשׁ
- הִתְפַּלֵּל - לְהִתְפַּלֵּל

וְלָנוּ יֵשׁ פָּלָאפֶל... And We Have Falafel ...

מה אוֹכְלִים בִּישׂראל ? בִּישׂראל אוֹכְלִים הכּול: חוּמוּס, טְחִינָה, צ׳יפס, שְׁנִיצֶל, פִּיצָה, המבּוּרגר, סטייק, אוֹכֶל סִינִי, דָגִים ועוֹד...

אבל... ! ! ! יש לנו מַאֲכָל אחד וּמְיוּחָד, מַאֲכָל לְאוּמִי, והוּא - הַפָּלָאפֶל.

מוֹכְרִים את הפלאפל בּכָל מקום. שָׂמִים בּתוֹך הפיתה כּדוּרי פלאפל, סלט ירקות, חמוּצים והרבּה הרבּה טְחִינָה, וזה טעים מאוד ! ! !

ואפילו כָּתְבוּ שיר על הפלאפל. דן אלמגור כָּתַב את המילים, ומשה וילנסקי חִיבֵּר את הלחן. השיר היה בּעבר פּוֹפּוּלארי כּמו הפלאפל.

♫ שירו ! וְלָנוּ יֵשׁ פָּלָאפֶל And We Have Falafel ...

המילים: דן אלמגור   הלחן: משה וילנסקי

לְכָל מְדִינָה כָּאן בָּעוֹלָם
מַאֲכָל לְאוּמִי, הַמּוּכָּר לְכוּלָּם
וְכָל יֶלֶד בַּגַּן יוֹדֵעַ כִּי
הָאוֹכֶל מָקָרוֹנִי הוּא אִיטַלְקִי.
לָאוֹסטְרִים בְּוִינָה שְׁנִיצֶל טָעִים.
וְהַצָּרְפָתִים אוֹכְלִים צְפַרְדֵּעִים.
הַסִינִים אוֹכְלִים אוֹרֶז דַּק וְרָזֶה,
הַקָּנִיבָּלִים אוֹכְלִים זֶה אֶת זֶה.
וְלָנוּ יֵשׁ פָּלָאפֶל,
פָּלָאפֶל, פָּלָאפֶל.
לְאַבָּא מַתָּנָה
גַּם אִמָּא כָּאן קוֹנָה
לְסַבְתָּא הַזְּקֵנָה
נִקְנֶה חֲצִי מָנָה
וְגַם הַחוֹתֶנֶת הַיּוֹם תְּקַבֵּל
פָּלָאפֶל, פָּלָאפֶל
עִם הַרְבֵּה הַרְבֵּה הַרְבֵּה פִּלְפֵּל.

קראו את השיר וכתבו. **Read the song and complete.**

הַמַּאֲכָל הַלְּאוּמִי של איטליה ______________

הַמַּאֲכָל הַלְּאוּמִי של אוסטריה ______________

הַמַּאֲכָל הַלְּאוּמִי של צרפת ______________

הַמַּאֲכָל הַלְּאוּמִי של סין ______________

הַמַּאֲכָל הַלְּאוּמִי של ישׂראל ______________

מאין אתה / את ? אני מ ______________

מה המאכל הלאומי של ______________ ? ______________

מי אוכל פלאפל לפי השיר ? __________ __________ __________ __________

11 - 30 מִסְפָּרִים בְּזָכָר
Numbers in the Masculine 11 – 30 :

11	אַחַד עָשָׂר	21	עֶשְׂרִים וְאֶחָד
12	שְׁנֵים עָשָׂר	22	עֶשְׂרִים וּשְׁנַיִים
13	שְׁלוֹשָׁה עָשָׂר	23	עֶשְׂרִים וּשְׁלוֹשָׁה
14	אַרְבָּעָה עָשָׂר	24	עֶשְׂרִים וְאַרְבָּעָה
15	חֲמִישָּׁה עָשָׂר	25	עֶשְׂרִים וַחֲמִישָּׁה
16	שִׁישָּׁה עָשָׂר	26	עֶשְׂרִים וְשִׁישָּׁה
17	שִׁבְעָה עָשָׂר	27	עֶשְׂרִים וְשִׁבְעָה
18	שְׁמוֹנָה עָשָׂר	28	עֶשְׂרִים וּשְׁמוֹנָה
19	תִּשְׁעָה עָשָׂר	29	עֶשְׂרִים וְתִשְׁעָה
20	עֶשְׂרִים	30	שְׁלוֹשִׁים

כתבו את המספרים במילים (בזכר). **Write the numbers in full words (m).**

11	______	חַיילִים	25	______	ספרים
17	______	חברים	55	______	בולים
19	______	עיתונים	65	______	ימים
55	______	מַזְגָנִים	78	______	כרטיסים
97	______	בתים	33	______	שקלים
12	______	חודשים	94	______	תלמידים

הַמִּסְפָּרִים 100 - 1000

The Numbers: 100 - 1000

100	מֵאָה	
200	מָאתַיִים	
300	שְׁלוֹשׁ	מֵאוֹת
400	אַרְבַּע	מֵאוֹת
500	חֲמֵשׁ	מֵאוֹת
600	שֵׁשׁ	מֵאוֹת
700	שְׁבַע	מֵאוֹת
800	שְׁמוֹנֶה	מֵאוֹת
900	תְּשַׁע	מֵאוֹת
1000	אֶלֶף	

שימו לב ! מֵאָה - מֵאוֹת בנקבה, לדוגמה: **חֲמֵשׁ** מאות, **תְּשַׁע** מאות

Note! The "hundreds" in Hebrew are written in the feminine.

שְׁקָלִים כּוֹתְבִים בְּזָכָר. **The numbers for Shekels are written in the masculine.**

כתבו את המספרים במילים. **Write the numbers in full words.**

117 מאה ושבעה עשר שקלים

320 __________

142 __________

113 __________

149 __________

273 __________

629 __________

223 __________

תאריכים כותבים בְּזָכָר. **Calendar dates are written in the masculine**

כתבו את התאריכים במילים. **Write the dates using full words.**

(12) שניים עשר בְּיָנוּאָר

(11) __________ בְּפֶבְּרוּאָר

(24) __________ בְּמָארְס

(10) __________ בְּאַפְּרִיל

(1) __________ בְּמַאי

(5) __________ בְּיוּנִי

(14) __________ בְּיוּלִי

(7) __________ בְּאוֹגוּסְט

(28) __________ בְּסֶפְּטֶמְבֶּר

(24) __________ בְּאוֹקְטוֹבֶּר

(18) __________ בְּנוֹבֶמְבֶּר

(15) __________ בְּדֶצֶמְבֶּר

כתוב /י: מתי נוֹלַדְתָּ ? __________

Answer: When were you born? __________

אֵיךְ מְשַׁלְּמִים?   How Does One Pay?

אֶפְשָׁר לְשַׁלֵּם בִּמְזוּמָן,   אֶפְשָׁר לְשַׁלֵּם בְּכַרְטִיס אַשְׁרַאי,   אֶפְשָׁר לְשַׁלֵּם בְּשֵׁק*.

הִסְתַּכְּלוּ בַּשֵּׁק וְעָנוּ עַל הַשְּׁאֵלוֹת.   Look at the check and answer the questions.

1.   מִי כָּתַב אֶת הַשֵּׁק ? _____

2.   מִי חָתַם עַל הַשֵּׁק ? _____

3.   בִּשְׁבִיל מִי הַשֵּׁק ? _____

4.   מַה תַּאֲרִיךְ הַשֵּׁק ? _____

5.   מַה סְכוּם הַשֵּׁק ? _____

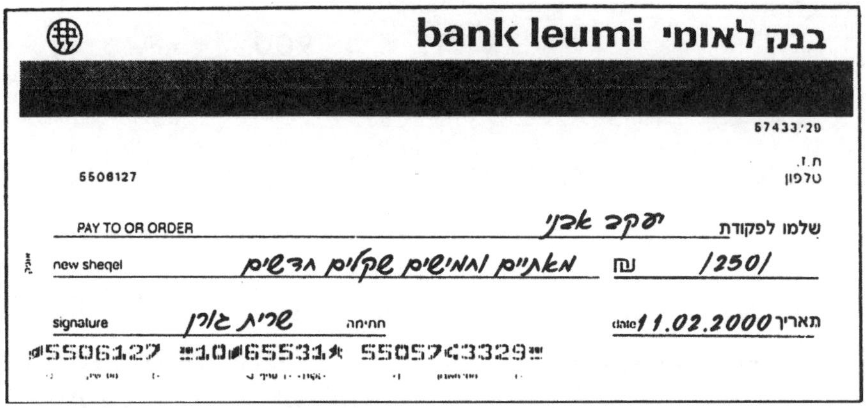

---

bank leumi   בנק לאומי

57433:29

ח.ז.
טלפון

6506127

PAY TO OR ORDER   שלמו לפקודת   יעקב אבני

new sheqel   ₪   מאתיים וחמישים שקלים חדשים   /250/

signature   שרית בלון   חתימה   תאריך11.02.2000 date

⑩5506127⑩ ⫶10⫶65531⫶ 5505743329⫶

Fill in the check according to the example.   מַלְּאוּ אֶת הַשֵּׁק לְפִי הַדּוּגְמָה.

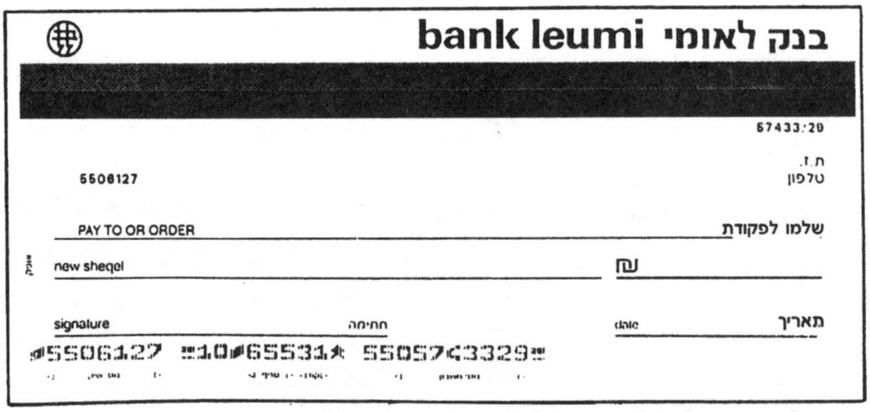

bank leumi   בנק לאומי

57433:29

ח.ז.
טלפון

6506127

PAY TO OR ORDER   שלמו לפקודת

new sheqel   ₪   _____

signature   חתימה   תאריך   date

⑩5506127⑩ ⫶10⫶65531⫶ 5505743329⫶

כִּתְבוּ בְּמִלִּים שְׁקָלִים אוֹ שְׁקָלִים חֲדָשִׁים / ש"ח ₪
Write in full words, shekels or new shekels / NIS.

132 ₪ _____

55 ₪ _____

242 ₪ _____

94 ₪ _____

1352 ₪ _____

---

* שק = הַמְחָאָה

לְהַצְלִיחַ בְּעִבְרִית א'   100   שִׁעוּר 6

כַּמָה עוֹלֶה ה... ?

How Much Does the ... Cost?

עיתון

חולצה

מעטפות

1. **כַּמָה עוֹלֶה העיתון ?**

   העיתון עוֹלֶה שמוֹנָה שקלים.

2. **כַּמָה עוֹלָה החולצה ?**

   החולצה עוֹלָה תשעים שקלים.

3. **כַּמָה עוֹלִים הבולים ?**

   הבולים עולים עשׂרים ושבעה שקלים.

4. **כַּמָה עוֹלוֹת הַמַעֲטָפוֹת?**

   הַמַעֲטָפוֹת עוֹלוֹת שלושה עשׂר שקלים.

חברו שאלות, וכתבו תשובות מהטורים האלה:

Compose questions and write answers, using the columns below.

כַּמָה	עוֹלֶה עוֹלָה עוֹלִים עוֹלוֹת	ה	שעון (250) דירה (הרבה כסף) כרטיסים (90) תמונות(150) כרטיס(75) פרחים(95) מכונית (הרבה כסף) גְלוּיוֹת (27)	?

1. כַּמָה עוֹלֶה השעון ? השעון עוֹלֶה מָאתַיים וחמישים שקלים.
2. ______________ ? ______________________
3. ______________ ? ______________________
4. ______________ ? ______________________
5. ______________ ? ______________________
6. ______________ ? ______________________
7. ______________ ? ______________________
8. ______________ ? ______________________

'אֶת' בנטייה

The Conjugation of the preposition "אֶת" (Personal Pronouns as Direct Objects)

אוֹתִי	**אוֹתְךָ**	**אוֹתָךְ**	**אוֹתוֹ**	**אוֹתָהּ**	**אוֹתָנוּ**	**אֶתְכֶם**	**אֶתְכֶן**	**אוֹתָם**	**אוֹתָן**
me	you	you	him	her	us	you	you	them	them
אני	**אתה**	**את**	**הוא**	**היא**	**אנחנו**	**אתם**	**אתן**	**הם**	**הן**

שִׂיחָה בַּטֶלֶפוֹן

A Telephone Conversation

שרה: בוקר טוב, יוסף.

יוסף: אני מִצְטַעֵר, אני לא שׁוֹמֵעַ **אוֹתָךְ**.

שרה: אתה שׁוֹמֵעַ **אוֹתִי** עכשיו.

יוסף: כֵּן, אני רוצה לִפְגּוֹשׁ **אוֹתָךְ**.

שרה: מתי אתה רוצה לִפְגּוֹשׁ **אוֹתִי** ?

יוסף: אני רוצה לִרְאוֹת **אוֹתָךְ** מחר בערב.

שרה: בסדר, לְהִתְרָאוֹת !

השלימו 'את' בנטייה (אוֹתִי, אוֹתְךָ, אוֹתָךְ), לפי הדוגמה.

Complete the sentences by conjugating "את" (me, you, you) according to the example.

1. אפשר לְקַבֵּל את **החבילה** ? כֵּן, אפשר לְקַבֵּל ___אותה.___
2. אפשר לִרְאוֹת את **הַתַּפְרִיט** ? כֵּן, אפשר לִרְאוֹת ___________.
3. אפשר לִשְׁמוֹעַ את **החדשות** ? כֵּן, אפשר לִשְׁמוֹעַ ___________.
4. אפשר לִפְגּוֹשׁ **אֶתְכֶם** ? כֵּן, אפשר לִפְגּוֹשׁ ___________.
5. אפשר לִבְנוֹת **בתים חדשים** ? כֵּן, אפשר לִבְנוֹת ___________.
6. אפשר לָשִׂים את **המפתחות** בבית ? כֵּן, אפשר לָשִׂים ___________ בבית.
7. אפשר לִפְגּוֹשׁ **אוֹתָךְ** מחר ? כֵּן, אפשר לִפְגּוֹשׁ ___________ מחר.
8. אפשר לִרְאוֹת את **הסרט** ? כֵּן אפשר לִרְאוֹת ___________ בטלוויזיה.
9. אפשר לִשְׁאוֹל את **דני** שאלה ? כֵּן, אפשר לִשְׁאוֹל ___________ שאלה.
10. אפשר לִקְרוֹא את **העיתונים** ? כֵּן, אפשר לִקְרוֹא ___________.

השלימו לפי הדוגמה.

Complete according to the example.

1. רָאִיתִי את החברים. איפה ראיתָ ___אוֹתָם___ ?
רָאִיתִי ___אוֹתָם___ בקולנוע.
2. שָׁמַעְתִּי את החדשות. איפה שָׁמַעְתָּ __________ ?
שָׁמַעְתִּי __________ בטלוויזיה.
3. פָּגַשְׁנוּ את החברים. איפה פְּגַשְׁתֶּם __________ ?
פָּגַשְׁנוּ __________ במסעדה.
4. אחותי גָּרָה בקנדה. מתי רָאִית __________ ?
רָאִיתִי__________ שנה שעברה.
5. הוריי נמצאים בחיפה. מתי ראיתָ __________ ?
רָאִיתִי __________ בשבת.
6. יש לי מכונית חדשה. מתי קִיבַּלְתָּ __________ ?
קִיבַּלְתִּי __________ לפני חודשיים.
7. היא לָמְדָה אנגלית. מי לִימֵּד __________ ?
המורָה לִימְּדָה __________ אנגלית.
8. איפה שַׂמְתָּ את המפתחות ? שַׂמְתִּי __________ על השולחן.

השלימו את הדיאלוג (אותי, אותך...)

Complete the dialog (me, you …)

מרים: בוקר טוב, שמואל, מְדַבֶּרֶת מרים, אתה זוֹכֵר ________ ?

שמואל: כמובן, אני זוֹכֵר ________. מה שלומֵךְ ?

מרים: הכּול בסדר. פָּגַשְׁתִּי היום ________ דנה. אתּה מַכִּיר ________ ?

שמואל: אני מִצְטַעֵר, אני לא מַכִּיר ________.

מרים: דנה היא אחות של מיכאל.

שמואל: אני מַכִּיר את מיכאל. פָּגַשְׁתִּי ________ בצבא. יש להם הורים נחמדים. רָאִיתִי ________ במסיבַּת הסִיּוּם של הקורס.

מרים: קִיבַּלְתָּ את המכתבים שֶׁשָּׁלַחְתִּי לך ?

שמואל: כֵּן, קִיבַּלְתִּי ________, אבל עֲדַיִין לא קָרָאתִי ________. אימא שלי שָׂמָה ________ במגרָה, ועכשיו כּאשר הִגַּעְתִּי הביתה לחופשה, היא נָתְנָה לי ________. אני מְקַוּוה לִפְגּוֹשׁ ________ בקרוב.

מרים: יופי, בְּשִׂמְחָה. לְהִתְרָאוֹת !

שׂיחה בין תלמידים

אליהו: כָּתַבְתְּ את השיעורים ?

אסתר: כן, כָּתַבְתִּי ***אוֹתָם***. אתה מֵבִין את המשפטים ?

אליהו: כן, אני מֵבִין ***אוֹתָם***, כי לָמַדְתִּי ***אוֹתָם***.

אסתר: אתה יוֹדֵעַ את כָּל המילים החדשות ?

אליהו: כן, אני יוֹדֵעַ ***אוֹתָן***.

אסתר: המורה שׁוֹאֶלֶת ***אֶתְכֶם*** שאלות בכיתה ?

אליהו: כן, היא שׁוֹאֶלֶת ***אוֹתָנוּ*** הרבה שאלות,

גם הילדים שׁוֹאֲלִים ***אוֹתִי*** הרבה שאלות.

אסתר: אתה מַכִּיר את מרים ?

אליהו: כן, אני מכיר ***אוֹתָהּ***, אנחנו לוֹמְדִים יחד באולפן. אתְ מַכִּירָה את דן ?

אסתר: כן, אני מַכִּירָה ***אוֹתוֹ***, הוא לוֹמֵד באולפן. אני רוֹאָה ***אוֹתוֹ*** יום יום באולפן.

אליהו: את מַזְמִינָה אורחים לְשבת ?

אסתר: כן, אני מַזְמִינָה גם ***אוֹתְךָ*** ואת אִשְׁתְּךָ.

אליהו: אתם מַזְמִינִים ***אוֹתָנוּ*** תמיד, עכשיו אנחנו מַזְמִינִים ***אֶתְכֶם***.

מתי את גוֹמֶרֶת את העבודה ?

אסתר: אני מַתְחִילָה ***אוֹתָהּ***, אבל אף פעם

לא גוֹמֶרֶת ***אוֹתָהּ*** ...

גָּמַרְתָּ לקרוא את הספר ?

אליהו: כן, גָּמַרְתִּי ***אוֹתוֹ***, זה ספר מצוין.

אסתר: תודה רבּה לך.

אליהו: לְהִתְרָאוֹת!

'עִם' בנטייה

The Conjugation of the Preposition "**עִם**" (with)

איתִי	איתְךָ	איתָךְ	איתוֹ	איתָהּ	איתָנוּ	איתְכֶם	איתְכֶן	איתָם	איתָן
with me	with you	with you	with him	with her	with us	with you	with you	with them	with them
אני	אתה	את	הוא	היא	אנחנו	אתם	אתן	הם	הן

עִם מִי... ?

With Whom ...?

- **עם מי** הָלַכְתְּ לקולנוע ?

הָלַכְתִּי **עם דני**, הָלַכְתִּי **אִיתוֹ**.

- **עם מי** רָקַדְתָּ במסיבה ?

רָקַדְתִּי **עם רות**, רָקַדְתִּי **אִיתָהּ**.

- **עם מי** טִיַּילְתֶּן בפארק ?

טִיַּילְנוּ **עם הילדים**, טִיַּילְנוּ **אִיתָם**.

- **עם מי** חֲזַרְתֶּם הביתה ?

חָזַרְנוּ **עם החברות**, חָזַרְנוּ **אִיתָן**.

לְדַבֵּר עַל אַהֲבָה...

To Speak About Love ...

דני: אני יכול לְדַבֵּר **אִיתָךְ** ?

מיכאל: על מה אתה רוצה לְדַבֵּר **אִיתִי** ?

דני: על פוליטיקה.

מיכאל: אני מִצְטַעֵר, אני מוּכָן לְדַבֵּר **אִיתְךָ** על מַחְשֵׁבִים,
על תאטרון, אבל לא על פוליטיקה.
על פוליטיקה אתה יכול לְדַבֵּר עם שׂרה.

דני: אני מִצְטַעֵר, אני מְדַבֵּר **אִיתָהּ** רק על אהבה...
אני אוֹהֵב לִרְקוֹד **אִיתָהּ**. אני אוֹהֵב לטייל **אִיתָהּ**. אני אוֹהֵב ל ...
אתה רוצה לָבוֹא **אִיתָנוּ** למסיבה ?

מיכאל: מתי ?

דני: מחר בערב.

מיכאל: בטח ! אני בא **אִיתְּכֶם**.

דני: להתראות מחר.

אני רוצה
להתחתן
איתך

ענו על השאלות. Answer the questions.

1. אפשר לְהִיפָּגֵש **עם המנהל** ? כן, אפשר להיפגש איתו. ___
2. אפשר לָשֶבֶת בבית קפה **עם חברים** ? ___
3. נעים לְטַייל **עם הילדים** ? ___
4. אפשר לִלְמוֹד **עם הסטודנטיות** ? ___
5. אולי אתה רוצה לִקְבּוֹעַ פגישה **אִיתִי** ? ___
6. אני יכול לְדַבֵּר **עם המזכירה** ? ___
7. אפשר לָלֶכֶת **אִיתְּכֶם** למסעדה ? ___
8. אני יכול לִרְקוֹד **אִיתָּךְ** ? ___
9. אפשר לַחְזוֹר **איתכן** הביתה ? ___
10. אנחנו יכולים לָבוֹא **איתךָ** לקונצרט ? ___
11. אתה רוצה לָטוּס **אִיתָּנוּ** ללונדון ? ___
12. את מַסְכִּימָה לְהִתְחַתֵּן **אִיתִי** ? ___

השלימו את מילת היחס הנכונה. Complete using the correct preposition.

1. ראש הממשלה פָּגַש ______ הַנָּשִׂיא. **(עם, את)**
   הַנָּשִׂיא נִפְגַּש ______ ראש הממשלה.
2. בִּיקַרְנוּ ___מוזאון תל אביב. **(אצל, ב)**
   הם בִּיקְרוּ ______ ההורים.
3. הסטודנט עָנָה ______ השאלה. **(ל, על)**
   הסטודנטית עָנְתָה ___טלפון.
4. הַאִם קָרָאתָ ______ העיתון ? **(את, ל)**
   איך קוֹרְאִים ___ילדה ?
5. הם גָּרוּ ___חיפה. **(ב, עם)**
   הם גָּרוּ ______ ההורים שלהם.
6. אפשר לְשַלֵּם ______ החשבון ? **(את, ל)**
   כֵּן, אתה יכול לְשַלֵּם ___מלצר.
7. כְּדאי לָלֶכֶת ___קונצרט ? **(ל, עם)**
   כֵּן, אתה יכול לָלֶכֶת ______ שָׂרָה.

בֵּינוֹנִי פָּעוּל
The "Pa'ul" - Passive Participles

בֵּינוֹני פָעוּל הוא צורה סבילה (פסיבית) של בניין פָּעַל. בדרך כלל הוא **מתאר מצב**.

 סָגוּר סְגוּרָה סְגוּרִים סְגוּרוֹת

The "Pa'ul" is the passive of the "Pa'al"conjugation. Generally it describes a static situation.

"closed"   (m/s, f/s, m/pl, f/pl)

Read the sentences.   קראו את המשפטים.

בשבת הדואר *סָגוּר*, גם החנות *סְגוּרָה*.

הבנקים *סְגוּרִים*, והחנויות *סְגוּרוֹת*.

הארון *פָתוּחַ*, הדלת *פְּתוּחָה*, והחלונות *פְּתוּחִים*.

הספרים *פְּתוּחִים*, והתלמידים קוֹרְאים.

החנויות *פְּתוּחוֹת*, והאנשים קוֹנים.

מה *כָּתוּב* על המעטפה? שם הרחוב *כָּתוּב*.

הכתובת *כְּתוּבָה*, המיקוד *כָּתוּב*, והמילים *כְּתוּבוֹת*.

המשרד פָּתוּחַ
בימים: א, ב, ג, ד, ה
בשעות: 8:30 - 12:30
ביום שישי המשרד סגור.

Write the correct form of the "Pa'ul".   כתבו את צורת בינוני פעול.

1. כָּל החדרים במלון "הילטון" _____ (תפס).

2. המילים החדשות _____ (כתב) על הלוח.

3. עוֹרֶכֶת הַדִין תמיד _____ (עסק).

4. הוא לא _____ (נשא), הוא _____ (גרש).

5. השולחן הזה _____ (תפס).

6. השולחנות האלה _____ (שמר).

7. המסעדות לא _____ (פתח) בשבת.

8. הבנק _____ (סגר) ביום רביעי אחרי הצהריים.

9. הסופרמרקטים _____ (פתח) כָּל יום.

10. הטלפון לא _____ (תפס), הוא _____ (פנה).

11. הם גָרים בדירה _____ (שכר).

12. הספר הזה _____ (כתב) באנגלית.

13. אלה מכוניות _____ (שכר).

14. יש לו עבודה _____ (קבע).

הדלת פתוחה

השולחן תפוס

Lesson 6 : What have we learned? — שיעור 6 : מה למדנו?

Vocabulary — אוצר מילים

Nouns — שְׁמוֹת עֶצֶם

love	(נ) אַהֲבָה (אֲהָבוֹת)
guest	(ז) אוֹרֵחַ (אוֹרְחִים)
postcard	(נ) גְּלוּיָה (גְּלוּיוֹת)
Vienna	(נ) וִינָה
package, parcel	(נ) חֲבִילָה (חֲבִילוֹת)
sick person, patient	(ז) חוֹלֶה (חוֹלִים) (חוֹלוֹת)
father-in-law	(ז) חוֹתֵן (חוֹתְנִים)
mother-in-law	(נ) חוֹתֶנֶת (חוֹתְנוֹת)
ball	(ז) כַּדּוּר (כַּדּוּרִים)
blackboard	(ז) לוּחַ (לוּחוֹת)
London	(נ) לוֹנְדוֹן
tune, melody	(ז) לַחַן (לְחָנִים)
food	(ז) מַאֲכָל (מַאֲכָלִים)
state	(נ) מְדִינָה (מְדִינוֹת)
air conditioner	(ז) מַזְגָן (מַזְגָנִים)
cash	(ז) מְזוּמָּן (מְזוּמָּנִים)
word	(נ) מִילָּה (מִילִּים)
portion, serving	(נ) מָנָה (מָנוֹת)
envelope	(נ) מַעֲטָפָה (מַעֲטָפוֹת)
sentence	(ז) מִשְׁפָּט (מִשְׁפָּטִים)
candle	(ז) נֵר (נֵרוֹת)
grandmother	(נ) סַבְתָּא (סַבְתּוֹת)
past	(ז) עָבָר
frog	(ז) צְפַרְדֵּעַ (צְפַרְדְּעִים)
summer	(ז) קַיִץ
Canada	(נ) קָנָדָה
cannibals	(ז"ר) קָנִיבָּלִים
question	(נ) שְׁאֵלָה (שְׁאֵלוֹת)
Shabbat	(נ) שַׁבָּת (שַׁבָּתוֹת)
lesson	(ז) שִׁיעוּר (שִׁיעוּרִים)
date	(ז) תַּאֲרִיךְ (תַּאֲרִיכִים)
theater	(ז) תֵּאַטְרוֹן

Adjectives — שְׁמוֹת תּוֹאַר

thin	דַּק (ה) (ים) (וֹת)
old	זָקֵן (ה) (ים) (וֹת)
ready, prepared	מוּכָן (ה) (ים) (וֹת)
special	מְיוּחָד (ת) (ים) (וֹת)
popular	פּוֹפּוּלָארִי (ת) (ים) (וֹת)
thin	רָזֶה, רָזָה (ים) (וֹת)

Verbs — פְּעָלִים

check, look into	בּוֹדֵק- לִבְדּוֹק
finish	גּוֹמֵר- לִגְמוֹר
sign	חוֹתֵם- לַחְתּוֹם
ask for , request	מְבַקֵּשׁ- לְבַקֵּשׁ
switch on, light	מַדְלִיק- לְהַדְלִיק
sell	מוֹכֵר- לִמְכּוֹר
transmit, deliver	מוֹסֵר- לִמְסוֹר
know (a person)	מַכִּיר- לְהַכִּיר
teach	מְלַמֵּד – לְלַמֵּד
agree	מַסְכִּים- לְהַסְכִּים
regret, feel sorry	מִצְטַעֵר- לְהִצְטַעֵר
phone, call up	מִתְקַשֵּׁר- לְהִתְקַשֵּׁר
is checked	נִבְדָּק- לְהִיבָּדֵק
is finished	נִגְמָר- לְהִיגָּמֵר
meet	נִפְגָּשׁ- לְהִיפָּגֵשׁ
stay, remain	נִשְׁאָר- לְהִישָּׁאֵר
put	שָׂם- לָשִׂים

Passive Participles — בֵּינוֹנִי פָּעוּל

written	כָּתוּב (ה) (ים) (וֹת)
married	נָשׂוּי, נְשׂוּאָה (ים) (וֹת)
closed	סָגוּר (ה) (ים) (וֹת)
busy	עָסוּק (ה) (ים) (וֹת)
free, unoccupied	פָּנוּי (ה) (ים) (וֹת)
open	פָּתוּחַ (ה) (ים) (וֹת)
permanent	קָבוּעַ (ה) (ים) (וֹת)
reserved	שָׁמוּר (ה) (ים) (וֹת)
rented	שָׂכוּר (ה) (ים) (וֹת)
occupied	תָּפוּס (ה) (ים) (וֹת)

Prepositions — מִילּוֹת יַחַס

for	בְּעַד
inside	בְּתוֹךְ
like	כְּמוֹ

Time Expressions - Past | מִילוֹת זְמַן לֶעָבָר

yesterday / the day before yesterday /	אֶתְמוֹל \ שִׁלְשׁוֹם \
last week / last month /	בַּשָּׁבוּעַ שֶׁעָבַר \ בַּחוֹדֶשׁ שֶׁעָבַר \
last year / an hour ago / in the past /	בַּשָּׁנָה שֶׁעָבְרָה \ לִפְנֵי שָׁעָה \ בֶּעָבָר \
2 days ago / 2 hours ago /	לִפְנֵי יוֹמַיִים \ לִפְנֵי שְׁעָתַיִים \
2 months ago / 3 months ago	לִפְנֵי חוֹדְשַׁיִים \ לִפְנֵי שְׁלוֹשָׁה חוֹדָשִׁים \
last night	אֶמֶשׁ (אֶתְמוֹל בָּעֶרֶב)
never	אַף פַּעַם לֹא
daily	יוֹם יוֹם
always	תָּמִיד

Nationalities | לְאוּמִיוּת

Austrian	(ז) אוֹסְטְרִי (אוֹסְטְרִים)
Italian	(ז) אִיטַלְקִי (אִיטַלְקִים)
Chinese	(ז) סִינִי (סִינִים)
French	(ז) צָרְפָתִי (צָרְפָתִים)

Miscellaneous | שׁוֹנוֹת

which …?	אֵיזֶה ...? אֵיזוֹ ... ? אֵילוּ ...?
even	אֲפִילוּ
in every place	בְּכָל מָקוֹם
each other	זֶה אֶת זֶה
etc., and others	וְעוֹד

Months | חוֹדָשִׁים

January	יָנוּאָר
February	פֶּבְּרוּאָר
March	מָארְס
April	אַפְּרִיל
May	מַאי
June	יוּנִי
July	יוּלִי
August	אוֹגוּסְט
September	סֶפְּטֶמְבֶּר
October	אוֹקְטוֹבֶּר
November	נוֹבֶמְבֶּר
December	דֶצֶמְבֶּר

Foods | מַאֲכָלִים

Chinese food	(ז) אוֹכֶל סִינִי
hamburger	(ז) הַמְבּוּרְגֶר
humus	(ז) חוֹמוּס
pickles	(ז"ר) חֲמוּצִים
tehina	(נ) טְחִינָה
falafel balls	(ז"ר) כַּדּוּרֵי פָלָאפֶל
national food	(ז) מַאֲכָל לְאוּמִי
macaroni	(ז) מָקְרוֹנִי
vegetable salad	(ז) סָלָט יְרָקוֹת
pepper	(ז) פִּלְפֵּל
pita	(נ) פִּיתָה (פִּיתוֹת)
chips	(ז) צִ'יפְּס

Expressions | מַבָּעִים

Sure ! Certainly !	בֶּטַח!
See you later.	לְהִתְרָאוֹת.
How much does the … cost?	כַּמָּה עוֹלֶה ה ....?
How much do the tickets cost?	כַּמָּה עוֹלִים הַכַּרְטִיסִים?
They cost 150 shekels.	הֵם עוֹלִים מֵאָה וַחֲמִישִׁים שְׁקָלִים.
You can pay by cash, or by credit card,	אֶפְשָׁר לְשַׁלֵּם בִּמְזוּמָן, אוֹ בְּכַרְטִיס אַשְׁרַאי,
or by check.	אוֹ בְּשֶׁק.
Who wrote out the check?	מִי כָּתַב אֶת הַשֶּׁק?
Who signed the check?	מִי חָתַם עַל הַשֶּׁק?
What's the date of the check?	מָה תַּאֲרִיךְ הַשֶּׁק?
Who's the check for?	בִּשְׁבִיל מִי הַשֶּׁק?
I want to meet you.	אֲנִי רוֹצֶה לִפְגּוֹשׁ אוֹתְךָ.
Is it possible to meet you?	אֶפְשָׁר לִפְגּוֹשׁ אוֹתְךְ?
Gladly! With pleasure!	בְּשִׂמְחָה!

Grammatical Structures

מבנים לשוניים

1) The Verb –Past Tense
"Pa'al" / "Pi'el" / "Hif'il" / "Hitpa'el" / "Nifal"
He **wrote / spoke / felt / got dressed / entered .**

He **wrote** a letter, **spoke** on the telephone, **felt** well, **dressed** nicely, **and got into** the car.

1) הַפּוֹעַל – זְמַן עָבָר
פָּעַל / פִּיעֵל / הִפְעִיל / הִתְפַּעֵל / נִפְעַל

הוּא **כָּתַב / דִּיבֵּר / הִרְגִּישׁ / הִתְלַבֵּשׁ / נִכְנַס.**

הוּא **כָּתַב** מִכְתָּב, **דִּיבֵּר** בַּטֶּלֶפוֹן, **הִרְגִּישׁ** טוֹב, **הִתְלַבֵּשׁ** יָפֶה **וְנִכְנַס** לַמְּכוֹנִית.

2) Numerals – 11-30 in the masculine
19 air conditioners / **25** days

2) הַמִּסְפָּרִים 30-11 בְּזָכָר
תְּשְׁעָה עָשָׂר מַזְגָנִים \ **עֶשְׂרִים וַחֲמִישָּׁה** יָמִים

3) Numerals – 100-1000
117 shekels
March **12**
(Shekels and dates are written in the m.)

3) הַמִּסְפָּרִים 1000-100
מֵאָה וְשִׁבְעָה עָשָׂר שְׁקָלִים
שְׁנֵיים עָשָׂר בְּמָארְס
(שְׁקָלִים וְתַאֲרִיכִים כּוֹתְבִים בְּזָכָר.)

4) Conjugation of "אֶת" Personal Pronouns as Direct Objects

me / you (m) **/ you** (f) **/ him (it) / her (it)**
us / you (m) **/ you** (f) **/ them** (m) **/ them** (f)
I put the keys **(them)** on the table.

The teacher knows the pupil **(her).**
I see **them** daily / every day.
The clerk is asking **you** (pl) questions**.**
Can I get the package and open **it**?

4) "אֶת" בִּנְטִיָּיה

**אוֹתִי \ אוֹתְךָ \ אוֹתָךְ \ אוֹתוֹ \ אוֹתָהּ **
אוֹתָנוּ \ אֶתְכֶם \ אֶתְכֶן \ אוֹתָם \ אוֹתָן
אֲנִי שָׂם אֶת הַמַּפְתְּחוֹת (**אוֹתָם**) עַל הַשּׁוּלְחָן.

הַמּוֹרֶה מַכִּיר אֶת הַתַּלְמִידָה (**אוֹתָהּ**).
אֲנִי רוֹאֶה **אוֹתָם** יוֹם יוֹם.
הַפָּקִיד שׁוֹאֵל **אֶתְכֶם** שְׁאֵלוֹת.
אֶפְשָׁר לְקַבֵּל אֶת הַחֲבִילָה וְלִפְתּוֹחַ **אוֹתָהּ**?

5) With whom …? Conjugation of "עִם"
with me / you (m) **/ you** (f) **/ him / her / us**
you (m) **/ you** (f) **/ them** (m) **/ them** (f)

With whom did you go to the movies?
I went **with girlfriends.** I went **with them**.

5) עִם מִי ...? "עִם" בִּנְטִיָּיה
**אִיתִּי \ אִיתְּךָ \ אִיתָּךְ \ אִיתּוֹ \ אִיתָּהּ \ אִיתָּנוּ **
אִיתְּכֶם \ אִיתְּכֶן \ אִיתָּם \ אִיתָּן

עִם מִי הָלַכְתְּ לַקּוֹלְנוֹעַ?
הָלַכְתִּי **עִם חֲבֵרוֹת.** הָלַכְתִּי **אִיתָּן.**

6) Passive Participles
"closed" (according to gender + number)

The shops **are closed** on Shabbat.
The book **is written** in Hebrew.

6) בֵּינוֹנִי פָּעוּל
סָגוּר \ סְגוּרָה \ סְגוּרוֹת \ סְגוּרִים

הַחֲנוּיוֹת **סְגוּרוֹת** בְּשַׁבָּת.
הַסֵּפֶר **כָּתוּב** בְּעִבְרִית.

בניין פעל - גזרת ע״וי, זמן עבר

The "Pa'al" Conjugation – Weak Verb Type - ע״וי - Past Tense

השורש: קום, שיר **שם הפועל: לָקוּם, לָשִׁיר**

קָמוּ	קַמְתֶּן	קַמְתֶּם	קַמְנוּ	קָמָה	קָם	קַמְתְּ	קַמְתָּ	קַמְתִּי
they rose	you rose	you rose	we rose	she rose	he rose	you rose	you rose	I rose
שָׁרוּ	שַׁרְתֶּן	שַׁרְתֶּם	שַׁרְנוּ	שָׁרָה	שָׁר	שַׁרְתְּ	שַׁרְתָּ	שַׁרְתִּי
they sang	you sang	you sang	we sang	she sang	he sang	you sang	you sang	I sang
הם / הן	אתן	אתם	אנחנו	היא	הוא	את	אתה	אני

קראו את הקטע, ושימו לב למילים המודגשות.

Read the passage and pay attention to the words emphasized.

אתמול **קַמְתִּי** מוקדם, **רַצְתִּי** חמישה קילומטרים, הייתי עייף **וְנַחְתִּי** קצת. אחר כך **בָּא** לַבַּיִת שלי דני שֶׁגָּר בירושלים, וְסִיפֵּר לי, שהוא **טָס** לאיטליה. דני זַמָּר, והוא **שָׁר** באופרה של מילאנו.

לא **דַּנְתִּי** איתו בַּנּוֹשֵׂא, אבל... **שַׂמְתִּי** את הבגדים במזוודה, **וטַסְתִּי** איתו למילאנו ! ! !

כתבו את הקטע בגוף שלישי (יחידה) בעבר.

Write the passage in the 3rd person feminine singular, past tense.

אתמול היא ____

____

____

כתבו את הקטע בגוף שלישי (יחיד) בעבר.

Write the passage in the 3rd person masculine singular, past tense.

אתמול הוא ____

____

____

____

Complete the table in the past tense. **השלימו את הטבלה בעבר.**

הם/הן	אתן	אתם	אנחנו	היא	הוא	את	אתה	אני
								רַצְתִּי
							גַּרְתָּ	
						קַמְתְּ		
					נָח			
				שָׂמָה				
			טַסְנוּ					

בניין פעל - גזרת ל"ה/י, זמן עבר

The "Pa'al" Conjugation – Weak Verb Type – ל"ה\י – Past Tense

השורש: קנה/י **שם הפועל: לִקְנוֹת**

קָנִיתִי	קָנִיתָ	קָנִית	קָנָה	קָנְתָה	קָנִינוּ	קְנִיתֶם /קְנִיתֶן	קָנוּ
I	you	you	he	she	we	you (m/f)	they
bought	bought	bought	bought	bought	bought	bought	bought
אני	אתה	את	הוא	היא	אנחנו	אתם /אתן	הם /הן

מה עָשׂוּ דני ושׂרה בַּחוּפְשָׁה? **What Did Dani and Sara Do in the Holiday?**

הם רָצוּ לִנְסוֹעַ לחו"ל. הם עָלוּ על מטוס, וְטָסוּ לפריז.
שם הם רָאוּ את מגדל אייפל, אך הם לא עָלוּ למגדל.
אחרי שהם רָאוּ תמונות במוזאון ה"לובר", הם שָׁתוּ קפה.
בערב הם נָחוּ. כאשר צִלְצֵל הטלפון הם לא עָנוּ, כי הם היו עייפים...

כִּתבו את הקטע: מה עשׂתה מיכל בחופשה ?
Write the passage: What did Michal do in the holiday?

היא רצתה ______________________________
____
____
____

מה עשׂינו בחופשה ? **What did we do in the holiday?**

אנחנו רצינו ______________________________
____
____
____

ענו על השאלות. **Answer the questions.**

לאן טָסוּ דני ושׂרה ? ______________________________
איפה הם הָיוּ ? ______________________________
מה הם רָאוּ במוזאון ? ______________________________
למה הם לא עָנוּ לטלפון ? ______________________________

'היה' - בניין פעל, זמן עבר

"Was / Were" – "Pa'al" Conjugation, Past Tense

השורש: היה **שם הפועל: לִהְיוֹת**

הָיִיתִי	הָיִיתָ	הָיִיתְ	הָיָה	הָיְתָה	הָיִינוּ	הֱיִיתֶם /הֱיִיתֶן	הָיוּ
I	you	you	he	she	we	you (m/f)	they
was	were	were	was	was	were	were	were
אני	אתה	את	הוא	היא	אנחנו	אתם /אתן	הם /הן

כִּתבו את המשפטים בזמן עבר. **Write the sentences in the past tense.**

1. הם בלונדון. _הם היו בלונדון._
2. את בבית. ______
3. היא בקונצרט. ______
4. איפה אתה ? ______
5. הַחַייל בצבא. ______
6. הרוֹפְאִים בְּקוּפַּת חוֹלִים. ______
7. אנחנו באולפן. ______
8. אתם בחופשה ? ______
9. אתן בעבודה ? ______
10. אני עסוק. ______
11. אני עייפה. ______
12. איפה ענת ויעל ? ______

5.12.08

לדני ולחנה,

הָיינו אֶצלכֶם היום בשעה 4:00,
אבל לא הייתֶם בבית.
באנו לתל אביב בבוקר. הָיינו
במוזֵאון, הָיינו במסעדה, ועכשיו
אנחנו חוזְרים לחיפה.
חֲבָל שֶׁלא הייתֶם בבית.

להתראות,
יוסי ומיכל

(לא) הָיָה + שם עצם

There Was (Wasn't) + Noun

הָיָה
לא הָיָה
There was / wasn't (m)

- **ספר על השולחן**
- **כֶּסֶף בחשבון**
- **עיתון בחנות**

הָיְתָה
לא הָיְתָה
There was / wasn't (f)

- **מסיבה יפה**
- **תָּכְנִית מְעניינת**
- **שִׂמְלָה יפה בחנות**

הָיוּ
לא הָיוּ
There were / weren't (m/f)

- **סטודנטים בקפיטריה**
- **כרטיסים בקופה**
- **תמונות על הקיר**

כִּתבו את המשפטים בהווה ובעבר לפי הדוגמה.

Write the sentences in the present and past according to the example.

	הווה (יש / אין)		עבר
.1	__יש__ ספר על השולחן.	.1	__היה__ ספר על השולחן.
.2	______ כסף בחשבון.	.2	______ כסף בחשבון.
.3	______ עיתון בחנות.	.3	לא ______ עיתון בחנות.
.4	______ מסיבה יפה.	.4	______ מסיבה יפה.
.5	______ תָכנית מעניינת.	.5	לא ______ תכנית מעניינת.
.6	______ שׂמלה יפה בחנות.	.6	______ שׂמלה יפה בחנות.
.7	______ סטודנטים בקפיטריה.	.7	לא ______ סטודנטים בקפיטריה.
.8	______ כרטיסים בקופה.	.8	______ כרטיסים בקופה.
.9	______ תמונות על הקיר.	.9	לא ______ תמונות על הקיר.

Write the sentences in the past tense. **כִּתבו את המשפטים בזמן עבר.**

1. יש לי רֵיאָיוֹן. ______ היה לי ריאיון. ______
2. אין לו נִיסָיוֹן. ______________
3. יש להם אוֹרְחִים. ______________
4. יש לו הַמְלָצוֹת . ______________
5. יש לי טלכּרט. ______________
6. אין לך כּרטיס אשראי. ______________
7. יש לך תְּעוּדַת זֶהוּת. ______________
8. אין לה דרכּוֹן. ______________
9. יש להם חופשה. ______________
10. אין לנו בּעיות. ______________

לִהְיוֹת אוֹ לא לִהְיוֹת - זאת הַשְּׁאֵלָה ! (*המלט*)

To be or not to be – that's the question ! (Hamlet)

פְּגִישָׁה בַּקוֹלנוֹעַ — Rendezvous at the Movies

בשבוע שעבר *הָיִיתִי* בקולנוע, פָּגַשְׁתִּי שם את החברים שלי.

מיכאל: שלום, איפה *הֱיִיתֶם* אתמול בערב ?

חברים: *הָיִינוּ* במסיבה.

מיכאל: איפה *הָיְתָה* המסיבה ?

חברים: המסיבה *הָיְתָה* אצל דני.

מיכאל: מי *הָיָה* במסיבה ?

חברים: משה *הָיָה*, שׂרה *הָיְתָה*,
גם יוסי ומיכל *הָיוּ* ...
המסיבה *הָיְתָה* נהדרת.

מיכאל: חבל שאני לא *הָיִיתִי* בַּמסיבה.

היה + לי... לך...

I Had ... You Had ...

הָיָה **לא הָיָה** had / didn't have (m/s)	**לִי**	**תּוֹר לָרוֹפֵא**
	לְךָ	**תְּעוּדַת זֶהוּת**
	לָךְ	**נִיסָּיוֹן בעבודה**
הָיְתָה **לא הָיְתָה** had / didn't have (f/s)	**לוֹ**	**כּרטיס אשראי**
	לָהּ	**כּרטיסים לתאטרוֹן**
	לָנוּ	**בעיות**
הָיוּ **לא הָיוּ** had /didn't have (m+f /pl)	**לָכֶם**	**ראש ממשלה**
	לָכֶן	**סַבְלָנוּת**
	לָהֶם	**מכונית חדשה**
	לָהֶן	**חשבּוֹן בּנק**

כִּתבו שאלות ותשובות, והשתמשו במילים: *(לא) היה, (לא) הייתה, (לא) היו.*

Write questions and answer them. Use the words: **(לא) היה, (לא) הייתה, (לא) היו**.

דוגמה:

1. *היה* לך תוֹר לרופא ? *לא, לא היה לי תור לרופא.*
2. ________ לכם ניסיון בעבודה ? כּן, ________________________.
3. ________________ ? כּן, ________ לנו בעיות.
4. ________ לו סבלנות ? לא, ________________________.
5. ________________ ? כּן, ________ לה כּרטיס אשראי.
6. ________ לנו נָשִׂיא חדש ? כּן, ________________________.
7. ________________ ? לא ________ לנו מכונית חדשה.
8. ________ להן כּרטיסים לתאטרון ? כּן, ________________________.
9. ________________ ? כּן, ________ לנו ראש ממשלה חדש.
10. ________ לך תמונות מעניינות ? כּן, ________________________.
11. ________________ ? כּן, ________ לי חתונה בקיץ.
12. ________ לה חשבּון בּבנק ? כּן, ________________________.
13. ________ להם בּעיות ? לא, ________________________.

בניין פָּעַל - זמן עבר

The "Pa'al" Conjugation – Past Tense

השורש: כ.ת.ב **שם הפועל: לִכְתּוֹב** **שם הפעולה: כְּתִיבָה**

כָּתַבְתִּי	כָּתַבְתָּ	כָּתַבְתְּ	כָּתַב	כָּתְבָה	כָּתַבְנוּ	כְּתַבְתֶּם /כְּתַבְתֶּן	כָּתְבוּ
I wrote	you wrote	you wrote	he wrote	she wrote	we wrote	you (m/f) wrote	they wrote
אני	אתה	את	הוא	היא	אנחנו	אתם /אתן	הם /הן

עוֹד לא... **Not Yet ...**

אורי: בוקר טוב דנה, *שָׂמַחְתִּי* לָלֶכֶת אִיתָךְ לסרט.

דנה: גם אני.

אורי: *כָּתַבְתְּ* כבר את המכתב למורָה ?

דנה: עוד לא *כָּתַבְתִּי*!

אורי: *בָּדַקְתְּ* כבר את כרטיס הלוטו ? אולי יש לך מזל ?

דנה: לא, עוד לא *בָּדַקְתִּי*!

עוד לא
פתחתי
את המתנה.

אורי: כדאי לך לִבְדוֹק. *אָכַלְתְּ* כבר ארוחת צהריים ?

דנה: עוד לא *אָכַלְתִּי*!

אורי: *פָּתַחְתְּ* את המתנה שלי ?

דנה: עוד לא *פָּתַחְתִּי* אותה.

אורי: *נָסַעְתְּ* פעם לאילת ?

דנה: עוד לא *נָסַעְתִּי*!

אורי: לא *כָּתַבְתְּ*. לא *בָּדַקְתְּ*. לא *אָכַלְתְּ*. לא *פָּתַחְתְּ*. לא *נָסַעְתְּ*.
מה *לָמַדְתְּ* ?

דנה: *לָמַדְתִּי* אֶת כָּל הפעלים בִּזְמַן עָבָר.

אורי: יופי, אז עכשיו אפשר לַחְשׁוֹב על הֶעָתִיד...

כִּתְבוּ: מה דנה לא עָשְׂתָה? Write: What didn't Dana do?

.1 ______________________ .3 ______________________

.2 ______________________ .4 ______________________

.5 ______________________

שיעור ז 117 להצליח בעברית א'

To Stand in Line...

לַעֲמוֹד בַּתּוֹר...

קראו את הקטע, שימו לב לפעלים המודגשים.
Read the passage; note the emphasized verbs.

כָּל בוקר **עָבַד** אורי בקפיטריה. בערב הוא **לָמַד** באוניברסיטה. בקפיטריה הוא **פָּגַשׁ** את דנה בפעם הראשונה. היא **עָמְדָה** בתור, והוא **מָכַר** לה עוגה ומיץ תפוזים. הוא **פָּתַח** בשבילה את הבקבוק **וְאָמַר**: ״את רוצה לָלֶכֶת לסרט בָּערב?״ ״כן״, היא **אָמְרָה**, והוא **שָׂמַח** מאוד.

בָּעֶרֶב הם **נָסְעוּ** יחד לחברים, ואחר כך **הָלְכוּ** לסרט. עכשיו... הוא **עָמַד** בתור לקופה. הכרטיסים היו במקום טוב. הסרט היה מצוין.

מי אוֹהֵב לַעֲמוֹד בַּתּוֹר ?!

Who likes to stand in line…?!

מלאו את הפעלים החסרים בזמן עבר.
Fill in the missing verbs in the present tense.

1. לפני שהוא _________ **(לִגְמוֹר)** את העבודה, הוא _________ **(לִכְתּוֹב)** מכתב להורים שלו.
2. לפני שדני _________ **(לִמְכּוֹר)** את הדירה שלו, הוא _________ **(לִבְדּוֹק)** את המחירים.
3. דנה ואורי _________ **(לַעֲמוֹד)** בתור כדי לקנות כרטיסים לסרט.
4. ששה ואירנה _________ **(לִלְמוֹד)** באולפן. בסוף הקורס הם _________ **(לִנְסוֹעַ)** לטיול בצפון.
5. עופר _________ **(לִשְׂכּוֹר)** דירה עם החברה שלו.
6. השוטר _________ **(לַעֲצוֹר)** את הגנב, ו_________ **(לִבְדּוֹק)** את התיק שלו.
7. הם _________ **(לִפְתּוֹחַ)** קופסת טונה, ו_________ **(לֶאֱכוֹל)** בתאבון.
8. ראש הממשלה ונשיא ארצות הברית _________ **(לִקְבּוֹעַ)** פגישה בחודש יוני.
9. המורה _________ **(לַעֲזוֹר)** לתלמיד לְהַצְלִיחַ במבחן.
10. כבר _________ **(לִשְׁלוֹחַ)** את המכתב לחברים בניו יורק?

מַה קָרָה לְעַם יִשְׂרָאֵל ?
What Happened to the People of Israel?

לעם ישראל *הָיָה* מַנְהִיג חשוב ומיוחד, שמו *הָיָה* משה. הוא נוֹלַד במצרים לפני שלושת אלפים וארבע מאות שנים בערך (3400). הוא גָדַל בארמון של מלך מצרים, פרעה, *וְהָיָה* מַנְהִיג של בני ישראל.

עם ישראל *הָיָה* במדבר ארבעים שנה (40). במדבר *הָיוּ* לו הרבה בעיות, לא *הָיָה* לו בשׂר לאכול, לא *הָיוּ* לו מים לשתות, *הָיָה* לו חם, ולא *הָיָה* קל.

הַיְחָסִים (הַקְשָׁרִים) עם משה *הָיוּ* טובים, אבל עם ישראל תמיד הִתְלוֹנֵן על הַתְנָאִים הַקָשִׁים במדבר.

Answer the questions.	**עֲנוּ עַל הַשְּׁאֵלוֹת.**

1. מי היה הַמַנְהִיג של עם ישראל ? _____

2. איפה הוא נוֹלַד ? _____

3. כמה שנים היה עם ישראל במדבר ? _____

4. למה הִתְלוֹנְנוּ בני ישראל במדבר ? _____

"וַיֵּלְכוּ שְׁלֹשֶׁת יָמִים בַּמִּדְבָּר, וְלֹא מָצְאוּ מָיִם" (שמות טו, כב)

סיכום: בניין פעל - זמן עבר
Summing Up : The "Pa'al" Conjugation Past Tense

השלימו את נטיות הפעלים בטבלה. Conjugate the verbs in the table.

שם הפועל	לִכתוֹב	לָקוּם	לִקְנוֹת	לִמְצוֹא	לִנסוֹעַ	לָדַעַת	לָשֶׁבֶת
אני	תִי						
אתה	תָ						
את	תְ						
הוא	כָּתַב	קָם	קָנָה	מָצָא	נָסַע	יָדַע	יָשַׁב
היא	ה						
אנחנו	נוּ						
אתם	תֶם						
אתן	תֶן						
הם / הן	וּ						

השלימו את התשובות בזמן עבר. Complete the answers in the past tense.

1. למי **עָזַרְתָ** ? ___________ להורים.
2. את מי **פְּגַשְׁתֶם**? אנחנו ___________ את החברים.
3. מתי **שָׁלַחְתְ** מכתב ? ___________ מכתב אתמול.
4. מה **שְׁאַלְתֶן** אוֹתָנוּ ? ___________ אֶתְכֶם שאלות.
5. על מה הוא **חָשַׁב** ? ___________ על המשפחה שלו.
6. למה **סְגַרְתֶם** את החלון ? ___________ את החלון בגלל הקור.
7. מה היא **קָרְאָה** בעיתון ? היא ___________ בעיתון מודעות.
8. מי **שָׁמַע** את החדשות ? ההורים ___________ את החדשות.
9. מי **טָס** לארצות הברית ? ראש הממשלה ___________ לארצות הברית.
10. מי **פָּגַשׁ** את הנשׂיא ? שר הבִּיטָחוֹן ___________ אוֹתוֹ.
11. מה **קְנִיתֶן** בקַניוֹן ? ___________ בגדים יפים.
12. איפה הוא **יָשַׁב** בקולנוע ? הוא ___________ בשורה השלישית.
13. מתי **נָסַעְתְ** לירושלים ? ___________ לירושלים בשבוע שעבר.
14. מי **בָּא** למסיבה ? החברים ___________ למסיבה.
15. מה **רָאִיתָ** במוזאון ? ___________ תמונות יפות.
16. לאן הם **הָלְכוּ** בְּשַׁבָּת ? הם ___________ לפארק.

בניין פיעל - זמן עבר

The "Pi'el" Conjugation – Past Tense

השורש: ד.ב.ר **שם הפעולה: דִיבּוּר** **שם הפועל: לְדַבֵּר**

דִיבַּרְתִי	דִיבַּרְתָ	דִיבַּרְתְ	דִיבֵּר	דִיבְּרָה	דִיבַּרְנוּ	דִיבַּרְתֶם /תֶן	דִיבְּרוּ
I spoke	you spoke	you spoke	he spoke	she spoke	we spoke	you (m/f) spoke	they spoke
אני	אתה	את	הוא	היא	אנחנו	אתם/אתן	הם/הן

אֵין לִי אֶרֶץ אַחֶרֶת

I Have No Other Country

אימא: *סִידַּרְתָ* כבר את החדר ?

דני: כן, וגם *תִיקַנְתִי* את שיעורי הבית.

אימא: *נִיגַנְתָ* היום בפסנתר ?

דני: כן, וגם *דִיבַּרְתִי* בטלפון עם עופר.

אימא: *טִיַילְתָ* כבר עם הכלב ?

דני: עוד לא, אבל *טִיפַּלְתִי* בכלב. *כִּיבַּסְתְ* את החולצה שלי ?

אימא: כן, וגם *בִּישַּׁלְתִי* לך ספגטי טעים.

דני: איפה העוזרת ?

אימא: *פִּיטַרְתִי* אותה. איך הָיָה הטיול עם הכיתה ?

דני: יופי ! *צִילַמְתִי* הרבה תמונות.

אימא: *בִּיקַרְתֶם* בכּוֹתל ?

דני: כן, וגם *קִיבַּלְנוּ* גְלוּיוֹת יפות מהמדריכה. היא *סִיפְּרָה* לנו על ירושלים.

אימא: אין עוד ארץ יפה כמו הארץ שלנו. מתי הטיול הבא ?

דני: בָּאָבִיב.

שאלו זה את זה וענו.

Ask one another and answer.

1. **אֶת מָה** סִידֵר דני ?
2. **בְּמָה** נִיגֵן דני ?
3. **עִם מִי** דִיבֵּר דני ?
4. **עִם מִי** טִיֵיל דני ?
5. **בְּמִי** טִיפֵּל דני ?
6. **מָה** בִּישְׁלָה אימא ?
7. **אֶת מִי** פִּיטְרָה אימא ?
8. **אֵיפֹה** בִּיקְרוּ התלמידים ?
9. **מִמִּי** קִיבְּלוּ התלמידים גלויות?
10. **עַל מָה** סִיפְּרָה להם המדריכה ?

מלאו את הפעלים החסרים בזמן עבר.
Fill in the missing verbs using the past tense.

1. הַמְנַהֵל ______ (**לְפַטֵּר**) את המזכירה, כי היא לא ______ (**לְדַבֵּר**) יפה עם האנשים בַּמִשְׂרָד.
2. אבא ______ (**לְתַקֵּן**) את הטלוויזיה, ואחר כך ______ (**לְשַׂחֵק**) עם הילדים.
3. אתמול ______ (**לְבַקֵּר**) אצלנו חברים מִירושלים, ואחותי ______ (**לְבַשֵּׁל**) בשבילם.
4. הם דָּחוּ את המסיבה ולא ______ (**לְבַטֵּל**) אותה.
5. אימא ______ (**לְכַבֵּס**) את בגדי התינוק בִּמְכוֹנַת כְּבִיסָה.
6. דני ______ (**לְנַגֵּן**) בְּכינור, ואחר כך ______ (**לטייל**) עם חברים.
7. הפקיד ______ (**לְסַדֵּר**) את כָּל הניירות בְּתִיק מְיוּחָד.
8. הטלוויזיה ______ (**לְצַלֵּם**) את בִּיקוּר האפיפיור בארץ.
9. הדיירים לא ______ (**לְשַׁלֵּם**) את חשבון המים.
10. האחות ______ (**לְטַפֵּל**) יפה בחולה.

לְהִתְרָאוֹת בְּנְיוּ-יוֹרְק ! — See You in New York!

בשבוע שעבר ***בִּיקֵשׁ*** ולדימיר הַלְוָואָה קטנה מֵהַבנק בִּשביל טִיוּל לארצות הברית. הוא ***קִיבֵּל*** אותה אחרי זמן קצר, ו***שִׁילֵּם*** בשביל הכרטיס.

לפני שָׁבוּעַ הוא ***נִיגֵּן*** בגיטרה וְשָׁר עם החברים שלו. הוא ***סִיפֵּר*** להם על הנסיעה לניו-יורק.

אתמול, יום לפני הנסיעה, הוא בָּא למשרד, ***סִידֵּר*** מסמכים ו***צִילֵּם*** אותם. הוא עָבַד בלי הפסקה, ***עִישֵּׁן*** הרבה ו***דִיבֵּר*** עם הפקידים. אחרי הצהריים הוא ***חִיפֵּשׂ*** מתנה יפה לחברים שלו בארצות הברית. אחרי שֶׁ***דִּיבֵּר*** אִיתָּם בטלפון, הוא אמר להם: "להתראות בְּניו-יורק מחר בבוקר !"

אמרו וכתבו את הקטע בלשון נקבה וברבים.
Say and then write the passage using the feminine and plural.

א. *בשבוע שעבר בִּיקְשָׁה אירנה...*

ב. *בשבוע שעבר בִּיקְשׁוּ ולדימיר ואירנה...*

משפטי זמן
Temporal Phrases

בּ
ל
מ
עַד
מ... עד...
אַחֲרֵי / לְאַחַר
לִפְנֵי ה...
בִּזְמַן ה...
בְּמֶשֶׁךְ

1. דָוִד בֶּן גוריון נוֹלַד בִּשְׁנַת 1886 בפולין.
2. נָסַעְתִּי לחו״ל לשבועיים.
3. הם שָׂכְרוּ דירה מֵחודש ינואר.
4. המזכירה עָבְדָה עַד הצהריים.
5. הבנק פתוח מ-8:30 עַד 12:30.
6. אַחֲרֵי / לְאַחַר הצבא הוא לָמַד באוניברסיטה.
7. לִפְנֵי החתונה הם גָרוּ אצל ההורים.
8. היא נוֹלְדָה בִּזְמַן המלחמה.
9. הסטודנט לָמַד באוניברסיטה בְּמֶשֶׁךְ שלוש שנים.

כִּתבו שאלות למשפטים הנ״ל, לפי הדוגמה:

Write questions to the sentences above according to the example.

השתמשו במילות שאלה אלה:

Use the question words below.

מָתַי ? **When?**
מִמָּתַי ? **Since when?**
מִמָּתַי עַד מָתַי ? **Till when?**
כַּמָּה זְמַן ? **How long?**
לְכַמָּה זְמַן ? **For how long?**

1. מתי נוֹלַד דָוִד בֶּן גוריון ?
2. ______ ?
3. ______ ?
4. ______ ?
5. ______ ?
6. ______ ?
7. ______ ?
8. ______ ?
9. ______ ?

חברו חמש שאלות וחמש תשובות.

Compose five questions and five answers.

1. מתי ______ ? ______
2. עד מתי ______ ? ______
3. ממתי ______ ? ______
4. כַּמָּה זמן ______ ? ______
5. לְכַמָּה זמן ______ ? ______

שירו !

הַצְּבָעִים / מילים: מאירה מעדיה לחן: רותם הכט

The Colors / Meira Ma'adia

קַמְתִּי בַּבֹּוקֶר

רְאִיתִי שֶׁהָעוֹלָם **אָפוֹר**.

הִתְחַלְתִּי לִצְבּוֹעַ הַכֹּל.

אֶת הַשֶּׁמֶשׁ צָבַעְתִּי בְּ**צָהוֹב**

וְאֶת הַשָּׁמַיִם בְּ**כָחוֹל**.

רמזור

אָדֹום ←

צָהֹוב ←

יָרֹוק ←

פָּתַחְתִּי אֶת הַחַלּוֹן.

רְאִיתִי שֶׁהַדֶּשֶׁא **יָרוֹק**,

וּכְבָר שָׂמַחְתִּי מְאוֹד.

שחור + לבן = אָפֹור

בָּעֶרֶב הָלַכְתִּי לִישׁוֹן.

רְאִיתִי שֶׁהַלַּיְלָה **שָׁחוֹר**

הִתְחַלְתִּי לִצְבּוֹעַ הַכֹּל.

אֶת הַשֶּׁלֶג צָבַעְתִּי בְּ**לָבָן**

וְאֶת הַפְּרָחִים בְּ**וָרוֹד**.

אופטימיסט רואֶה וָרֹוד

פסימיסט רואֶה שְׁחֹורֹות

פָּתַחְתִּי אֶת הַחַלּוֹן.

רְאִיתִי שֶׁהַכֹּל יוֹתֵר טוֹב,

וּכְבָר שָׂמַחְתִּי מְאוֹד.

הים כָּחֹול (תקווה)

שלג לָבָן

שוקולד חוּם

חציל סָגֹול

תפוז כָּתֹום

מלאו את שמות הצבעים.

Fill in the names of the colors.

m/s	f/s	m/pl	f/pl
אָדוֹם	אֲדוּמָה	אֲדוּמִים	אֲדוּמוֹת
צָהוֹב			
	יְרוּקָה		
		שְׁחוֹרִים	
			אֲפוֹרוֹת
		וְרוּדִים	
	סְגוּלָה		
כָּחוֹל			

עגבניות אדומות

גְּבִינָה ______________

מְלָפְפוֹן ______________

מִכְנָסַיִים ______________

עֲנָנִים ______________

שִׂמְלָה ______________

שָׁטִיחַ ______________

עֵינַיִים ______________

השלימו את שמות הצבעים.

Complete the sentences with the names of the colors.

1. אָסוּר לַעֲבוֹר את הכביש באור אדום.
2. צִבְעֵי הָאוֹרוֹת בּרמזור הם: __________ __________ __________.
3. הדשא של השכן ______________ יותר.
4. הדגל של ישׂראל ____________ ______________.
5. אופטימיסט רוֹאֶה הַכּוֹל בְּצֶבַע ____________.
6. פסימיסט רוֹאֶה הַכּוֹל בְּצֶבַע ______________.
7. אתם שוֹתִים יין ____________ או יין ___________ ?
8. אתְ אוֹכֶלֶת גבינה ____________ או גבינה _____________ ?
9. הים ______________ והשמים ______________.
10. יש לה עיניים ____________.
11. הם שוֹתִים קפה ____________.
12. הן אוֹכְלוֹת אבטיחים ____________.

הדשא של השכן ירוק יותר.

בניין הפעיל - זמן עבר
The "Hif'il" Conjugation – Past Tense

השורש: פ.ס.ק	שם הפועל: לְהַפְסִיק	שם הפעולה: הַפְסָקָה					

הִפְסִיקוּ	הִפְסַקְתֶּם /תֶּן	הִפְסַקְנוּ	הִפְסִיקָה	הִפְסִיק	הִפְסַקְתְּ	הִפְסַקְתָּ	הִפְסַקְתִּי
they	you (m/f)	we	she	he	you	you	I
stopped	stopped	stopped	stopped	stopped	stopped	stopped	stopped
הם/הן	אתם/אתן	אנחנו	היא	הוא	את	אתה	אני

Where's the Coat?   אֵיפֹה הַמְּעִיל ?

גלית: איפה המעיל שלי ? אולי הִשְׁאַרְתִּי אותו באוטובוס ?

יעל: לא הִרְגַּשְׁתְּ שהוא לא אֶצְלֵךְ ?

גלית: לא, כי לא היה לי קר.

יעל: דִּיבַּרְתְּ עם תַּחֲנַת "אגד" ?

גלית: כן, הִכְנִיסוּ אותי לַחֲדַר הַהַמְתָּנָה, וְהִבְטִיחוּ לי לְחַפֵּשׂ את המעיל באוטובוס וגם לִשְׁאוֹל את הַנֶּהָגִים. אבל הִסְבִּירוּ לי שאני צריכה לְחַכּוֹת בסבלנות.

יעל: כמה זמן ?

גלית: לא הרבה. הִמְשַׁכְתִּי לְחַכּוֹת עד שלא הָיְיתָה לי סבלנות.

יעל: ומה עכשיו ?

גלית: עכשיו יש לי מעיל חדש. הִסְפַּקְתִּי לִקְנוֹת אותו לפני הנסיעה לחו"ל.

כתבו את הפעלים החסרים בזמן עבר.
Fill in the blanks using verbs in the past tense.

1. אימא _____ (לְהַלְבִּישׁ) את הילד, וְשָׁלְחָה אותו לגן.

2. היא _____ (לְהַדְלִיק) נרות, ו_____ (לְהַמְשִׁיךְ) לְבָרֵךְ.

3. דניאל ורוני _____ (לְהַקְלִיט) את התּוֹכְנִית מֵהרדיו.

4. היא _____ (לְהַשְׁאִיר) את המעיל על הכיסא, וְיָצְאָה מן הבית.

5. המורה _____ (לְהַסְבִּיר) לתלמידים את זמן עָבָר הִפְעִיל.

6. מיכאל _____ (לְהַזְמִין) לבר המצווה שלו את כָּל התלמידים.

7. דני ואורי _____ (לְהַסְכִּים) לַחְתוֹם על חוֹזֶה.

8. הדיירים לא שילמו את חֶשְׁבּוֹן החשמל, וחברת החשמל _____ (לְהַפְסִיק) את זֶרֶם החשמל לַבַּיִת שלהם.

9. המנהל _____ (לְהַבְטִיחַ) לעוֹבֵד החדש משכורת טובה.

10. אירית _____ (לְהַתְחִיל) לִלְמוֹד אנגלית באוניברסיטה.

לְהַצְלִיחַ ! To Succeed !

דָּוִד **הִצְלִיחַ** במבחן הכניסה לאוניברסיטה. הוא **הִרְגִּישׁ** שָׂמֵחַ וּמְאוּשָּׁר. ההצלחה **הִשְׁפִּיעָה** עָלָיו לְטוֹבָה. הוא **הִדְלִיק** סיגריה, נִכְנַס לאוטו, פָּתַח את הרדיו **וְהִתְחִיל** לִנְסוֹעַ. הוא **הִכְנִיס** לטייפ* קַלֶּטֶת של זַמָּר מְפוּרְסָם, וְשָׁמַע מוסיקה טובה.

פתאום צִלְצֵל הפלאפון. דָּוִד **הִמְשִׁיךְ** לִנְסוֹעַ ולא **הִפְסִיק** את הַקַּלֶּטֶת. חבר טוב שלו הָיָה על הקו. הוא **הִזְמִין** אותו למסיבה במוצאי שבת. דָּוִד אָמַר לו תודה, **וְהִבְטִיחַ** לָבוֹא. החבר **הִסְבִּיר** לו, איך לִנְסוֹעַ לבית שלו בהרצליה.

בְּמוֹצָאֵי שַׁבָּת **הִשְׁאִיר** דָּוִד את הכלב שלו במרפסת וְנָסַע למסיבה. המסיבה **הִתְחִילָה** בשעה מאוחרת. כְּשֶׁהִגִּיעַ דָּוִד הביתה, הכלב לא **הִפְסִיק** לִקְפּוֹץ עליו מִשִּׂמְחָה, כי **הִרְגִּישׁ** שעכשיו הוא כבר לא לְבַד...

◆ **סַפְּרוּ זה לזה, מה עָשָׂה דָּוִד (לפי סדר כרונולוגי).**
Tell one another what David did (in chronological order).

כתבו ברבים את המילים המסומנות בקו.
Write the underlined words in the plural.

1. הוא הצליח במבחן.
הם הצליחו במבחנים.
____
2. היא הרגישה שׂמחה ומאושרת.
____
3. אתה השארת את הכלב שלך במרפסת.
____
4. התלמיד הכניס את הספר לתיק.
____
5. את הבטחת לעזור לי.
____
6. הזמנתי אותו למסיבה.
____
7. המסיבה התחילה בשעה מאוחרת.
____

* טייפ = רשמקול

Lesson 7 : What have we learned? — שיעור 7 : מה למדנו?

Vocabulary — אוצר מילים

Nouns — שְׁמוֹת עֶצֶם

(ז) אָבִיב	spring
(ז) אוֹטוֹ	auto, car
(נ) אוֹפֶּרָה	opera
(ז) אוֹר (אוֹרוֹת)	light
(נ) אֲרוּחַת צָהֳרַיִים	lunch
(ז) בַּר מִצְוָוה	Bar Mitzvah
(נ) גִּיטָרָה (גִּיטָרוֹת)	guitar
(ז) דֶּגֶל (דְּגָלִים)	flag
(ז) דִּיבּוּר (דִּיבּוּרִים)	speech, utterance
(נ) הַלְוָואָה (הַלְוָואוֹת)	loan
(נ) הַמְלָצָה (הַמְלָצוֹת)	recommendation
(נ) הַפְסָקָה (הַפְסָקוֹת)	break, pause, recess
(נ) הַצְלָחָה (הַצְלָחוֹת)	success
(ז) זֶרֶם (זְרָמִים)	current
(נ) חֶבְרַת חַשְׁמַל	electric company
(ז) חֲדַר (י) הַמְתָּנָה	waiting room
(ז) חוֹזֶה (חוֹזִים)	contract
(ז) חֶשְׁבּוֹן בַּנְק	bank account
(ז) חֶשְׁבּוֹן חַשְׁמַל	electricity bill
(ז) חֶשְׁבּוֹן מַיִם	water bill
(ז) חַשְׁמַל	electricity
(נ) טוּנָה	tuna
(ז) טִיּוּל (טִיּוּלִים)	trip, excursion
(ז) טֵייפּ (רְשַׁמְקוֹל)	radio- tape
(ז) יַחַס (יְחָסִים)	relationship
(ז) כּוֹתֶל מַעֲרָבִי	Western Wall
(ז) כִּינּוֹר (כִּינּוֹרוֹת)(ים)	violin
(ז) כֶּלֶב (כְּלָבִים)	dog
(נ) כְּתִיבָה	writing
(ז) לַיְלָה (לֵילוֹת)	night
(ז) מִבְחָן (מִבְחָנִים)	test, examination
(ז) מִבְחַן כְּנִיסָה	entrance examination
מוֹצָאֵי שַׁבָּת	Saturday night
(נ) מִזְוָודָה (מִזְוָודוֹת)	suitcase
(ז) מַזָּל (מַזָּלוֹת)	luck
(ז) מְחִיר (מְחִירִים)	price
(ז) מָטוֹס (מְטוֹסִים)	airplane
(נ) מְכוֹנַת (וֹת) כְּבִיסָה	washing machine
(ז) מִסְמָךְ (מִסְמָכִים)	document
(ז) מְעִיל (מְעִילִים)	coat
(נ) מִרְפֶּסֶת (מִרְפָּסוֹת)	balcony
(נ) מַשְׂכּוֹרֶת (מַשְׂכּוֹרוֹת)	salary

Verbs — פְּעָלִים

אוֹמֵר - לוֹמַר	say
גָּדֵל- לִגְדּוֹל	grow up
דּוֹחֶה - לִדְחוֹת	reject, protest
דָּן- לָדוּן	discuss (subject)
יוֹצֵא - לָצֵאת	go out
מַבְטִיחַ - לְהַבְטִיחַ	promise
מְבַטֵּל – לְבַטֵּל	cancel
מְבָרֵךְ - לְבָרֵךְ	bless, congratulate
מְבַשֵּׁל – לְבַשֵּׁל	cook
מוֹצֵא- לִמְצוֹא	find
מְחַכֶּה - לְחַכּוֹת	wait
מְטַפֵּל - לְטַפֵּל	treat
מְכַבֵּס – לְכַבֵּס	launder
מַכְנִיס – לְהַכְנִיס	insert, put in
מַלְבִּישׁ - לְהַלְבִּישׁ	dress (someone)
מְנַגֵּן – לְנַגֵּן	play (a musical instrument)
מְסַדֵּר – לְסַדֵּר	arrange
מַסְפִּיק - לְהַסְפִּיק	have enough time
מְסַפֵּר- לְסַפֵּר	tell about
מְעַשֵּׁן – לְעַשֵּׁן	smoke
מְפַטֵּר – לְפַטֵּר	fire, dismiss
מְקַבֵּל – לְקַבֵּל	receive, get
מַקְלִיט - לְהַקְלִיט	record, tape
מַשְׁאִיר – לְהַשְׁאִיר	leave (something)
מַשְׁפִּיעַ - לְהַשְׁפִּיעַ	influence
מִתְלוֹנֵן- לְהִתְלוֹנֵן	complain
מְתַקֵּן - לְתַקֵּן	correct, fix, repair
עוֹבֵר- לַעֲבוֹר	go over, pass over
עוֹצֵר - לַעֲצוֹר	stop, arrest
צוֹבֵעַ- לִצְבּוֹעַ	paint
קוֹבֵעַ – לִקְבּוֹעַ	determine, set up
קוֹפֵץ - לִקְפּוֹץ	jump
קוֹרֶה- לִקְרוֹת	happen
שׂוֹכֵר - לִשְׂכּוֹר	rent
שָׂמֵחַ- לִשְׂמוֹחַ	be happy about, be glad

Adjectives	שְׁמוֹת תֹּאַר
hot	חַם (ה) (ים) (וֹת)
happy	מְאוּשָּׁר (ת) (ים) (וֹת)
famous	מְפוּרְסָם (ת) (ים) (וֹת)
wonderful	נֶהְדָּר (ת) (ים) (וֹת)
active	פָּעִיל (ה) (ים) (וֹת)
easy, light	קַל (ה) (ים) (וֹת)
short	קָצָר (ה) (ים) (וֹת)
cold	קַר (ה) (ים) (וֹת)
difficult, hard	קָשֶׁה, קָשָׁה (ים) (וֹת)
first	רִאשׁוֹן (ה) (ים) (וֹת)

Question Words	מִילּוֹת שְׁאֵלָה
how long?	כַּמָּה זְמַן?
for how long?	לְכַמָּה זְמַן?
since when?	מִמָּתַי?
till when?	עַד מָתַי?

Miscellaneous	שׁוֹנוֹת
but	אַךְ
because of	בִּגְלַל
non-stop	בְּלִי הַפְסָקָה
everything	הַכּוֹל
too bad, a pity	חֲבָל
already	כְּבָר
alone	לְבַד
from	מִן
not yet	עוֹד לֹא
once	פַּעַם
suddenly	פִּתְאוֹם
a little, a bit	קְצָת
doctor's appointment	תּוֹר לָרוֹפֵא

People	אֲנָשִׁים
optimist	(ז) אוֹפְּטִימִיסְט
pope	(ז) אַפִּיפְיוֹר
the Children of Israel	(ז״ר) בְּנֵי יִשְׂרָאֵל
thief	(ז) גַּנָּב (גַּנָּבִים)
tenant, resident	(ז) דַּיָּיר (דַּיָּירִים)
singer	(ז) זַמָּר (זַמָּרִים)
guide	(ז) מַדְרִיךְ (מַדְרִיכִים)
king	(ז) מֶלֶךְ (מְלָכִים)
leader	(ז) מַנְהִיג (מַנְהִיגִים)
cleaning lady, helper	(נ) עוֹזֶרֶת (עוֹזְרוֹת)
pessimist	(ז) פֶּסִימִיסְט
pharaoh	(ז) פַּרְעֹה

subject, matter	(ז) נוֹשֵׂא (נוֹשְׂאִים)
paper	(ז) נְיָיר (נְיָירוֹת)
work experience	(ז) נִיסָּיוֹן בַּעֲבוֹדָה
trip, journey	(נ) נְסִיעָה (נְסִיעוֹת)
patience	(נ) סַבְלָנוּת
world	(ז) עוֹלָם
people (e.g. Jewish people)	(ז) עַם (עַמִּים)
future	(ז) עָתִיד
mobile phone	(ז) פֶּלֶאפוֹן
piano	(ז) פְּסַנְתֵּר (פְּסַנְתֵּרִים)
army	(ז) צָבָא (צְבָאוֹת)
north	(ז) צָפוֹן
line	(ז) קַו (קַוִּוים)
box	(נ) קוּפְסָה (קוּפְסָאוֹת)
course	(ז) קוּרְס (קוּרְסִים)
kilometer	(ז) קִילוֹמֶטֶר (קִילוֹמֶטְרִים)
wall	(ז) קִיר (קִירוֹת)
cassette	(ז) קַלֶּטֶת (קַלָּטוֹת)
contact	(ז) קֶשֶׁר (קְשָׁרִים)
carpet, rug	(ז) שָׁטִיחַ (שְׁטִיחִים)
name	(ז) שֵׁם (שֵׁמוֹת)
appetite	(ז) תֵּיאָבוֹן
program, plan	(נ) תָּכְנִית (תָּכְנִיּוֹת)
condition	(ז) תְּנַאי (תְּנָאִים)

Time Words	מִילּוֹת זְמַן
after	אַחֲרֵי
at the time of,	בִּזְמַן
during	בְּמֶשֶׁךְ
for 2 weeks	לִשְׁבוּעַיִים
after	לְאַחַר ה...
before	לִפְנֵי ה...
from … to (until) ...	מ ... עַד ...

The Colors	הַצְּבָעִים
red	אָדוֹם (ה) (ים) (וֹת)
gray	אָפוֹר (ה) (ים) (וֹת)
pink, rose	וָרוֹד (ה) (ים) (וֹת)
brown	חוּם (ה) (ים) (וֹת)
green	יָרוֹק (ה) (ים) (וֹת)
blue	כָּחוֹל (ה) (ים) (וֹת)
orange	כָּתוֹם (ה) (ים) (וֹת)
white	לָבָן (ה) (ים) (וֹת)
violet	סָגוֹל (ה) (ים) (וֹת)
yellow	צָהוֹב (ה) (ים) (וֹת)
black	שָׁחוֹר (ה) (ים) (וֹת)

policeman	(ז) שׁוֹטֵר (שׁוֹטְרִים)
neighbor	(ז) שָׁכֵן (שְׁכֵנִים)
Minister of Defense	(ז) שַׂר הַבִּיטָּחוֹן
baby (m)	(ז) תִּינוֹק (תִּינוֹקוֹת)
baby (f)	(נ) תִּינוֹקֶת (תִּינוֹקוֹת)

Places	**מְקוֹמוֹת**
palace	(ז) אַרְמוֹן (אַרְמוֹנוֹת)
desert	(ז) מִדְבָּר (מִדְבָּרִים) (וֹת)
Milan	(נ) מִילַאנוֹ
Egypt	(נ) מִצְרַיִם
tower	(ז) מִגְדָּל (מִגְדָּלִים)
Eiffel Tower	(ז) מִגְדָּל אַייפֶל
New York	(נ) נְיוּ יוֹרְק
Paris	(נ) פָּארִיס

Food	**מַאֲכָלִים**
watermelon	(ז) אֲבַטִּיחַ (אֲבַטִּיחִים)
meat	(ז) בָּשָׂר (בְּשָׂרִים)
cheese	(נ) גְּבִינָה (גְּבִינוֹת)
egg plant	(ז) חָצִיל (חֲצִילִים)
cucumber	(ז) מְלָפְפוֹן (מְלָפְפוֹנִים)
spaghetti	(ז) סְפָּגֶטִי
chocolate	(ז) שׁוֹקוֹלָד
orange	(ז) תַּפּוּז (תַּפּוּזִים)

Our Environment	**הַסְּבִיבָה שֶׁלָּנוּ**
grass, lawn	(ז) דֶּשֶׁא (דְּשָׁאִים)
cloud	(ז) עָנָן (עֲנָנִים)
snow	(ז) שֶׁלֶג (שְׁלָגִים)
sky	(ז"ר) שָׁמַיִם
sun	(נ) שֶׁמֶשׁ

Phrases — צֵירוּפִים

to stand in line	לַעֲמוֹד **בַּתּוֹר**
to **deal with** the matter	לָדוּן **בַּנּוֹשֵׂא**
to board the plane	לַעֲלוֹת **עַל** הַמָּטוֹס
to go up the Eiffel Tower	לַעֲלוֹת **לַמִּגְדָּל** אַייפֶל
to help someone	לַעֲזוֹר **לְמִישֶׁהוּ**
to **talk about** the trip	לְסַפֵּר **עַל** הַנְּסִיעָה
to **wait** patiently **for**	לְחַכּוֹת **בְּסַבְלָנוּת לְ**...
to sign the contract	לַחְתּוֹם **עַל** חוֹזֶה

Grammatical Structures — מבנים לשוניים

1) "Pa'al" Verb Conjugation – Weak Verb Type, ע"וי - Past Tense, Infinitive: to get up

I / you (m) / you (f) / he / she /
we / you (m) / you (f) / they / **got up**
Yesterday they **got up** early.

1) בִּנְיָין פָּעַל – גִּזְרַת ע"וי, זְמַן עָבָר
הַשּׁוֹרֶשׁ : קוּם שֵׁם הַפּוֹעַל : **לָקוּם**
קַמְתִּי / קַמְתָּ / קַמְתְּ / קָם / קָמָה /
קַמְנוּ / קַמְתֶּם / קַמְתֶּן / קָמוּ
אֶתְמוֹל הֵם **קָמוּ** מוּקְדָּם.

2) "Pa'al" Verb Conjugation – Weak Verb Type – ל"ה\י - Past Tense, Infinitive: to buy

I / you (m) / you (f) / he / she /
we / you (m) / you (f) they / **bought**
This year I **bought** a new car .

2) בִּנְיָין פָּעַל – גִּזְרַת ל"ה/י, זְמַן עָבָר
הַשּׁוֹרֶשׁ : קנה/י שֵׁם הַפּוֹעַל : **לִקְנוֹת**

קָנִיתִי / קָנִיתָ / קָנִית / קָנָה / קָנְתָה
קָנִינוּ / קְנִיתֶם / קְנִיתֶן / קָנוּ
הַשָּׁנָה **קָנִיתִי** מְכוֹנִית חֲדָשָׁה .

3) Was / Were "Pa'al" Verb Conjugation, Infinitive: to be

I / you (m) / you (f) / he / she /
we / you (m) / you (f) / they / **was / were**
You **were** at work **.**

3) "הָיָה" בִּנְיָין פָּעַל – זְמַן עָבָר
הַשּׁוֹרֶשׁ : **הָיָה** שֵׁם הַפּוֹעַל : **לִהְיוֹת**
הָיִיתִי / הָיִיתָ / הָיִית / הָיָה / הָיְתָה /
הָיִינוּ / הֱיִיתֶם / הֱיִיתֶן / הָיוּ
אַתָּה **הָיִיתָ** בָּעֲבוֹדָה. / אַתְּ **הָיִית** בָּעֲבוֹדָה.

4) There was / there weren't + Noun
There was a book on the table.
There wasn't a book on the table.
There was a teacher in the class.
There wasn't a teacher in the class.
There were flowers in the room.
There weren't flowers in the room.

5) Had / Didn't Have
\+ personal pronouns in Eng.**; in Heb. the conjugation of the prep."ל".**
(according to gender + number)
Note that the verb agrees with the noun .
I / you (m) / you (f) / he / she / we / you (m) / you (f) / they **had / didn't have + noun**
I had a doctor's appointment.
He didn't have patience.
They had beautiful photos.

6) "Pa'al" Verb Conjugation – Past Tense, Infinitive: to write
Verbal Noun: **writing**
I / you (m) / you (f) / he / she /
we / you (m) / you / (f) / they **wrote**
You **wrote** letters to friends .

7) "Pi'el" Verb Conjugation – Past Tense
Infinitive: to speak
Verbal Noun: **speaking**
I / you (m) / you (f) / he / she /
we / you (m) / you (f) / they **spoke**
We **spoke** to the policeman .

8) "Hif'il" Verb Conjugation – Past Tense,

Infinitive: to stop
Verbal Noun: **stopping**
I / you (m) / you (f) / he
she / we / you (m) / you (f) / they **stopped**
She **stopped** smoking **.**

9) Temporal Phrases
in / for / from / till / from …till / after / after / before the … / at the time of the…/ during
in 2004 / **for** 2 weeks /
from the month of May / **till** the evening /
from 8:30 **to** / **till** 10:00 /
after the army / **before** the wedding
at the time of (during) the war /
for (during) 3 years

4) הָיָה \ לֹא הָיָה + שֵׁם עֶצֶם
הָיָה סֵפֶר עַל הַשּׁוּלְחָן.
לֹא הָיָה סֵפֶר עַל הַשּׁוּלְחָן.
הָיְיתָה מוֹרָה בַּכִּיתָּה.
לֹא הָיְיתָה מוֹרָה בַּכִּיתָּה.
הָיוּ פְּרָחִים בַּחֶדֶר.
לֹא הָיוּ פְּרָחִים בַּחֶדֶר.

5)
הָיָה \ לֹא הָיָה \ הָיְיתָה \ לֹא הָיְיתָה \ הָיוּ \ לֹא הָיוּ
+
לִי, לְךָ, לָךְ, לוֹ, לָהּ, לָנוּ, לָכֶם, לָכֶן, לָהֶם, לָהֶן
\+ **שֵׁם עֶצֶם**
ז"נ, ז"ר, נ"ר

הָיָה לִי תּוֹר לָרוֹפֵא.
לֹא הָיְיתָה לוֹ סַבְלָנוּת.
הָיוּ לָהֶם תְּמוּנוֹת יָפוֹת.

6) בִּנְיָין פָּעַל – זְמַן עָבָר
הַשּׁוֹרֶשׁ : **כ.ת.ב.** שֵׁם הַפּוֹעַל : **לִכְתּוֹב**
שֵׁם הַפְּעוּלָּה : **כְּתִיבָה**
כָּתַבְתִּי / כָּתַבְתָּ / כָּתַבְתְּ / כָּתַב / כָּתְבָה /
כָּתַבְנוּ / כְּתַבְתֶּם / כְּתַבְתֶּן / כָּתְבוּ
אַתֶּן **כְּתַבְתֶּן** מִכְתָּבִים לַחֲבֵרִים .

7) בִּנְיָין פִּיעֵל – זְמַן עָבָר
הַשּׁוֹרֶשׁ : **ד.ב.ר.** שֵׁם הַפּוֹעַל : **לְדַבֵּר**
שֵׁם הַפְּעוּלָּה : **דִּיבּוּר**
דִּיבַּרְתִּי / דִּיבַּרְתָּ / דִּיבַּרְתְּ / דִּיבֵּר / דִּיבְּרָה /
דִּיבַּרְנוּ / דִּיבַּרְתֶּם / דִּיבַּרְתֶּן / דִּיבְּרוּ
אֲנַחְנוּ **דִּיבַּרְנוּ** עִם הַשּׁוֹטֵר.

8) בִּנְיַין הִפְעִיל – זְמַן עָבָר
הַשּׁוֹרֶשׁ : **פ.ס.ק.**
שֵׁם הַפּוֹעַל : **לְהַפְסִיק**
שֵׁם הַפְּעוּלָּה : **הַפְסָקָה**
הִפְסַקְתִּי / הִפְסַקְתָּ / הִפְסַקְתְּ / הִפְסִיק / הִפְסִיקָה
/ הִפְסַקְנוּ / הִפְסַקְתֶּם / הִפְסַקְתֶּן / הִפְסִיקוּ
הִיא **הִפְסִיקָה** לְעַשֵּׁן .

9) מִשְׁפְּטֵי זְמַן
בּ / ל / מ / עַד / מ... עַד / אַחֲרֵי /
לְאַחַר / לִפְנֵי ה ... / בִּזְמַן ה ... /
בְּמֶשֶׁךְ
בִּשְׁנַת 2004 / **לִשְׁבוּעַיִים** /
מֵחוֹדֶשׁ מַאי / **עַד הָעֶרֶב** /
מ- 8:30 **עַד** 10:00 /
אַחֲרֵי / **לְאַחַר** הַצָּבָא / **לִפְנֵי הַחֲתוּנָּה** /
בִּזְמַן הַמִּלְחָמָה /
בְּמֶשֶׁךְ שָׁלוֹשׁ שָׁנִים

We Have a Flag   יֵשׁ לָנוּ דֶּגֶל

בִּנְיָמִין זְאֵב הֶרְצֵל הֵבִין שֶׁהדגל חשוב לְכָל אדם, וישׁ לו כּוֹחַ רב. לְמַעַן הדגל אנשים מוכָנִים אפילו לָמוּת.

הרצל הִצִיעַ ליהודים דגל לבן, וְעָלָיו שבעה כּוֹכְבֵי זָהָב. הצבע הלבן מְסַמֵל את החיים החדשים, הַטְהוֹרִים של עם ישראל בארץ ישראל, ושבעת הכוכבים הם שבע שעות של יום עבודה שלנו.

טלית

אך בקונגרס הציוני אָמַר העוֹזֵר של הרצל, דָוִד ווֹלְפְסוֹן, כִּי ישׁ לו "שאלה קטנה וקשה": באיזה דגל נְקַשֵׁט את הקונגרס? אין לנו דגל", ואז הָיָה לו רעיון ! ! הטלית שֶׁמִתְעַטְפִים בה היהודים בְּבית הכנסת היא הדוגמה לדגל, לָכֵן הדגל שלנו לבן עם שני פסים כחולים כמו הטלית, ובמרכז מגן דוד כחול, שהוא הסמל של עם ישׂראל. כך נוֹלַד הדגל הלאומי שלנו.

ענו על השאלות.   Answer the questions.

1. איזה דגל הִצִיעַ הרצל ?
   _____
   _____

2. איזה דגל הִצִיעַ דויד וולפסון ?
   _____
   _____

3. איך נוֹלַד הדגל הלאומי שלנו ?
   _____
   _____

סֵמֶל הַמְדִינָה - הַמְנוֹרָה
Symbol of the State – The Menorah

המנורה היא הסמל הלאומי של מדינת ישׂראל.

בתורה כתוב: **"וְעָשִׂיתָ מְנוֹרַת זָהָב טָהוֹר... וְשִׁשָּׁה קָנִים יוֹצְאִים מִצִּדֶּיהָ"** (שמות כ"ה, ל"א).

ביום עשׂרה בפברואר 1949, הֶחְלִיטוּ חַבְרֵי הכנסת שסמל המדינה יִהְיֶה מנורה וַעֲנָפִים של עֵץ זַיִת.

המנורה היא לְזֵכֶר מנורת הזהב שֶׁהָיְיתָה בְּבֵית הַמִּקְדָּשׁ. עַנְפֵי הַזַּיִת מְסַמְּלִים את ארץ ישׂראל וגם את השלום. למטה, מתחת למנורה כתוב השם **"יִשְׂרָאֵל"**.

מול בניין **הַכְּנֶסֶת** (הפרלמנט של ישׂראל) עוֹמֶדֶת מנורה גדולה מאוד מברונזה. גובה המנורה חמישה מטרים, והרוחב שלה ארבעה מטרים. מִשְׁקָלָהּ כשלושה טון. על הקָנִים של המנורה יש צִיּוּרִים מֵהַהיסטוריה של עם ישׂראל.

המנורה היא מַתָּנָה שקיבלה הכנסת מהפרלמנט הבריטי בשנת 1956.

ענו על השאלות. **Answer the questions.**

1. איפה נִמְצֵאת המנורה ?
2. כַּמָּה קָנִים יש במנורה ?
3. מה גּוֹבַהּ המנורה ?
4. מה רוֹחַב המנורה ?
5. כמה שׁוֹקֶלֶת המנורה ?
6. מה כתוב על המנורה למטה ?
7. אילו צִיּוּרִים יש על המנורה ?

המנורה - מול משכן הכנסת

הַהִמְנוֹן הַלְאוּמִי — The National Anthem

לְכָל מדינה יש המנון. ההמנון של ישׂראל הוא השיר **"התקווה"**.

מי כָּתַב את ההמנון? מְחַבֵּר המילים של "התקווה" הוא המשורר **נפתלי הֶרְץ אִימְבֶּר**.

הוא נוֹלַד בגליציה, וחַי בשנים 1909-1856. כשהיה בן 10, כָּתַב שירים בעברית, ובשנת 1882 עָלָה לארץ ישׂראל, והִמְשִׁיךְ לִכְתּוֹב שירים.

הַצִּירִים בקונגרס הציוני ה-18 הֶחְלִיטוּ, כי **"התקווה"** הוא ההמנון של העם היהודי.

ענו על השאלות. — **Answer the questions.**

1. מתי נוֹלַד נפתלי הֶרְץ אימבר ? ______________________________
2. באיזו ארץ הוא נוֹלַד ? ______________________________
3. מתי הוא הִתְחִיל לִכְתּוֹב שירים? ______________________________
4. מתי הוא עָלָה לארץ ישׂראל ? ______________________________
5. באיזו שנה הוא מת ? ______________________________
6. מה הֶחְלִיטוּ הצירים בקונגרס ? ______________________________

הַתִּקְוָה — "Hatikva" - The Hope

מילים: נפתלי הרץ אימבר — **Words: Naphtali Hertz Imber**

כָּל עוֹד בַּלֵּבָב פְּנִימָה
נֶפֶשׁ יְהוּדִי הוֹמִיָּה
וּלְפַאֲתֵי מִזְרָח קָדִימָה
עַיִן לְצִיּוֹן צוֹפִיָּה

עוֹד לֹא אָבְדָה תִּקְוָתֵנוּ
הַתִּקְוָה בַּת שְׁנוֹת אַלְפַּיִם
לִהְיוֹת עַם חָפְשִׁי בְּאַרְצֵנוּ
אֶרֶץ צִיּוֹן וִירוּשָׁלַיִם !

השלימו את הפרטים של נפתלי הרץ אימבר.
Complete the details of Naphtali Hertz Imber

שם פרטי: ______________
שם משפחה: ______________
שנת לידה: ______________
ארץ מוצא: ______________
מקצוע: ______________
שנת עלייה: ______________

מִשְׁפְּטֵי זְמַן
Temporal Clauses

קוֹדֶם... אַחַר כָּךְ...
קוֹדֶם... אַחֲרֵי כֵן...

First … afterwards / then

קוֹדֶם הוּא שׁוֹתֶה קָפֶה, אַחַר כָּךְ הוּא הוֹלֵךְ לַעֲבוֹדָה.

קוֹדֶם הִיא לוֹמֶדֶת, אַחֲרֵי כֵן הִיא חוֹזֶרֶת הַבַּיְתָה.

First he drinks coffee, *afterwards / then* he goes to work.

First she studies, *then / afterwards* she returns home.

קודם אני רוצה לראות את המתנות.

קראו את המשפטים. **Read the sentences.**

1. הסטודנט לוֹמֵד.	1. הוא הוֹלֵךְ לספרייה.
2. כָּתַבְתִּי מכתב.	2. שָׁלַחְתִּי אותו.
3. היא קָנְתָה בגדים.	3. היא הָלְכָה לבנק.
4. אנחנו מָצָאנוּ עבודה.	4. אנחנו חִיפַּשְׂנוּ עבודה.
5. הם נָסְעוּ לְיֶרַח דְּבַשׁ.	5. הם הִתְחַתְּנוּ.
6. חִיכִּיתָ בתור.	6. נִכְנַסְתָּ לָרוֹפֵא.

כִּתבו משפטי זמן (השתמשו במשפטים שלמעלה).

Write temporal sentences. (Use the sentences above)

דוגמה:

1. קוֹדֶם *הסטודנט לומד,* אַחַר כָּךְ *הוא הולך לספרייה.*
2. קוֹדֶם ______ אַחֲרֵי כֵן ______
3. קוֹדֶם ______ אַחַר כָּךְ ______
4. קוֹדֶם ______ אַחַר כָּךְ ______
5. קוֹדֶם ______ אַחֲרֵי כֵן ______
6. קוֹדֶם ______ אַחַר כָּךְ ______

"יָפָה שָׁעָה אַחַת קוֹדֶם" (על פי מאמר חז"ל אבות ד, יז)

משפטי זמן
Temporal Clauses

הסטודנט לָמַד באוניברסיטה, | **לִפְנֵי שֶ... / אַחֲרֵי שֶ... / כַּאֲשֶׁר / כְּשֶ...** | **הוא בָּא לישׂראל.**

אוֹ

| **לִפְנֵי שֶ... / אַחֲרֵי שֶ... / כַּאֲשֶׁר / כְּשֶ...** | **הסטודנט לָמַד באוניברסיטה, הוא בָּא לישׂראל.**

The student studied at the university, *before / after / when* he came to Israel.

or

***Before / After / When* the student studied at the university, he came to Israel.**

כִּתבו משפטי זמן. **Write temporal sentences.**

1. טִיילְנוּ בּפּארק / אָכַלְנוּ בּמסעדה.

2. חִיפַּשְׂתִי דירה / בָּאתִי לישׂראל.

3. עִישַׁנְתִי סיגריות / לא הִרְגַשְׁתִי טוב.

4. לְמַדְתֶם עברית / עֲלִיתֶם לישׂראל.

5. נְסַעְתֶן לירושלים / בִּיקַרְתֶן בּמוזאון.

6. הם הִתְחִילוּ לִלְמוֹד / הם הָיוּ בּחופשה.

7. הָיִיתָ בּצבא / היית בּחו״ל.

8. הוא נִכְנַס הביתה / הטלפון צִלְצֵל.

בניין התפעל - זמן עבר

The “Hitpa’el” Conjugation – Past Tense

השורש: ל.ב.ש **שם הפועל: לְהִתְלַבֵּשׁ**

הִתְלַבַּשְׁתִּי	הִתְלַבַּשְׁתָּ	הִתְלַבַּשְׁתְּ	הִתְלַבֵּשׁ	הִתְלַבְּשָׁה	הִתְלַבַּשְׁנוּ	הִתְלַבַּשְׁתֶּם /ן	הִתְלַבְּשׁוּ
I got dressed	you got dressed	you got dressed	he got dressed	she got dressed	we got dressed	you (m+f) got dressed	they got dressed
אני	אתה	את	הוא	היא	אנחנו	אתם / אתן	הם / הן

הִתְחַמֵּם ≠ הִתְקָרֵר **Warm Up ≠ Cool Down**

רוני: אתמול, כְּשֶׁחָזַרְתִּי מֵהטיול, *הִצְטַנַּנְתִּי.*

אימא: המרק כבר *הִתְחַמֵּם.* בּוֹא לֶאֱכוֹל !

רוני: מי *הִתְחַתֵּן* אתמול ?

אימא: דליה ואבי.

רוני: איך היה ? *הִצְטַלַּמְתֶּם* בחתונה ?

אימא: היה יפה. *הִצְטַלַּמְנוּ* הרבה. הֶחָתָן והכלה *הִתְרַגְּשׁוּ* מאוד.

רוני: מה שלום אבא של אבי ?

אימא: טוב מאוד. הוא הָיָה שָׂמֵחַ וּמְאוּשָׁר, אבל... *הִזְדַּקֵּן* קצת.

רוני: כמה אנשים *הִשְׁתַּתְּפוּ* בחתונה ?

אימא: הרבה מאוד. אני לא יוֹדַעַת כמה.
מישהו *הִתְקַשֵּׁר*, כשלא הָיִינוּ בבית ?

רוני: אף אחד.

אימא: טוב, בוא מהר. האוכל כבר *מִתְקָרֵר.*

השלימו את הפעלים בעבר. **Write in the verbs using the past tense.**

המרק	*התחמם*	העוגות	______	הפיצה	______
מִישֶׁהוּ	*התקשר*	ההורים	______	המזכירה	______
החתן	*הצטלם*	הכלה	______	הדודות	______
הָאוֹכֶל	*התקרר*	המים	______	האוויר	______
סבא	*הזדקן*	סבתא	______	סבא וסבתא	______
הילד	*הצטנן*	הילדה	______	הילדות	______

כִּתבוּ את הפעלים החסרים בזמן עבר.

Fill in the blanks using verbs in the past tense.

1. משה __________ עם החברה שלו במשך חודש, ואחר כך __________ אליה וקָבע לְהִיפָּגֵש אִיתָה. (**לְהִתְכַּתֵּב, לְהִתְקַשֵּר**)
2. משה ודנה __________ יפה בדירה החדשה ברעננה. (**לְהִסְתַדֵּר**)
3. לפני מסיבַּת בר-המצווה __________ אורי בכותל המערבי. (**לְהִתְפַּלֵּל**)
4. בטיול לצפון __________ ארבעים איש. כָּל הדרך הם שָׂמְחוּ צָחֲקוּ וְ__________ בנוף היפה. (**לְהִשְתַתֵּף, לְהִסְתַכֵּל**)
5. מיכאל __________ קצת בגלל הבעיות בבית ובעבודה. (**לְהִזְדַקֵּן**)
6. עָמַדְתִי בתור לקופה, וְ__________ כשאמרו לי שהכַּרטיסים נִגְמְרוּ. (**לְהִצְטַעֵר**)
7. הילד לא __________ יפה בכיתה וקִיבֵּל עוֹנֶש מֵהמורה. (**לְהִתְנַהֵג**)
8. השפן הקטן שָכַח לִסְגור הדלת, __________ המִסְכֵּן וקיבל נַזֶלֶת. (**לְהִצְטַנֵן**)
9. הטכנולוגיה הישׂראלית __________ מאוד בשנים האחרונות. (**לְהִתְקַדֵּם**)
10. הֶחָתָן וְהַכַּלָּה __________ בחתונה. (**לְהִצְטַלֵּם**)
11. באיזה בּושם אַתְּ __________ אתמול בערב ? (**לְהִשְתַמֵּש**)

הִתְכַּתְבוּ וְהִתְחַתְנוּ... They Corresponded and Got Married...

קראו את הקטע, ושימו לב לפעלים המודגשים.

Read the passage and pay attention to the emphasized verbs.

מירי ועופר *הִתְכַּתְבוּ* באינטרנט במשך חודש עד שנִפְגְשוּ. מירי גָרָה בִּטבריה, ועופר גר בתל אביב. בשבוע שעבר *הִתְקַשֵר* עופר למירי, והִזְמִין אותה לָבוֹא לתל-אביב. זה היה בחודש מאי. מזג האוויר *הִתְחַמֵם*. לפני הפגישה עופר *הִתְרַחֵץ, הִתְלַבֵּש וְהִסְתָרֵק.*

בשעה 12:00 הִגִיעָה מירי לתחנה מרכזית. עופר *הִסְתַכֵּל* עָלֶיהָ *וְהִתְרַגֵש*. היא הָייתָה בחורה יפה. היא אָהֲבָה לְטַייל וְלִרְקוֹד. עופר *הִתְנַהֵג* אֵלֶיהָ יפה במשך כָּל הפגישה. בצהריים הם אָכְלוּ במסעדה על חוף הים *וְהִצְטַלְמוּ* יחד. עופר *הִצְטַעֵר* כשמירי נָסְעָה הביתה. הם הִמְשִיכוּ לְדַבֵּר בטלפון *וְהִתְכַּתְבוּ* יום יום. אחרי שלושה חודשים הם *הִתְחַתְנוּ*.

ספרו זה לזה: **Tell one another.**

* *איך הכירה מירי את עופר.*
* *ספרו על הפגישה ביניהם.*
* *ספרו את הסיפור שלכם.*

התקשרו ! Call!

תִיקוּנִים 166 Repairs 166

- תיקוּנִים, שלום.
• שלום, הטלפון שלי מְקוּלְקָל.
- שם וּכְתוֹבֶת בבקשה.
• יונתן ושׂרה גולן, רחוב הגפן 12, רמת גן.
- מה מספר הטלפון שלכם ?
• 5740833
- מחר אנחנו יכולים לָבוֹא בשעות 8:00 עד 12:00.
• בסדר, תודה רבּה לך.

מוֹדִיעִין 144 Information 144

- מודיעין, שלום.
• שלום, אני יכול לְקַבֵּל את מספר הטלפון של משפחת כּגן ?
- מה הכתובת ?
• רחוב הגולשים 12, אשדוד.
- סליחה, מה השם הפרטי ?
• יוסף.
- בסדר, הנה המספר.
- 08-874324
• תודה רבּה לך.

144

לדוברי עברית 03-9731111
לדוברי אנגלית 03-9731122
לדוברי ערבית 03-9731133
לדוברי רוסית 03-9731144

בַּבַּנְק
In the Bank

דני: בוקר טוב.

פקידה: בוקר טוב, אפשר לַעֲזור לך ?

דני: אפשר לִמְשוך 200 שקלים מֵהַחֶשְׁבּוֹן ?

פקידה: מה מספר החשבון שלך ?

דני: 5723221

פקידה: אתה צריך לַחְתּוֹם פּה.

דני: כן, בבקשה.
אפשר לְהַזְמִין פנקס שֶׁקים וְכַרְטִיס אשראי ?

פקידה: כן, אבל אתה יכול לְקַבֵּל אותם רק בעוד שבועיים.

דני: כמעט שָׁכַחְתִּי, אני רוצה גם לְשַׁלֵּם
את חשבון הטלפון ואת חשבון החשמל.

פקידה: עוד משהו ?

דני: אפשר לְהַפְקִיד שְׁני שֶׁקים בחשבון שלי ?

פקידה: אתה צריך לַחְתּוֹם על השֶׁקים.

דני: כן, נכון, תודה רבה לך.

פקידה: שלום לך.

השלימו את המשפטים (מתוך הדיאלוג).
Complete the sentences (refer to the dialog).

1. דני בָּא לבנק: **כדי ל** ______
כדי ל ______
כדי ל ______

2. מה אוֹמֵר דני ? **אפשר ל** ______
אני רוצה ל ______
אני יכול ל ______
אפשר ל ______

3. מה אוֹמֶרֶת הפקידה ? **אתה צריך ל** ______
אתה יכול ל ______
אתה צריך ל ______

כִּתבו דיאלוג קצר בבנק / במרפאה / במשׂרד הפנים ...
Write a short dialog: in the bank / clinic / Interior Ministry

פקיד: ______ **פקיד:** ______
מיכל: ______ **מיכל:** ______
פקיד: ______ **פקיד:** ______
מיכל: ______ **מיכל:** ______

בניין נפעל - זמן עבר

The "Nif'al" Conjugation – Past Tense

השורש: כ.נ.ס **שם הפועל: לְהִיכָּנֵס**

נִכְנַסְתִּי	נִכְנַסְתָּ	נִכְנַסְתְּ	נִכְנַס	נִכְנְסָה	נִכְנַסְנוּ	נִכְנַסְתֶּם /תֶּן	נִכְנְסוּ
I entered	you entered	you entered	he entered	she entered	we entered	you (m+f) entered	they entered
אני	אתה	את	הוא	היא	אנחנו	אתם / אתן	הם/הן

לִלְמוֹד וּלְבַלּוֹת... To Study and to Have a Good Time

אורי: **נִרְשַׁמְתָּ** כבר לאוניברסיטה ?

דנה: כן, אבל **נִכְשַׁלְתִּי** במבחן הכניסה.

אורי: לא נורא. יש מועד ב׳, מתי **נִבְדַּק** המבחן ?

דנה: לפני יומיים, אני חוֹשֶׁבֶת.
אתה רוצה לָלֶכֶת הערב לאופרה ״כַּרְמֶן״ ?

אורי: כן, אבל כָּל הכרטיסים **נִגְמְרוּ**.

דנה: יש לי עוד כרטיס. אתה רוצה לָבוֹא איתי ?

אורי: כן, יופי ! מתי **נִפְגָּשִׁים** ואיפה ?

דנה: אצלי בבית, הערב בשעה שמונה.

אורי: אוי, **נִזְכַּרְתִּי**, אני מִצְטַעֵר, יש לי מבחן מחר.
גם אתמול **נִשְׁאַרְתִּי** בבית כדי ללמוד.

דנה: בהצלחה במבחן.

אורי: בילוי נעים באופרה !

אופרה ״כרמן״

כִּתבו סיפור מהדיאלוג הנ״ל. **Write the story using the dialog above.**

אורי נִרְשַׁם לאוניברסיטה, אבל ____________________

____

____

____

____

____

השלימו את הפעלים החסרים בזמן עבר.

Fill in the blanks using verbs in the past tense.

1. עם מי ________ אתמול ? (**אתם, לְהִיפָּגֵשׁ**)
2. החולה כבר ________ ? (**לְהִיבָּדֵק**)
3. החשבון בבנק ________. (**לְהִיסָּגֵר**)
4. הגנב ________ על ידי השוטרים, ו________ לבית הסוהר. (**לְהִיתָּפֵס, לְהִישָּׁלַח**)
5. העולים החדשים ________ יפה בארץ. (**לְהִיקָּלֵט**)
6. מעט תלמידים ________ אתמול במבחן. (**לְהִיכָּשֵׁל**)
7. הילדים ________ מההורים בשדה התעופה. (**לְהִיפָּרֵד**)
8. בגשם החזק הילד ________. (**לְהֵירָטֵב**)
9. דני ________ לפקולטה למשפטים באוניברסיטה. (**לְהֵירָשֵׁם**)
10. החוזה ________ בין המוכר לקונה. (**לְהֵיחָתֵם**)

בַּבַּיִת וּבַחוּץ — At Home and Outside

קראו את הקטע ושימו לב לפעלים המודגשים.

Read the passage and pay attention to the emphasized verbs.

הדלת **נִפְתְּחָה** ודניאל **נִכְנַס** הביתה. אחר כך **נִסְגְּרָה** הדלת. לדניאל הָיָה קר. הוא **נִרְטַב** בגשם. למה לא **נִשְׁאַרְתִּי** בבית ? – חָשַׁב.

לדניאל לא היה מַזָּל. אתמול הוא **נִכְשַׁל** במבחן הנהיגה. בַּאֲרוּחַת הבוקר נָפְלָה כוס הקפה שלו **וְנִשְׁבְּרָה**. בַּצָּהֳרַיִים הוא **נִפְרַד** מֵאִשְׁתּוֹ לתמיד. האוֹכֶל בַּמקרר **נִגְמַר**, והחוֹזֶה החדש עם בַּעַל הבית עוד לא **נֶחְתַּם**. המכתב לחברה החדשה שלו בִּירושלים **נִכְתַּב**, אבל עוד לא **נִשְׁלַח**. דניאל **נִזְכַּר** שאין לו בבית מעטפה ובול.

דניאל פָּתַח את החלון. הגשם בחוץ **נִפְסַק**. החלון **נִסְגַּר**, ודניאל יָצָא מן הבית.

ענו על השאלות. — **Answer the questions.**

1 מדוע מיכאל נִרְטַב בגשם? ________________________

2 **"לדניאל לא הָיָה מַזָּל"** – הַסְבִּירוּ מדוע ? ________________________

____

____

3 מה עָשָׂה מיכאל, ומה הוא עוד צריך לַעֲשׂוֹת ? ________________________

____

מִילוֹת שְׁאֵלָה
Question Words

אֵיזֶה... ? אֵיזוֹ... ? אֵילוּ... ?

Which (m / s) …? Which (f / s) … ?

Which (m + f / pl) …?

1. **אֵיזֶה סֵפֶר** אתה קוֹרֵא ? אני קוֹרֵא ספר של טולסטוי.
2. **אֵיזוֹ עבודה** היא אוֹהֶבֶת ? היא אוֹהֶבֶת עֲבוֹדָה עם אנשים.
3. **אֵילוּ תמונות** הם אוֹהֲבִים ? הם אוֹהֲבִים תמונות של פיקאסו.
4. **אֵילוּ בּוּלִים** אתה רוֹצֶה ? אני רוֹצֶה בּוּלִים לאירופה.

כִּתבו את השאלה *או* את התשובה. **Write the question *or* the answer.**

1. אֵיזֶה שָׁעוֹן יש לך ? ______________________.
2. ______________________ ? אני מְעַשֵׁן סיגריות "מלבורו".
3. אֵיזוֹ מְכוֹנִית יש לה ? ______________________.
4. ______________________ ? יש תמונות של שָׁגאל במוזאון.
5. אֵיזֶה רוֹפֵא יש בקוּפַּת חולים ? ______________________.
6. ______________________ ? הם אוֹהֲבִים מוסיקה קלאסית.
7. אֵילוּ עוֹלִים בָּאוּ לישׂראל ? ______________________.
8. ______________________ ? יש להם בית חדש.
9. ______________________ ? הַמַּפְתְּחוֹת של המכונית על השולחן.
10. ______________________ ? יש להם דִּירָה חדשה.

איזה יום יפה !

מִילוֹת שְׁאֵלָה
Question words

בְּאֵיזֶה... ? בְּאֵיזוֹ... ?
At Which (m / s)...? At Which (f / s)...?

כִּתבו שאלות. השתמשו במילות השאלה: בְּאֵיזֶה ? בְּאֵיזוֹ ?

Write questions. Use the question words: בְּאֵיזוֹ? בְּאֵיזֶה?

1. ____________________ ? היא בִּיקְרָה במוזאון **ישׂראל**.
2. ____________________ ? הם נָסְעוּ באוטובוס **"אגד"**.
3. ____________________ ? קַמְנוּ בשעה **7:00**.
4. ____________________ ? הוא פָּתַח חשבון **בבנק לאומי**.
5. ____________________ ? אָכַלְנוּ במסעדה **סינית**.
6. ____________________ ? רָאִינוּ הַצָּגָה בתאטרון **"הבימה"**.
7. ____________________ ? מזג האוויר היה חַם ביום **רביעי**.
8. ____________________ ? טַסְתִּי ללונדון בשנה **שעברה**.

כּתבו שאלות. השתמשו במילות השאלה: אֵיזֶה? אֵיזוֹ? בְּאֵיזֶה? בְּאֵיזוֹ?

Write questions. Use the question words: אֵיזֶה? אֵיזוֹ? בְּאֵיזֶה? בְּאֵיזוֹ?

1. ____________________ ? היא אוֹהֶבֶת לִשְׁתּוֹת מיץ **אשכּוליות**.
2. ____________________ ? הסטודנט לָמַד באוניברסיטת **תל אביב**.
3. ____________________ ? אָכַלְנוּ פּיצה **עם פּטריות**.
4. ____________________ ? הבנק נִמְצָא ברחוב **ביאליק**.
5. ____________________ ? היא טָסָה בשעה **12:00**.
6. ____________________ ? הם גָּרִים בקומה **השלישית**.
7. ____________________ ? זאת תמונה **של פּיקאסו**.
8. ____________________ ? יש סרט טוב בקולנוע **"דיזנגוף"**.

"אֵיזֶהוּ עָשִׁיר? - הַשָּׂמֵחַ בְּחֶלְקוֹ" (אבות ד, א)

המספר הסודר בזכר ובנקבה

The Ordinal Numbers – Masculine and Feminine

זכר	נקבה	זכר	נקבה
רִאשׁוֹן /	רִאשׁוֹנָה	שִׁישִּׁי /	שִׁישִּׁית
שֵׁנִי /	שְׁנִיָּיה	שְׁבִיעִי /	שְׁבִיעִית
שְׁלִישִׁי /	שְׁלִישִׁית	שְׁמִינִי /	שְׁמִינִית
רְבִיעִי /	רְבִיעִית	תְּשִׁיעִי /	תְּשִׁיעִית
חֲמִישִׁי /	חֲמִישִׁית	עֲשִׂירִי /	עֲשִׂירִית

השלימו את המספר הסודר.

Complete the sentences with the ordinal numbers.

1. הם גָרים בקומה (8) __________.
2. יש לנו כרטיסים בשורה (9) __________.
3. הקונצרט ביום (5) __________.
4. אתה פּוֹנֶה שמאלה ברחוב (1) ה__________.
5. את צריכה לִפְנוֹת ימינה ברחוב (3) ה__________.
6. אנחנו בישראל כבר שנה (4) __________.
7. בחודש (10) ה__________ יש לה יום הולדת.
8. הם לא עוֹבְדים ביום (6) __________.
9. יש להם חופשה בשנה (7) ה__________.
10. היא עובדת במשרד כבר שנה (2) __________.
11. בקונצרט הם שָמְעוּ את הסימפוניה (9) ה__________ של בטהובן.

ענו על השאלות. **Answer the questions.**

1. באיזו קומה את/ה גר/ה? __________
2. באיזה חודש יש לך יום הולדת? __________
3. באיזה יום המשרד פתוח? __________
4. באיזו שורה הכרטיסים? __________
5. באיזו שנה מתחיל הילד לְדַבֵּר? __________

הַפּוֹעַל הַסְתָמִי
Impersonal Verbs

הסתמי הוא פועל בגוף שלישי רבים ללא כינוי גוף.

Impersonal verbs are verbs in the 3rd person plural without a personal pronoun.

1. **הסתמי בזמן הווה** – מִשְׁתַּמְּשִׁים בו כדי לְבַטֵּא פעולה או הרגל שהכול עושים.

דוגמות:

בקיץ **הוֹלְכִים** לים. מי... ? כולם...

בשעה שמונה וחצי **פּוֹתְחִים** את הבנק, ובשעה שתיים עשרה וחצי **סוֹגְרִים** אותו.

1. **Impersonal verbs in the present tense** are used in order to express an action or habit that everyone does. **Examples:**
In the summer one goes **to the sea. (Who …? Everyone …)**
At 8:30 one opens **the bank, and at 12:30** one closes **it.**

2. **הסתמי בזמן עבר** - מִשְׁתַּמְּשִׁים בו כאשר לא יוֹדְעִים או לא רוֹצִים לוֹמַר, מי ביצע את הפעולה.

דוגמות:

אָמְרוּ שראש הממשלה נָסַע לארצות הברית. מי אָמַר ? לא יוֹדְעִים.

כָּתְבוּ בעיתון שההצגה הָיְתָה מעניינת, והִמְלִיצוּ לִרְאוֹת אותה.

2. Impersonal verbs in the past **are used when one does not know or does not want to say who executed the action.**
Examples:
One said (they said) **that the Prime Minister went to the U.S.A. (Who said? We do not know.)**
One wrote (they wrote) **in the paper that the performance was interesting and** recommended **to see it.**

השלימו את המשפטים, והשתמשו בפעלים האלה:
נוֹסְעִים, רוֹאִים, אוֹכְלִים, פּוֹתְחִים, סוֹגְרִים, קוֹנִים

1. מתי ________ את הבנק ? ________ את הבנק בשעה שמונה וחצי.
2. מה ________ בחנות הזאת ? ________ בחנות הזאת נעליים.
3. מתי ________ לטיול ? ________ לטיול ביום חמישי.
4. מה ________ בטלוויזיה ? ________ בטלוויזיה חדשות.
5. איפה ________ פיצה ? ________ פיצה בפיצרייה.
6. מתי ________ את הדואר ? ________ את הדואר בשעה אחת.

מתחו קו לתשובה הנכונה.

Create correct sentences by connecting the columns below.

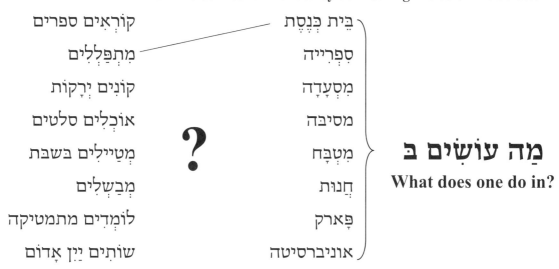

מַה עוֹשִׂים בּ

What does one do in?

	?	
בֵּית כְּנֶסֶת		קוֹרְאִים ספרים
סִפְרִייה		מִתְפַּלְלִים
מִסְעָדָה		קוֹנִים יְרָקוֹת
מסיבה		אוֹכְלִים סלטים
מִטְבָּח		מְטַיילִים בשבת
חֲנוּת		מְבַשְּׁלִים
פָּארק		לוֹמְדִים מתמטיקה
אוניברסיטה		שׁוֹתִים יַיִן אָדוֹם

כִּתבו את המשפטים לפי הדוגמה (ראו למעלה).

Write the sentences according to the example. (See above.)

	סתמי בזמן הווה **Impersonal verbs in the present tense**	סתמי בזמן עבר **Impersonal verbs in the past tense**
1.	בְּבֵית הַכְּנֶסֶת *מִתְפַּלְלִים*.	הִתְפַּלְלוּ בְּבֵית הַכְּנֶסֶת
2.		
3.		
4.		
5.		
6.		
7.		
8.		

סליחה, איך הולכים לפארק?

בעיתון כתבו שמלכת אנגליה תבוא לבקר בארץ...
ובעיתון שלי כתבו שמלך ירדן יבוא לבקר בארץ...

כַּנָּר מַצְלִיחַ...

A Successful Violinist ...

אם **עוֹשִׂים** את מה ש**מַרְגִּישִׁים**, אז **מַצְלִיחִים**. אם **מַצְלִיחִים**, **רוֹצִים** לְהַמְשִׁיךְ.
הַכַּנָּר **יצחק פרלמן**, הִתְחִיל לְנַגֵּן כְּשֶׁהָיָה ילד. **הִמְלִיצוּ** לְלַמֵּד אותו כינור, כי **רָאוּ** שיש לו כישרון.

יצחק פרלמן אָהַב מאוד את הכינור. **כְּשֶׁמַּאֲזִינִים** לנגינה שלו, **לוֹמְדִים** ממנו הרבֵּה, ולא **מַפְסִיקִים** לָלֶכֶת לקונצרטים שלו. **מְסַפְּרִים** שתזמורות מפורסמות הִזְמִינוּ אותו לְהוֹפִיעַ פעם אחרי פעם. כשהוא בָּא לארץ, **מִתְקַשְּׁרִים** לְמִשְׂרד כרטיסים **וּמַזְמִינִים** מיד כרטיסים בִּמְקוֹמוֹת טובים. **פּוֹתְחִים** את הקופה בִּשְׁמוֹנֶה בבוקר, **וְסוֹגְרִים** אותה בִּשְׁמוֹנֶה בערב.

אוֹמְרִים שהקונצרט הבא שלו יהיה בְּהיכל התרבות בְּאָבִיב הקרוב. אם **קוֹנִים** כרטיסים מֵראש, אפשר לְקַבֵּל הנחה. אם **מְבַטְּלִים** את הכרטיס, **מְשַׁלְּמִים** חצי מחיר.

ענו על השאלות, והשלימו את המשפטים.

Answer the questions and complete the sentences.

1. מַצְלִיחִים כִּי ____________________________________

2. אם מַצְלִיחִים, ____________________________________

3. מתי הִתְחִיל יצחק פרלמן לְנַגֵּן ? ____________________________

4. מדוּעַ _______ לְלַמֵּד אותו כינור ? __________________________

5. כש________ לנגינה שלו, ________ ממנו הרבּה, ולא _________
לָלֶכֶת לקונצרטים שלו.

6. מה מְסַפְּרִים על יצחק פרלמן ? ____________________________
____

7. כשהוא בָּא לארץ, ________ למשׂרד כרטיסים, ו________ מיד כרטיסים.

8. ________ את הקופה בשמונה בבוקר, ו________ אותה בשמונה בערב.

9. איך אפשר לְקַבֵּל הנחה על הכרטיס ? __________________________

10. מה קוֹרֶה אִם _________ את הכרטיס ? __________חצי מחיר.

The Definite Article (2)

ה הידיעה (2)

1. שם התואר מותאם לשם העצם במין ובמספר.

1. Nouns agree with the adjectives in gender and number. (See the examples below.)

דוגמות:	רוֹפֵא טוֹב	רוֹפְאָה טוֹבָה
	רוֹפְאִים טוֹבִים	רוֹפְאוֹת טוֹבוֹת

2. שם התואר מותאם לשם העצם ביידוע.

2. Both adjectives and the nouns (which are in agreement) take the definite article. (See the examples below.)

דוגמות:	הָרוֹפֵא הַטּוֹב	הָרוֹפְאָה הַטּוֹבָה
	הָרוֹפְאִים הַטּוֹבִים	הָרוֹפְאוֹת הַטּוֹבוֹת

מַחְשֵׁב חָדָשׁ	הַמַּחְשֵׁב הֶחָדָשׁ
a new computer	***the*** new computer

השלימו את המשפטים.

Complete the sentences.

דוגמה: זה מַחְשֵׁב חָדָשׁ. <u>המחשב</u> <u>החדש</u> נִמְצָא* בַּמִּשְׂרָד.

1. זה ספר מעניין. __________ __________ נמצא על המדף.
2. זאת תמונה גדולה. __________ __________ נמצאת על יד החלון.
3. אלה נשים יפות. __________ __________ נמצאות בקניון.
4. זה טלפון חדש. __________ __________ נמצא בחדר העבודה.
5. אלה בניינים עתיקים. __________ __________ נמצאים בעיר העתיקה.
6. במרפאה הזאת עובד רופא טוב. __________ __________ נמצא בחדר שלו.
7. אלה חיילות נחמדות. __________ __________ נמצאות בצבא.
8. יש לנו חברים טובים. __________ __________ גָּרִים בחיפה.
9. בקפיטריה יוֹשֶׁבֶת סטודנטית נחמדה. __________ __________ שׁוֹתָה קפה.
10. ברחוב הירדן יש סופרמרקט גדול. __________ __________ נמצא ליד הבנק.
11. בבנק עוֹבֶדֶת פקידה נחמדה. __________ __________ מְדַבֶּרֶת בטלפון.
12. בבית הספר לומד תלמיד טוב. __________ __________ מְדַבֵּר עם המורה.

* נמצא, נמצאת, נמצאים, נמצאות

חברו משפטים לפי הדוגמה. **Compose sentences according to the example.**

1. זה סטודנט. הוא נחמד. הוא לוֹמֵד באוניברסיטה.

   הסטודנט הנחמד לומד באוניברסיטה.

2. זאת פקידה. היא חדשה. היא כּוֹתֶבֶת מכתב.

   ___ ___ ___ ___

3. אלה בחורות. הן נחמדות. הן רוֹקְדוֹת במסיבה.

   ___ ___ ___ ___

4. אלה חברים. הם שְׂמֵחִים. הם שׁוֹתִים בירה.

   ___ ___ ___ ___

5. זה אוטובוס. הוא גדול. הוא נוֹסֵעַ לירושלים.

   ___ ___ ___ ___

6. זה חלב. הוא טרי. הוא נמצא במקרר.

   ___ ___ ___ ___

7. זה מלצר. הוא נחמד. הוא עוֹבֵד בבית הקפה.

   ___ ___ ___ ___

8. אלה תלמידות. הן טובות. הן לומדות היסטוריה.

   ___ ___ ___ ___

השלימו את ה' הידיעה או ∅ בקטע.

Complete the passage using the definite article <u>only</u> where necessary.

___בחור ___זה סטודנט. הוא עוֹבֵד בְּמִשְׂרָד של עוֹרְכֵי דִּין. ___חברה שלו היא ___פקידה חדשה. ___פקידה ___חדשה עוֹבֶדֶת בבנק. שניהם שָׂכְרוּ דירה על יד ___תאטרון ___לאומי "הבימה". על יד ___בית יש ___תחנת אוטובוס. לא רחוק מ___בית יש גן ציבורי. מול ___גן יש קופת חולים. ___דירה ___קטנה מתאימה להם. ___דירה ___זאת נמצאת בקומה ___שנייה. ___דירה בת שני חדרים, נעימה וּמְרוֹהֶטֶת. בקומה ___ראשונה גָּרָה משפחה: אימא, אבא, בן ובת. ___משפחה הִגִּיעָה לארץ מרוסיה לפני חודש. ___עלייה לארץ לא הָיְיתָה קלה. אתמול הִתְחִיל האב לעבוד במפעל בחולון. ___עבודה קשה, אבל ___משכורת טובה.

___סטודנט ו___חברה שלו שׁוֹמְרִים על קשר טוב עם ___שכנים ___אלה, הם עוֹזְרִים לילדים שלהם ללמוד עברית.

גם הם היו פעם ___עולים חדשים.

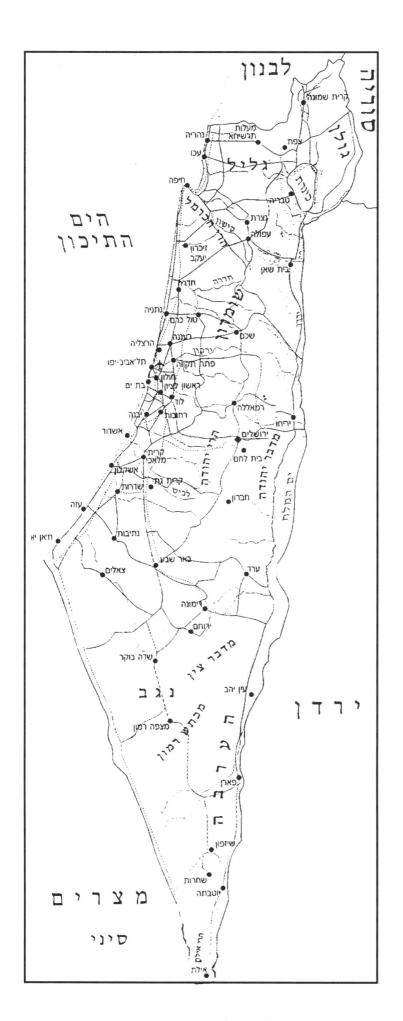

מְדִינַת יִשְׂרָאֵל
The State of Israel

שטח:	21.946 קמ"ר (קילומטר מרובע)
תושבים:	6 מיליון
בירה:	ירושלים
דתות:	יהודית, מוסלמית נוצרית, דרוזית
שפות:	עברית וערבית

הסתכלו במפה של מדינת ישׂראל והשלימו:

Look at the map of the State of Israel and complete.

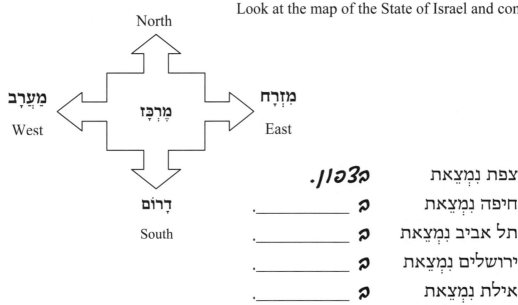

צָפוֹן
North
מִזְרָח
East
מֶרְכָּז
מַעֲרָב
West
דָרוֹם
South

1. צפת נִמְצֵאת *בצפון.*
2. חיפה נִמְצֵאת ב _________.
3. תל אביב נִמְצֵאת ב _________.
4. ירושלים נִמְצֵאת ב _________.
5. אילת נִמְצֵאת ב _________.
6. נהריה נִמְצֵאת ב _________.
7. ים המלח נִמְצָא ב _________.
8. הנגב נִמְצָא ב _________.
9. הים התיכון נִמְצָא ב _________.
10. הגליל נִמְצָא ב _________.

הסתכלו במפה, וסמנו את המקומות.

Look at the map and mark the places cited below.

כְּדַאי לְהַכִּיר אֶת הָאָרֶץ...

It's Worth Getting to Know the Country ...

קום והתהלך בארץ...

בישראל יש ארבע ערים גדולות:

ירושלים, תל אביב, חיפה ובאר שבע.

בישראל יש ארבעה הרים מפורסמים:

הַר הַחֶרְמוֹן, הַר מֵירוֹן, הַר הַתָּבוֹר וְהַר הַכַּרְמֶל.

בישראל יש ארבעה ימים:

ים התיכון, הכינרת, ים המלח וים סוף.

על יד ישראל יש ארבע מדינות:

לבנון, סוריה, ירדן ומצרים.

השלימו: **Complete:**

מִצָּפוֹן ל...	to the north of
מִמִּזְרָח ל...	to the east of
מִדָּרוֹם ל...	to the south of
מִמַּעֲרָב ל...	to the west of

1. הרצליה נִמְצֵאת ________ לנתניה.
2. יריחו נִמְצֵאת ________ לים המלח.
3. תל אביב נִמְצֵאת ________ להרצליה.
4. צפת נִמְצֵאת ________ לרמת הגולן.
5. לבנון נִמְצֵאת ________ לישׂראל.
6. מצרים נִמְצֵאת ________ לישׂראל.
7. הים התיכון נִמְצָא ________ לישׂראל.
8. ירדן נִמְצֵאת ________ לישׂראל.
9. נצרת נִמְצֵאת ________ לסוריה.
10. בּאר שבע נִמְצֵאת ________ לאילת.

השלימו: **Complete:**

קָרוֹב ל...	close to (m)
קְרוֹבָה ל...	close to (f)
רָחוֹק מ...	far from (m)
רְחוֹקָה מ...	far from (f)
עַל יַד...	beside/next to

1. אילת ___רחוקה___ מחיפה.
2. ירושלים ________ ים המלח.
3. הים התיכון ________ מדינת ישׂראל.
4. הרצליה ________ אילת.
5. צפת ________ בּאר שבע.
6. ערד ________ ים המלח.
7. אשקלון ________ נהריה.
8. יפו ________ תל אביב.
9. צפת ________ רמת הגולן.
10. הכּינרת ________ טבריה.

״ואֵצֵא לְטַיֵּל וּלְהִסְתַּכֵּל״ (ביאליק, משירי החורף)

Complete the table using the past tense. **השלימו את הטבלה בזמן עבר.**

בניין	פָּעַל	פִּיעֵל	הִפְעִיל	הִתְפַּעֵל	נִפְעַל
שם הפועל	לִבְדוֹק	לְבַקֵּר	לְהַמְשִׁיךְ	לְהִתְרַגֵּשׁ	לְהִישָּׁאֵר
אני	תִי				
אתה	תָ				
את	תְ				
הוא	בָּדַק	בִּיקֵר	הִמְשִׁיךְ	הִתְרַגֵּשׁ	נִשְׁאַר
היא	ה				
אנחנו	נוּ				
אתם	תֶם				
אתן	תֶן				
הם / הן	וּ				

Write the sentences in the past tense. **כתבו את המשפטים בזמן עבר.**

1. הרופא *בּוֹדֵק* את החולה. *הרופא בדק את החולה.*
2. היא *מְשַׁלֶּמֶת* את חשבון הטלפון. ______
3. הסטודנטים *מַתְחִילִים* לִלְמוֹד באוניברסיטה. ______
4. המזכירה *מַמְשִׁיכָה* לַעֲבוֹד במשׂרד. ______
5. ראש הממשלה *פּוֹגֵשׁ* את הנשׂיא. ______
6. הילדים *נִשְׁאָרִים* בבית. ______
7. הבנק *נִסְגָּר* בשעה 12:00. ______
8. הוא *מַזְמִין* אותנו לבר-מצווה. ______
9. מתי אתם *מִתְחַתְּנִים* ? ______
10. איך את *מַרְגִּישָׁה* ? ______
11. הצַייר *מְצַיֵּיר* ציורים. ______
12. אני *שׁוֹמֵעַ* חדשות ברדיו. ______
13. המורה *מַסְבִּירָה* את המילים החדשות. ______
14. לאן אתם *הוֹלְכִים* ? ______
15. אתה *מְבַקֵּר* אצל הרופא ? ______
16. למה הם *מִתְרַגְּשִׁים* ? ______
17. איפה הם *מְטַיְילִים* ? ______
18. מתי הוא *מַפְסִיק* לעַשֵּׁן ? ______

Vocabulary אוצר מילים

Verbs	**פְּעָלִים**
live	חַי - לִחְיוֹת
listen to	מַאֲזִין - לְהַאֲזִין
express	מְבַטֵּא - לְבַטֵּא
spend time	מְבַלֶּה - לְבַלּוֹת
carry out, execute	מְבַצֵּעַ - לְבַצֵּעַ
appear	מוֹפִיעַ - לְהוֹפִיעַ
is getting older	מִזְדַּקֵּן - לְהִזְדַּקֵּן
recommend	מַמְלִיץ - לְהַמְלִיץ
symbolize	מְסַמֵּל – לְסַמֵּל
get along, manage	מִסְתַּדֵּר – לְהִסְתַּדֵּר
look at	מִסְתַּכֵּל – לְהִסְתַּכֵּל
comb oneself	מִסְתָּרֵק - לְהִסְתָּרֵק
deposit	מַפְקִיד – לְהַפְקִיד
is photographed	מִצְטַלֵּם – לְהִצְטַלֵּם
is getting a cold	מִצְטַנֵּן- לְהִצְטַנֵּן
draw	מְצַיֵּיר – לְצַיֵּיר
suggest	מַצִּיעַ – לְהַצִּיעַ
decorate	מְקַשֵּׁט - לְקַשֵּׁט
use	מִשְׁתַּמֵּשׁ - לְהִשְׁתַּמֵּשׁ
participate	מִשְׁתַּתֵּף - לְהִשְׁתַּתֵּף
die	מֵת – לָמוּת
is warmed up	מִתְחַמֵּם – לְהִתְחַמֵּם
correspond	מִתְכַּתֵּב – לְהִתְכַּתֵּב
behave	מִתְנַהֵג - לְהִתְנַהֵג
wrap oneself up in	מִתְעַטֵּף – לְהִתְעַטֵּף
is getting cold	מִתְקָרֵר – לְהִתְקָרֵר
fall	נוֹפֵל – לִיפּוֹל
recollect	נִזְכָּר – לְהִיזָּכֵר
is signed	נֶחְתָּם - לְהֵיחָתֵם
fail	נִכְשָׁל – לְהִיכָּשֵׁל
is written	נִכְתָּב - לְהִיכָּתֵב
is closed	נִסְגָּר - לְהִיסָּגֵר
is stopped	נִפְסָק - לְהִיפָּסֵק
is separated	נִפְרָד - לְהִיפָּרֵד
is opened	נִפְתָּח – לְהִיפָּתַח
is absorbed	נִקְלָט - לְהִיקָּלֵט
get wet	נִרְטָב - לְהֵירָטֵב
is registered	נִרְשָׁם – לְהֵירָשֵׁם
is sent	נִשְׁלַח – לְהִישָּׁלַח
is caught	נִתְפָּס – לְהִיתָּפֵס

Nouns	**שְׁמוֹת עֶצֶם**
air	(ז) אֲוִויר
internet	(ז) אִינְטֶרְנֶט
country of origin	(נ) אֶרֶץ מוֹצָא
perfume	(ז) בּוֹשֶׂם (בְּשָׂמִים)
building	(ז) בִּנְיָין (בִּנְיָינִים)
the Jewish Temple	(ז) בֵּית הַמִּקְדָּשׁ
jail	(ז) בֵּית סוֹהַר (בָּתֵּי סוֹהַר)
bronze	(נ) בְּרוֹנְזָה
rain	(ז) גֶּשֶׁם (גְּשָׁמִים)
example	(נ) דּוּגְמָה (דוּגְמוֹת)
way	(נ) דֶּרֶךְ (דְּרָכִים)
religion	(נ) דָּת (דָּתוֹת)
cultural center	(ז) הֵיכַל הַתַּרְבּוּת
history	(נ) הִיסְטוֹרְיָה
national anthem	(ז) הִמְנוֹן
mountain	(ז) הַר (הָרִים)
habit	(ז) הֶרְגֵל (הֶרְגֵלִים)
gold	(ז) זָהָב
olive	(ז) זַיִת (זֵיתִים)
memory	(ז) זֵכֶר
half price	(ז) חֲצִי מְחִיר
electricity bill	(ז) חֶשְׁבּוֹן חַשְׁמַל
telephone bill	(ז) חֶשְׁבּוֹן טֶלֶפוֹן
groom	(ז) חָתָן (חֲתָנִים)
technology	(נ) טֶכְנוֹלוֹגְיָה (טֶכְנוֹלוֹגְיוֹת)
prayer shawl	(נ) טַלִּית (טַלִּיתוֹת)
Jew	(ז) יְהוּדִי (יְהוּדִים)
two days	(ז) יוֹמַיִים
honeymoon	(ז) יֶרַח דְּבַשׁ
vegetables	(ז"ר) יְרָקוֹת
star	(ז) כּוֹכָב (כּוֹכָבִים)
Western Wall	(ז) כּוֹתֶל מַעֲרָבִי
talent	(ז) כִּישָּׁרוֹן (כִּשְׁרוֹנוֹת)
bride	(נ) כַּלָּה (כַּלּוֹת)
violinist	(ז) כַּנָּר (כַּנָּרִים)
birth	(נ) לֵידָה (לֵידוֹת)
Shield of David	(ז) מָגֵן דָּוִד
shelf	(ז) מַדָּף (מַדָּפִים)
information	(ז) מוֹדִיעִין
seller, saleperson	(ז) מוֹכֵר (מוֹכְרִים)

Verbs (cont'd)	פְּעָלִים (הֶמְשֵׁךְ)
do, make	עוֹשֶׂה - לַעֲשׂוֹת
laugh	צוֹחֵק - לִצְחוֹק
forget	שׁוֹכֵחַ – לִשְׁכּוֹחַ
weigh	שׁוֹקֵל – לִשְׁקוֹל

Adjectives / שְׁמוֹת תּוֹאַר

strong	חָזָק (ה) (יִם) (וֹת)
pure	טָהוֹר (ה) (יִם) (וֹת)
national	לְאוּמִּי (ת) (יִם) (וֹת)
out of order, broken	מְקוּלְקָל (ת) (יִם) (וֹת)
furnished	מְרוֹהָט (ת) (יִם) (וֹת)
suitable, fitting	מַתְאִים (ה) (יִם) (וֹת)
awful, terrible	נוֹרָא (ה) (יִם) (וֹת)
pleasant	נָעִים (ה) (יִם) (וֹת)
private	פְּרָטִי (ת) (יִם) (וֹת)
Zionist	צִיּוֹנִי (ת) (יִם) (וֹת)
close, next	קָרוֹב (ה) (יִם) (וֹת)
far	רָחוֹק (ה) (יִם) (וֹת)

Conjunctions / מִילּוֹת קִישּׁוּר

afterwards	אַחֲרֵי כֵן
afterwards	אַחַר כָּךְ
after	אַחֲרֵי שׁ ...
in order to	כְּדֵי לְ...
in this way, so	כָּךְ
before	לִפְנֵי שׁ ...
first	קוֹדֶם

Prepositions / מִילּוֹת יַחַס

in another	בְּעוֹד
beside, next to	לְיַד
for the sake of	לְמַעַן
beneath, underneath	מִתַּחַת

Miscellaneous / שׁוֹנוֹת

no one	אַף אֶחָד
everyone	כּוּלָּם
almost	כִּמְעַט
below	לְמַטָּה
immediately	מִיָּד
a little	מְעַט
much	רַב

Nouns (cont'd) / שְׁמוֹת עֶצֶם (הֶמְשֵׁךְ)

classical music	(נ) מוּסִיקָה קְלָאסִית
weather	(ז) מֶזֶג אֲוִויר
kitchen	(ז) מִטְבָּח (מִטְבָּחִים)
poor fellow	(ז) מִסְכֵּן (מִסְכֵּנִים)
factory	(ז) מִפְעָל (מִפְעָלִים)
soup	(ז) מָרָק (מְרָקִים)
poet	(ז) מְשׁוֹרֵר (מְשׁוֹרְרִים)
ticket office	(ז) מִשְׂרַד כַּרְטִיסִים
mathematics	(נ) מָתֵמָטִיקָה
music	(נ) נְגִינָה
driving	(נ) נְהִיגָה
landscape, view	(ז) נוֹף (נוֹפִים)
cold, sniffles	(ז) נַזֶּלֶת
symphony	(נ) סִימְפּוֹנְיָה (סִימְפּוֹנְיוֹת)
symbol	(ז) סֵמֶל (סְמָלִים)
national symbol	(ז) סֵמֶל לְאוּמִּי
helper, assistant	(ז) עוֹזֵר (עוֹזְרִים)
punishment	(ז) עוֹנֶשׁ (עוֹנָשִׁים)
branch	(ז) עָנָף (עֲנָפִים)
olive tree	(ז) עֵץ זַיִת
action, act	(נ) פְּעוּלָּה (פְּעוּלּוֹת)
mushroom, fungus	(נ) פִּטְרִיָּה (פִּטְרִיּוֹת)
pizzeria	(נ) פִּיצֵרְיָּה (פִּיצֵרְיּוֹת)
stripe	(ז) פַּס (פַּסִּים)
law faculty	(נ) פָקוּלְטָה לְמִשְׁפָּטִים
side	(ז) צַד (צְדָדִים)
drawing	(ז) צִיּוּר (צִיּוּרִים)
delegate	(ז) צִיר (יִם) (בְּקוֹנְגְרֶס)
storey (of a building)	(נ) קוֹמָה (קוֹמוֹת)
buyer	(ז) קוֹנֶה (קוֹנִים)
congress	(ז) קוֹנְגְרֶס (קוֹנְגְרֶסִים)
wicket, cash desk	(נ) קוּפָּה (קוּפּוֹת)
candlestick branch	(ז) קָן (קָנִים)
idea	(ז) רַעְיוֹן (רַעְיוֹנוֹת)
surface area, territory	(ז) שֶׁטַח (שְׁטָחִים)
year of immigration	(נ) שְׁנַת עֲלִיָּיה
rabbit	(ז) שָׁפָן (שְׁפָנִים)
resident, inhabitant	(ז) תּוֹשָׁב (תּוֹשָׁבִים)
orchestra	(נ) תִּזְמוֹרֶת (תִּזְמוֹרוֹת)
bus stop	(נ) תַּחֲנַת אוֹטוֹבּוּס
central bus station	(נ) תַּחֲנָה מֶרְכָּזִית
repair	(ז) תִּיקּוּן (תִּיקּוּנִים)
hope	(נ) תִּקְוָוה (תִּקְווֹת)

People	אֲנָשִׁים	Places	מְקוֹמוֹת
Imber, Naphtali Hertz	אִימְבֶּר, נַפְתָּלִי הֶרְץ	Europe	(נ) אֵירוֹפָּה
Beethoven	בֵּטְהוֹבֶן	Ashdod	(נ) אַשְׁדּוֹד
Herzl, Theodor	הֶרְצָל, בִּנְיָמִין זְאֵב	Ashkelon	(נ) אַשְׁקְלוֹן
Wolfson, David	וֹולְפְסוֹן, דָּוִד	Beer Sheba	(נ) בְּאֵר שֶׁבַע
Tolstoy, Lev	טוֹלְסְטוֹי, לִיב	Galilee	(ז) גָּלִיל
Picasso, Pablo	פִּיקָאסוֹ, פבלו	Galicia	(נ) גָּלִיצְיָה
Perlman, Yitzhak	פֶּרְלְמַן, יִצְחָק	Mount Hermon	(ז) הַר הַחֶרְמוֹן
Chagall, Marc	שָׁאגָאל, מרק	Mount Carmel	(ז) הַר הַכַּרְמֶל
		Mount Tabor	(ז) הַר הַתָּבוֹר
Directions	**כִּיווּנִים**	Mount Meiron	(ז) הַר מֵירוֹן
		Herzliya	(נ) הֶרְצֶלִיָּה
south	(ז) דָּרוֹם	Tiberias	(נ) טְבֶרְיָה
east	(ז) מִזְרָח	Dead Sea	(ז) יַם הַמֶּלַח
west	(ז) מַעֲרָב	Mediterranean Sea	(ז) יַם הַתִּיכוֹן
center	(ז) מֶרְכָּז	Red Sea	(ז) יַם סוּף
north	(ז) צָפוֹן	Jericho	(נ) יְרִיחוֹ
		Sea of Galilee	(נ) כִּינֶּרֶת
		Lebanon	(נ) לְבָנוֹן
Measurements	**מְדִידוֹת**	Massada	(נ) מְצָדָה
		Negev	(ז) נֶגֶב
height	(ז) גּוֹבַהּ	Nahariya	(נ) נַהֲרִיָּה
ton	(ז) טוֹן (טוֹנוֹת)	Nazerath	(נ) נָצְרַת
meter	(ז) מֶטֶר (מֶטְרִים)	Syria	(נ) סוּרְיָה
weight	(ז) מִשְׁקָל	Ra'anana	(נ) רַעֲנָנָה
length	(ז) רוֹחַב	Golan Heights	(נ) רָמַת הַגּוֹלָן

Expressions — מבעים

How is Avi's father?	מַה שְׁלוֹם אַבָּא שֶׁל אָבִי?
Have a good time !	בִּילוּי נָעִים!
not bad (it's O.K.)	לֹא נוֹרָא (זֶה בְּסֵדֶר)
My telephone is out of order.	הַטֶּלֶפוֹן שֶׁלִּי מְקוּלְקָל.
What is your (bank) account number?	מַה מִסְפַּר הַחֶשְׁבּוֹן שֶׁלְּךָ?
Is it possible to withdraw money from the account?	אֶפְשָׁר לִמְשׁוֹךְ כֶּסֶף מֵהַחֶשְׁבּוֹן?
I want to deposit checks into the account.	אֲנִי רוֹצֶה לְהַפְקִיד שִׁיקִים בַּחֶשְׁבּוֹן.
Can I order a checkbook?	אֲנִי יָכוֹל לְהַזְמִין פִּנְקָס שִׁיקִים?
You can receive money in another two weeks.	אַתָּה יָכוֹל לְקַבֵּל כֶּסֶף בְּעוֹד שְׁבוּעַיִים.
Can I help you?	אֶפְשָׁר לַעֲזוֹר לְךָ?
Can one get a discount?	אֶפְשָׁר לְקַבֵּל הֲנָחָה?
I almost forgot, something else?	כִּמְעַט שָׁכַחְתִּי, עוֹד מַשֶּׁהוּ?
time after time	פַּעַם אַחֲרֵי פַּעַם
to keep in touch	לִשְׁמוֹר עַל קֶשֶׁר

Grammatical Structures

מבנים לשוניים

1) Temporal Clauses

First …, **afterwards (then)** ….

First he drinks coffee, **afterwards (then)** he goes to work.

First she studies, **afterwards (then)** she returns home.

before … after ….when …

The immigrant studied **before / after / when** he came to Israel.

or

Before / After / When the immigrant studied, he came to Israel.

1) מִשְׁפְּטֵי זְמַן

קוֹדֶם ... **אַחַר כָּךְ** ... / **קוֹדֶם** ... **אַחֲרֵי כֵן** ...

קוֹדֶם הוּא שׁוֹתֶה קָפֶה, **אַחַר כָּךְ** הוּא הוֹלֵךְ לַעֲבוֹדָה.

קוֹדֶם הִיא לוֹמֶדֶת , **אַחֲרֵי כֵן** הִיא חוֹזֶרֶת הַבַּיְתָה.

לִפְנֵי שֶׁ... / אַחֲרֵי שֶׁ .../ כַּאֲשֶׁר ... (כְּשֶׁ...)

הָעוֹלֶה לָמַד, **לִפְנֵי שֶׁ/ אַחֲרֵי שֶׁ/ כַּאֲשֶׁר (כְּשֶׁ)** הוּא בָּא לְיִשְׂרָאֵל.

אוֹ

לִפְנֵי שֶׁ/ אַחֲרֵי שֶׁ/ כַּאֲשֶׁר (כְּשֶׁ) הָעוֹלֶה לָמַד , הוּא בָּא לְיִשְׂרָאֵל.

2) "Hitpa'el" Verb Conjugation – Past Tense, Infinitive: to get dressed

I / you (m) / you (f) / he

she / we / you (m) / you (f) / they **got dressed.**

The bride **got dressed** for the wedding.

2) בִּנְיָן הִתְפַּעֵל – זְמַן עָבָר

הַשּׁוֹרֶשׁ : **ל.ב.ש.** שֵׁם הַפּוֹעַל : **לְהִתְלַבֵּשׁ**

הִתְלַבַּשְׁתִּי / הִתְלַבַּשְׁתָּ / הִתְלַבַּשְׁתְּ / הִתְלַבֵּשׁ/

הִתְלַבְּשָׁה / הִתְלַבַּשְׁנוּ / הִתְלַבַּשְׁתֶּם / הִתְלַבַּשְׁתֶּן /

הִתְלַבְּשׁוּ

הַכַּלָּה **הִתְלַבְּשָׁה** לַחֲתוּנָּה.

3) "Nif'al" Verb Conjugation – Past Tense, Infinitive: to enter , to go into

I / you (m) / you (f) / he / she /

we / you (m) / you (f) / they **entered.**

They **entered (went into)** the synagogue.

3) בִּנְיָן נִפְעַל – זְמַן עָבָר

הַשּׁוֹרֶשׁ : **כ.נ.ס.** שֵׁם הַפּוֹעַל : **לְהִיכָּנֵס**

נִכְנַסְתִּי / נִכְנַסְתָּ / נִכְנַסְתְּ / נִכְנַס / נִכְנְסָה /

נִכְנַסְנוּ / נִכְנַסְתֶּם / נִכְנַסְתֶּן / נִכְנְסוּ

הֵם **נִכְנְסוּ** לְבֵית הַכְּנֶסֶת.

4) Question Words – Which …? (3 forms)

Which book do you like to read?

Which work do they do?

Which pictures did you buy?

Which stamps do you want?

At what / which …?

(At) which museum did you visit?

At which restaurant did you eat?

4) מִילּוֹת שְׁאֵלָה – אֵיזֶה...? אֵיזוֹ...? אֵילוּ...?

אֵיזֶה סֵפֶר אַתָּה אוֹהֵב לִקְרוֹא?

אֵיזוֹ עֲבוֹדָה הֵם עוֹשִׂים?

אֵילוּ תְּמוּנוֹת קְנִיתֶם?

אֵילוּ בּוּלִים אַתָּה רוֹצֶה?

בְּאֵיזֶה ...? בְּאֵיזוֹ ...?

בְּאֵיזֶה מוּזֵאוֹן בִּיקַּרְתָּ / בִּיקַּרְתְּ?

בְּאֵיזוֹ מִסְעָדָה אָכַלְתָּ / אָכַלְתְּ?

5) The Ordinal Numerals 1 – 10 (m +f)	5) הַמִּסְפָּר הַסּוֹדֵר בְּזָכָר וּבִנְקֵבָה 1- 10
first	רִאשׁוֹן \ רִאשׁוֹנָה
second	שֵׁנִי \ שְׁנִיָּיה
third …	שְׁלִישִׁי \ שְׁלִישִׁית …
He lives on the **third** floor.	הוּא גָּר בְּקוֹמָה שְׁלִישִׁית .

6) Impersonal Verbs - in Heb., 3rd pers. pl., present or past tense, without a personal pronoun	6) הַסְתָּמִי – פּוֹעַל בְּגוּף שְׁלִישִׁי, רַבִּים, בְּהוֹוֶה אוֹ בֶּעָבָר, לְלֹא כִּינּוּי גוּף
In the kitchen **one cooks**.	בַּמִּטְבָּח מְבַשְּׁלִים.
Today **one (they) closed** the post office .	הַיּוֹם סָגְרוּ אֶת הַדּוֹאַר.

7) "The": The Definite Article (2) (in Heb.,the adjective is in agreement with the noun both in gender and number, when the definite article is used).	7) "ה" הַיְדִיעָה (2) שֵׁם הַתּוֹאַר מוּתְאָם לְשֵׁם הָעֶצֶם בְּמִין, בְּמִסְפָּר וּבִיְידוּעַ.
the new computer **the** new computers	הַמַּחְשֵׁב הֶחָדָשׁ הַמַּחְשְׁבִים הַחֲדָשִׁים
the big picture **the** big pictures	הַתְּמוּנָה הַגְּדוֹלָה הַתְּמוּנוֹת הַגְּדוֹלוֹת
The new phone is located in the office .	הַטֶּלֶפוֹן הֶחָדָשׁ נִמְצָא בַּמִּשְׂרָד.
I like **the** old books.	אֲנִי אוֹהֵב אֶת הַסְּפָרִים הַיְשָׁנִים.

8) to the … of (directions)	8) מ ... ל... (כִּיוּוּנִים)
to the north of Eilat / **to the south of** Haifa	מִצָּפוֹן לְאֵילַת / מִדָּרוֹם לְחֵיפָה /
to the east of the sea / **to the west of** Israel	מִמִּזְרָח לַיָּם / מִמַּעֲרָב לְיִשְׂרָאֵל

9) close to …	9) קָרוֹב / קְרוֹבָה ל ...
Tel Aviv is **close to** Herzliya.	תֵּל אָבִיב קְרוֹבָה לְהֶרְצְלִיָּיה.
far from …	רָחוֹק / רְחוֹקָה מ...
Eilat is **far from** Haifa .	אֵילַת רְחוֹקָה מֵחֵיפָה .
beside / next to	עַל יַד
Jaffa is **next to** Tel Aviv.	יָפוֹ עַל יַד תֵּל אָבִיב.

ד"ר ספוק - המורה של ההורים

Dr. Spock – The Parent's Teacher

דוקטור בנימין ספוק, רוֹפֵא הילדים המְפוּרְסָם, מֵת בגיל תשעים.

ד"ר ספוק הִתְחִיל לַעֲבוֹד כְּרוֹפֵא בִּשְׁנַת 1942, וּבִשְׁנַת 1946 כָּתַב את סִפְרוֹ הראשון: **"ספר הַהִיגָּיוֹן של הטִיפּוּל בתינוק ובילד"**. מאז תִּרְגְּמוּ את סְפָרָיו ל-42 שָׂפוֹת, וּמָכְרוּ 50 מיליון ספרים.

מיליוני הורים מִכָּל העולם רָאוּ בספרים שלו את הַתַּנַ"ךְ של גידול הילדים. הם פָּתְחוּ את הספרים כדי לִמְצוֹא תשובות לשאלות שלהם, הקשורות בְּגִידּוּל הילדים, לדוגמה: מתי צריך לִקְרוֹא לרופא ? כמה שעות צריך הילד לישון ? הוא עָנָה גם תשובות לִבְעָיוֹת של גיל ההִתְבַּגְּרוּת.

עשׂרות מיליוני ילדים בעולם ובישׂראל גָּדְלוּ על פי העֵצוֹת שלו. קשה לְהַאֲמִין, איך גָּדְלוּ אנשים נורמליים, ואיך חִינְּכוּ את הילדים לפני שד"ר ספוק כָּתַב את הספרים שלו...

ד"ר ספוק חוֹשֵׁב שֶׁחָשׁוּב לָתֵת לילדים אהבה וחום, אבל בלי לְוַותֵּר על מִשְׁמַעַת. צריך לְחַנֵּךְ את הילדים על פי דוּגמה טוֹבה של ההורים.

על עצמו הוא אָמַר, שהוא לא אבא טוב, כי לא נָתַן מספיק אַהֲבָה לילדים שלו, אבל הילדים שלו אוֹמְרִים, שאבא שלהם "בסדר גמור".

כַּנִּרְאֶה שבתיאוריה קל יותר ...

Answer the questions. **ענו על השאלות.**

1. מתי הִתְחִיל ד"ר ספוק לַעֲבוֹד כְּרוֹפֵא? ______________________________

2. לכמה שׂפות תִּרְגְּמוּ את סְפָרָיו ? ______________________________

3. מה חִיפְּשׂוּ ההורים בספרים שלו ? ______________________________

4. מה חָשׁוּב לתת לילדים לפי דַעְתּוֹ של ד"ר ספוק ? ____________________

5. למה חוֹשֵׁב ד"ר ספוק, שהוא אבא לא טוב ? ____________________

מַה חָשׁוּב לָתֵת לַיְלָדִים, לְפִי דַעְתְּךָ ?

What is important to give to children, in your opinion?

לפי דעתי...

צריך ל ______________________________________

חשוב ל ______________________________________

'אֵצֶל' בנטייה

Conjugation of the preposition "אצל" (at the place of)

אֶצְלָם / ן	אֶצְלְכֶם / ן	אֶצְלֵנוּ	אֶצְלָהּ	אֶצְלוֹ	אֶצְלֵךְ	אֶצְלְךָ	אֶצְלִי
at their place (m/f)	at your place (m/f)	at our place	at her place	at his place	at your place	at your place	at my place
הם / הן	אתם / אתן	אנחנו	היא	הוא	את	אתה	אני

At Whose Place is the ...? — **אֵצֶל מִי... ?**

אֵצֶל מִי הייתָ ? הייתִי **אצל דן**. הייתִי *אֶצְלוֹ*.

אֵצֶל מִי הייתֶם ? הָיִינוּ **אצל רות**. הָיִינוּ *אֶצְלָהּ*.

אֵצֶל מִי הַמַפְתֵחַ ? הַמַפְתֵחַ **אצל ההורים**. הַמַפְתֵחַ *אֶצְלָם*.

אֵצֶל מִי הָיְתָה המסיבה ? המסיבה הָיְתָה **אצל שׂרה וחנה**. המסיבה הָיְתָה *אֶצְלָן*.

Complete according to the example above. — **השלימו לפי הדוגמות הנ"ל.**

אצל מי הספרים ?
הספרים אצל הסטודנטים. ____________ ____________

אצל מי הכּרטיס ?
הכּרטיס אצל החייל. ____________ ____________

אצל מי התמונות ?
התמונות אצל התלמידות. ____________ ____________

אצל מי הטוֹפֶס ?
הטופס אצל הפקידה. ____________ ____________

Complete the sentences by conjugating "אצל". — **השלימו: *'אצל'* בנטייה.**

1. שׂרה, אני אוֹהֵב לְבַקֵר ____________ בּשבּת.
2. הם נִכְנְסוּ לדירה החדשה, ועדיין לא בִּיקַרְנוּ ____________.
3. יש לה חבר נחמד. הוא גָר ____________ ההורים שלו.
4. יש להם חברים טובים. הם בִּיקְרוּ ____________ אתמול.
5. אני הוֹלֵךְ לָרוֹפֵא. הָיִיתִי ____________ גם ביום ראשון.
6. דוד, אני יכול לָגוּר ____________ ?
7. הָיִיתִי ____________ שׂרה, וְאָכַלְתִי ____________ עוּגה טעימה.
8. ההורים הָיוּ ____________, ואנחנו שָׂמַחְנוּ מאוד.

Read the letter. קראו את המכתב.

11.12.08

לְמיכל שלום,

מה נִשְׁמָע אֶצְלֵךְ ? איך את מַרְגִּישָׁה ?
אצלנו הכול בְּסדר. אתמול הָיָה אֶצְלֵנוּ יוסי. לָמַדְנוּ יַחַד לַבְּחִינָה.
גם אנחנו הָיִינוּ אצלו, וְשָׁתִינוּ יַחַד קפה. יש לו חברה נחמדה, היא הָיְתָה אֶצְלוֹ.
חֲבָל שלא היית אֶצְלֵנוּ בשבת, היו אֶצְלֵנוּ הרבה חברים. את יְכוֹלָה לְבַקֵּר אצלנו.
אנחנו הָיִינוּ אֶצְלֵךְ, ועכשיו את צריכה לְבַקֵּר אֶצְלֵנוּ.

שלום ולהתראות,
מיכאל וענת

בול

לכבוד
מיכל גורן
רח׳ הרצל 7
נתניה 52422

first name, surname שם פרטי, שם משפחה →
street, number רח׳ , מס׳ →
city, zip code עיר, מיקוד →

מיכאל וענת עצמון
רח׳ נחמני 119
באר שבע 29481

← כתובת הַשּׁוֹלֵחַ
sender's address

כדאי לָדַעַת...
worth knowing ...

לכב׳ = לכבוד
גב׳ = גברת
רח׳ = רחוב
מס׳ = מספר
ד״ר = דוקטור
משפ׳ = משפחת...

אֵיךְ מְבַקְּשִׁים ?
How Does One Make a Request?

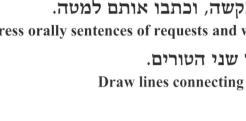

אמרו משפטי בקשה, וכתבו אותם למטה.
Express orally sentences of requests and write them below.

מתחו קווים בין שני הטורים.
Draw lines connecting the two columns.

	המקום			
1.	בחנות	אתה יכול ...	1.	מה השעה ?
2.	בדואר	סליחה, אפשר לִשְׁלוֹח ...	2.	לַעֲזוֹר לי ?
3.	ברחוב	אולי אתה יוֹדֵעַ ...	3.	מִבְרָק ?
4.	בקופת חולים	אפשר לְהַזְמִין ...	4.	מיץ לימון.
5.	בבנק	אפשר לְקַבֵּל ...	5.	לִפְתּוֹחַ את החלון ?
6.	בסופרמרקט	סליחה, יש לכם ...	6.	תּוֹר לָרוֹפֵא ?
7.	בתאטרון	תֵּן לי בבקשה ...	7.	פנקס שֶׁקִים.
8.	באוטובוס	סליחה, אני יכול...	8.	שני כרטיסים.

כִּתבו את השאלות, וענו בקול רם. **Write the questions and answer orally.**

1. אתה יכול לעזור לי ? — כן, אני יכול לעזור לך.
2. ______ — ______
3. ______ — ______
4. ______ — ______
5. ______ — ______
6. ______ — ______
7. ______ — ______
8. ______ — ______

Where Does One Receive ...? / אֵיפֹה מְקַבְּלִים...?

Draw lines connecting the two columns. / מתחו קווים.

מְקַבְּלִים בְּ...

1.	פנקס שקים	1.	בנק
2.	תרופות	2.	משׂרד הנסיעות
3.	דרכּון	3.	משׂרד הפּנים
4.	מספּר טלפון	4.	בֵּית מִרְקַחַת
5.	כּרטיסי טיסה	5.	מסעדה
6.	סלט ירקות	6.	מודיעין 144

אֶפְשָׁר לְקַבֵּל... / אֲנִי יכוֹל/ה לְקַבֵּל...

Is it Possible to Receive ... Can I Get ...

כתבו משפטי בקשה על פי התרגיל הנ"ל.

Write sentences of request according to the exercise above.

דוגמה: 1. *אפשר לְהַזְמִין פנקס שקים ?* (בבנק)

2. ______________________ ________

3. ______________________ ________

4. ______________________ ________

5. ______________________ ________

6. ______________________ ________

כְּתבו דיאלוג: בּבנק / בּדואר / בּסופּרמרקט / בּאוטובּוס.

Write a dialog: in the bank / at the post office / in the supermarket / in the bus.

דני: ______________________

רותי: ______________________

דני: ______________________

רותי: ______________________

דני: ______________________

רותי: ______________________

דני: ______________________

רותי: ______________________

משפטי תכלית
Sentences Expressing Purpose

כְּדֵי ל... + שם הפועל
In Order To ... + Infinitive

קראו את המשפטים. **Read the sentences.**

1. הָלַכְתִּי לדואר *כְּדֵי לִשְׁלוֹחַ* חבילה.
2. הם הוֹלְכִים לבית הכנסת *כְּדֵי לְהִתְפַּלֵּל*.
3. היא עוֹשָׂה דיאטה *כְּדֵי לִהְיוֹת* רזה.
4. הָלַכְתִּי לבית מרקחת *כְּדֵי לִקְנוֹת* תרופה.
5. טַסְנוּ לאיטליה *כְּדֵי לְבַקֵּר* ברומא.
6. הן נָסְעוּ לירושלים *כְּדֵי לְטַיֵּל* בעיר העתיקה.
7. ראש הממשלה נָסַע לארצות הברית *כְּדֵי לִפְגּוֹשׁ* את הנשיא.

לְשֵׁם מַה... ? For What Purpose (Why) ...?

כִּתבו שאלות ותשובות לפי הדוגמה (ראו למעלה).

Write questions and answers according to the example. (See above).

1. *לשם מה הָלַכְתָּ לדואר ?*
   הָלַכְתִּי לדואר כדי לִשְׁלוֹחַ חבילה.
2. *לשם מה* ________________________________
   ____
3. *לשם מה* ________________________________
   ____
4. *לשם מה* ________________________________
   ____
5. *לשם מה* ________________________________
   ____
6. *לשם מה* ________________________________
   ____
7. *לשם מה* ________________________________
   ____

מתחו קווים בין שני הטורים לפי הדוגמה.

Draw lines connecting the two columns according to the example.

1. הוא נוֹסֵעַ לַמִּשְׂרָד		1. **לְשַׂחֵק** עם הילדים
2. הוא נוֹסֵעַ לשׂדה התעופה		2. **לִקְבּוֹעַ** פגישה
3. הוא חוֹזֵר הביתה	**כְּדֵי**	3. **לַעֲבוֹד**
4. הוא מְדַבֵּר בטלפון		4. **לִכְתּוֹב** מכתבים
5. הוא פּוֹתֵחַ טלוויזיה		5. **לִפְגּוֹשׁ** קרובי משפחה
6. הוא יוֹשֵׁב ליד השולחן		6. **לִרְאוֹת** את החדשות

העתיקו את המשפטים הנ"ל.

Copy the sentences from above.

1. הוא נוֹסֵעַ לַמִּשְׂרָד *כְּדֵי לַעֲבוֹד.*
2. ______________________________
3. ______________________________
4. ______________________________
5. ______________________________
6. ______________________________

השלימו את המשפטים.

Complete the sentences.

1. אני לוֹמֵד עברית **כדי ל** ______________________
2. היא הוֹלֶכֶת לסופרמרקט **כדי ל** ______________________
3. הם נוֹסְעִים לירושלים **כדי ל** ______________________
4. אנחנו הוֹלְכִים לבית קפה **כדי ל** ______________________
5. הן הוֹלְכוֹת לקולנוע **כדי ל** ______________________
6. אתם קוֹנִים מכונית **כדי ל** ______________________

שאלון - פרטים אישיים
Questionnaire – Personal Details

מתחו קווים.

Draw lines connecting the two columns.

1. הוא נוֹלַד **באנגליה**	1. מצב משפחתי
2. הוא **רווק**	2. ארץ לידה
3. דניאל **רון**	3. שם פרטי
4. הוא עָלָה לישראל ב- **11.1.99**	4. שם משפחה
5. הוא גָר ב- **רחוב הירדן 12, רמת גן**	5. תאריך לידה
6. **דניאל** רון	6. מיקוד
7. הוא **מהנדס אלקטרוניקה**	7. קִידוֹמֶת + טלפון
8. הוא נוֹלַד ב- **11.2.77**	8. כתובת
9. מספר הטלפון הוא **03-5740833**	9. מקצוע
10. רחוב הירדן 12 רמת גן **52269**	10. תאריך עלייה

מלאו את השאלון לפי הפרטים הנ״ל.

Fill in the questionnaire according to the details above.

שם משפחה	שם פרטי	תאריך לידה	תאריך עלייה
ארץ לידה	**מצב משפחתי**	**מקצוע**	**מס׳ טלפון**
רחוב	**מס׳ בית**	**עיר**	**מיקוד**

קראו את הדיאלוג.

Read the dialog.

פקידה: בוקר טוב, מה שמך ?

עולה: יונתן.

פקידה: ושם משפחה ?

עולה: רון

פקידה: מה הַמִקְצוֹעַ שלך ?

עולה: אופטיקאי

פקידה: ארץ לֵידָה ?

עולה: צרפת

פקידה: מה הכתובת שלך ?

עולה: רחוב ויצמן 10 תל-אביב.

פקידה: מה מספר הטלפון ?

עולה: המספר הוא 5244371

פקידה: תודה רבה לך.

ענו על השאלות.

Answer the questions.

1. מה שם המשפחה שלך ? __________
2. מה השם הפרטי שלך ? __________
3. מה שנת הלידה שלך ? __________
4. מה הגיל שלך ? __________
5. איפה נולדת ? __________
6. מה הכתובת שלך ? __________
7. מה מספר הטלפון שלך ? __________
8. מה המקצוע שלך ? __________

מלאו את השאלון לפי הדוגמה.

Fill in the questionnaire according to the example.

שם המשפחה	
שם פרטי	
שנת לידה	
גיל	
מקום הלידה	
הכתובת	
מספר טלפון	
מקצוע	

שם המשפחה	חלפון
שם פרטי	מוריס
שנת לידה	1979
גיל	20
מקום הלידה	צרפת
הכתובת	הנביאים 12, חיפה
מספר טלפון	04-6706941
מקצוע	מהנדס

דרושים... דרושים... דרושים... דרושים... דרושים...
Help Wanted ... Help wanted ... Help Wanted ... Help Wanted

הוסיפו את הנתונים על פי המודעה.
Add the details according to the information in the advertisement.

לחברת אלקטרוניקה ביבנה

דרוש /ה
מהנדס/ת אלקטרוניקה
הדרישות:
השכלה אקדמאית באלקטרוניקה
(תואר ראשון)
ניסיון של 5 שנים לפחות.
ידיעת השפה האנגלית.

נא לשלוח קורות חיים
לפקס 08-944332

דרוש/ה ____________

למי דרוש ? ____________

הדרישות:

1. ____________
2. ____________
3. ____________

נא לפנות:

א. בטלפון **ב.** בפקס **ג.** בכתב

כִּתבו מודעה בעיתון על פי הנתונים האלה:
Write a newspaper advertisement according to the data appearing beside the ad:

דרוש/ה: מנהל/ת חשבונות
למי דרוש ? לחברת ביטוח
הדרישות:
1. תואר ראשון במתמטיקה
2. ניסיון של 4 שנים לפחות
3. המלצות
4. תעודה בהנהלת חשבונות

לאן לפנות ?

א. בכתב **ב.** בטלפון

לשלוח קורות חיים

לת"ד 7533 רמת גן 52113

או להתקשר לטלפון 03-5740833

____
____
____
____
____
____
____
____

"אֵין חָכָם כְּבַעַל נִיסָּיוֹן" (עקידה, יד)

מלאו את המילים החסרות. היעזרו ברשימת המילים שלמטה.

Fill in the missing words, by using the list of words appearing below.

18.6.08

לכבוד

מר דן גורן

מנהל חברת "קידום"

רח' אגרון 21

ירושלים

שרית דיין

רח' יפו 10

ירושלים

*א.נ.

<u>משרת מזכירה</u> : _____

קָרָאתִי את מודעתכם בעיתון "ידיעות אחרונות" מתאריך 4/6. _____ לְהַצִּיעַ
את מועמדותי כְּמזכירה במשרדכם.

שמי: שרית דיין

_____ : בת 28

שנת עלייה: 1998

ארץ מוצא: איטליה

_____ : אוניברסיטה ברומא, תואר שני בכלכלה.

ותק וניסיון: _____ שבע שנים כְּמזכירה במשרד עורך דין.

בארץ _____ בקורס מזכירות.

יש לי _____ מעוֹרֵך דין באיטליה.

אני מְצָרֶפֶת _____ מהאוניברסיטה וקורות חיים.

אֶשְׂמַח מאוד, אם תַזְמִינוּ אותי לְ_____.

בברכה

שרית דיין

* אדון נכבד

רֵאָיוֹן, הַמְלָצָה, הַנָּדוֹן, תְעוּדוֹת, עָבַדְתִי, הַשְׂכָּלָה, לָמַדְתִי, הַגִּיל, בִּרְצוֹנִי

שִׂיחָה בַּטֶלֶפוֹן ☎

A Telephone Conversation

שרית: אפשר לְדַבֵּר עם המנהל ?

מנהל: כן, מדבר.

שרית: שמי שרית דיין. אני מְצַלְצֶלֶת בקשר למודעה בעיתון.
אתם מְחַפְּשִׂים מזכירה למשרד, ואני מעוניינת בעבודה הזאת.

מנהל: כן, אנחנו מְחַפְּשִׂים מזכירה.
את יכולה לָבוֹא לרֵאָיוֹן בְּיוֹם חמישי ב-9:00 בבוקר ?

שרית: כן, כמובן. אני אָבוֹא לָרֵאָיוֹן.

מנהל: את צריכה לְהָבִיא תעודות על הַשְׂכָּלָה,
וגם הַמְלָצוֹת, אם יש לך, כמובן.

שרית: בסדר, תודה רבה לך.

A Job Interview

ריאיון עבודה

שרית: בוקר טוב. דיבַּרְתִּי אִיתך בטלפון, וקָבַעְתָּ לי ריאיון בשעה 9:00.

מנהל: כן, בבקשה לְהִיכָּנֵס. שְׁבִי בבקשה.

שרית: תודה.

מנהל: מה שְׁמֵך ?

שרית: שמי שרית דיין.

מנהל: מה מַצָּבֵך המשפחתי ?

שרית: אני נשואה, ויש לי שני ילדים.

מנהל: יש לך ניסיון כמזכירה ?

שרית: כן, חמש שנים.

מנהל: איפה עָבַדְתְּ ?

שרית: עָבַדְתִּי בְּחֶברַת בִּיטוּחַ.

מנהל: מה הַהַשְׂכָּלָה שלך ? איפה לָמַדְתְּ ?

שרית: יש לי הַשְׂכָּלָה אקדמית. לָמַדְתִּי באוניברסיטה חמש שנים.

מנהל: יש לך הַמְלָצוֹת ?

שרית: כן, יש לי הַמְלָצוֹת וגם תְּעוּדוֹת על הַשְׂכָּלָה.

מנהל: אני חוֹשֵׁב שאת יכולה לְהַתְחִיל לַעֲבוֹד אצלנו.

שרית: יופי ! ! ! תודה רבה.

מנהל: להתראות וּבְהַצְלָחָה.

(speech bubble in image: תוכלי להתחיל ביום א'.)

ענו על השאלות.

Answer the questions.

1. מה הַמִּקְצוֹעַ של שרית ? _____

2. באיזו שעה יש לה ריאיון עבודה ? _____

3. איפה היא עָבְדָה קודם? _____

4. איזו הַשְׂכָּלָה יש לה ? _____

השלימו את המשפטים.

Complete the sentences.

שרית קיבְּלָה את העבודה, מפני שֶ _____

מפני שֶ _____

מפני שֶ _____

"בִּשְׁבִיל כָּבוֹד צָרִיךְ לַעֲבוֹד" (ביטוי עממי)

The Construct State (2) — סמיכות (2)

בַּקְבּוּק בִּירָה (= בקבוק של בירה)	עוּגַת שׁוֹקוֹלָד (= עוגה של שוקולד)
בַּקְבּוּקֵי בִּירָה (= בקבוקים של בירה)	עוּגוֹת שׁוֹקוֹלָד (= עוגות של שוקולד)
a chocolate cake (= a cake of chocolate) chocolate cakes (= cakes of chocolate)	a beer bottle (= a bottle of beer) beer bottles (= bottles of beer)

כתבו בסמיכות לפי הדוגמה.

Write the construct state according to the example.

	יחיד/ה m / s , f / s	רבים/רבות m /pl , f /pl	סמיכות + ה' הידיעה construct state + the definite article m / s, f / s, m / pl , f / pl יחיד / יחידה	רבים / רבות
בקבוק /יין	בקבוק יין	בקבוקי יין	בקבוק היין	בקבוקי היין
חבר /כנסת				
חברה /כנסת				
תחנה /אוטובוס				
חדרים /ילדים				
רופאה /עיניים				
מספר /טלפון				
שמלה /ערב				
פקידים /בנק				
מכתב /המלצה				
כרטיסים /טיסה				
תלמידות /אולפן				
תעודה /זהות				
ספר /היסטוריה				
פקידה /קבלה				

קראו את מודעות הדרושים, וכתבו את צורות הסמיכות (כולל צירופים).

Read the *help wanted ads* and write the construct state forms (including phrases).

①

לחברת מחשבים בתל אביב
דרוש
מנהל חשבונות
נא לשלוח קורות חיים
לכתובת החברה:
ת"ד 7322 תל אביב

דוגמה

1. חֶבְרַת מַחְשֵׁבִים
2. ________ ________
3. ________ ________
4. ________ ________

②

למפעלי נייר חדרה
דרושים
מהנדסי מכונות
בעלי ניסיון של 5 שנים
בעלי רכב
נא להתקשר בשעות הבוקר
לטלפון: 06-773224

1. ________ ________
2. ________ ________
3. ________ ________
4. ________ ________
5. ________ ________

③

לחנות בגדי ילדים
דרושה
מוכרת
בעלת ניסיון במכירות
שעות העבודה 8:00 - 17:00
נא להתקשר לטל: 03-6418225

1. ________ ________
2. ________ ________
3. ________ ________
4. ________ ________

④

לבית מלון בהרצליה
דרושות
פקידות קבלה
בעלות השכלה אקדמית
ידיעת שפות: אנגלית וצרפתית
נא לשלוח קורות חיים
לפקס: 08-9338911

1. ________ ________
2. ________ ________
3. ________ ________
4. ________ ________
5. ________ ________

כִּתבו את מילת היחס המתאימה: | ל, ב, עם, על, אצל, את, על-יד, מ |

Fill in the appropriate prepositions from the list appearing above.

דוגמה: *פגשתי את שרה.*

1. שָׁמַעְנוּ ______ החדשות.
2. הם הָיוּ ______ חברים.
3. מי גָר ______ האולפן ?
4. ______ מי הָלַכְתְ לקולנוע ?
5. בְּאיזו שעה יָצָאתָ ___הבית ?
6. היא הָלְכָה ___סופרמרקט.
7. מה את קָנִיתָ ___דואר ?
8. היא הָיְתָה ______ הָרוֹפֵא.
9. הן נָסְעוּ ___אוטובוס ___ירושלים.
10. התמונה נמצאת ______ הקיר.
11. הוא שָׁאַל ______ חנה: מה שלומך ?
12. ראש הממשלה דִיבֵּר ______ הנשׂיא.

השלימו את מילת היחס הנכונה בנטייה.

Complete the sentences by filling in the correct conjugation of the prepositions.

1. אתמול פָּגַשְׁנוּ את שׂרה, פָּגַשְׁנוּ *אותה* בתאטרון. **(את)**
2. הִתְקַשַׁרְנוּ לַפְּקִידָה, וְאָמַרְנוּ ______ שֶׁתַּעֲזוֹר ______. **(ל..., ל...)**
3. חברים, הָיִינוּ ______, וחִיכִּינוּ ______ שעה. **(אצל, ל...)**
4. דויד אָמַר ליוסי: "אֶתְקַשֵׁר ______ בערב". **(אל)**
5. שׂרה הָלְכָה ____ דן לקולנוע, **(עם, את)**

   היא הָלְכָה ______ גם לבית קפה.
6. שׂרה, אפשר לְהִתְקַשֵׁר ______ בערב ? **(אל)**
7. דני אָמַר לחנה: "אפשר לְהַזְמִין ______ למסיבה" ? **(את)**
8. המורה שָׁאֲלָה את התלמידים: "אתם מְבִינִים ______". **(את, את)**

   התלמידים עָנוּ: "אנחנו מְבִינִים ______".
9. המתנה בִּשביל ההורים ? כֵּן, המתנה ______. **(בשביל)**
10. קָנִינוּ בגדים בשביל הילדים. קָנִינוּ ______ גם ספרים. **(בשביל)**
11. הִזְמַנְתָ מונית ? כֵּן, הִזְמַנְתִּי ______. **(את)**
12. ענת, הָיִינוּ ______, ואת לא היית בבית. **(אצל)**
13. חבל שלא הֱיִיתֶם ______. **(אצל, אצל)**

    אנחנו הָיִינוּ ______ כבר פעמיים.

רָחֵל הַמְשׁוֹרֶרֶת
Rachel, the Poet

רחל נוֹלְדָה ברוסיה בשנת 1890 למשפחה אריסטוקרטית - משפחת בלובשטיין. בגיל חמש עשרה כבר כָּתְבָה שירים ברוסית. בגיל תשע עשרה היא עָלְתָה לישראל יחד עם אחותה שושנה.

רחל לָמְדָה עברית, וְהָיִיתָה תלמידה בבית ספר לבנות בכינרת. היא הֶחְלִיטָה להיות חקלאית, ולשם כך נָסְעָה לצרפת וְלָמְדָה אגרונומיה. אחרי מלחמת העולם הראשונה חָזְרָה רחל לארץ לקיבוץ דגניה, אך חָלְתָה בַשַחֶפֶת (טוּבֶּרקוּלוֹזיס), וְהָיִיתָה מוּכְרָחָה לַעֲזוֹב את הקיבוץ. היא עָבְרָה לָגוּר בעיר צפת, ואחר כך עָבְרָה לתל אביב. היא סָבְלָה מאוד מהמחלה ומהבדידות.

רחל (בלובשטיין)
י"ח תשרי תרנ"א - כ"ט ניסן תרצ"א
20 בספטמבר 1890 - 16 באפריל 1931

רחל עָסְקָה הרבה מאוד בקריאת שירים וסיפורים. היא אָהֲבָה מאוד את התנ"ך, וְהִתְחִילָה לכתוב שירים בעברית. היא פִּרְסְמָה את השירים שלה בעיתון "**דבר**" כל שבוע, ואנשים חִיכּוּ לקרוֹא את השירים שלה.

בשירים כּוֹתֶבֶת רחל על הסֵבֶל שלה, על אהבת הארץ, על הכינרת ועל הירדן. היא אָהֲבָה מאוד את נוף הגליל. היא הֶאֱמִינָה בְּשִׂמְחַת הַחַיִים, וְהָיִיתָה לה אנרגיה של נְעוּרים.

רחל מֵתָה צעירה מאוד - בגיל ארבעים ואחת, וְנִקְבְּרָה בְּבֵית הקברות בכינרת. על יד הקבר שלה נמצא ספר השירים שלה. אפשר לָשֶׁבֶת על-יד הקבר וְלִקְרוֹא את השירים היפים שלה.

תעודת זהות
Identity Card

שם פרטי: _____

שם משפחה: _____

תאריך לידה: _____

ארץ לידה: _____

השכלה: _____

מקצוע: _____

Complete the passage. **השלימו את הקטע.**

רחל נוֹלְדָה בּ__________. בּגיל חמש עשׂרה היא כָּתְבָה __________ בּרוסית. בּגיל תשע עשׂרה היא __________ לישׂראל. היא הֶחְלִיטָה לִהְיוֹת __________, ולשם כָּךְ נָסְעָה ל__________, ולָמְדָה __________. היא הָיְיתָה מוּכְרָחָה __________ את הקיבוץ, והיא עָבְרָה לָגוּר בּעיר __________. היא אָהֲבָה מאוד את __________, והִתְחִילָה לכתוב __________ בּעברית. היא פִּרְסְמָה את השירים בּעיתון __________.

רחל הֶאֱמִינָה בּ__________ __________.

היא מֵתָה __________ מאוד בּגיל __________ __________. היא נִקְבְּרָה __________ __________ בּכּינרת.

אפשר לָשֶׁבֶת על יד ה__________ של רחל, ולקרוא את השירים היפים שלה.

בני נוער ליד הקבר של רחל המשוררת

Youth – at the graveside of Rachel, the poet

***״שֶׁל כִּנֶּרֶת שֶׁלִּי ... הוֹי כִּנֶּרֶת שֶׁלִּי**
הֲהָיִית אוֹ חָלַמְתִּי חֲלוֹם״

(מתוך השיר של רחל: ״ואולי לא היו הדברים...״)

נֵס הַשָּׂפָה הָעִבְרִית

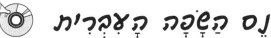

The Miracle of the Hebrew Language

מה קָרָה לשׂפה העברית ? קָרָה לה נס. העברית הָיְיתָה שָׂפָה מתה, שָׂפָה שלא דִיבְּרוּ בּה, ולא כָּתבו בּה. והנה בָּא **אליעזר בן יהודה** לפני כמאה שנים, ואמר שהעברית צריכה להיות השׂפה הָרִשְׁמִית בּישׂראל.

היו הרבּה אנשים, שֶׁהִתְנַגְדוּ לאליעזר בּן יהודה. הם לא הֶאֱמינוּ שאפשר לדבּר בּעברית. הם חָשְׁבוּ שעברית היא שׂפה של בּית הכּנסת ולא שׂפה של יום יום.

אליעזר בּן יהודה כָּתַב מילון. בּמילון היו מילים ישנות וּמילים חדשות, כּגון: **גלידה, חייל, מילון, משׂרד, מסעדה, רַכֶּבֶת, עיתון, הֶאֱזין**. הוא גם כָּתַב עיתון בּעברית.

הבּנים שלו דיבּרוּ עם חברים רק עברית, וזה לא היה להם קל.

אבל היום בּישׂראל מְדַבְּרִים עברית, קוֹרְאִים עברית, שׁוֹמְעִים עברית, אוֹהֲבִים בּעברית, כּוֹעֲסִים בּעברית, קוֹנִים בּעברית וְשָׁרִים בּעברית.

מִשְׁתַמְשִׁים בּעברית ילדים קטנים, צעירים, מבוגרים, סופרים וּמְשוֹרְרִים, כּולם...

- כָּל עם ישׂראל.

ענו על השאלות. Answer the questions.

1. איזה נס קָרָה לשפה העברית ? ______________________________
2. הרבּה אנשים הִתְנַגְדוּ לאליעזר בּן יהודה למה ?

____

3. למה היה קשה לבנים שלו לדבּר עם חברים ?

____

4. מה כָּתַב אליעזר בּן יהודה ? ______________________________
5. למה חשוב לדבּר, לקרוא ולכתוב בּעברית, לפי דעתך ?

____

בּוּבָּה תִזְמוֹרֶת נַקְנִיק עִיתוֹן

מִשְׂרָד גְלִידָה

מִגְדָשׁ טִיָּס פַּרְפַּר

חֲבִיתָה רַכֶּבֶת

אֱלִיעֶזֶר בֶּן יְהוּדָה
Eliezer Ben-Yehuda

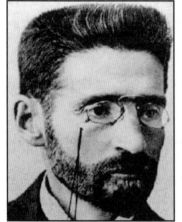

אליעזר בן יהודה נוֹלַד בשנת 1858 ונפטר 26 שנים לפני שֶׁקָּמָה המדינה: הוא פָּעַל הרבה לחידוש השפה העברית. אשתו דבורה הִתְחַתְּנָה איתו, אף על פי שֶׁיָּדְעָה כי הָיָה חולה. בשנת 1881 הם הִגִּיעוּ ליפו, בבית הוא דיבר עברית עם אשתו, אף על פי שהיא לא הֵבִינָה אף מילה בשפה הזאת.

אליעזר בן-יהודה
1922 - 1858

אליעזר בן יהודה חָלַם שבארץ ישראל יְדַבְּרוּ רק עברית, אך הדתיים לא הִסְכִּימוּ לְדַבֵּר עברית. הם אָמְרוּ שהעברית היא שפת קוֹדֶשׁ לתפילה בלבד.

בשנת 1885 הוֹצִיא אליעזר בן יהודה עיתון עברי, אף על פי שֶׁמְּעַט אנשים קָנוּ אותו.

לאליעזר בן יהודה נולדו 11 ילדים למרות המצב הכלכלי הקשה. הוא רָצָה שהילדים שלו יְדַבְּרוּ רק עברית, אף על פי שהילדים בשכונה לא הֵבִינוּ אותם. הבן הראשון שלו איתמר, היה במצב קשה בגלל ה"שיגעון" של אביו, למרות זאת הוא עָזַר לאביו לכתוב את העיתון.

אליעזר בן יהודה כָּתַב מילון עברי למרות הבעיות הכלכליות. הוא הִמְצִיא מילים חדשות בעברית, ולמרות הקשיים הוא הָפַךְ את הַחֲלוֹם לִמְצִיאוּת.

כִּתבו: 'נכון' או 'לא נכון'. Write "true" or "false".

1. אליעזר בן יהודה נולד בשנת 1858. ____________
2. הדתיים הִסְכִּימוּ לְדַבֵּר בעברית. ____________
3. דבורה הָיְיתָה אחות של אליעזר בן יהודה. ____________
4. לאליעזר בן יהודה היו אחד עשר ילדים. ____________
5. איתמר היה הבן השני של אליעזר ודבורה. ____________
6. אליעזר בן יהודה כָּתַב מילון עברי. ____________
7. אליעזר בן יהודה הִמְצִיא מילים חדשות. ____________

משפטי ויתור
Concessive Phrases / Clauses

לַמְרוֹת הַ... + שם
In spite of the... / Despite the... + Noun

למרות הגשם נָסַעְנוּ לטיול.
נָסַעְנוּ לטיול *למרות* הגשם.

In spite of the **rain, we went on the trip.**
We went on the trip despite the **rain.**

אַף עַל פִּי שֶׁ... / לַמְרוֹת זאת + משפט

although, even though, nevertheless ... + clause

*אף על פי ש*יָרַד גשם, נָסַעְנוּ לטייל.
Although **it was raining, we went on the trip.**
נָסַעְנוּ לטיול, *אף על פי ש*יָרַד גשם.

יָרַד גשם, *למרות זאת* נָסַעְנוּ לטיול.
It was raining. Nevertheless, **we went on the trip.**

השלימו את המשפטים מהסיפור.
Refer to the story in order to complete the sentences.

1. **אף על פי שֶׁהָיָה** חולה, ______________________
2. הוא דיבֵּר עם אשתו עברית, **אף על פי ש**______________________
3. אליעזר בן יהודה הוֹצִיא עיתון עברי, **אף על פי ש**______________________
4. לאליעזר בן יהודה נוֹלְדוּ 11 ילדים **למרות ה**______________________
5. הוא רָצָה שהילדים שלו יְדַבְּרוּ עברית, **אף על פי ש**______________________
6. איתמר הָיָה במצב קשה, **למרות זאת** ______________________
7. ______________________ **למרות** הבעיות הכלכליות.
8. **למרות** הקשיים ______________________

השלימו את המשפטים. **Complete the sentences.**

1. **למרות ה**______________________
2. ______________________, **אף על פי ש**______________________
3. **אף על פי ש**______________________, ______________________
4. ______________________, **למרות זאת** ______________________

Vocabulary אוצר מילים

Nouns	שְׁמוֹת עֶצֶם
sister, nurse	(נ) אָחוֹת (אֲחָיוֹת)
energy	(נ) אֶנֶרְגְּיָה
doll	(נ) בּוּבָּה (בּוּבּוֹת)
cemetery	(ז) בֵּית (בָּתֵּי) הַקְּבָרוֹת
request	(נ) בַּקָּשָׁה (בַּקָּשׁוֹת)
raising (children)	(ז) גִּידּוּל
ice cream	(נ) גְּלִידָה (גְּלִידוֹת)
Doctor (as a title)	(ז) דּוֹקְטוֹר (ד"ר)
diet	(נ) דִּיאֶטָה
opinion	(נ) דֵּעָה (דֵּעוֹת)
requirements	(נ"ר) דְּרִישׁוֹת
religious person	(ז) דָּתִי (ה) (יים) (יּוֹת)
logic	(ז) הִיגָּיוֹן
adolescence, puberty	(נ) הִתְבַּגְּרוּת
omelette	(נ) חֲבִיתָה (חֲבִיתוֹת)
treatment	(ז) טִיפּוּל (טִיפּוּלִים)
knowledge, news	(נ) יְדִיעָה (יְדִיעוֹת)
Jaffa	(נ) יָפוֹ
economics	(נ) כַּלְכָּלָה
plane ticket	(ז) כַּרְטִיס טִיסָה
lemon	(ז) לִימוֹן (לִימוֹנִים)
adult	(ז) מְבוּגָּר (מְבוּגָּרִים)
tray	(ז) מַגָּשׁ (מַגָּשִׁים)
dictionary	(ז) מִילּוֹן (מִילּוֹנִים)
million	(ז) מִילְיוֹן (מִילְיוֹנִים)
war	(נ) מִלְחָמָה (מִלְחָמוֹת)
First World War	(נ) מִלְחֶמֶת הָעוֹלָם הָרִאשׁוֹנָה
situation, status	(ז) מַצָּב (מַצָּבִים)
reality	(נ) מְצִיאוּת
discipline	(נ) מִשְׁמַעַת
miracle	(ז) נֵס (נִסִּים)
youth	(ז"ר) נְעוּרִים
sausage	(ז) נַקְנִיק
advice	(נ) עֵצָה (עֵצוֹת)
butterfly	(ז) פַּרְפַּר (פַּרְפָּרִים)
grave	(ז) קֶבֶר (קְבָרִים)
secretarial course	(ז) קוּרְס מַזְכִּירוּת
difficulty	(ז) קוֹשִׁי (קְשָׁיִים)
kibbutz	(ז) קִיבּוּץ (קִיבּוּצִים)
Kibbutz Degania	(ז) קִיבּוּץ דְּגַנְיָה
train	(נ) רַכֶּבֶת (רַכָּבוֹת)
sender	(ז) שׁוֹלֵחַ (שׁוֹלְחִים)

Verbs	פְּעָלִים
turn into	הוֹפֵךְ – לַהֲפוֹךְ
get sick	חוֹלֶה – לַחֲלוֹת
dream	חוֹלֵם – לַחֲלוֹם
be angry	כּוֹעֵס – לִכְעוֹס
believe	מַאֲמִין – לְהַאֲמִין
must	מוּכְרָח (ה) (ים) (ות)
renounce, give up	מְוַותֵּר – לְוַותֵּר
take out, publish	מוֹצִיא – לְהוֹצִיא
decide	מַחְלִיט – לְהַחְלִיט
educate	מְחַנֵּךְ – לְחַנֵּךְ
invent	מַמְצִיא – לְהַמְצִיא
publish, advertise	מְפַרְסֵם – לְפַרְסֵם
oppose	מִתְנַגֵּד – לְהִתְנַגֵּד
translate	מְתַרְגֵּם – לְתַרְגֵּם
is buried	נִקְבָּר – לְהִיקָּבֵר
suffer	סוֹבֵל – לִסְבּוֹל
leave	עוֹזֵב - לַעֲזוֹב
call	קוֹרֵא – לִקְרוֹא
happen	קוֹרֶה – לִקְרוֹת

Adjectives / Participles	שְׁמוֹת תּוֹאַר
academic	אָקָדֵמַאי (ת)(ים)(ות)
aristocratic	אֲרִיסְטוֹקְרָטִי (ת)
economic	כַּלְכָּלִי (ת) (יִם) (וֹת)
interested	מְעוּנְיָין (ת) (ים)(ות)
normal	נוֹרְמָלִי (ת) (יָם) (וֹת)
connected to	קָשׁוּר (ה) (יָם) (וֹת)
official	רִשְׁמִי (ת) (ים)(ות)

Conjunctions	מִילּוֹת קִישּׁוּר
although, though	אַף עַל פִּי שֶׁ ...
in spite of	לַמְרוֹת
in spite of the …	לַמְרוֹת ה ...
nevertheless	לַמְרוֹת זֹאת
for that purpose	לְשֵׁם כָּךְ
since	מֵאָז

Miscellaneous	שׁוֹנוֹת
alone, only	בִּלְבַד
together with	יַחַד עִם
about 100 years ago	לִפְנֵי כְּמֵאָה שָׁנִים
why? for what purpose?	לְשֵׁם מָה?
according to	עַל פִּי

tuberculosis	(נ) שַׁחֶפֶת
neighborhood	(נ) שְׁכוּנָה (שְׁכוּנוֹת)
degree	(ז) תּוֹאַר (תְּאָרִים)
theory	(נ) תֵּאוֹרְיָה (תֵּיאוֹרְיוֹת)
Bible	תַּנַ"ךְ
prayer	(נ) תְּפִילָּה (תְּפִילּוֹת)
answer	(נ) תְּשׁוּבָה (תְּשׁוּבוֹת)

Feelings	**רֶגֶשׁ**
loneliness	(נ) בְּדִידוּת
warmth	(ז) חוֹם
suffering	(ז) סֵבֶל
madness	(ז) שִׁגָּעוֹן (שִׁגְעוֹנוֹת)
joy of life	(נ) שִׂמְחַת חַיִּים

Professions	**מִקְצוֹעוֹת**
agronomy	(נ) אַגְרוֹנוֹמְיָה
bookkeeping	(ז) הַנְהָלַת חֶשְׁבּוֹנוֹת
agriculturalist	(ז) חַקְלַאי (חַקְלָאִים)
pilot	(ז) טַיָּס (טַיָּסִים)
electronic engineer	(ז) מְהַנְדֵּס אֶלֶקְטְרוֹנִיקָה
mechanical engineer	(ז) מְהַנְדֵּס מְכוֹנוֹת
sales	(נ"ר) מְכִירוֹת
accountant	(ז) מְנַהֵל חֶשְׁבּוֹנוֹת
writer, author	(ז) סוֹפֵר (סוֹפֶרֶת)
reception	(נ) פְּקִידוּת קַבָּלָה

Places of Work	**מְקוֹמוֹת עֲבוֹדָה**
drugstore	(ז) בֵּית (בָּתֵּי) מִרְקַחַת
insurance company	(נ) חֶבְרַת בִּיטּוּחַ
computer company	(נ) חֶבְרַת מַחְשְׁבִים

himself, itself	עַצְמוֹ
twice	פַּעֲמַיִים

Personal Details	**פְּרָטִים אִישִׁיִּים**
country of birth	(נ) אֶרֶץ לֵידָה
vehicle owner	(ז) בַּעַל רֶכֶב
age	(ז) גִּיל
he was born in .. (date)	הוּא נוֹלַד בְּ... (תאריך)
he lives on … (street)	הוּא גָּר בְּ..... (רְחוֹב)
formal education	(נ) הַשְׂכָּלָה
higher education	(נ) הַשְׂכָּלָה אָקָדֵמָאִית
seniority	(ז) וֶתֶק
candidacy	(נ) מוּעֲמָדוּת
postal code	(ז) מִיקּוּד
place of birth	(ז) מְקוֹם לֵידָה
financial status	(ז) מַצָּב כַּלְכָּלִי
marital status	(ז) מַצָּב מִשְׁפַּחְתִּי
previous work	(נ) עֲבוֹדָה קוֹדֶמֶת
curriculum vitae	(ז) קוֹרוֹת חַיִּים
telephone area code	(נ) קִידוֹמֶת
surname	(ז) שֵׁם מִשְׁפָּחָה
first name	(ז) שֵׁם פְּרָטִי
year of birth	(נ) שְׁנַת לֵידָה
date of birth	(ז) תַּאֲרִיךְ לֵידָה
date of immigration	(ז) תַּאֲרִיךְ עֲלִיָּיה
B. A.	(נ) תּוֹאַר רִאשׁוֹן
M. A.	(ז) תּוֹאַר שֵׁנִי
diploma, certificate	(נ) תְּעוּדָה (תְּעוּדוֹת)

Famous People	**אֲנָשִׁים מְפוּרְסָמִים**
Rachel (the poet)	**רָחֵל** (הַמְשׁוֹרֶרֶת)
Ben Yehuda, Eliezer	בֶּן יְהוּדָה, אֱלִיעֶזֶר
Dr. Spock, Benjamin	ד"ר סְפּוֹק, בִּנְיָמִין

Looking for Work	**חִיפּוּשׂ עֲבוֹדָה**
I would like to ... (in a letter or document)	בִּרְצוֹנִי ...
help wanted (in a newspaper ad)	דָּרוּשׁ (ה)
referring to … (subject under discussion in a formal letter)	הַנִּדּוֹן ...
To (+ name on an envelope or in a formal letter)	לִכְבוֹד
I read the advertisement of (date) …	קָרָאתִי אֶת הַמּוֹדָעָה מִתַּאֲרִיךְ ....
I'm phoning regarding the ad.	אֲנִי מְצַלְצֵל בְּקֶשֶׁר לַמּוֹדָעָה .
He's interested in this job.	הוּא מְעוּנְיָין בָּעֲבוֹדָה הַזֹּאת .
to arrange / set up an interview for him…	לִקְבּוֹעַ לוֹ רֵאָיוֹן...

Phrases	צֵירוּפִים
infant care	טִיפּוּל בְּתִינוֹק
to **work as** a doctor	**לַעֲבוֹד כְּ**רוֹפֵא
to **translate into** various languages	**לְתַרְגֵּם לְ**שָׂפוֹת שׁוֹנוֹת
to call the doctor	**לִקְרוֹא לְ**רוֹפֵא
to **move into** the new apartment	**לְהִיכָּנֵס לַ**דִּירָה הַחֲדָשָׁה

Expressions	מַבָּעִים
Good luck!	בְּהַצְלָחָה!
Thank you!	תּוֹדָה רַבָּה!
it seems like, it looks like, probably…	כַּנִּרְאֶה...
One gets a check book in a bank.	פִּנְקָס שֶׁקִים מְקַבְּלִים בַּבַּנְק.
One gets medicines in a drugstore.	תְּרוּפוֹת מְקַבְּלִים בְּבֵית מִרְקַחַת.
One gets a passport in the Interior Ministry.	דַּרְכּוֹן מְקַבְּלִים בְּמִשְׂרַד הַפְּנִים.
One gets a telephone number at Information 144.	מִסְפַּר טֶלֶפוֹן מְקַבְּלִים בְּמוֹדִיעִין 144.
One gets a plane ticket at a travel agency.	כַּרְטִיס טִיסָה מְקַבְּלִים בְּמִשְׂרַד הַנְּסִיעוֹת.
One gets vegetable salad at a restaurant.	סָלָט יְרָקוֹת מְקַבְּלִים בַּמִּסְעָדָה.

Grammatical Structures	מִבְנִים לְשׁוֹנִיִּים
1) Conjugation of the prep. "אֵצֶל" (at the place of)	1) " **אֵצֶל**" **בִּנְטִיָּיה**
at my / your (m) **/ your** (f) **/ his / her / our / your** (m) **/ your** (f) **/ their** (m) **/ their** (f) **place**	**אֶצְלִי \ אֶצְלְךָ \ אֶצְלֵךְ \ אֶצְלוֹ \ אֶצְלָהּ \ אֶצְלֵנוּ \ אֶצְלְכֶם \ אֶצְלְכֶן \ אֶצְלָם \ אֶצְלָן**
At whose place ...? At whose place were you?	**אֵצֶל מִי ה** ...? **אֵצֶל מִי** הָיִיתָ / הָיִית?
I was at Dan's **place.** I was **with him.**	הייתי **אֵצֶל** דָּן . הָיִיתִי **אֶצְלוֹ** .
2) Sentences Expressing Purpose	**2) מִשְׁפְּטֵי תַּכְלִית –**
in order + infinitive	**כְּדֵי ל ... + שֵׁם פּוֹעַל**
For what purpose (why) did you go to the post office?	**לְשֵׁם מָה** הָלַכְתָּ לַדּוֹאַר?
I went to the post office **in order to** buy stamps.	הָלַכְתִּי לַדּוֹאַר **כְּדֵי לִקְנוֹת** בּוּלִים.
3) The Construct State (2)	3) סְמִיכוּת **(2)**
beer bottle = bottle of beer	**בַּקְבּוּק בִּירָה = בַּקְבּוּק *שֶׁל* בִּירָה**
beer bottles = bottles of beer	**בַּקְבּוּקֵי בִּירָה = בַּקְבּוּקִים *שֶׁל* בִּירָה**
chocolate cake = cake of chocolate	**עוּגַת שׁוֹקוֹלָד = עוּגָה *שֶׁל* שׁוֹקוֹלָד**
chocolate cakes = cakes of chocolate	**עוּגוֹת שׁוֹקוֹלָד = עוּגוֹת *שֶׁל* שׁוֹקוֹלָד**
I like to read **history books**	אֲנִי אוֹהֵב לִקְרוֹא **סִפְרֵי הִיסְטוֹרְיָה** .
4) Concessive Phrases / Clauses	**4) מִשְׁפְּטֵי וִיתּוּר**
In spite of the / despite the + noun	**לַמְרוֹת ה ... + שֵׁם עֶצֶם**
In spite of the rain, we went to Haifa.	**לַמְרוֹת הַגֶּשֶׁם** נָסַעְנוּ לְחֵיפָה .
We went to Haifa, **despite the** rain.	נָסַעְנוּ לְחֵיפָה **לַמְרוֹת הַגֶּשֶׁם.**
although, even though, nevertheless + clause	**אַף עַל פִּי ש ...** **לַמְרוֹת זֹאת + מִשְׁפָּט**
We went to Haifa**, even though** it rained.	נָסַעְנוּ לְחֵיפָה, **אַף עַל פִּי שֶׁיָּרַד** גֶּשֶׁם .
It rained, **nevertheless**, we went to Haifa**.**	יָרַד גֶּשֶׁם, **לַמְרוֹת זֹאת** נָסַעְנוּ לְחֵיפָה .

זמן עתיד - גזרת השלמים

Future Tense – Strong Verb Types

בניין Conjugation	פעל "Pa'al"	פיעל "Pi'el"	הפעיל "Hif'il"	התפעל "Hitpa'el"	נפעל "Nif'al"
שם הפועל	לִכְתּוֹב	לְדַבֵּר	לְהַזְמִין	לְהִתְלַבֵּשׁ	לְהִיכָּנֵס

אני	אֶכְתּוֹב	אֲדַבֵּר	אַזְמִין	אֶתְלַבֵּשׁ	אֶכָּנֵס
אתה	תִּכְתּוֹב	תְּדַבֵּר	תַּזְמִין	תִּתְלַבֵּשׁ	תִּיכָּנֵס
את	תִּכְתְּבִי	תְּדַבְּרִי	תַּזְמִינִי	תִּתְלַבְּשִׁי	תִּיכָּנְסִי
הוא	יִכְתּוֹב	יְדַבֵּר	יַזְמִין	יִתְלַבֵּשׁ	יִיכָּנֵס
היא	תִּכְתּוֹב	תְּדַבֵּר	תַּזְמִין	תִּתְלַבֵּשׁ	תִּיכָּנֵס
אנחנו	נִכְתּוֹב	נְדַבֵּר	נַזְמִין	נִתְלַבֵּשׁ	נִיכָּנֵס
אתם/אתן	תִּכְתְּבוּ	תְּדַבְּרוּ	תַּזְמִינוּ	תִּתְלַבְּשׁוּ	תִּיכָּנְסוּ
הם / הן	יִכְתְּבוּ	יְדַבְּרוּ	יַזְמִינוּ	יִתְלַבְּשׁוּ	יִיכָּנְסוּ

Conjugate the verbs in the table.

השלימו את נטיות הפעלים בטבלה.

בניין	פעל	פיעל	הפעיל	התפעל	נפעל
שם הפועל	לִפְגּוֹשׁ	לְשַׁלֵּם	לְהַרְגִּישׁ	לְהִתְקַדֵּם	לְהִיכָּנֵס

אני	א				
אתה	ת				
את	ת				
הוא	יִפְגּוֹשׁ	יְשַׁלֵּם	יַרְגִּישׁ	יִתְקַדֵּם	יִיכָּנֵס
היא	ת				
אנחנו	נ				
אתם/אתן	ת ו				
הם / הן	י ו				

Important to Remember ! ☞ חָשׁוּב לִזְכּוֹר !

- תחיליות העתיד הן אותיות **אית״נ**.

אכתוב **י**כתוב **ת**כתוב **נ**כתוב

תחיליות העתיד משותפות לכל הבניינים.

The future tense is prefixed with the letters אית״נ.

I will write / he will write / you will write / she will write / we will write

These prefixes of the future tense are common to all verb conjugations.

- צורת העתיד גזורה בדרך כלל משם הפועל.

The verb form in the future tense is generally derived from the infinitive, which is divided into two groups:

שמות הפועל מחולקים לשתי קבוצות:

א. שם הפועל הפותח ב- ל...

ב. שם הפועל הפותח ב- לה...

A. Infinitives that begin with - ״ל״

ל______	
לָקוּם	**ת**ָּקוּם
לִלְמוֹד	**ת**ִּלְמַד
לְצַלְצֵל	**ת**ְּצַלְצֵל

B. Infinitives that begin with - ״לה״

לה______	
ל**ה**ִיכָּנֵס	**ת**ִּיכָּנֵס
ל**ה**ַסְבִּיר	**ת**ַּסְבִּיר
ל**ה**ִשְׁתַּמֵּשׁ	**ת**ִּשְׁתַּמֵּשׁ

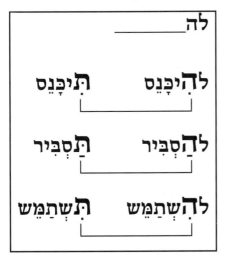

כללים

1. כאשר שם הפועל פותח ב- ל...
אותיות אית״נ מחליפות את ה- ל של שם הפועל ומקבלות את תנועתה.
2. כאשר שם הפועל פותח ב- לה...
אותיות אית״נ מחליפות את ה- ה׳ של שם הפועל ומקבלות את תנועתה.

Rules

1. **When the infinitive begins with ...ל׳, the letters אית״נ replace the ״ל״ of the infinitive and the verb receive its vowels according to the above.**
2. **When the infinitive begins with ...לה, the letters אית״נ replace the ״ה״ of the infinitive and the verb receive its vowels according to the above.**

מילות זמן לעתיד

Time Expressions in the Future

מחר, מחרתיים, בעתיד, בשבוע הבא, בחודש הבא, בשנה הבאה, בעוד שעה, בעוד שבוע / חודש...

tomorrow, the day after tomorrow, in the future, next week, next month, next year, in another hour, in another week / month …

כתבו את המשפטים בזמן עתיד, והוסיפו מילות זמן.

1. דני פָּגַש את החברים. ______ *דני יפגוש את החברים מחרתיים.*
2. היא **שִילְמָה** את החשבון. ______
3. הן **הִרְגִישוּ** מצוין. ______
4. **בִּיקַרְנוּ** אצל קרובים. ______
5. הילדים **הִתְלַבְּשוּ**. ______
6. אתן **הִתְקַשַרְתֶן** אלינו. ______
7. הסטודנטים **הִתחילוּ** ללמוד. ______
8. את **מָסַרְתְ** את ההודעה. ______
9. החייל **צִלְצֵל** הביתה. ______
10. הם **נִפְגְשוּ** בחיפה. ______

זמן עתיד בבניינים השונים

The Future Tense in Various Conjugations

שימו לב ! <u>צורת העתיד נגזרת משם הפועל.</u>

Note ! <u>The verb form in the future is derived from the infinitive.</u>

לָגוּר (ב) ⟵ אָגוּר תָגוּר תָגוּרִי יָגוּר נָגוּר ...

לָבוֹא (ל) ⟵ אָבוֹא תָבוֹא תָבוֹאִי יָבוֹא נָבוֹא...

לִכְתוֹב (את) ⟵ אֶכְתוֹב תִכְתוֹב תִכְתְבִי יִכְתוֹב נִכְתוֹב...

לְדַבֵּר (עם) ⟵ אֲדַבֵּר תְדַבֵּר תְדַבְּרִי יְדַבֵּר נְדַבֵּר...

לְמַלֵא (את) ⟵ אֲמַלֵא תְמַלֵא תְמַלְאִי יְמַלֵא נְמַלֵא...

לְצַלְצֵל (ל) ⟵ אֲצַלְצֵל תְצַלְצֵל תְצַלְצְלִי יְצַלְצֵל נְצַלְצֵל...

שיעור 10 185 להצליח בעברית א׳

כִּתבו את השאלות בזמן עתיד.

Write the questions in the future tense.

1. איפה **גַּרְתֶּם** ? — איפה תגורו ? ________
2. מתי **בָּאתֶם** לישׂראל ? ________
3. למי **כָּתַבְתְּ** מכתבים ? ________
4. עם מי היא **דִיבְּרָה** בטלפון ? ________
5. מי **מִילֵא** את הַשְּׁאֵלוֹן ? ________
6. מתי **צִלְצַלְתָּ** אלינו ? ________
7. מי **מָסַר** לך את ההודעה ? ________
8. איפה **בִּיקֵר** ראש הממשלה ? ________
9. על מה **דִיבְּרוּ** חברי הכנסת ? ________
10. האם התלמידים **הֵבִינוּ** את השאלה ? ________

הוסיפו את שם הגוף (אני, אתה ...) ואת שם הפועל בסוגריים.

Add the personal pronouns (*I, you …)* and the infinitives in the parenthesis.

אַתְּ	תָּבוֹאִי	(לָבוֹא)
______	יְשַׁלְמוּ	(______)
______	נַתְחִיל	(______)
______	תָּכִינוּ	(______)
______	אֶתְלַבֵּשׁ	(______)
______	תָּבִין	(______)
______	תִּתְקַשֵּׁר	(______)
______	תִּקְרָא	(______)
______	תְּצַלְצְלִי	(______)
______	נְחַפֵּשׂ	(______)
______	יִתְרַחֵץ	(______)
______	אֶמְסוֹר	(______)

כִּתבו את הפעלים הנ"ל על פי הבניינים שלהם.

Write the verbs above according to their conjugations.

פעל	פיעל	הפעיל	התפעל
תבואי			

כִּתבו את הפועל בזמן עתיד. **Write the verbs in the future tense.**

1. איפה את ________ ? אני ________ בחיפה. (לָגוּר)
2. לאן אתם ________ ? אנחנו ________ לאיטליה. (לָטוּס)
3. מתי הם ________ אלינו ? הם ________ אלינו בשבת. (לָבוֹא)
4. מתי ________ את הבנק ? ________ אותו בשעה 12:30 (לִסְגוֹר)
5. הרופא ________ אותך ? כן, הוא ________ אותי. (לִבְדוֹק)
6. עם מי את ________ בטלפון ? ________ עם החבר שלי. (לְדַבֵּר)
7. מי ________ אליכם ? ההורים ________ אלינו. (לְצַלְצֵל)
8. האם אתן ________ את השאלון ? כן, אנחנו ________ אותו. (לְמַלֵּא)
9. מי ________ ארוחת צהריים ? אמי ________ את הארוחה. (לְבַשֵּׁל)
10. למה אתן לא ________ אלינו ? (לְצַלְצֵל)

זמן עתיד בבניינים השונים

The Future Tense in the Various Conjugations

שימו לב ! <u>צורת העתיד נגזרת משם הפועל</u>.

Note ! <u>The verb form in the future is derived from the infinitive</u>.

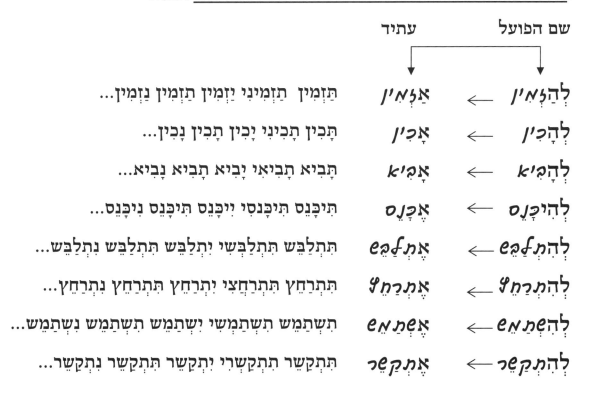

שם הפועל		עתיד	
לְהַזְמִין	←	אַזְמִין	תַּזְמִין תַּזְמִינִי יַזְמִין תַּזְמִין נַזְמִין...
לְהָכִין	←	אָכִין	תָּכִין תָּכִינִי יָכִין תָּכִין נָכִין...
לְהָבִיא	←	אָבִיא	תָּבִיא תָּבִיאִי יָבִיא תָּבִיא נָבִיא...
לְהִיכָּנֵס	←	אֶכָּנֵס	תִּיכָּנֵס תִּיכָּנְסִי יִיכָּנֵס תִּיכָּנֵס נִיכָּנֵס...
לְהִתְלַבֵּשׁ	←	אֶתְלַבֵּשׁ	תִּתְלַבֵּשׁ תִּתְלַבְּשִׁי יִתְלַבֵּשׁ תִּתְלַבֵּשׁ נִתְלַבֵּשׁ...
לְהִתְרַחֵץ	←	אֶתְרַחֵץ	תִּתְרַחֵץ תִּתְרַחֲצִי יִתְרַחֵץ תִּתְרַחֵץ נִתְרַחֵץ...
לְהִשְׁתַּמֵּשׁ	←	אֶשְׁתַּמֵּשׁ	תִשְׁתַּמֵּשׁ תִשְׁתַּמְּשִׁי יִשְׁתַּמֵּשׁ תִשְׁתַּמֵּשׁ נִשְׁתַּמֵּשׁ...
לְהִתְקַשֵּׁר	←	אֶתְקַשֵּׁר	תִּתְקַשֵּׁר תִתְקַשְּׁרִי יִתְקַשֵּׁר תִּתְקַשֵּׁר נִתְקַשֵּׁר...

ענו על השאלות בזמן עתיד, והוסיפו מילת זמן. (ראו עמ' 185)

Answer the questions in the future tense and add a time expression. (See page 185.)

1. מתי **תַּזְמִינוּ** אותנו ? נזמין אתכם בשבוע הבא.
2. מתי **תַּזְמִין** אותי לסרט ? ______
3. מה **תָּכִינִי** לארוחת ערב ? ______
4. מי **יָבִיא** עוגה למסיבה ? ______
5. מי **יִשְׁתַּמֵּשׁ** במילון ? ______
6. מתי הילדים **יִתְרַחֲצוּ** ? ______
7. מתי **תִּתְקַשְּׁרִי** אליי ? ______
8. מתי **תִּיכָּנְסוּ** למסעדה ? ______
9. מה **יָבִיאוּ** החברים ? ______
10. מה **תָּכִינִי** ליום ההולדת ? ______

השלימו את הטבלה בזמן עתיד. <u>שימו לב לגזירת העתיד משם הפועל</u>.

Complete the table in the future tense. <u>Note the future is derived from the infinitive</u> .

זמן הווה	שם הפועל	זמן עתיד			
		הוא	היא	אנחנו	הם
קָם (ב)	לָקוּם	יָקוּם	תָּקוּם	נָקוּם	יָקוּמוּ
בָּא (ל)	לָבוֹא		תָּבוֹא		
מַזְמִין (את...ל...)	לְהַזְמִין			נַזְמִין	
מְשַׁלֵּם (את)	לְשַׁלֵּם				יְשַׁלְּמוּ
נִרְשָׁם (ל)	לְהֵירָשֵׁם			נֵירָשֵׁם	
מִשְׁתַּמֵּשׁ (ב)	לְהִשְׁתַּמֵּשׁ		תִּשְׁתַּמֵּשׁ		
מִתְקַשֵּׁר (אל)	לְהִתְקַשֵּׁר	יִתְקַשֵּׁר			
מְטַיֵּיל (ב)	לְטַיֵּיל		תְּטַיֵּיל		
סוֹגֵר (את)	לִסְגּוֹר			נִסְגּוֹר	
מֵבִין (את)	לְהָבִין				יָבִינוּ
מֵכִין (את, ל)	לְהָכִין			נָכִין	

Write the verbs in the future tense.

כתבו את הפעלים בזמן עתיד.

1. מתי אתה ________ לבקר אצלנו ?
(**לָבוֹא**)

2. מתי התלמידים ________ במילון החדש ?
(**לְהִשְׁתַּמֵּשׁ**)

3. מתי את ________ לאילת ?
(**לָטוּס**)

4. באיזו שעה אתן ________ מחר ?
(**לָקוּם**)

5. מתי הסטודנטים ________ ללמוד ?
(**לְהַתְחִיל**)

6. עם מי הוא ________ למסיבה בשבת ?
(**לְהַגִּיעַ**)

7. מתי הם ________ בבית הכנסת ?
(**לְהִתְפַּלֵּל**)

8. כמה אנשים ________ לפגישה הזאת ?
(**לָבוֹא**)

9. מתי אתם ________ אלינו ?
(**לְצַלְצֵל**)

10. על איזה נושׂא הם ________ בכנסת ?
(**לָדוּן**)

11. מה הַמּוֹרָה ________ את התלמידים ?
(**לִשְׁאוֹל**)

12. לאן אתם ________ בקיץ הבא ?
(**לָטוּס**)

13. האם אתן ________ למוסיקה מודרנית ?
(**לְהַקְשִׁיב**)

14. איזה אוכל היא ________ לחג השבועות ?
(**לְהָכִין**)

15. אילו שירים אתם ________ בחג הפסח ?
(**לָשִׁיר**)

בניין פעל - זמן עתיד – אֶפְעַל

The "Pa'al" Conjugation - Future Tense "אֶפְעַל" Type

השורש: ל.מ.ד **שם הפועל: לִלְמוֹד** **שם הפעולה: לְמִידָה**

אֶלְמַד	תִּלְמַד	תִּלְמְדִי	יִלְמַד	תִּלְמַד	נִלְמַד	תִּלְמְדוּ	יִלְמְדוּ
I will learn	you will learn	you will learn	he will learn	she will learn	we will learn	you will learn	they will learn
אני	אתה	את	הוא	היא	אנחנו	אתם/אתן	הם/הן

- במשקל **אפעל** שומעים **A** בעתיד.
- כאשר האות השנייה או השלישית של השורש היא **א׳**, **ה׳**, **ח׳** או **ע׳**, שומעים **A** בעתיד.
- גם בפעלים אלה: למד -**אֶלְמַד**, לבש - **אֶלְבַּש**, שכב - **אֶשְׁכַּב**.

- **In the "Ef'al" type (future of "Pa'al"- פעל), one hears the sound "*ah*".**
- **When the second or third letter of the root is: א, ה, ח, ע one hears the sound "*ah*" in the future tense.**
- **Also in the verbs : למד- אלמַד, לבש- אלבַּש, שכב- אשכַּב.**

כתבו את המשפטים בזמן עתיד (משקל אפעל / אפעול)

1. **קָרָאנוּ** את העיתון. אנחנו נקרא את העיתון.
2. **מָצָאנוּ** את המפתח. ______
3. מי **שָׁמַע** חדשות ? ______
4. הסטודנטית **לָמְדָה** באוניברסיטה. ______
5. **שָׁכַחְתִּי** את המשקפיים. ______
6. הסטודנט **פָּתַח** חשבון בבנק. ______
7. את מי **פְּגַשְׁתֶּם** ? ______
8. אימא **דָאֲגָה** לילדים. ______
9. התינוק **שָׁכַב** במיטה. ______
10. הוא **שָׁאַל** שאלה טובה. ______
11. **פָּחַדְנוּ** ממלחמה. ______
12. מה היא **לָבְשָׁה** במסיבה ? ______
13. מה את **שָׁאַלְתְּ** ? ______
14. מה **מָכְרוּ** בחנות ? ______
15. מתי **שָׁלַחְתָּ** מכתב ? ______
16. **מָסַרְתָּ** לה דרישת שלום ? ______

"שְׁמַע יִשְׂרָאֵל ה׳ אֱלֹהֵינוּ ה׳ אֶחָד !" (דברים ו, ד)

שיחה בין אבא ובן

A Conversation between Father and Son

אבא: מה **תַּעֲשֶׂה** היום ?

בן: אני **אֶשְׁמַע** את החדשות ברדיו. אני **אֶקְרָא** עיתון.
אני **אֶלְבַּשׁ** מעיל, כי קר היום. ואני **אֶשְׁלַח** את המכתבים בדואר.

אבא: ומתי **תִּלְמַד** לבחינה ?

בן: אני **אֶלְמַד** לבחינה בערב.

אבא: מתי **תִּפְתַּח** חשבון בבנק ?

בן: בשבוע הבא.

אבא: מתי **תִּכְתּוֹב** מכתב לדני ורותי ?

בן: אני **אֶכְתּוֹב** להם ביום רביעי.

אבא: מתי ...?

בן: אַל **תִּדְאַג**, אני לא **אֶשְׁכַּח** שום דבר.
אני **אֶלְמַד** לבחינה. אני **אֶפְתַּח** חשבון בבנק. אני **אֶכְתּוֹב** מכתב.
עכשיו אני צריך ללכת לאוניברסיטה.

אבא: אַל **תִּשְׁכַּח** למסור דרישת שלום לאורי.

בן: בסדר, **אֶמְסוֹר** לו דרישת שלום ממך.
להתראות.

אבא: שיהיה לך יום נעים.

בניין פעל בעתיד אֶפְעוֹל / אֶפְעַל

The “Pa’al” Conjugation in the Future "Ef'ol" / Ef'al" Types

כתבו בציווי בשלילה בגוף שני (אתה).

Write in the negative imperative in the 2nd person singular masculine (you).

1. אַל *תִשְׁכַּח* את הכתובת ! **(לִשְׁכּוֹחַ)**
2. דני, אַל __________ את המזגן ! **(לִפְתּוֹחַ)**
3. חבר, אַל __________ את המכונית עכשיו ! **(לִבְדוֹק)**
4. תלמיד, אַל __________ הרבה שאלות ! **(לִשְׁאוֹל)**
5. אבא, אַל __________ עלינו ! **(לִכְעוֹס)**
6. אדוני, אַל __________ את החלון עכשיו ! **(לִסְגוֹר)**
7. אבא, אַל __________ כל כָּךְ ! **(לִדְאוֹג)**
8. מיכאל, אַל __________ את הפקס ! **(לִשְׁלוֹחַ)**
9. חייל, אַל __________ את המכתב ! **(לִכְתּוֹב)**
10. בני, אַל __________ את המכנסיים האלה ! **(לִלְבּוֹשׁ)**
11. יעקב, אַל __________ את הדירה ! **(לִמְכּוֹר)**

שיעור 10 191 להצליח בעברית א'

הַטִּיּוּל לִירוּשָׁלַיִם

The Trip to Jerusalem

אורי: ביום רביעי אנחנו לא לוֹמְדִים.

גלית: מדוע אתם לא לוֹמְדִים ?

אורי: כי יש לנו טיול.

גלית: לאן אתם נוֹסְעִים ?

אורי: אנחנו נוֹסְעִים לירושלים - עיר הבירה של ישׂראל.

גלית: איפה אתם מְבַקְּרִים בירושלים ?

אורי: אנחנו מְבַקְּרִים בהרבֵּה מקומות: בכנסת, בהר הרצל, במוזאון יד-ושם, בכותל המערבי, בעיר העתיקה ועוד...

גלית: מה אתה יוֹדֵעַ על ירושלים ? מה שָׁמַעְתָּ על ירושלים ? מה לָמַדְתָּ על ירושלים ?

אורי: לָמַדְתִּי על ההיסטוריה של העיר הזאת.

גלית: אני יוֹדַעַת שירושלים עיר קדושה ועיר עתיקה. למי היא קדושה ? למי היא חשובה ?

אורי: היא קדושה ליהודים, היא קדושה לנוצרים, והיא קדושה למוסלמים. היא חשובה לְכָל הדתות.

גלית: איפה נמצאת ירושלים ?

אורי: ירושלים נמצאת בּמִזְרַח הארץ. היא נמצאת בהרים. סביב לירושלים יש הרים.

גלית: איך הנוף של העיר הזאת ?

אורי: הנוף יפה מאוד, בדרך לירושלים יש הרבה יערות.

גלית: מה קָרָה בירושלים בזמן עבר ?

אורי: בירושלים היו הרבה מלחמות מזמן דויד המלך ועד שנת 1967.

גלית: לָמַדְתִּי בהיסטוריה ששלמה המלך בָּנָה את בֵּית המקדש הראשון, ועזרא ונחמיה בָּנוּ את בית המקדש השני.

אורי: את יודעת מי הָרַס את בית המקדש ?

גלית: כן, מלך בָּבֶל הָרַס את בית המקדש הראשון, והרומאים הָרְסוּ את בית המקדש השני.

אורי: מתי ישׂראל כָּבְשָׁה את ירושלים העתיקה ?

גלית: במלחמת שֵׁשֶׁת הימים בשנת 1967 ירושלים חָזְרָה להיות שלנו.

יְרוּשָׁלַיִם - הָרִים סָבִיב לָהּ

השלימו את הקטע על פי הדיאלוג.

Complete the passage according to the dialog.

ירושלים היא __________ __________ של ישׂראל.

ירושלים עיר __________ ועיר קדושה.

ירושלים עיר קדושה ל__________ __________ ול__________.

ירושלים נמצאת בּ__________ הארץ, מִסָּבִיב לירושלים __________.

בּירושלים היו הרבּה __________.

שלמה המלך __________ את בֵּית המקדש הראשון, ומלך בבל __________ אותו.

עזרא ונחמיה __________ את בֵּית המקדש השני, וְהָרוֹמָאִים __________ אותו.

במלחמת ששת הימים בּשנת __________ כָּבְשָׁה ישׂראל את ירושלים העתיקה.

בּשנת 1967 ירושלים __________ להיות שלנו.

ענו על השאלות. **Answer the questions.**

1. איפה אפשר לְבַקֵּר בירושלים ?

____

2. איפה נמצאת ירושלים ?

____

3. מי הָרַס את ירושלים ?

____

4. מתי חָזְרָה ירושלים להיות שלנו ?

____

שער האריות

Lion's Gate

בַּתנ"ך כָּתוּב:

"אִם אֶשְׁכָּחֵךְ יְרוּשָׁלַיִם תִּשְׁכַּח יְמִינִי"

(תהילים פרק קל"ז, פסוק ה')

בַּתַּלְמוּד כָּתוּב:

"אֵין לְךָ יוֹפִי כְּיוֹפְיָהּ שֶׁל יְרוּשָׁלַיִם"

(מסכת קידושין מ"ט)

בניין פעל גזרת ע"וי - זמן עתיד

"Pa'al" Conjugation Weak Verb Type ע"וי - Future Tense

שם הפועל ↓ **השורשים: גור, שיר**

לָגוּר	← אָגוּר	תָּגוּר	תָּגוּרִי	יָגוּר	תָּגוּר	נָגוּר	תָּגוּרוּ	יָגוּרוּ
	I will live	you will live	you will live	he will live	she will live	we will live	you will live	they will live
לָשִׁיר	← אָשִׁיר	תָּשִׁיר	תָּשִׁירִי	יָשִׁיר	תָּשִׁיר	נָשִׁיר	תָּשִׁירוּ	יָשִׁירוּ
	I will sing	you will sing	you will sing	he will sing	she will sing	we will sing	you will sing	they will sing
	אני	אתה	את	הוא	היא	אנחנו	אתם/אתן	הם/הן

כתבו את הפעלים בעתיד, וענו על השאלות, לפי הדוגמה.

Write the verbs in the future; answer the questions according to the example.

1. מתי אתה _תבוא_ (**לָבוֹא**) לבקר אצלנו ?

אני אבוא לבקר אצלכם בשבוע הבא.

2. מתי את ________ (**לָטוּס**) לאילת ?

____

3. באיזו שעה אתם ________ (**לָקוּם**) מחר ?

____

4. כמה אנשים ________ (**לָבוֹא**) למסיבה ?

____

5. למה היא לא ________ (**לָנוּחַ**) בשבת ?

____

6. לאן הן ________ (**לָטוּס**) בקיץ ?

____

7. מתי האוטובוס ________ (**לָזוּז**) ?

____

8. איפה אתן ________ (**לָשִׂים**) את הכרטיסים ?

____

9. אילו שירים ________ (**לָשִׁיר**) הילדים ?

____

10. על מה ________ (**לָדוּן**) חברי הכנסת ?

____

Complete the table in the future tense.

השלימו את הטבלה בזמן עתיד.

הם/הן	אתם/ אתן	אנחנו	הוא	את	אתה	אני	שם הפועל
						אָקוּם	לָקוּם ←
					תָּנוּחַ		לָנוּחַ ←
				תָּטוּסִי			לָטוּס ←
			יָשִׂים				לָשִׂים ←
		נָרוּץ					לָרוּץ ←
	תָּבוֹאוּ						לָבוֹא ←
יָדוּנוּ							לָדוּן ←

What a Mother ! ! !

איזו אימא ! ! !

אימא: דני, **אַל תָּקוּם** מאוחר !

דני: בסדר, אני **אָקוּם** מוקדם.

אימא: דני, **אַל תָּרוּץ** לכביש !

דני: טוב, אני לא **אָרוּץ** לכביש.

אימא: **אַל תָּשִׂים** את התיק על הרצפה !

דני: בסדר, אני **אָשִׂים** אותו על הכיסא.

אימא: דני, שקט ! **אַל תָּשִׁיר** בצהריים !

דני: אימא, אני **אָקוּם** מוקדם, אני לא **אָרוּץ** לַכביש,
אני **אָשִׂים** את התיק על הכיסא, ואני לא **אָשִׁיר** בצהריים.

אימא: רגע.. רגע... לאן אתה הולך ?

דני: אני לא הוֹלֵךְ, אני טָס לאילת.
להתראות.

Write : What does mother say to Dani?

כתבו: מה אימא אומרת לדני?

1. ______________________
2. ______________________
3. ______________________
4. ______________________

מה עושה דני ? ______________________

מה דני צריך לעשות, לפי דעתך ? ______________________

____

כְּדַאי + שם הפועל
It's Worthwhile + Infinitive

כְּדַאי לָדַעַת...
It's Worth Knowing...

(לא) צָרִיךְ		צָרִיךְ לְשַׁלֵּם את החשבון.
(לא) כְּדַאי		כְּדַאי לִרְאוֹת את הסרט.
אָסוּר		אָסוּר לְעַשֵּׁן בתאטרון.
מוּתָּר		מוּתָּר לָצֵאת לשירותים.
אֶפְשָׁר		אֶפְשָׁר לְהִיכָּנֵס למשרד.
אִי-אֶפְשָׁר	+ שם הפועל	אִי אֶפְשָׁר לְהִיכָּנֵס לחנות.
(לא) קָשֶׁה		קָשֶׁה לִמְצוֹא עבודה.
(לא) קַל		קַל לִפְתּוֹחַ את הבקבוק.
(לא) נָעִים		נָעִים לָשֶׁבֶת על יד הים.
(לא) חָשׁוּב		חָשׁוּב לִקְרוֹא את ההוראות.
(לא) מְעַנְיֵין		מְעַנְיֵין לְטַיֵּיל בעיר העתיקה.

שימוש במילת היחס 'בּ'
The use of the Preposition *in /at.*

השלימו את המשפטים לפי הדוגמה.
Compete the sentences according to the example.

1. אסור לְעַשֵּׁן	באוטובוס.	ארץ ישראל
2. אפשר לְטַייל	ב_______	בנק
3. טוב לִחְיוֹת	ב_______	רחוב
4. צריך לְשַׁלֵּם חשבונות	ב_______	אוטובוס
5. מותר לְעַשֵּׁן	ב_______	ספרייה
6. נעים לִקְרוֹא ספרים	ב_______	משרד הפנים
7. אפשר לְקַבֵּל דרכון	ב_______	אוניברסיטה
8. כדאי לֶאֱכוֹל דגים	ב_______	מלון
9. מעניין לִרְאוֹת תמונות	ב_______	פארק
10. חשוב לִלְמוֹד מקצוע מעניין	ב_______	מסעדה

להצליח בעברית א' 196 שיעור 10

כְּדַאי + לִי, לְךָ... + שם הפועל

It's Worthwhile for me, for you ... + Infinitive

אמרו את המשפטים מהטבלה. **Express the sentences in the table orally.**

	לִי	
כְּדַאי	לְךָ	**לִשְׁתּוֹת** אלכוהול
אָסוּר	לָךְ	**לִקְנוֹת** מחשב
מוּתָר	לוֹ	**לְטַיֵּיל** בפארק
קָשֶׁה	לָהּ	**לְסַיֵּים** את הלימודים
נָעִים	לָנוּ	**לִישׁוֹן** במיטה
חָשׁוּב	לָכֶם	**לִפְתּוֹר** את הבעיה
קַל	לָכֶן	**לִשְׂחוֹת** בים
	לָהֶם	
	לָהֶן	

כתבו משפטים לפי הדוגמה. **Write the sentences according to the example.**

1. כדאי לך לקנות מחשב. ______
2. ______
3. ______
4. ______
5. ______
6. ______
7. ______

השלימו את המשפטים, השתמשו במילים: אסור, מותר, קשה, כדאי

Complete the sentences; use the words: ***forbidden, allowed, difficult, worthwhile***

1. ההורים אוֹמְרִים לילדים: ______
2. המורה אוֹמֵר לתלמידות: ______
3. הפקידה אוֹמֶרֶת למנהל: ______
4. החברות אוֹמְרוֹת לדני: ______

יוֹדֵעַ שֶ...   חוֹשֵב שֶ...   אוֹמֵר שֶ...

Know that ...   Think that ...   Say that ...

		צָרִיךְ		לִלְמוֹד עברית
אני יודע /ת		אֶפְשָר		לָלֶכֶת לקונצרט
אני חושב /ת	שֶ	חָשוּב	+ שם הפועל	לִהְיוֹת בריא
אני אומר /ת		כְּדַאי		לִקְנוֹת בשוק
		קָשֶה		לִמְצוֹא עֲבוֹדָה

כתבו משפטים, והוסיפו משפטים משלכם.

Write sentences and add sentences of your own.

דוגמה:

1. *אני יודע שֶצריך ללמוד עברית.*
2. הם חוֹשְבִים שֶ________________________
3. היא אוֹמֶרֶת שֶ________________________
4. אנחנו יוֹדְעִים שֶ________________________
5. אני אוֹמֵר שֶ________________________

ענו על השאלות. השתמשו ב... : חושב ש ... , אומר ש... , יודע ש...

Answer the questions. Use think that ... say that ... know that ...

1. איפה כדאי לקנות דירה ?
   אני חושב ש________________________
2. איפה מותר לעשן ?
   ____
3. איפה אסור לכם לעשן ?
   ____
4. איזה מקצוע כדאי לו ללמוד ?
   ____
5. הַאִם חשוב לֶאֱכוֹל פֵּירות וירקות ?
   ____
6. הַאִם קשה לך ללמוד עברית ?
   ____
7. הַאִם טוב לְדַבֵּר על פוליטיקה ?
   ____

כְּדַאי לָלֶכֶת לַיָּם It's Worthwhile Going to the Sea

כְּדַאי לָכֶם לָלֶכֶת לים מוקדם בבוקר. זה פשוט נפלא. אין הרבה אנשים, ו***אֶפְשָׁר*** לָשֶׁבֶת על כיסא נוֹחַ, לְשַׂחֵק במטקות או ללכת על החוף. ***קַל*** לָלֶכֶת ו***קַל*** לִנְשׁוֹם אֲוִויר נקי. ***מְעַנְיֵין*** לראות מי בָּא לים בשעה מוקדמת: צעירים וגם מבוגרים. הם יוֹדְעִים שבצהריים ***אָסוּר*** לָלֶכֶת בשמש, לָכֵן הם באים מוקדם בבוקר.

כְּדַאי לכם לָבוֹא לים, ואחר כָּךְ לֶאֱכוֹל ארוחת בוקר בבית קפה. ***אֶפְשָׁר*** לֶאֱכוֹל וְלִקְרוֹא עיתון. ***מוּתָּר*** לעשן, אבל ***לא כְּדַאי***. כולם יוֹדְעִים ש***אֶפְשָׁר*** לְהִיכָּנֵס למים כשהים שָׁקֵט, אבל ***אָסוּר*** לְהִיכָּנֵס למים, כשיש דגל שחור.

אני חושב שהרבה אנשים הוֹלְכִים לים, כי ***לא נָעִים*** להיות כָּל הזמן בתוך העיר הצפופה.

אם אתם גָּרִים רחוק מן הים, ***כְּדַאי לָכֶם*** לִנְסוֹעַ לים לפחות פעם בחודש. ***לא קָשֶׁה*** לְהַגִּיעַ. יש אוטובוסים. אתם יוֹדְעִים שלפעמים ***כְּדַאי לְשַׁנּוֹת*** אוויר ואווירה.

כִּתְבוּ שֵׁשׁ עֵצוֹת לָאֲנָשִׁים שֶׁהוֹלְכִים לַיָּם.
Write six suggestions for people who go to the sea.

1. ______________________
2. ______________________
3. ______________________
4. ______________________
5. ______________________
6. ______________________

"לְצַיֵּיר זֶה כְּמוֹ לָשִׁיר"
"Painting is Like Singing"

רְאוּבֵן רוּבִּין
Reuven Rubin

בְּבֵית ראובן, בִּרְחוֹב בּיאליק בְּתל אביב, מַצִיגִים ציורים של הַצַיֵּיר **ראובן רובין**.

בַּבֵּית הזה חי הַצַיֵּיר ראובן משנת 1946 עד יום מותו בשנת 1974. הוא הִשְׁאִיר את הבית מתנה לעיריית תל אביב.

הבית נִפְתַח לקהל בשנת 1983. בַּבֵּית יש שלוש קומות: בקומה הראשונה מַצִיגִים ציורים של ראובן. בקומה השנייה יש תערוכה של ציירים ישראלים, ויש סְפרייה. בקומה השלישית נמצא חדר העבודה של הצייר - הסטודיו. אפשר לראות בסטודיו את הבדים, המכחולים, והפלטות של הצבעים.

ראובן רובין - הרוקדים ממירון, 1926

הצייר ראובן היה אחד הציירים החשובים בארץ. הוא צִיֵּיר את החולות של תל אביב, את הטיפוסים השונים, ואת הנופים של הארץ. בְּציורים אלו יש הרבה צבעים, יש דִמְיוֹן, ויש שִׂמְחַת חַיִּים.

מַצִיגִים את הציורים של ראובן במוזיאונים חשובים בכל העולם וגם בארץ.

ראובן נוֹלַד ברומניה, בשנת 1893. הוא צִיֵּיר מגיל צעיר מאוד, וְכַאֲשֶׁר עָלָה לארץ הוא לָמַד בבית ספר "**בצלאל**". אחרי שנה נָסַע לפריס, וְהִמְשִׁיךְ ללמוד שם.

ראובן סיפר פעם על ההרגשה שלו: "בירושלים, בתל אביב, בחיפה ובטבריה - אני מַרְגִּישׁ כאילו נוֹלַדְתִי מחדש. אני מַרְגִּישׁ שהחיים והטבע הם שלי. אין כאן עֲנָנִים אפורים של אירופה - יש כאן שמש ואור בהיר".

ועוד אמר ראובן: " אני מְצַיֵּיר את מה שאני אוֹהֵב, את משפחתי, את ארצי ואת עמי, לצייר זה כמו לָשִׁיר, וְכָל צייר צריך לָשִׁיר בדרך שלו".

השלימו את הקטע. **Complete the passage.**

בבית ראובן __________ ציורים של ה________ ראובן רובין. בבית יש __________ קומות: בקומה __________ מַצִּיגִים __________ של ראובן.

בקומה השנייה יש __________ של ציירים ישראלים. בקומה השלישית נמצא __________ __________ של הצייר.

הוא צִיֵּיר את ה__________ של תל אביב, את ה__________ השונים ואת ה________ של הארץ. בציורים שלו יש הרבה __________, __________ ושִׂמְחַת חַיים.

ראובן רובין __________ ברומניה בשנת 1893. הוא לָמַד __________ "**בצלאל**", ואחר כך הִמְשִׁיךְ __________ בפריס.

הצייר מַרְגִישׁ שה__________ וה__________ הם שלו.

אפשר לְבַקֵּר בבית ראובן בימים: __________ __________ __________ __________ __________ __________.

בית ראובן נמצא ברחוב __________ מספר ______ ב__________ __________.

מַצִּיג מַצִּיגָה מַצִּיגִים מַצִּיגוֹת לְהַצִּיג

מְצַיֵּיר מְצַיֶּירֶת מְצַיְּירִים מְצַיְּירוֹת לְצַיֵּיר

צִיּוּר צִיּוּרִים צַיָּיר צַיָּירִים

תַּעֲרוּכָה תַּעֲרוּכוֹת

אפשר לראות ציורים רבים ויפים של הצייר בבית ראובן:

בית ראובן **רחוב ביאליק 14, תל אביב** **טלפון: 03-5255961** **שעות הביקור:** **בימים ראשון, שני, רביעי וחמישי** **מ-10:00 עד 14:00** **ביום שלישי מ-10:00 עד 13:00** **ביום שבת מ-11:00 עד 14:00**

ענו בעל פה: מתי אפשר לבקר בבית ראובן ?

Answer orally: When is it possible to visit Rubin House?

השלימו את הפרטים בשאלון של ראובן רובין.

Complete the details of the questionnaire of Reuven Rubin.

שם פרטי:	__________
שם משפחה:	__________
שנת לידה:	__________
ארץ מוצא:	__________
מקצוע:	__________

בניין פעל גזרת ל״ה /י - זמן עתיד

"Pa'al" Conjugation Weak Verb Type ל״ה/י – Future Tense

השורש: ק.נ.ה /י   שם הפועל: לִקְנוֹת   שם הפעולה: קְנִיָּה

אֶקְנֶה	תִּקְנֶה	תִּקְנִי	יִקְנֶה	תִּקְנֶה	נִקְנֶה	תִּקְנוּ	יִקְנוּ
I will buy	you will buy	you will buy	he will buy	she will buy	we will buy	you will buy	they will buy
אני	אתה	את	הוא	היא	אנחנו	אתם/אתן	הם/הן

אֵיזֶה נוֹף יָפֶה !

What a Beautiful View !

דני: ערב טוב, מה תִּשְׁתּוּ ?

חברים: נִשְׁתֶּה משהו קר, בבקשה.

דני: תִּרְאוּ חדשות בטלוויזיה ?

חברים: לא, לא נִרְאֶה חדשות בטלוויזיה.

דני: אז מה נַעֲשֶׂה הערב ?
תִּרְצוּ לבלות בחוץ ?

חברים: כן, כדאי שֶׁנַּעֲלֶה להר הכרמל בחיפה,
נִרְאֶה את הנוף היפה, וְנִשְׁתֶּה קפה.

דני: זה רעיון מצוין ! ! !

מה עשׂו דני ושׂרה בחופשה ?

What did Dani and Sara do in the holiday?

הם רָצוּ לִנְסוֹעַ לחו״ל, הם עָלוּ על מטוס, וְטָסוּ לפריז.
שָׁם הם רָאוּ את מגדל אייפל, אך הם לא עָלוּ למגדל.
אחרי שהם רָאוּ תמונות במוזאון ״הלובר״, הם שָׁתוּ קפה.
בערב כאשר הטלפון צִלְצֵל, הם לא עָנוּ, כי הם הָיוּ עייפים מאוד...

כתבו את הקטע בזמן עתיד. **Write the passage in the future tense.**

הם ירצו ______________________________________

____

____

____

הפועל 'היה' - בניין פעל, זמן עתיד

The Verb "to be" - "Pa'al" Conjugation, Future Tense

השורש: היה　　　　　　　　　　　　　　　　　　　　שם הפועל: לִהְיוֹת

אֶהְיֶה	תִּהְיֶה	תִּהְיִי	יִהְיֶה	תִּהְיֶה	נִהְיֶה	תִּהְיוּ	יִהְיוּ
I will be	you will be	you will be	he will be	she will be	we will be	you will be	they will be
אני	אתה	את	הוא	היא	אנחנו	אתם/אתן	הם/הן

כתבו את המשפטים בזמן עתיד.

Write the sentences in the future tense.

א.

A.

1. אני בטבריה. אני אהיה בטבריה
2. שׂרה אצל הרופא. ______
3. הסטודנטים לא בקפיטריה. ______
4. הילדים בבית הספר. ______
5. הנשׂיא בירושלים. ______
6. ראש הממשלה לא בארץ. ______
7. החיילות בצבא. ______
8. אצל מי את ? ______
9. אתה לא בבית ? ______
10. אנחנו במוזאון. ______

ב.

B.

1. אתמול **הייתי** בירושלים. מחר אהיה בירושלים.
2. איפה **היית** בשבת ? ______
3. מתי **היית** בסרט ? ______
4. בשבוע שעבר הוא **היה** באילת. ______
5. מתי היא **הייתה** בבית ? ______
6. אנחנו לא **היינו** במשׂרד. ______
7. איפה **הייתם** אתמול בערב ? ______
8. שלשום **הייתן** בקניון. ______
9. ראש הממשלה **היה** בוושינגטון. ______
10. חברי הכנסת לא **היו** בכנסת. ______

'היה' - מציין זמן עבר וזמן עתיד במשפט שאין בו פועל.

The verb **"to be"** denotes past and future time in sentences where there is no other verb.

		עתיד Future	עבר Past	הווה Present
m/s	הוא ←	(לא) יִהְיֶה	(לא) הָיָה	יֵשׁ / אֵין לִי
f/s	היא ←	(לא) תִּהְיֶה	(לא) הָיְתָה	
m + f/pl	הם/הן ←	(לא) יִהְיוּ	(לא) הָיוּ	

(לא) יִהְיֶה לי חבר.	(לא) הָיָה לי חבר.	יש / אין לי חבר.
(לא) תִּהְיֶה לי חברה.	(לא) הָייתָה לי חברה.	יש / אין לי חברה.
(לא) יִהְיוּ לי חברים /ות.	(לא) הָיוּ לי חברים /ות.	יש / אין לי חברים /ות.
I will/won't have a friend.	I had/didn't have a friend.	I have/don't have a friend.
I will/won't have a friend.	I had/didn't have a friend.	I have/don't have a friend.
I will/won't have friends.	I had/didn't have friends.	I have/don't have friends.

כִּתבו את המשפטים בעבר ובעתיד לפי הדוגמה.

Write the sentences in the past and the future according to the example.

עתיד Future	עבר Past	הווה Present
יהיה לי ניסיון.	היה לי ניסיון.	1. יש לי ניסיון.
______	______	2. יש לה תְּעוּדַת זֶהוּת.
______	______	3. אין לו המלצות.
______	______	4. יש לנו מכונית.
______	______	5. אין לך סיגריות ?
______	______	6. יש לך זמן ?
______	______	7. אין לכם דירה ?
______	______	8. יש לכן מסיבות ?
______	______	9. יש להם אורַחַת.
______	______	10. יש להן כּרטיסים.
______	______	11. אין לה זמן.
______	______	12. יש לכם מכונית ?
______	______	13. אין לו מחשב.

חָבֵר נוּדְנִיק...

A "Nudnik" Friend

מיכאל: רוני, יֵשׁ לְךָ מכונית ?

רוני: לֹא, אֵין לִי מכונית.

מיכאל: מתי תִּהְיֶה לְךָ מכונית ?

רוני: כּאשר יִהְיֶה לִי רִשְׁיוֹן נהיגה ?

מיכאל: מתי יִהְיֶה לְךָ רִשְׁיוֹן נהיגה ?

רוני: כּאשר אֶלְמַד נהיגה.

מיכאל: מתי תִּלְמַד נהיגה ?

רוני: כּאשר יִהְיֶה לִי זמן.

מיכאל: מתי יִהְיֶה לְךָ זמן ?

רוני: כּאשר לֹא אֶהְיֶה עָסוּק.

מיכאל: מתי לֹא תִּהְיֶה עָסוּק ?

רוני: כּאשר לֹא יִהְיֶה לִי חבר נודניק...

חבר נודניק

כתבו את ההפך.

Write the opposite.

.1	קטן	≠	גדול	.11	קרוב	≠	________
.2	עם	≠	________	.12	מַהֵר	≠	________
.3	מלחמה	≠	________	.13	לבן	≠	________
.4	לפני	≠	________	.14	שָׂמֵחַ	≠	________
.5	יום	≠	________	.15	זקן	≠	________
.6	יש	≠	________	.16	דרום	≠	________
.7	מוֹכֵר	≠	________	.17	שׂמאלה	≠	________
.8	מוקדם	≠	________	.18	שָׁמֵן	≠	________
.9	קצת	≠	________	.19	סגור	≠	________
.10	חם	≠	________	.20	טוב	≠	________

תרגיל סיכום

Summing – Up Exercises

Write the strong verbs in the future tense. **כתבו את הפעלים בזמן עתיד שלמים.**

בניין פיעל
"Pi'el" Conjugation

אני	אדבר	(לְדַבֵּר)
אתה	______	(לְסַפֵּר)
את	______	(לְבַשֵּׁל)
הוא	______	(לְלַמֵּד)
היא	______	(לְחַפֵּשׂ)
אנחנו	______	(לְטַיֵּיל)
אתם	______	(לְשַׁלֵּם)
אתן	______	(לְקַבֵּל)
הם /הן	______	(לְבַקֵּשׁ)

בניין הפעיל
"Hif'il" Conjugation

אני	אזמין	(לְהַזְמִין)
אתה	______	(לְהַתְחִיל)
את	______	(לְהַפְסִיק)
הוא	______	(לְהַסְבִּיר)
היא	______	(לְהַמְשִׁיךְ)
אנחנו	______	(לְהַרְגִּישׁ)
אתם	______	(לְהַזְמִין)
אתן	______	(לְהַתְחִיל)
הם /הן	______	(לְהַרְגִּישׁ)

בניין התפעל
"Hitpa'el" Conjugation

אני	אתקשר	(לְהִתְקַשֵּׁר)
אתה	______	(לְהִתְקַדֵּם)
את	______	(לְהִתְרַגֵּשׁ)
הוא	______	(לְהִתְרַחֵץ)
היא	______	(לְהִתְפַּלֵּל)
אנחנו	______	(לְהִתְלַבֵּשׁ)
אתם	______	(לְהִתְרַגֵּשׁ)
אתן	______	(לְהִתְקַשֵּׁר)
הם /הן	______	(לְהִתְלַבֵּשׁ)

בניין נפעל
"Nif'al" Conjugation

אני	אֶכָּנֵס	(לְהִיכָּנֵס)
אתה	______	(לְהִישָּׁאֵר)
את	______	(לְהִיפָּגֵשׁ)
הוא	______	(לְהִיכָּנֵס)
היא	______	(לְהִישָּׁאֵר)
אנחנו	______	(לְהִיפָּגֵשׁ)
אתם	______	(לְהִיכָּנֵס)
אתן	______	(לְהִישָּׁאֵר)
הם /הן	______	(לְהִיפָּגֵשׁ)

Vocabulary אוצר מילים

Verbs **פְּעָלִים**

worry, be concerned	דּוֹאֵג – לִדְאוֹג
destroy	הוֹרֵס – לַהֲרוֹס
move	זָז – לָזוּז
conquer	כּוֹבֵשׁ – לִכְבּוֹשׁ
bring	מֵבִיא – לְהָבִיא
fill out (form)	מְמַלֵּא – לְמַלֵּא
finish, conclude	מְסַיֵּים – לְסַיֵּים
be afraid of, fear	מְפַחֵד – לְפַחֵד
present	מַצִּיג – לְהַצִּיג
breathe	נוֹשֵׁם – לִנְשׁוֹם
solve	פּוֹתֵר – לִפְתּוֹר
swim	שׂוֹחֶה – לִשְׂחוֹת
lie down	שׁוֹכֵב - לִשְׁכַּב

Adjectives **שְׁמוֹת תּוֹאַר**

clear, bright	בָּהִיר (ה) (ים) (וֹת)
modern	מוֹדֶרְנִי (ת)(ים)(וֹת)
wonderful	נִפְלָא (ה) (ים) (וֹת)
clean	נָקִי (ה) (ים) (וֹת)
simple, simply	פָּשׁוּט (ה) (ים) (וֹת)
young person	צָעִיר (ה) (ים) (וֹת)
crowded	צָפוּף (ה) (ים) (וֹת)
fat	שָׁמֵן (ה) (ים) (וֹת)
quiet	שָׁקֵט (ה) (ים) (וֹת)

Miscellaneous **שׁוֹנוֹת**

sir	אֲדוֹנִי
not possible	אִי אֶפְשָׁר
as if	כְּאִילּוּ
therefore	לָכֵן
why?	מַדּוּעַ?
fast, quickly	מַהֵר
permitted, allowed	מוּתָּר
anew	מֵחָדָשׁ
around	מִסָּבִיב לְ...
around	סָבִיב לְ...
quiet!	שֶׁקֶט!

Nouns **שְׁמוֹת עֶצֶם**

atmosphere	(נ) אֲוִירָה
food	(ז) אוֹכֶל
alcohol	(ז) אַלְכּוֹהוֹל
canvas, cloth	(ז) בַּד (בַּדִּים)
imagination	(ז) דִּמְיוֹן
regards	(נ) דְּרִישַׁת שָׁלוֹם
message (telephone)	(נ) הוֹדָעָה (הוֹדָעוֹת)
instruction	(נ) הוֹרָאָה (הוֹרָאוֹת)
feeling	(נ) הַרְגָּשָׁה (הַרְגָּשׁוֹת)
Members of Knesset	(ז״ר) חַבְרֵי כְּנֶסֶת
festival, holiday	(ז) חַג (חַגִּים)
Passover	(ז) חַג הַפֶּסַח
Pentecost (Shavu'ot)	(ז) חַג הַשָּׁבוּעוֹת
workroom, study	(ז) חֲדַר עֲבוֹדָה
sand dune, sand	(נ) חוֹל (חוֹלוֹת)
nature	(ז) טֶבַע
personality type	(ז) טִיפּוּס (טִיפּוּסִים)
forest	(ז) יַעַר (יְעָרוֹת)
easy chair	(ז) כִּיסֵּא נוֹחַ
learning	(נ) לְמִידָה
death	(ז) מָוֶות
modern music	(נ) מוּסִיקָה מוֹדֶרְנִית
Moslem	(ז) מוּסְלְמִי (מוּסְלְמִים)
bed	(נ) מִיטָּה (מִיטּוֹת)
Six Day War	(נ) מִלְחֶמֶת שֵׁשֶׁת הַיָּמִים
paint brush	(ז) מִכְחוֹל (מִכְחוֹלִים)
eye glasses	(ז״ר) מִשְׁקָפַיִים
racquets (matkot)	(נ״ר) מַטְקוֹת (סְלֶנְג)
Christian	(ז) נוֹצְרִי (נוֹצְרִים)
studio	(ז) סְטוּדְיוֹ
Municipality of Tel Aviv	(נ) עִירִיַּית תֵּל אָבִיב
palette	(נ) פָּלֶטָה (פָּלֶטוֹת)
painter	(ז) צַיָּיר (צַיָּירִים)
public	(ז) קָהָל
purchase	(נ) קְנִיָּיה (קְנִיּוֹת)
floor	(נ) רִצְפָּה (רְצָפוֹת)
license	(ז) רִשְׁיוֹן (רִשְׁיוֹנוֹת)
driving license	(ז) רִשְׁיוֹן נְהִיגָה
nothing	(ז) שׁוּם דָּבָר
difference	(ז) שׁוֹנִי
washroom	(ז״ר) שֵׁירוּתִים

Places	מְקוֹמוֹת	reception hours	(נ״ר) שְׁעוֹת בִּיקוּר
		exhibition	(נ) תַּעֲרוּכָה (תַּעֲרוּכוֹת)
Babylonia	(נ) בָּבֶל		
First Temple	(ז) בֵּית הַמִּקְדָּשׁ הָרִאשׁוֹן	**People**	**אֲנָשִׁים**
Second Temple	(ז) בֵּית הַמִּקְדָּשׁ הַשֵּׁנִי		
Rubin's House	(ז) בֵּית רְאוּבֵן	King David	דָּוִיד הַמֶּלֶךְ
Mount Herzl	(ז) הַר הֶרְצְל	Nehemia (Biblical)	נְחֶמְיָה
Washington	(נ) ווֹשִׁינְגְטוֹן	Ezra (Biblical)	עֶזְרָא
Holocaust Museum	(ז) מוּזֵאוֹן יָד וָשֵׁם	Rubin, Reuven	רוּבִּין רְאוּבֵן
Holy City	(נ) עִיר קְדוֹשָׁה	Romans	רוֹמָאִים
Romania	(נ) רוֹמַנְיָה	King Solomon	שְׁלֹמֹה הַמֶּלֶךְ

Time Expressions – Future

tomorrow / the day after tomorrow /
in the future / next week / next month /
next year / in another hour /
in another week / in another month /
once a month

מלות זמן - בֶּעָתִיד

מָחָר \ מָחֳרָתַיִים \
בֶּעָתִיד \ בַּשָּׁבוּעַ הַבָּא \ בַּחוֹדֶשׁ הַבָּא \
בַּשָּׁנָה הַבָּאָה \ בְּעוֹד שָׁעָה \
בְּעוֹד שָׁבוּעַ \ בְּעוֹד חוֹדֶשׁ \
פַּעַם בְּחוֹדֶשׁ

Phrases	**צֵירוּפִים**

to use a dictionary	לְהִשְׁתַּמֵּשׁ בְּמִילוֹן
to visit Jerusalem	לְבַקֵּר בִּירוּשָׁלַיִם
to know about Jerusalem	לָדַעַת עַל יְרוּשָׁלַיִם
to learn about Jerusalem	לִלְמוֹד עַל יְרוּשָׁלַיִם
around Jerusalem	סָבִיב \ מִסָּבִיב לִירוּשָׁלַיִם

Grammatical Structures	**מבנים לשוניים**

1) Future Tense – Strong Verb Types

1) זְמָן עָתִיד – גִזְרַת הַשְּׁלֵמִים

a. "Pa'al" : to write

א. פָּעַל: לִכְתּוֹב

I / you (m) / you (f) / he / she /

אֶכְתּוֹב \ תִּכְתּוֹב \ תִּכְתְּבִי \ יִכְתּוֹב \ תִּכְתּוֹב \

we / you / they **will write**

נִכְתּוֹב \ תִּכְתְּבוּ \ יִכְתְּבוּ

He **will write** a letter to his parents .

הוּא יִכְתּוֹב מִכְתָּב לַהוֹרִים שֶׁלּוֹ .

b. "Pi'el" : to speak

ב. פִּיעֵל: לְדַבֵּר

I / you (m) / you (f) / he / she /

אֲדַבֵּר \ תְּדַבֵּר \ תְּדַבְּרִי \ יְדַבֵּר \ תְּדַבֵּר \

we / you / they **will speak**

נְדַבֵּר \ תְּדַבְּרוּ \ יְדַבְּרוּ

We **will speak** to the teacher .

אֲנַחְנוּ נְדַבֵּר עִם הַמּוֹרָה.

c. "Hif'il" : to invite
I / you (m) / you (f) / he / she /
we / you / they **will invite**
They **will invite** friends to the party .
They will order salad in the restaurant.

ג. הִפְעִיל: לְהַזְמִין
אַזְמִין / תַּזְמִין / תַּזְמִינִי / יַזְמִין / תַּזְמִין /
נַזְמִין / תַּזְמִינוּ / יַזְמִינוּ
הֵם **יַזְמִינוּ** חֲבֵרִים לַמְּסִיבָּה.
הֵם **יַזְמִינוּ** סָלָט בַּמִּסְעָדָה.

d. "Hitpa'el" : to get dressed
I / you (m) / you (f) he /
she / we / you / they **will get dressed**
She **will get dressed** for the concert.

ד. הִתְפַּעֵל: לְהִתְלַבֵּשׁ
אֶתְלַבֵּשׁ / תִּתְלַבֵּשׁ / תִּתְלַבְּשִׁי / יִתְלַבֵּשׁ /
תִּתְלַבֵּשׁ / נִתְלַבֵּשׁ / תִּתְלַבְּשׁוּ / יִתְלַבְּשׁוּ
הִיא **תִּתְלַבֵּשׁ** לַקּוֹנְצֶרְט .

e. "Nif'al" : to enter
I / you (m) / you (f) / he / she /
we / you / they **will enter**
When **will you ente**r the new apartment?

ה. נִפְעַל: לְהִיכָּנֵס
אֶכָּנֵס / תִּכָּנֵס / תִּכָּנְסִי / יִכָּנֵס / תִּכָּנֵס /
נִכָּנֵס / תִּכָּנְסוּ / יִכָּנְסוּ
מָתַי אַתֶּם **תִּכָּנְסוּ** לַדִּירָה הַחֲדָשָׁה?

2) "Pa'al" Verb Conjugation - Future Tense (to learn) ("Ef'al" Type)
I / you (m) / you (f) / he / she /
we / you / they / **will learn**

2) בִּנְיָן פָּעַל – זְמַן עָתִיד – מִשְׁקַל אֶפְעַל
הַשּׁוֹרֶשׁ : **ל.מ.ד.** שֵׁם הַפּוֹעַל : **לִלְמוֹד**
אֶלְמַד / תִּלְמַד / תִּלְמְדִי / יִלְמַד / תִּלְמַד
נִלְמַד / תִּלְמְדוּ / יִלְמְדוּ

Note the differences between the 2 "Pa'al" types:
I will write / I will learn
Tomorrow I **will write** the story and **will learn** the new material .

שִׂימוּ לֵב לַשּׁוֹנִי בֵּין שְׁנֵי הַמִּשְׁקָלִים שֶׁל **פָּעַל**
אֶכְתּוֹב (אֶפְעוֹל) / אֶלְמַד (אֶפְעַל)
מָחָר אֲנִי **אֶכְתּוֹב** אֶת הַסִּיפּוּר,
וַאֲנִי **אֶלְמַד** אֶת הַחוֹמֶר הֶחָדָשׁ.

3) "Pa'al" Verb Conjugation – Weak Verb Type ע"וי - Future Tense (to live)
I / you (m) / you (f) / he / she /
we / you / they **will live**
You (f) **will live** with another student.

3) בִּנְיָין פָּעַל גִּזְרַת ע"וי – זְמַן עָתִיד
הַשּׁוֹרֶשׁ : **ג.ו.ר.** שֵׁם הַפּוֹעַל : **לָגוּר**
אָגוּר / תָּגוּר / תָּגוּרִי / יָגוּר / תָּגוּר /
נָגוּר / תָּגוּרוּ / יָגוּרוּ
אַתְּ **תָּגוּרִי** עִם סְטוּדֶנְטִית אַחֶרֶת .

4) "Pa'al" Verb Conjugation – Weak Verb Type - ל"ה \י - Future Tense (to buy)
I / you (m) / you (f) / he / she
we / you / they **will buy**
Next month we **will buy** a new car.

4) בִּנְיָין פָּעַל גִּזְרַת ל"ה /י – זְמַן עָתִיד
הַשּׁוֹרֶשׁ: **ק.נ.ה/ י** שֵׁם הַפּוֹעַל: **לִקְנוֹת**
אֶקְנֶה / תִּקְנֶה / תִּקְנִי / יִקְנֶה / תִּקְנֶה /
נִקְנֶה / תִּקְנוּ / יִקְנוּ
בַּחוֹדֶשׁ הַבָּא **נִקְנֶה** מְכוֹנִית חֲדָשָׁה .

5) The verb "to be" – "Pa'al" Verb Conjugation, Future Tense

I / you (m) / you (f) / he / she / we / you / they **will be**

They **will be** there beside the box office.

5) הַפּוֹעַל "הָיָה" - בִּנְיָין פָּעַל ,
זְמַן עָתִיד
אֶהְיֶה / תִּהְיֶה / תִּהְיִי / יִהְיֶה / תִּהְיֶה /
נִהְיֶה / תִּהְיוּ / יִהְיוּ
הֵם יִהְיוּ שָׁם לְיַד הַקּוּפָּה .

6)The Verb " to be" in sentences that have no other verb to denote tense.

I have / I don't have money.

I had / I didn't have money .

I will have / I won't have money.

I had a girlfriend.

I didn't have and **I will not have** stamps.

6) הַפּוֹעַל "הָיָה" בְּמִשְׁפָּט שֶׁאֵין בּוֹ פּוֹעַל אַחֵר לְצַיֵּין זְמַן.
יֵשׁ לִי / אֵין לִי כֶּסֶף .
הָיָה לִי / לֹא הָיָה לִי כֶּסֶף .
יִהְיֶה לִי / לֹא יִהְיֶה לִי כֶּסֶף .
הָיְיתָה לִי חֲבֵרָה .
לֹא הָיוּ לִי וְלֹא יִהְיוּ לִי בּוּלִים .

7) It's worthwhile + Infinitive

It's (un) necessary / (not) worthwhile forbidden / allowed / (im)possible / (not)difficult / (not) easy/ (not) pleasant (un)important / (un) interesting + Infinitive

It's **not difficult, very interesting** and even **worthwhile to study** Hebrew.

7) כְּדַאי + שֵׁם הַפּוֹעַל
(לֹא) צָרִיךְ / (לֹא) כְּדַאי /
אָסוּר / מוּתָּר / אִי – אֶפְשָׁר / אֶפְשָׁר /
(לֹא) קָשֶׁה / (לֹא) קַל / (לֹא) נָעִים /
(לֹא) חָשׁוּב / (לֹא) מְעַנְיֵין
+ שֵׁם הַפּוֹעַל
לֹא קָשֶׁה, מְאוֹד מְעַנְיֵין וַאֲפִילוּ כְּדַאי לִלְמוֹד עִבְרִית.

8) It's worthwhile + for me/ you … + Infinitive

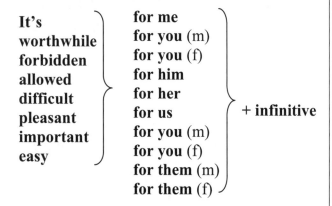

It's worthwhile **forbidden** **allowed** **difficult** **pleasant** **important** **easy**	**for me** **for you** (m) **for you** (f) **for him** **for her** **for us** **for you** (m) **for you** (f) **for them** (m) **for them** (f)	**+ infinitive**

It's worth our while to work hard.

8) כְּדַאי + לִי / לְךָ ... + שֵׁם הַפּוֹעַל

כְּדַאי אָסוּר מוּתָּר קָשֶׁה נָעִים חָשׁוּב קַל	+	לִי לְךָ לָךְ לוֹ לָהּ לָנוּ לָכֶם לָכֶן לָהֶם לָהֶן	+	שֵׁם הַפּוֹעַל

כְּדַאי לָנוּ לַעֲבוֹד קָשֶׁה .

9) know that... think that .. say that …

I know that **I think that** **I say that**	**one has to** **it's possible** **it's important** **it's worthwhile** **it's difficult**	**+ infinitive**

I think that it's possible to travel to America.

9) יוֹדֵעַ שֶׁ... חוֹשֵׁב שֶׁ... אוֹמֵר שֶׁ...

אֲנִי יוֹדֵעַ\ת אֲנִי חוֹשֵׁב\ ת אֲנִי אוֹמֵר\ ת	שֶׁ	צָרִיךְ אֶפְשָׁר חָשׁוּב כְּדַאי קָשֶׁה	+	שֵׁם הַפּוֹעַל

אֲנִי חוֹשֵׁב שֶׁאֶפְשָׁר לִנְסוֹעַ לְאָמֶרִיקָה .

'אֶל' בנטייה

Conjugation of the Preposition "אֶל" (to)

אֵלַיי	אֵלֶיךָ	אֵלַיִיךְ	אֵלָיו	אֵלֶיהָ	אֵלֵינוּ	אֲלֵיכֶם /ן	אֲלֵיהֶם /ן
to me	to you	to you	to him	to her	to us	to you	to them
(m/f)	(m)	(f)	(m)	(f)	(m/f)	(m/f)	(m/f)
אני	אתה	את	הוא	היא	אנחנו	אתם /אתן	הם /הן

קראו את הדיאלוג. **Read the dialog.**

פקידה: בוקר טוב, במה אפשר לעזור לך ?.

מר גולן: בוקר טוב, באתי *אֲלֵיכֶם* בקשר לְרִשְׁיוֹן הָרֶכֶב שלי...
אני מצלצל *אֲלֵיכֶם*, אבל אתם לא עונים לטלפון.
אֶל מִי אני צריך לִפְנוֹת ?

פקידה: אתה לא צריך לִפְנוֹת *אֵלַיי*,
אתה צריך לִפְנוֹת לרונית.

מר גולן: סליחה, את רונית ?
אמרו לי לִפְנוֹת *אֵלַיִיךְ* בקשר לְרִשְׁיוֹן הָרֶכֶב שלי.

רונית: אַל תִּדְאַג, הכּוֹל יהיה בסדר.
אתה יכול לְקַבֵּל את רִשְׁיוֹן הָרֶכֶב שלך.

מר גולן: תודה רבה לך.

סוף סוף,
אני יכול לקנות...
מכונית חדשה!

השלימו: 'אֶל' או 'לְ' (לִי, לְךָ...) **Complete: "אל" or "ל" (to me, to you ...)**

1. הם בָּאוּ *אֵלֵינוּ*, ואנחנו בָּאנוּ *אֲלֵיהֶם*.
2. היא עָזְרָה ________, ואני עָזַרְתִּי ________.
3. את הִתְקַשַּׁרְתְּ ________, ואנחנו הִתְקַשַּׁרְנוּ ________.
4. הוא כָּתַב ________ מכתב, ואנחנו שָׁלַחְנוּ ________ תשובה.
5. חברים, אנחנו מְחַכִּים ________, בּוֹאוּ ________ בשבת.
6. חבר שלי חולה, אתמול בָּאתִי ________ כדי לעזור ________.
7. שׂרה, אני מְחַכֶּה ________ כבר שעה, מדוע לא בָּאתְ ________ ?
8. מיכאל, אנחנו בָּאִים ________, כי יש ________ יוֹם הולדת.
9. דני, מתי אתה מְצַלְצֵל ________, אנחנו מְחַכִּים ________.
10. החברים מַגִּיעִים ________ בערב, והיא הֵכִינָה ________ ארוחה.
11. המלצר פָּנָה ________, ואנחנו שִׁילַּמְנוּ ________ את החשבון.
12. החברים שלנו אָמְרוּ ________, שהם לא יכולים לָבוֹא ________.

תַחֲזִית מֶזֶג הָאֲוִויר

The Weather Forecast

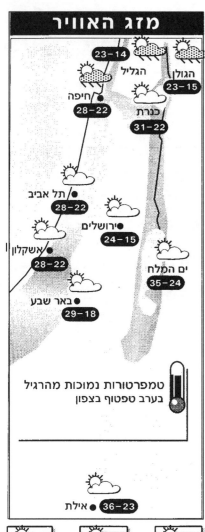

הסתכלו במפה, והשלימו לפי הדוגמה.

Look at the map and complete according to the example.

	מה הטמפרטורות ב... ?	כמה מעלות ב... ?
1.	גליל	14° - 23° מעלות
2.	________	________
3.	________	________
4.	________	________
5.	________	________
6.	________	________
7.	________	________
8.	________	________
9.	________	________
10.	________	________

כתבו: מה מזג האוויר בעולם ?

Write: What is the weather in the world?

בָּהִיר	מְעוּנָן	מְעוּנָן חֶלְקִית	גָשוּם
לונדון		ניו-יורק	

מזג האוויר

23-14
הגליל
הגולן
23-15
חיפה
28-22
כנרת
31-22
תל אביב
28-22
ירושלים
24-15
אשקלון
28-22
ים המלח
35-24
באר שבע
29-18
טמפרטורות נמוכות מהרגיל
בערב טפטוף בצפון
אילת
36-23

שבת
יום ראשון
יום שני

תשקיף לימים הבאים: מחר ייתכן גשם מקומי בצפון ובמרכז. ביום שני עלייה בטמפרטורות.

מזג האוויר בעולם

ניו-יורק	32-21	מעונן חלקית
לונדון	22-12	בהיר
לוס-אנג'לס	25-16	מעונן חלקית
פאריז	23-11	בהיר
וושינגטון	29-16	בהיר
מוסקבה	31-17	בהיר
ברלין	18-12	מעונן חלקית
טוקיו	28-22	מעונן
רומא	27-12	גשום
מדריד	32-23	מעונן חלקית
בייג'נג	35-17	בהיר
אמסטרדם	19-12	גשום
אתונה	29-20	מעונן חלקית
איסטנבול	24-15	מעונן
שטוקהולם	20-8	בהיר
סידני	15-11	מעונן
קהיר	34-22	מעונן חלקית
קופנהאגן	17-7	מעונן חלקית
טורונטו	29-20	מעונן
וינה	19-6	מעונן חלקית
ציריך	13-2	גשום
סינגפור	33-26	מעונן
בנגקוק	33-24	גשום
בריסל	6-1	גשום

מַה יִהְיֶה מֶזֶג הָאֲוִויר? What Will the Weather Be?

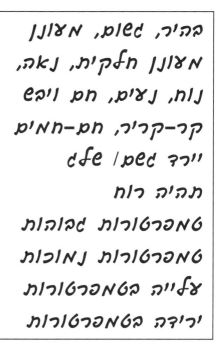

בהיר, גשום, מעונן
מעונן חלקית, נאה,
נוח, נעים, חם ויבש
קר-קריר, חם-חמים
יירד גשם/ שלג
תהיה רוח
טמפרטורות גבוהות
טמפרטורות נמוכות
עלייה בטמפרטורות
ירידה בטמפרטורות

הסתכלו במפה וענו.
Look at the map and answer.

1. איזה מזג אוויר יִהְיֶה בסוף השבוע /שבת ?
2. איפה יֵירד גשם ?
3. איפה יִהְיוּ טמפרטורות נמוכות ?
4. מה הטמפרטורות היום בדרום הארץ (אילת) ?
5. מה הטמפרטורות היום בצפון ?
6. באיזה יום תִּהְיֶה עלייה בטמפרטורות ?

הסתכלו בטבלה וענו.
Look at the table and answer.

1. מה יִהְיֶה מזג האוויר בניו-יורק ?
2. מה יִהְיוּ הטמפרטורות בלונדון ?
3. איפה יירדו גשמים ?
4. איפה יִהְיֶה מזג אוויר מעונן חלקית ?
5. כמה מעלות יִהְיוּ במוסקבה ?
6. כמה מעלות יִהְיוּ בלוס-אנג׳לס ?

כדאי
ללכת לים
היום?

שאלו זה את זה וענו.
Ask one another and answer.

1. איזה מזג אוויר אתה /את אוהב/ת ?
2. לאן כדאי לִנְסוֹעַ בארץ ?
3. איזו עונה אתה/את אוהב/ת:
4. חורף /קיץ /אביב /סתיו ?
5. האם כדאי לָלֶכֶת לים היום ?
6. לאן לא כדאי לִנְסוֹעַ בארץ ?
7. לאן כדאי לִנְסוֹעַ בעולם ?

♫ שירו ! Sing !

בְּרָקִים וּרְעָמִים
Lightning and Thunder

מילים: יהונתן גפן   לחן: דיוויד ברוזה

Lyrics: Yehonatan Gefen   Melody: David Broza

רְעָמִים וּבְרָקִים
בְּלֵיל חוֹרֶף קַר
לֹא נִשְׁמָעִים תָּמִיד
אוֹתוֹ הַדָּבָר.

בְּרָקִים וּרְעָמִים
רְעָמִים וּבְרָקִים
לִפְעָמִים קְרוֹבִים
וְלִפְעָמִים רְחוֹקִים.

רְעָמִים וּבְרָקִים
בַּלֵּילוֹת הַגְּשׁוּמִים
אֶת הַבָּרָק רוֹאִים
אֲבָל אֶת הָרַעַם שׁוֹמְעִים.

יֵשׁ רְעָמִים שֶׁמְּאוֹד מַפְחִידִים
וְיֵשׁ כָּאֵלֶּה שֶׁרַק קְצָת
יֵשׁ רַעַם חַלָּשׁ
וְרַעַם בֵּינוֹנִי
וְיֵשׁ רַעַם חָזָק חָזָק
שֶׁלֹּא נָעִים לִשְׁמוֹעַ,
בְּעִיקָּר אִם אַתָּה לְבַד.

לְעִתִּים רְחוֹקוֹת אַתָּה פּוֹגֵשׁ רַעַם נֶחְמָד.

רְעָמִים וּבְרָקִים
בְּלֵיל חוֹרֶף קַר
לֹא נִשְׁמָעִים תָּמִיד
אוֹתוֹ הַדָּבָר.

סמנו את ההפך, מתחו קווים.
Draw lines connecting the opposites.

.1	חוֹרֶף	.1	רחוק
.2	קר	.2	הרבה
.3	קרוב	.3	אין
.4	לפעמים	.4	קַיִץ
.5	קצת	.5	חזק
.6	יש	.6	חם
.7	לבד	.7	כֵּן
.8	לילה	.8	תמיד
.9	חַלָּש	.9	יחד
.10	לא	.10	יום

כִּתבו בְּרַבִּים. **Write in the plural.**

ברק	________	נחמד	________	בינוני	________
רעם	________	קר	________	מפחיד	________
לילה	________	חלש	________	דבר	________
גשום	________	חזק	________	רחוק	________

בניין פיעל - זמן עתיד

“Pi’el” Conjugation – Future Tense

השורש: ד.ב.ר | **שם הפועל: לְדַבֵּר** | **שם הפעולה: דִּיבּוּר**

אֲדַבֵּר	תְּדַבֵּר	תְּדַבְּרִי	יְדַבֵּר	תְּדַבֵּר	נְדַבֵּר	תְּדַבְּרוּ	יְדַבְּרוּ
I will speak	you will speak	you will speak	he will speak	she will speak	we will speak	you will speak	they will speak
אני	אתה	את	הוא	היא	אנחנו	אתם/אתן	הם/הן

לְטַיֵּיל בְּפָּרִיז — Touring Paris

אנחנו בפריז כבר יומיים. מזג האוויר מצוין. היום **נְבַקֵּר** במוזאון ה"לובר". אחר כך **נְטַיֵּיל** בגני לוקסמבורג. דליה **תְּצַלֵּם** במצלמה שלה את הנוף היפה. בשעה שתיים **נְחַפֵּשׂ** במונמרטר מסעדה טובה. שם **יְבַשְּׁלוּ** בשבילנו אוֹכֶל צרפתי. אחרי הארוחה **נְשַׁלֵּם** גם טִיפּ (תֶּשֶׁר) למלצר האדיב. הוא **יְקַבֵּל** את הטיפ בתודה, **וִימַהֵר** למטבח. יש לו הרבה עבודה.

מחר, בגני ורסאי, **יְסַפֵּר** לנו המדריך על ההיסטוריה של המקום, **וִיבַקֵּשׁ** לא לְצַלֵּם. יש במקום מספיק גלויות יפות למכירה. לפני הכניסה לארמון ורסאי המדריך **יְעַשֵּׁן** סיגריה אחת, **וִידַבֵּר** עם השוֹעֵר.

בָּערב **נְסַיֵּים** את הַטִּיּוּל בהליכָה לקונצרט. התזמורת הפריזאית **תְּנַגֵּן** את שופן. לפני הקונצרט **יְנַתְּקוּ** כולם את הפלאפונים. אחר כך, במלון, **נְסַדֵּר** את המזוודות. הטיסה לארץ היא בשעה תשע בבוקר בדיוק.

◆ **ספרו זה לזה: מה הם יַעֲשׂוּ בפריז ?**
Tell one another: What will they do in Paris?

השלימו את המשפטים מתוך הקטע.

Use the passage to complete the sentences.

1. היום ______________, אחר כך ______________________
2. בשעה ____
3. אחרי ה____
4. מחר ____
5. בערב ____
6. לפני ____

כִּתבו את הפּועל בּעתיד. Write the verbs in the future tense.

1. היא **שִׁילְמָה** את החשבּון. — היא תשלם את החשבון.
2. התלמידים **טִיילוּ** בּעיר העתיקה. ______
3. הסטודנטים **סִיימוּ** את הבּחינה. ______
4. המדריך **צִילֵם** את התיירים. ______
5. נשׂיא המדינה **בִּיקֵר** אצל החולים. ______
6. הרופא **טִיפֵּל** בּחולים. ______
7. **חִיפַּשְׂנוּ** דירה בּתל אביב. ______

השלימו את הפּעלים בּטבלה. Complete the table using verbs in the future tense.

אני	אתה	את	הוא	היא	אנחנו	אתם/ אתן	הם / הן
אֲבַקֵּר							
	תְּטַייל						
		תְּצַלְּמִי					
			יְבַשֵּׁל				
				תְּשַׁלֵּם			
					נְבַקֵּשׁ		
						תְּנַגְּנוּ	

כִּתבו את שמות הפּעולה. Write the verbal nouns.

לְבַקֵּר - בּיקור
לְטַייל - ______
לְצַלֵּם - ______
לְבַשֵּׁל - ______
לְנַתֵּק - ______

לְטַפֵּל - ______
לְחַפֵּשׂ - ______
לְסַיֵּים - ______
לְסַפֵּר - ______
לְעַשֵּׁן - ______

בניין הפעיל - זמן עתיד

The “Hif’il" Conjugation – Future Tense

השורש: ז.מ.ן **שם הפועל:** לְהַזְמִין **שם הפעולה:** הַזְמָנָה

אַזְמִין	תַּזְמִין	תַּזְמִינִי	יַזְמִין	תַּזְמִין	נַזְמִין	תַּזְמִינוּ	יַזְמִינוּ
I will invite	you will invite	you will invite	he will invite	she will invite	we will invite	you will invite	they will invite
אני	אתה	את	הוא	היא	אנחנו	אתם/אתן	הם/הן

לְהַצְלִיחַ בַּמִּבְחָן! To Succeed on the Examination!

דניאל: יש לי מבחן חשוב מחר בפיזיקה. אִם **אַצְלִיחַ** בּוֹ, **אַזְמִין** חברים למסיבּה.

רותי: אתה לומד הרבּה. **תַּצְלִיחַ** ללמוד הכּול עד מחר ?

דניאל: כּן, אם יִהְיֶה שקט בּבּית, ולא **יַפְרִיעוּ** לי.

רותי: אז אני לא **אַדְלִיק** הערב את הטלוויזיה ולא **אַאֲזִין** לרדיו. אני **אַמְשִׁיךְ** בּעבודה שלי כּדי לא לְהַפְרִיעַ לך.

דניאל: אם **אַחְלִיט** לערוך מְסִיבָּה, את מי **נַזְמִין** ?

רותי: צריך לחשוב. אולי **נַמְתִּין** עד מחר ?

דניאל: בּסדר, אבל אני רוצה לְהַזְמִין רק חברים קרובים.

רותי: בּוודאי. **תַּסְכִּים** לַעֲרוֹךְ את המסיבּה בּמוצ״ש* ?

דניאל: כּל מה **שֶׁתַּחְלִיטִי** יהיה טוב בּשבילי.

רותי: **אַרְגִּישׁ** בּנוֹחַ, אם הַמְּסִיבָּה תהיה בּגינה.

דניאל: גם אני.

רותי: ועכשיו תַּחְשׁוֹב רק על הלימודים.

דניאל: אני מקווה **שֶׁאַרְגִּישׁ** טוב אחרי המבחן.

רותי: אני בּטוחה **שֶׁתַּצְלִיחַ**. בּאיזו שעה **יַתְחִיל** המבחן ?

דניאל: תשע בּבּוקר.

רותי: בּהצלחה !

דניאל: תודה.

אם אצליח בבחינה, אזמין חברים למסיבה.

* במוצאי שבת

השלימו את הפעלים בעתיד.

Complete the sentences using verbs in the future tense.

1. אִם אני ________ במבחן, ________ חברים למסיבה. (**לְהַצְלִיחַ, לְהַזְמִין**)
2. אִם הילדים לא ________ לי, ________ בעבודה שלי. (**לְהַפְרִיעַ, לְהַמְשִׁיךְ**)
3. הוא לא ________ את הטלוויזיה, ולא ________ לרדיו. (**לְהַדְלִיק, לְהַאֲזִין**)
4. היא מקווה שכל החברים ________ לָבוֹא למסיבה. (**לְהַסְכִּים**)
5. אני בטוח שהסטודנטים ________ טוב אחרי הבחינה. (**לְהַרְגִּישׁ**)
6. באיזו שעה ________ ההצגה ? (**לְהַתְחִיל**)
7. אנחנו ______ עד מחר, ואחר כָּךְ ______ מה לעשׂות. (**לְהַמְתִּין, לְהַחְלִיט**)
8. אם אתן ________ לְעַשֵּׁן, אני ________ בנוח. (**לְהַפְסִיק, לְהַרְגִּישׁ**)
9. הם ________ את המכונית לחניון, ו______ אותה שם. (**לְהַכְנִיס, לְהַשְׁאִיר**)
10. בנות, אל ________ לאוטובוס, ________ מונית. (**לְהַמְתִּין, לְהַזְמִין**)

כִּתבו את המשפטים בעתיד.

Write the sentences in the future.

1. איך אתם **הִרְגַּשְׁתֶּם** ? ________________________
2. הוא **הִפְסִיק** לעשן. ________________________
3. הנשׂיא **הִזְמִין** את ראש הממשלה. ________________________
4. האנשים **הִפְגִּינוּ** מול הכנסת. ________________________
5. היא **הִדְלִיקָה** נֵרוֹת ביום שישי. ________________________
6. הסטודנטיות **הִתְחִילוּ** ללמוד. ________________________
7. אנחנו **הִמְשַׁכְנוּ** לעבוד. ________________________

שאלו זה את זה וענו.

Ask one another and answer.

1. כדאי **לְהַזְמִין** חברים ? ________________________
2. כדאי **לְהַפְגִּין** מחר ? ________________________
3. כדאי **לְהַתְחִיל** ללמוד ? ________________________
4. כדאי **לְהַפְסִיק** לעַשֵּׁן ? ________________________
5. כדאי **לְהַסְבִּיר** את הבעיה ? ________________________
6. כדאי **לְהַמְתִּין** בתור ? ________________________

בִּנְיַין הִתְפַּעֵל - זמן עתיד

The "Hitpa'el" Conjugation – Future Tense

השורש: ל.ב.ש   **שם הפועל: לְהִתְלַבֵּשׁ**

אֶתְלַבֵּשׁ	תִּתְלַבֵּשׁ	תִּתְלַבְּשִׁי	יִתְלַבֵּשׁ	תִּתְלַבֵּשׁ	נִתְלַבֵּשׁ	תִּתְלַבְּשׁוּ	יִתְלַבְּשׁוּ
I will get dressed	you will get dressed	you will get dressed	he will get dressed	she will get dressed	we will get dressed	you will get dressed	they will get dressed
אני	אתה	את	הוא	היא	אנחנו	אתם/אתן	הם/הן

לְהִתְרָאוֹת בַּחֲתוּנָּה! — See You Later at the Wedding!

דני: דַּפְנָה וַאֲנִי **נִתְחַתֵּן** מָחָר בְּאוּלַמֵּי "רסיטל".

אבי: סוֹף סוֹף. חִיכִּיתִי שֶׁתִּתְחַתְּנוּ כְּבָר הַרְבֵּה זְמַן. מַזָּל טוֹב !

דני: תָּבוֹא עִם לִיאַת לַחֲתוּנָּה ?

אבי: אִם הִיא לֹא **תִּתְנַגֵּד**. אֲנִי יוֹדֵעַ שֶׁיֵּשׁ מָחָר חֲתוּנָּה לַחֲבֵרָה טוֹבָה שֶׁלָּהּ.
מָה תַּעֲשֶׂה לִפְנֵי הַחֲתוּנָּה ?

דני: קוֹדֶם **אֶתְרַחֵץ** וְאֶתְגַּלֵּחַ, אַחַר כָּךְ **אֶתְלַבֵּשׁ**. קָנִיתִי חֲלִיפָה חֲדָשָׁה.
לִפְנֵי שֶׁאֶעֱזוֹב אֶת הבית, **אֶתְפַּלֵּל** תְּפִילָּה מְיוּחֶדֶת.

אבי: אֲנִי רוֹצֶה מְאוֹד לָבוֹא לַחֲתוּנָּה שֶׁלְּךָ.
אִם לִיאַת לֹא תָּבוֹא אִיתִּי, הִיא **תִּצְטַעֵר** וּתִתְנַצֵּל.

דני: באמת קָשֶׁה מְאוֹד לִרְקוֹד בִּשְׁתֵּי חֲתוּנּוֹת...
אֲנִי מְקַוֶּוה שֶׁלֹּא **אֶתְרַגֵּשׁ** מִדַּי, כְּשֶׁאֶשְׁבּוֹר אֶת הכוס.

מזל טוב !

אבי: גַּם אִם **תִּתְרַגֵּשׁ**, זֶה לֹא נוֹרָא. הכול יִהְיֶה בסדר.

דני: אֲנִי מְקַוֶּוה.

אבי: מָתַי **תִּתְקַשֵּׁר** לָרב, כדי לְהַזְכִּיר לוֹ שֶׁהַחֲתוּנָּה מָחָר ?

דני: עוֹד מְעַט. אֵיךְ הַיְלָדִים שֶׁלְּךָ סִיְּימוּ אֶת שְׁנַת הַלִּימּוּדִים ?

אבי: אֶתְמוֹל הֵם קִיבְּלוּ תְּעוּדוֹת טוֹבוֹת, אֲבָל אֲנִי מְקַוֶּוה שֶׁהֵם **יִתְקַדְּמוּ**
עוֹד יוֹתֵר בַּשָּׁנָה הַבָּאָה.

דני: יִהְיֶה בסדר. אַל תִּדְאַג. לְהִתְרָאוֹת מָחָר.

אבי: לְהִתְרָאוֹת בַּחֲתוּנָּה. מַזָּל טוֹב !
אַל תִּשְׁכַּח אֶת הַכּוֹס וְהַטַּבַּעַת !

כתבו את המשפטים בעתיד. Write the sentences in the future.

1. הם **הִתְלַבְּשׁוּ** בבוקר. ______________________
2. מתי הם **הִתְחַתְּנוּ** ? ______________________
3. מתי את **הִתְקַשַּׁרְתְּ** אליי ? ______________________
4. הילדים **הִתְרַחֲצוּ** בערב ? ______________________
5. הוא **הִתְגַּלֵּחַ** בבוקר. ______________________
6. אנחנו **הִתְקַדַּמְנוּ** בעבודה. ______________________

בבניין התפעל יש שינויים, כאשר האות הראשונה של השורש היא: ש, ס, צ, ז

There are changes in the "hitpa'el" conjugation, when the first letter of the root is: **ש, ס, צ, ז**.

שורש Root	**עבר** Past	**הווה** Present	**עתיד** Future
ק. ד. ם	**הִתְ**קַדֵּם	**מִתְ**קַדֵּם	**יִתְ**קַדֵּם

ש.מ.ש	הִ**שְׁתַּ**מֵּשׁ	מִ**שְׁתַּ**מֵּשׁ	יִ**שְׁתַּ**מֵּשׁ
ס.כ.ל	הִ**סְתַּ**כֵּל	מִ**סְתַּ**כֵּל	יִ**סְתַּ**כֵּל
צ.ע.ר	הִ**צְטַ**עֵר	מִ**צְטַ**עֵר	יִ**צְטַ**עֵר
ז.ק.ן	הִ**זְדַּ**קֵּן	מִ**זְדַּ**קֵּן	יִ**זְדַּ**קֵּן

כתבו את הפעלים. Write the verbs.

שם הפועל		**עבר**	**הווה**	**עתיד**
לְהִסְתַּדֵּר	←	הִסְתַּדְּרוּ	מ__________	י__________
לְהִשְׁתַּמֵּשׁ	←	הִשְׁתַּמְּשָׁה	מ__________	ת__________
לְהִצְטַלֵּם	←	הִצְטַלַּמְתֶּם	מ__________	ת__________
לְהִזְדָּרֵז	←	הִזְדָּרַזְנוּ	מ__________	נ__________

תש > שת
מ**שת**מש

תס > סת
מ**סת**כל

תצ > צט
מ**צט**ער

תז > זד
מ**זד**קן

תרגול זמן *עתיד*. Drilling the *future* tense.

כְּדַאי שֶ... It's worthwhile to	
אִם... If ...	
אַל... Don't ...	
אֲנִי מְקַווה שֶ... I hope that ...	

+ פועל בעתיד
+ verb (future)

1. **כדאי שֶ**תַּפְסִיק לעשן.
2. **אִם** תָּבוֹאוּ אלינו, נִשְׂמַח מאוד.
3. **אַל** תִּפְתַּח את החלון ! בבקשה.
4. **אני מְקווה** שיהיה מזג אוויר יפה מחר.

הָעִיקָר – הַבְּרִיאוּת! Health is the Main Thing.

רופא: בוקר טוב.
רוני: בוקר טוב, אני מַרְגִּישׁ לא טוב.
רופא: אתה מְעַשֵּׁן, נכון ? *כְּדַאי* *שֶׁ*תַּפְסִיק לְעַשֵּׁן.
אתה עוֹבֵד קשה מדיי ! *כְּדַאי* *שֶׁ*תַּעֲבוֹד פחות.
אתה לא עוֹשֶׂה ספורט ! *כְּדַאי* *שֶׁ*תַּעֲשֶׂה קצת ספורט.
רוני: אתה צוֹדֵק, אבל אין לי זמן ...
רופא: *אִם* תִּשְׁמוֹר על הבריאות שלך, תַּרְגִּישׁ יותר טוב.
אַל תְּעַשֵּׁן ! *אַל* תאכל אוֹכֶל מְטוּגָן !
*כדאי ש*תאכַל הַרְבֵּה פירות וירקות.
רוני: קשה לי ... אני לא יכול ...
רופא: *אִם* אתה תִּרְצֶה, אתה תּוּכַל.
אִם לא תִּרְצֶה, תרגיש רע.
אני מְקַווה *שֶׁ*תַּחְשׁוֹב על הבריאות שלך.
רוני: תודה רבּה לך.
*אני מְקַווה ש*יהיה טוב.

כתבו: מה אמר הרופא לרוני ? Write: What did the doctor say to Roni?

כדאי ש ______________________ *אם* ______________________

כדאי ש ______________________ *אם* ______________________

כדאי ש ______________________ *אל* ______________________

אם ______________________ *אל* ______________________

כתבו: מה אמר רוני לרופא? Write: What did Roni say to the doctor?

אני מקווה ש ____

מְקַוֶּה מְקַוָּה מְקַוִּים מְקַוּוֹת לְקַוּוֹת
Hope (m/s, f/s, m/pl, f/pl) to hope

אֲנִי מְקַוֶּה שֶׁ... + פּוֹעַל בעתיד

I Hope That ... + Verb in the Future

כִּתבו את המשפטים לפי הדוגמה:

Write the sentences according to the example.

הסטודנט רוצה *ללמוד* באוניברסיטה.

הסטודנט *מקווה* שהוא *ילמד* באוניברסיטה.

The student wants **to study** at the university.

The student **hopes** that he**'ll study** at the university.

1. העובדים יכולים *לְהִתְקַדֵּם* בעבודה.

____

2. היא רוצה *לְקַבֵּל* דרכון חדש.

____

3. הסטודנטיות רוצות *לְהַצְלִיחַ* בבחינה.

____

4. ראש הממשלה צריך *לִפְגּוֹשׁ* את הנשׂיא.

____

5. הם רוצים *לִקְנוֹת* מכונית חדשה.

____

6. אנחנו מוכנים *לְהַפְסִיק* לְעַשֵׁן.

____

7. אני מעוניינת *לִשְׂכּוֹר* דירה גדולה.

____

8. הן יכולות *לְטַיֵּיל* בחופשה.

____

תרגילי סיכום - עתיד

Summing – Up Exercises - Future Tense

כִּתבו את הפּעלים בּעתיד.

Write the verbs in the future tense.

1. מה אתן ________ בּמסעדה ? אנחנו ________ סלטים. **(לְהַזְמִין)**
2. מתי הסטודנטים ________ ללמוד בּאוניברסיטה ? הם ________ ללמוד בּחודש אוקטובּר. **(לְהַתְחִיל)**
3. מי ________ ארוחת ערב ? שׂרה ________ אותה. **(לְהָכִין)**
4. בּאיזה מילון ________ התלמידה ? היא ________ בּמילון החדש. **(לְהִשְׁתַּמֵּשׁ)**
5. למה לא ________ לתאטרון ? אנחנו לא ________ לתאטרון, מפּני שאין לנו כּרטיסים. **(לְהִיכָּנֵס)**
6. איפה אתם ________ בּטיול ? אנחנו ________ בּמוזאון ישראל. **(לְבַקֵּר)**
7. למה אתה לא ________ בּבית הכּנסת ? אני לא ________, מפּני שאני חולה. **(לְהִתְפַּלֵּל)**
8. מי ________ יין למסיבּה ? שׂרה וחנה ________ יין למסיבּה. **(לְהָבִיא)**
9. איך הם ________ אחרי החתונה ? הם ________ מצוין. **(לְהַרְגִּישׁ)**
10. מתי את ________ אליי ? מחר אני ________ אליך. **(לְהִתְקַשֵּׁר)**
11. איפה אתן ________ מחר ? אנחנו ________ בּקונצרט. **(לִהְיוֹת)**

ציווי בשלילה אַל + עתיד

The Imperative in the Negative: אַל + the verb in the future tense.

<u>דוגמה</u>: גלית, אַל תִּסְגְּרִי את החלון!

<u>Example</u>: **Galit, don't close the window!**

כּתבו את הפּועל בּצורה הנכונה.

Write the correct form of the verb.

1. דניאל, אַל ________ אליי בּערב ! **(לְצַלְצֵל)**
2. חברים, אַל ________ את המסיבּה ! **(לִשְׁכּוֹחַ)**
3. דויד וחנה, אַל ________ בּשיעור ! **(לְדַבֵּר)**
4. ילדים, אַל ________ בּחוץ ! **(לְשַׂחֵק)**
5. יעקב, אַל ________ סיגריות ! **(לְעַשֵּׁן)**
6. דני, אַל ________ לחדשות ! **(לְהַקְשִׁיב)**
7. מיכל, אַל ________ בּעיות ! **(לַעֲשׂוֹת)**
8. חברות, אַל ________ מהר ! **(לְהִתְלַבֵּשׁ)**
9. ענת, אַל ________ קפה בּערב ! **(לִשְׁתּוֹת)**
10. ילדים, אַל ________ את המפתח בּבית ! **(לְהַשְׁאִיר)**
11. אבא, אַל ________ הבּיתה מאוחר ! **(לַחְזוֹר)**
12. שׂרה, אַל ________ למסיבּה מאוחר ! **(לָבוֹא)**
13. דני ורותי, אַל ________ ארוחת ערב ! **(לְהָכִין)**
14. מיכאל, אַל ________ עליי ! **(לִכְעוֹס)**

בַּחֲנוּת הַבְּגָדִים
In the Clothes Store

מוכרת: אפשר לַעֲזוֹר לך ?

קונה: אני מְחַפֶּשֶׂת שׂמלת ערב.

מוכרת: כֵּן, איזו מידה את לוֹבֶשֶׁת ? איזה צֶבַע את אוהבת ?

קונה: מספר 42, צֶבַע כּחול.

מוכרת: הנה, אלה שְׂמָלוֹת בּמידה 42.

קונה: אפשר לִמְדוֹד את הַשִּׂמְלָה הזאת ?

מוכרת: כּמובן, בּבקשה.

קונה: אוי ! הַשִּׂמְלָה צרה מדיי.

מוכרת: את יכולה לִמְדוֹד את הַשִּׂמְלָה הזאת.

קונה: תודה.

מוכרת: כּדאי לך לקנות את הַשִּׂמְלָה, היא מַתְאִימָה לך,
גם הַצֶּבַע מַתְאִים לך.

קונה: הַשִּׂמְלָה מוצֵאת חֵן בּעיניי, כּמה היא עוֹלָה ?

מוכרת: הַשִּׂמְלָה עוֹלָה 180 שקלים, ויש לך הֲנָחָה של 20%.

קונה: אפשר לְשַׁלֵּם בְּכַרְטִיס אשראי או בְּשֶׁק ?

מוכרת: את יכולה לְשַׁלֵּם בְּכַרְטִיס אשראי.

קונה: תודה רבּה.

מוכרת: תודה רבּה לך ו"תִּתְחַדְּשִׁי".

השלימו: מה אומרת המוכרת לקונה ?
Complete: What does the saleswoman say to the customer (purchaser)?

1. הַשִּׂמְלָה __________ __________. 2. הצבע __________ __________.

השלימו. מתוך הדיאלוג. **Complete using the dialog.**

אפשר ______________________________

את יכולה ______________________________

כדאי לך ______________________________

את יכולה ______________________________

ענו על השאלות. **Answer the questions.**

מה קנתה הגברת? ______________________

כמה כסף היא שילמה? ______________________

איך היא שילמה? ______________________

כִּתבו: מה מספּרת הקוֹנָה לחברה שלה בטלפון ?

בּבוקר הלכתי לחנות הבגדים. ______________________

____

____

מַתְאִים מַתְאִימָה מַתְאִימִים מַתְאִימוֹת + לִי, לְךָ...

Suits / Fits (m/s, f/s, m/pl, f/pl) + me, you…

השלימו את המשפטים לפי הדוגמה.

Complete the sentences according to the example.

המכנסיים *מתאימים* *לךָ.* (אתה)

הנעליים ___________ ___________ (את)

החולצות ___________ ___________ (אתם)

הכובעים ___________ ___________ (אתן)

המשקפיים ___________ ___________ (הוא)

הדירה ___________ ___________ (אנחנו)

מוֹצֵא חֵן בְּעֵינַיי I Like...

הספר **מוֹצֵא חֵן בְּעֵינַיי.**

הדירה **מוֹצֵאת חֵן בְּעֵינַיי.**

המכנסיים **מוֹצְאִים חֵן בְּעֵינַיי.**

התמונות **מוֹצְאוֹת חֵן בְּעֵינַיי.**

השלימו לפי הדוגמות הנ״ל.

Complete according to the examples above.

1. המשקפיים ______________________________
2. הנעליים ______________________________
3. החולצות ______________________________
4. הכּוֹבע ______________________________
5. הרהיטים ______________________________
6. השולחן ______________________________
7. המנורה ______________________________

״וְנֹחַ מָצָא חֵן בְּעֵינֵי ה׳״ (בראשית ו, ח)

מִשְׁפְּטֵי סִיבָּה Causal Clauses	מִשְׁפְּטֵי תַכְלִית Purpose Phrases

למה...? מפני ש...	לשם מה...? כדי ל...
Why ...? Because ...	For what purpose ...? In order to ...
למה הָלַכְתְּ לָרוֹפֵא? הָלַכְתִּי לָרוֹפֵא מפני שהָיִיתִי חולה.	לְשֵׁם מה הָלַכְתָּ לָרוֹפֵא ? הָלַכְתִּי לָרוֹפֵא כדי לְקַבֵּל תְרוּפוֹת.
Why did you go to the doctor?	For what purpose did you go to the doctor?
I went to the doctor because I was sick.	I went to the doctor in order to get medicines.

Complete using *in order to... / because...*   השלימו: *כדי ל... או מפני ש...*

1. נָסַעְתִּי במונית, _____ אין לי מכונית.

2. היא הָלְכָה לדואר _____ לִשְׁלוֹחַ מִבְרָק.

3. הפקידות נָסְעוּ למשׂרד _____ לעבוד.

4. הם קָנוּ כרטיסים, _____ הם רָצוּ לראות סרט.

5. ראש הממשלה נָסַע לארצות הברית _____ לִפְגּוֹשׁ את הנשיא.

6. שַׂר הביטָחוֹן לא בָּא לפגישה, _____ הוא היה עָסוּק.

7. הָלַכְנוּ לבנק _____ לְבַקֵּשׁ הַלְוָואָה.

8. הסטודנט לא בא לאוניברסיטה, _____ הוא היה חולה.

Write the questions to the sentences above.   כתבו את השאלות למשפטים הנ"ל.

1. *למה* נָסַעַת במונית ?

2. *לשם מה* _____ ?

3. _____ ?

4. _____ ?

5. _____ ?

6. _____ ?

7. _____ ?

8. _____ ?

"וְכָל מַעֲשֶׂיךָ יִהְיוּ לְשֵׁם שָׁמַיִם" (אבות ב, יב)

דִירוֹת... דִירוֹת... דִירוֹת... דִירוֹת...

Apartments ... Apartments ... Apartments ... Apartments ...

מיכאל וענת רוצים לקנות דירה בנתניה.

Michael and Anat want to buy an apartment in Netanya.

הם מצאו שתי מוֹדָעוֹת: **They found two advertisements.**

מודעה 1 **first ad.**

למכירה

בית חדש במרכז נתניה,

שלושה חדרים, מטבח גדול,

שתי מרפסות, חנייה, מעלית

המחיר: מאה ושמונים אלף דולר.

נא להתקשר בשעות הערב

לטלפון: 09-8337111

1. איפה נִמְצֵאת הדירה ?
____
2. כמה חדרים יש בדירה ?
____
3. יש מרפסת בדירה ?
____
4. הַאִם יש חנייה ?
____
5. הַאִם יש מַעֲלִית ?
____
6. מה מחיר הדירה ?
____
7. מתי אפשר לְהִתְקַשֵׁר ?
____

מודעה 2 **second ad.**

דירה בנתניה

דירה על יד הים,

שני חדרים וחצי,

קומה שלישית בלי מעלית.

המחיר: מאה וחמישים אלף דולר.

הדירה למכירה או להשכרה

טלפון בעבודה: 09-8333444

טלפון בבית: 09-8432223

(לא בשבת)

1. איפה נִמְצֵאתָ הדירה ?
____
2. באיזה קומה הדירה ?
____
3. מה הבעיה בדירה ?
____
4. מה מחיר הדירה ?
____
5. לאן אפשר לְהִתְקַשֵׁר ?
____
6. מתי אי אפשר לְהִתְקַשֵׁר ?
____
7. האם רוצים לִמְכּוֹר את הדירה או לְהַשְׂכִּיר אותה ?
____

מִיכָאֵל מְצַלְצֵל בְּקֶשֶׁר לַדִּירָה

Michael Phones Regarding the Apartment

מיכאל: הלו,

דני: כֵּן, שלום

מיכאל: אני מְצַלְצֵל בְּקֶשֶׁר לַמּוֹדָעָה בעיתון.
עם מי אני מדבר ?

דני: עם דני.

מיכאל: זאת הדירה שלך ?

דני: כֵּן.

מיכאל: הדירה לִמְכִירָה ?

דני: כֵּן, אני פִּרְסַמְתִּי את המוֹדָעָה.

מיכאל: אני יכול לראות את הדירה ?

דני: כֵּן, בבקשה.

מיכאל: מתי ? אפשר מחר בּבּוקר ?

דני: אני מִצְטַעֵר, בּבּוקר אני עוֹבֵד.
אולי אפשר אחרי הצהריים ?

מיכאל: בּ-5:00 זה בסדר ?

דני: מצוין.

מיכאל: סליחה, מה הכּתובת של הדירה ?

דני: רח׳ ויצמן 40 נתניה.

מיכאל: וּמַה שם המשפחה שלך ?

דני: שמואלי, אתה מַגִּיעַ בִּמְכוֹנִית או בּאוֹטוֹבּוּס ?

מיכאל: בּאוֹטוֹבּוּס.

דני: הדירה נמצאת על יד התחנה המרכּזית.

מיכאל: תודה רבה. להתראות מחר בּ-5:00.

מיכאל וענת מַחְלִיטִים לִקְנוֹת את הדירה בנתניה, אבל הם צריכים קודם לִמְכּוֹר את הדירה הקטנה שלהם בחיפה.

Michael and Anat decide to buy the apartment in Netanya, but first they have to sell their small apartment in Haifa.

עזרו להם לכתוב מודעה.

Help them write an advertisement.

פרטים על הדירה: **Details about the apartment:**

1. חדר וחצי
2. קומה שנייה
3. נוֹף יפה
4. חנייה
5. מַעֲלִית
6. מרפּסת גדולה
7. מחיר: מאה ועשרים אלף דולר
8. טלפון (בשעות הערב) 04-6347223

דִירוֹת בַּטֶלֶפוֹן
Apartments by Telephone

הַאִם אתם רוצים לְמְכּוֹר דירה ? האם אתם מְעוּנְיָינִים לִשְׂכּוֹר או לִקְנוֹת דירה ? מעכשיו אתם יכולים לקבל **מֵידָע** (אינפורמציה) בטלפון על דירות למכירה וּלְהַשְׂכָּרָה.

אם אתם מְעוּנְיָינִים לִמְכּוֹר את דִירַתְכֶם, אתם צריכים לְהִתְקַשֵׁר לטלפון **"דיור ישיר"** וּלְהַשְׁאִיר את הַפְּרָטִים האלה: המקום בארץ, מספר החדרים, השֶׁטַח והמחיר.

אתם צריכים לשלם 25 שקלים.

אם אתם מְעוּנְיָינִים לִשְׂכּוֹר או לִקְנוֹת דירה, אתם יכולים לְקַבֵּל בטלפון פְּרָטִים על דירה מַתְאִימָה: מחיר הדירה, מספר החדרים ועוד...

אתם צריכים לשלם שלושה שקלים לְכָל דקה של שִׂיחַת טלפון.

מי שֶׁמְּבַקֵּשׁ למכור או לְהַשְׂכִּיר דירה, צריך לְהִתְקַשֵּׁר לטלפון מספר 03-7650651.

מי שֶׁמְּבַקֵּשׁ לִקְנוֹת או לִשְׂכּוֹר דירה, צריך לְהִתְקַשֵּׁר לטלפון מספר 03-7650650.

מה אתם צריכים לעשות? What do you have to do?

1. אם אתם מעוניינים למכור את דירתכם.

____

____

____

2. אם אתם מעוניינים לשכור או לקנות דירה.

____

____

השלימו את המשפטים מן הקטע. Complete the sentences, using the text.

1. אתם צריכים להתקשר לטלפון מספר 03-7650651
כאשר ____

2. אתם צריכים להתקשר לטלפון מספר 03-7650650
כאשר ____

אילו פרטים אתה /את רוצה לדעת, כאשר אתה /את רוצה לקנות או לשכור דירה.
Which details do you want to know when you want to buy or rent an apartment?
כתבו שש שאלות. Write six questions.

1. ____________________
2. ____________________
3. ____________________
4. ____________________
5. ____________________
6. ____________________

הסתכלו בתרשים (סקיצה) הדירה וקראו.

Look at the plan of the apartment and read.

מַה יֵּשׁ בַּדִּירָה ?

What is there in the apartment?

במטבח **יש** ← כיור, כיריים גז, מקרר וארונות מטבח.

בפינת האוכל **יש** ← שולחן אוכל ושישה כיסאות.

בסלון **יש** ← כורסאות, שולחן סלון, שטיח, ספות ושולחן טלוויזיה.

במרפסת הסלון **יש** ← שולחן, ארבעה כיסאות ועציצים.

בחדר ההורים **יש** ← מיטה זוגית, ארונות קיר ושולחן טלוויזיה.

בחדר האמבטיה **יש** ← כיור, שירותים ואמבטיה.

בחדר השינה **יש** ← שולחן כתיבה, שטיח, כיסא, ארון קיר ומיטה.

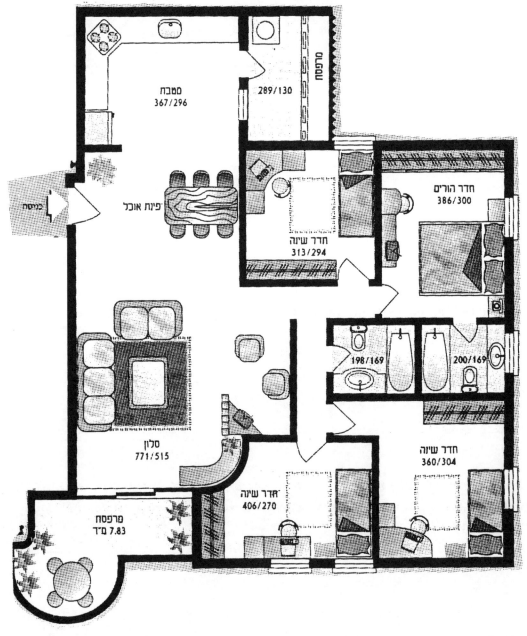

עַל יַד **beside**
מוּל **opposite**
בְּצַד שְׂמאל **on the left side**
בְּצַד יָמִין **on the right side**
בְּאֶמְצַע **in the middle**
בַּפִּינָה **in the corner**
עַל **on**

ענו על השאלות, השתמשו במילים האלה:

Answer the questions, using the words in the box.

1. איפה נמצא המקרר ? ________________
2. איפה נמצאות הכורסאות ? ________________
3. איפה נמצאת הטלוויזיה ? ________________
4. איפה נמצאים העציצים ? ________________
5. איפה נמצאים השטיחים ? ________________
6. איפה נמצאת מכונת כביסה ? ________________
7. איפה נמצאים הכיסאות ? ________________

ענו על השאלות (הסתכלו בתרשים הדירה).

Answer the questions. (Look at the plan of the apartment.)

1. כמה מרפסות יש בדירה ? ________________
2. כמה חדרי שינה יש בדירה ? ________________
3. כמה חדרי אמבטיה יש בדירה ? ________________
4. כמה שְׁטִיחִים יש בדירה ? ________________
5. כמה מיטות יש בדירה ? ________________
6. כמה ארונות קיר יש בדירה ? ________________
7. כמה עֲצִיצִים יש במרפסת ? ________________

כְּתוב /כִּתבי: מה יש בדירה שלך ? **Write: What is there in your apartment?**

אני גר /גרה בדירה ברחוב ________________ בקומה ______.

בדירה שלי יש ________________

____

____

____

בדירה שלי אין ________________

____

____

____

מִשְׁפְּטֵי סִיבָּה **Causal Clauses**	⟷	מִשְׁפְּטֵי תוֹצָאָה **Result Clauses**

מִפְּנֵי שֶׁ... ⟷ לָכֵן

הוא הָיָה חולה, *לָכֵן* הוא לא בָּא לעבודה.

הוא לא בָּא לעבודה, *מִפְּנֵי שֶׁ*הוא הָיָה חולה.

He was sick, *therefore* he didn't come to work.

He didn't come to work, *because* he was sick.

לָכֵן ⟵ תוֹצָאָה

1. לריסה לא מְבִינָה, *לָכֵן* היא שׁוֹאֶלֶת.
2. היא מְרוּצָה מהעבודה, *לָכֵן* היא שְׂמֵחָה.
3. היא רוצה עבודה, *לָכֵן* היא מִתְקַשֶּׁרֶת.
4. הוא רוצה לִנְסוֹעַ, *לָכֵן* הוא קוֹנֶה כרטיס נסיעה.
5. היא חוֹלָה, *לָכֵן* היא לא בָּאָה לעבודה.
6. הוא לא מַרְגִּישׁ טוב, *לָכֵן* הוא הוֹלֵךְ לרופא.

השלימו משפטי סיבה *מִפְּנֵי שֶׁ*... לפי המשפטים הנ"ל.

Complete the sentences, using causal clauses מִפְּנֵי שֶׁ... according to the sentences above.

1. לריסה שׁוֹאֶלֶת, *מִפְּנֵי שֶׁ*היא לא מְבִינָה.
2. היא שְׂמֵחָה, *מִפְּנֵי שֶׁ*היא מרוּצָה מהעבודה.
3. ______________ *מפני ש*______________
4. ______________ *מפני ש*______________
5. ______________ *מפני ש*______________
6. ______________ *מפני ש*______________

"יַעַן לא הֶאֱמַנְתֶּם בִּי... לָכֵן לא תָבִיאוּ אֶת הַקָּהָל הַזֶּה אֶל הָאָרֶץ"
(במדבר כ, יב)

Vocabulary אוצר מילים

Verbs	פְּעָלִים
remind	מַזְכִּיר - לְהַזְכִּיר
hurry	מְמַהֵר - לְמַהֵר
wait	מַמְתִּין – לְהַמְתִּין
disconnect	מְנַתֵּק - לְנַתֵּק
demonstrate	מַפְגִּין – לְהַפְגִּין
frighten	מַפְחִיד – לְהַפְחִיד
disturb	מַפְרִיעַ - לְהַפְרִיעַ
suit, fit	מַתְאִים - לְהַתְאִים
shave	מִתְגַּלֵּחַ – לְהִתְגַּלֵּחַ
apologize	מִתְנַצֵּל – לְהִתְנַצֵּל
set up, edit	עוֹרֵךְ- לַעֲרוֹךְ
is right, justified	צוֹדֵק – לִצְדּוֹק
break	שׁוֹבֵר - לִשְׁבּוֹר
keep, watch over	שׁוֹמֵר - לִשְׁמוֹר

Weather	מֶזֶג הָאֲוִויר
lightning	(ז) בָּרָק (בְּרָקִים)
rainy	גָּשׁוּם
warm	חֲמִים
temperature	(נ) טֶמְפֶּרָטוּרָה (טֶמְפֶּרָטוּרוֹת)
cloudy	מְעוּנָּן
degree (temp.)	(נ) מַעֲלָה (מַעֲלוֹת)
pleasant, fine, nice	נָאֶה
season	(נ) עוֹנָה (עוֹנוֹת)
rise (in temp.)	(נ) עֲלִיָּיה (עֲלִיּוֹת)
cool	קָרִיר
windy	רוּחַ
thunder	(ז) רַעַם (רְעָמִים)

Seasons	עוֹנוֹת
spring	(ז) אָבִיב
winter	(ז) חוֹרֶף
fall, autumn	(ז) סְתָיו
summer	(ז) קַיִץ

Miscellaneous	שׁוֹנוֹת
to	אֶל \ ל
what? how?	בַּמֶּה?
mainly	בְּעִיקָר
regarding the …	בְּקֶשֶׁר ל ...
in turn (to wait)	בַּתּוֹר
rarely, seldom	לְעִתִּים רְחוֹקוֹת
too (much)	מִדַּי
far from …	רָחוֹק מ...

Nouns	שְׁמוֹת עֶצֶם
health	(נ) בְּרִיאוּת
minute	(נ) דַּקָּה (דַּקּוֹת)
walk	(נ) הֲלִיכָה
suit	(נ) חֲלִיפָה (חֲלִיפוֹת)
car park	(ז) חַנְיוֹן (חַנְיוֹנִים)
ring	(נ) טַבַּעַת (טַבָּעוֹת)
tip	(ז) טִיפּ (תֶּשֶׁר)
drop, decline, fall	(נ) יְרִידָה (יְרִידוֹת)
hat	(ז) כּוֹבַע (כּוֹבָעִים)
studies	(ז) לִימוּד (לִימוּדִים)
guide	(ז) מַדְרִיךְ (מַדְרִיכִים)
size, number	(נ) מִידָּה (מִידּוֹת)
information	(ז) מֵידָע
hotel	(ז) מָלוֹן (בָּתֵּי מָלוֹן)
map	(נ) מַפָּה (מַפּוֹת)
camera	(נ) מַצְלֵמָה (מַצְלֵמוֹת)
sport	(ז) סְפּוֹרְט
physics	(נ) פִיזִיקָה
detail	(ז) פְּרָט (פְּרָטִים)
fruit	(ז) פְּרִי (פֵּירוֹת)
rabbi	(ז) רַב (רַבָּנִים)
vehicle permit	(ז) רִשְׁיוֹן רֶכֶב
gatekeeper	(ז) שׁוֹעֵר (שׁוֹעֲרִים)
Chopin	(ז) שׁוֹפֶּן
result	(נ) תּוֹצָאָה (תּוֹצָאוֹת)
tip	(ז) תֶּשֶׁר

Adjectives	שְׁמוֹת תּוֹאַר
courteous, polite	אָדִיב (ה) (ים) (וֹת)
moderate, medium	בֵּינוֹנִי (ת) (יִּם) (וֹת)
high	גָּבוֹהַּ (ה) (ים) (וֹת)
partly	חֶלְקִי (ת) (ים) (וֹת)
weak	חַלָּשׁ (ה) (ים) (וֹת)
dry	יָבֵשׁ (ה) (ים) (וֹת)
fried	מְטוּגָּן (ת) (ים) (וֹת)
low	נָמוּךְ (ה) (ים) (וֹת)
comfortable	נוֹחַ (ה) (ים) (וֹת)
Parisian	פָּרִיזָאִי (ת) (ים) (וֹת)
narrow, tight	צַר (ה) (ים) (וֹת)

Our Home	הַבַּיִת שֶׁלָּנוּ
bathtub, bathroom	(נ) אַמְבַּטְיָה (אַמְבַּטְיוֹת)
kitchen cabinets	(ז״ר) אֲרוֹנוֹת מִטְבָּח
wall cupboards	(ז״ר) אֲרוֹנוֹת קִיר
garden	(נ) גִּינָּה (גִּינּוֹת)
bathroom	(ז) חֲדַר(י) אַמְבַּטְיָה
master bedroom	(ז) חֲדַר(י) הוֹרִים
bedroom	(ז) חֲדַר(י) שֵׁינָה
parking	(נ) חֲנָיָּיה
arm chair	(נ) כּוּרְסָא (כּוּרְסָאוֹת)
sink	(ז) כִּיּוֹר (כִּיּוֹרִים)
gas stove	(ז״ר) כִּירַיִים גַּז
for rent	לְהַשְׂכָּרָה
for sale	לִמְכִירָה
double bed	(נ) מִיטָּה זוּגִית
washing machine	(נ) מְכוֹנַת כְּבִיסָה
elevator	(נ) מַעֲלִית (מַעֲלִיּוֹת)
sofa, couch	(נ) סַפָּה (סַפּוֹת)
potted plant	(ז) עָצִיץ (עֲצִיצִים)
corner	(נ) פִּינָּה (פִּינּוֹת)
dining area	(נ) פִּינַּת אוֹכֶל
dining table	(ז) שׁוּלְחַן אוֹכֶל
desk	(ז) שׁוּלְחַן כְּתִיבָה

Places	מְקוֹמוֹת
Istanbul	(נ) אִיסְטַנְבּוּל
Amsterdam	(נ) אַמְסְטֶרְדַם
Palace of Versailles	(ז) אַרְמוֹן וֶרְסַאי
Athens	(נ) אַתּוּנָה
Beijing	(נ) בֵּייגִ׳נְג
Bangkok	(נ) בַּנְגְקוֹק
Brussels	(נ) בְּרִיסֶל
Berlin	(נ) בֶּרְלִין
Gardens of Versailles	(ז״ר) גַּנֵּי וֶרְסַאי
Luxembourg Gardens	(ז״ר) גַּנֵּי לוּקְסֶמְבּוּרְג
Tokyo	(נ) טוֹקְיוֹ
Toronto	(נ) טוֹרוֹנְטוֹ
Los Angeles	(נ) לוֹס –אַנְגֶ׳לֶס
Madrid	(נ) מַדְרִיד
the Louvre	(ז) מוּזֵאוֹן הַלּוּבְר
Montmartre	(ז) מונטמרטר
Moscow	(נ) מוֹסְקְבָה
Sidney	(נ) סִידְנִי
Singapore	(נ) סִינְגַפּוּר
Zurich	(נ) צִירִיךְ
Cairo	(נ) קָהִיר
Copenhagen	(נ) קוֹפֶּנְהָאגֶן
Rome	(נ) רוֹמָא
Stockholm	(נ) שְׁטוֹקְהוֹלְם

Phrases — צֵירוּפִים

to wait your turn, **to wait in** line	**לְהַמְתִּין בַּתּוֹר**
to succeed in the exam	**לְהַצְלִיחַ בַּמִּבְחָן**
not to **disturb him**	לֹא **לְהַפְרִיעַ לוֹ**
to turn on the T. V.	**לְהַדְלִיק** אֶת הַטֶּלֶוִיזְיָה
and not **to listen to** the radio	וְלֹא **לְהַאֲזִין לָ**רַדְיוֹ
to arrange / organize a party	**לַעֲרוֹךְ** מְסִיבָּה
to feel comfortable	**לְהַרְגִּישׁ** בְּנוֹחַ
to remind you	**לְהַזְכִּיר לָךְ**
to be at 2 places or to do 2 things at the same time (lit.- **to dance at** 2 weddings)	**לִרְקוֹד בִּשְׁתֵּי** חֲתוּנוֹת

Expressions — מַבָּעִים

Hello !	הַלּוֹ!
Of course !	בְּוַדַּאי!
Finally ! At long last !	סוֹף סוֹף!
Soon ! In a little while !	עוֹד מְעַט!
even more / still more	עוֹד יוֹתֵר
the main thing, principally, mainly	הָעִיקָּר \ בְּעִיקָּר
Take care of your health !	תִּשְׁמוֹר עַל הַבְּרִיאוּת שֶׁלְּךָ!

How can I help you?
Can I help you?
What size do you wear? Size 42.
Which color do you like?
Can I (is it possible to) try on the shirt?
Can I (is it possible to) get a discount?
You have a discount of 20%.
I like the shirt.

בַּמֶּה אֶפְשָׁר לַעֲזוֹר לְךָ?
אֶפְשָׁר לַעֲזוֹר לְךָ?
אֵיזוֹ מִידָּה אַתָּה לוֹבֵשׁ? מִסְפָּר 42.
אֵיזֶה צֶבַע אַתְּ אוֹהֶבֶת?
אֶפְשָׁר לִמְדוֹד אֶת הַחוּלְצָה?
אֶפְשָׁר לְקַבֵּל הֲנָחָה?
יֵשׁ לְךָ הֲנָחָה שֶׁל 20%.
הַחוּלְצָה מוֹצֵאת חֵן בְּעֵינַיי.

He doesn't answer the phone.
I'm phoning regarding the ad in the paper.
Whom do I have to refer to regarding the apartment?

הוּא לֹא עוֹנֶה לַטֶּלֶפוֹן.
אֲנִי מְצַלְצֵל בְּקֶשֶׁר לַמּוֹדָעָה בָּעִיתּוֹן.
אֶל מִי אֲנִי צָרִיךְ לִפְנוֹת בְּקֶשֶׁר לַדִּירָה?

Anyone who (whoever) wants to sell an apartment should phone…

מִי שֶׁרוֹצֶה לִמְכּוֹר דִּירָה, צָרִיךְ לְהִתְקַשֵּׁר...

I'm sure that …
I hope that …

אֲנִי בָּטוּחַ שֶׁ ...
אֲנִי מְקַוֶּוה שֶׁ ...

Weather Forecast

What will the weather be?
The weather will be clear / rainy / cloudy
partly cloudy /pleasant / comfortable / nice
hot and dry / cold - cool /
hot – warm . It will rain / snow .
It'll be windy / with high / low temperatures
(a) rise / fall in temperature .

תַּחֲזִית מֶזֶג אֲוִויר

מַה יִהְיֶה מֶזֶג הָאֲוִויר?
מֶזֶג הָאֲוִויר יִהְיֶה בָּהִיר / גָּשׁוּם / מְעוּנָּן /
מְעוּנָּן חֶלְקִית / נָאֶה / נוֹחַ /
נָעִים / חַם וְיָבֵשׁ / קַר – קָרִיר /
חַם – חַמִּים . יֵרֵד גֶּשֶׁם / שֶׁלֶג.
תִּהְיֶה רוּחַ / טֶמְפֶּרָטוּרוֹת גְּבוֹהוֹת / נְמוּכוֹת
עֲלִיָּה / יְרִידָה בַּטֶּמְפֶּרָטוּרוֹת.

Grammatical Structures

מִבְנִים לשוניים

1) The Conjugation of the Prep. "אֶל"
to me / you (m) **/ you** (f) **/ him / her /**
us / you (m) **/ you** (f) **/them** (m) **/ them** (f)
They came **to us** and we came **to them**.

1) "אֶל" בִּנְטִיָּיה
אֵלַי / אֵלֶיךָ / אֵלַיִךְ / אֵלָיו / אֵלֶיהָ /
אֵלֵינוּ / אֲלֵיכֶם / אֲלֵיכֶן / אֲלֵיהֶם / אֲלֵיהֶן
הֵם בָּאוּ **אֵלֵינוּ**, וַאֲנַחְנוּ בָּאנוּ **אֲלֵיהֶם**.

2) "Pi'el" Verb Conjugation – Future Tense
(review – see lesson 10) **He will speak**.

2) בִּנְיָין פִּיעֵל - זְמַן עָתִיד
(חֲזָרָה- רְאוּ שִׁיעוּר 10) הוּא **יְדַבֵּר**.

3) "Hif'il" Verb Conjugation – Future
(review – see lesson 10) **He will invite**.

3) בִּנְיַין הִפְעִיל – זְמַן עָתִיד
(חֲזָרָה – רְאוּ שִׁיעוּר 10) הוּא **יַזְמִין**.

4) "Hitpa'el" Verb Conjugation – Future
(review – see lesson 10) **He will get dressed.**

4) בִּנְיַין הִתְפַּעֵל – זְמַן עָתִיד
(חֲזָרָה – רְאוּ שִׁיעוּר 10) הוּא **יִתְלַבֵּשׁ**.

5) Imperative in the Negative
"אַל" + Verb in the Future Tense
Anat, **don't drink** coffee in the evening !
Dani, **don't drink** coffee in the evening !
Friends, **don't drink** too much wine !

6) Worthwhile that ... / If ... / Don't ...
   +   Verb in the Future
It's worth your while to stop smoking.
If you come to us, we'll be very happy.
Don't open the window !

7) Hope (m / f / s / pl) to hope
I hope that ... +   Verb in the Future
The students **hope that** they will **succeed.**
I hope that there will be peace .

8) Suit(s) / Fit(s) (m / f/ s / pl)
+   me, you ...
The shoes **suit / fit me.**

9) I like ...
(lit. – something [the noun] is / are found
pleasing to me)
I like a ring.
I like the furniture.
I like the suits.

10) Purpose Phrases
For what purpose ...? in order to ...

For what purpose did you go to the doctor?
I went **in order to** get medicines.

11) Causal Clauses : Why ..? Because ..
Why did you go to the doctor?
I went to the doctor **because** I wanted to get
medicines.

12) Result – Causal Clauses
therefore / because ...
He was sick, **therefore (so)** he didn't come
to work.
He didn't come to work **because** he was sick.

5) צִיוּוּי בִּשְׁלִילָה
אַל + פּוֹעַל בֶּעָתִיד
עֲנָת, אַל תִּשְׁתִּי קָפֶה בָּעֶרֶב!
דָנִי, אַל תִּשְׁתֶּה קָפֶה בָּעֶרֶב!
חֲבֵרִים, אַל תִּשְׁתּוּ יוֹתֵר מִדַּי יַיִן!

6) כְּדַאי שֶׁ .. / אִם .. / אַל.. /
   +   פּוֹעַל בֶּעָתִיד
כְּדַאי שֶׁתַּפְסִיק לְעַשֵׁן.
אִם תָּבוֹאוּ אֵלֵינוּ, נִשְׂמַח מְאוֹד.
אַל תִּפְתַּח אֶת הַחַלּוֹן !

7) מְקַוֶּה / מְקַוָּה / מְקַוִּים / מְקַוּוֹת / לְקַוּוֹת
אֲנִי מְקַוֶּה שֶׁ ... +   פּוֹעַל בֶּעָתִיד
הַסְּטוּדֶנְטִים מְקַוִּים שֶׁהֵם יַצְלִיחוּ.
אֲנִי מְקַוֶּה שֶׁיִּהְיֶה שָׁלוֹם.

8) מַתְאִים / מַתְאִימָה / מַתְאִימִים / מַתְאִימוֹת
+   לִי , לְךָ ...
הַנַּעֲלַיִים מַתְאִימוֹת לִי.

9) מוֹצֵא / מוֹצֵאת / מוֹצְאִים / מוֹצְאוֹת +
חֵן בְּעֵינַיי.

הַטַּבַּעַת מוֹצֵאת חֵן בְּעֵינַיי
הָרָהִיטִים מוֹצְאִים חֵן בְּעֵינַיי.
הַחֲלִיפוֹת מוֹצְאוֹת חֵן בְּעֵינַיי.

10) מִשְׁפְּטֵי תַּכְלִית
לְשֵׁם מָה ...? כְּדֵי ל ...

לְשֵׁם מָה הָלַכְתָּ לָרוֹפֵא?
הָלַכְתִּי כְּדֵי לְקַבֵּל תְּרוּפוֹת.

11) מִשְׁפְּטֵי סִיבָּה : לָמָּה ...? מִפְּנֵי שֶׁ ...
לָמָּה הָלַכְתָּ לָרוֹפֵא?
הָלַכְתִּי לָרוֹפֵא, מִפְּנֵי שֶׁרָצִיתִי
לְקַבֵּל תְּרוּפוֹת.

12) מִשְׁפְּטֵי תּוֹצָאָה - מִשְׁפְּטֵי סִיבָּה
לָכֵן / מִפְּנֵי שֶׁ ...
הוּא הָיָה חוֹלֶה, לָכֵן הוּא לֹא בָּא לַעֲבוֹדָה.

הוּא לֹא בָּא לַעֲבוֹדָה, מִפְּנֵי שֶׁהוּא הָיָה חוֹלֶה.

בַּקָּשַׁת מֵידָע
Requesting Information

לריסה מזכּירה. היא מעוּנְיֶינֶת לָדַעַת פּרטים על העבודה החדשה, ולָכֵן היא מִתְקַשֶּׁרֶת למנהל.

Larissa is a secretary. She is interested in details about the new job and so she phones the manager.

לריסה: שלום, שמי לריסה, ואני מְצַלְצֶלֶת בקשר לעבודה.

מנהל: כּן, בּבקשה.

לריסה: סליחה, אתה יכול לְהַגִּיד לי, איפה נמצא המשׂרד ?

מנהל: המשׂרד נמצא קרוב לתחנה המרכּזית החדשה.

לריסה: תסלח לי, אני רוצה לדעת עוד פְּרָטִים על העבודה. אפשר לִשְׁאוֹל ?

מנהל: כּן, בּבקשה את יכולה לִשְׁאוֹל.

לריסה: אפשר לדעת, כּמה שעות בּיום עובדים ?

מנהל: עוֹבְדִים שבע שעות בּיום מ- 8:00 עד 15:00.

לריסה: אני רוצה לדעת, אִם עוֹבְדִים בּיום שישי.

מנהל: לא עוֹבְדִים בּיום שישי.

לריסה: אני יכולה לדעת, איזה אוטובוס מַגִּיעַ למשׂרד מרמת גן.

מנהל: אוטובוס מספר 34.

לריסה: אני חוֹשֶׁבֶת שהעבודה מַתְאִימָה לי. לפי דעתי, הַתְּנָאִים טובים, אבל ...
אני לא מְבִינָה בּדיוק, איך מַגִּיעִים למשׂרד. אתה יכול להסביר לי שוב ?

מנהל: כּמובן, את נוֹסַעַת באוטובוס מספר 34. את תֵּרְדִי תחנה לפני התחנה המרכּזית החדשה. המשׂרד נמצא על יד התחנה.

לריסה: מתי אני יכולה לְהַתְחִיל לַעֲבוֹד ?

מנהל: מחר בּבוקר בּשעה 8:00. להתראות ובהצלחה.

לריסה: תודה רבּה ולהתראות.

לריסה רוצה לדעת פרטים על העבודה. אילו שאלות היא שואלת ?
Larissa wants details about the job. Which questions does she ask?
Add your own questions. **הוסיפו שאלות משלכם.**

1. אני רוצה לדעת איפה נמצא המשרד.
2. אני יכולה לדעת ______
3. אפשר לדעת ______
4. ______

1. מה לריסה לא מְבִינָה ? ______

2. למה לריסה מְרוּצָה מהעבודה ? ______

הַבָּעַת הִתְפַּעֲלוּת וְהַפְתָּעָה
Expressing Wonder and Surprise

אֵיזֶה יוֹפִי ! ! !
Great ! ! !

לריסה חוֹזֶרֶת מהעבודה. היא מרוצָה מאוד. היא מְסַפֶּרֶת לבעלה על העבודה החדשה.

Larissa returns from work. She is very satisfied. She tells her husband about the new job.

בוריס: שלום לריסה, נו, איך העבודה החדשה ?

לריסה: בּוריס, אני רוצה לְסַפֵּר לך... איזה יופי, זה משהו מיוחד.
הִגַּעְתִּי בבוקר למשׂרד, המשׂרד יפה, האנשים נחמדים והעבודה מעניינת
מאוד. אני לא מַאֲמִינָה שֶׁקִיבַּלְתִּי את העבודה הזאת.

בוריס: איזה יופי ! אני שָׂמֵחַ שאתְ מרוצה.

לריסה: איזו הפתעה ! המנהל קִיבֵּל אותי בְּחִיוּךְ.
אחת הפקידות הֵכִינָה לי קפה ועוגות.

בוריס: כֹּל הכבוד ! ! !

לריסה: אני מרוצה מֵהעבודה הזאת.
מוֹצְאִים חֵן בְּעֵינֵי האנשים, המשׂרד והמשׂכורת.

בוריס: אני חושב שזאת משׂכורת יפה. לפי דעתי, גם תְּנָאֵי הָעֲבוֹדָה טובים.

לריסה: אני לא מַאֲמִינָה - זה חלום ! ! !

לריסה מרוצה מהעבודה החדשה. כתבו מה היא מספרת לבעלה?

Larissa is satisfied with her new job. Write what she tells her husband.

____

____

____

____

לריסה שְׂמֵחָה מאוד, מה היא אומרת ?

Larissa is very happy. What does she say?

דוגמה:

1. איזה יופי ! ! !
2. ______________
3. ______________
4. ______________
5. ______________

תלונה
A Complaint

יֵשׁ גְּבוּל לְכָל דָּבָר...   There's a Limit to Everything ...

הבעל של לריסה חוֹזֵר מהעבודה. הוא לא מְרוּצֶה. הוא מִתְלוֹנֵן על העבודה,
על העובדים ועל תְּנָאֵי העבודה.

Larissa's husband returns from work. He is not satisfied. He complains about
the work, about the workers and about the conditions of work.

לריסה: שלום בוריס, מה קרה ? למה אתה עָצוּב ?

בוריס: יש לי בְּעָיוֹת בעבודה. אני צריך לִנְסוֹעַ לעבודה שעה וחצי כל בוקר,
אני חוֹשֵׁב שתנאי העבודה שלי לא טובים... לפי דעתי, המנהל צריך
לְשַׁלֵּם לי דְּמֵי - נסיעה.

לריסה: זה לא בסדר ! אתה צריך לְדַבֵּר עם המנהל. לפי דַעתי, זה לא בסדר
שאתה לא מְקַבֵּל דמי-נסיעה.

בוריס: העובדים לא נחמדים. אני לא יכול יותר... יש גבול לְכָל דבר.

לריסה: אתה יכול לְהִתְלוֹנֵן על הכּוֹל.

בוריס: אני רוצה לְהִתְלוֹנֵן אבל... אני לא יכול... המנהל כּוֹעֵס עליי, ואני לא
מוכן לִסְבּוֹל יותר. ככה לא מְדַבְּרִים אל עוֹבֵד.

לריסה: אתה צוֹדֵק.

בוריס: אני חוֹשֵׁב שזה לא בסדר. אני לא מַסְכּים לעבוד בתנאים האלה.

לריסה: מחר תְּדַבֵּר עם המנהל על הכּוֹל, ואני מקווה שיהיה טוב.

הבעל של לריסה, בוריס, לא מְרוּצֶה מעבודתו, ולכן הוא מִתְלוֹנֵן.
Larissa's husband, Boris, is not satisfied with his work and so he complains.

כתבו: למה הוא מתלונן ? כתבו את התלונות.
Write: Why does he complain? Write the complaints.

1. _____

2. _____

3. _____

4. _____

5. _____

Write: What does Larissa think?   כתבו: מה חושבת לריסה?
What should Boris do?   מה בוריס צריך לעשות?

_____

_____

What do you think?   מה אתה /את חושב /ת?
What should Boris do?   מה בוריס צריך לעשות?
                                       לפי דעתי

_____

_____

_____

אֶפְרַיִם קִישׁוֹן - הַהוּמוֹרִיסְטָן
Efraim Kishon - The Humorist

אֶפְרַיִם קִישׁוֹן הוּא הָעוֹלֶה הֶחָדָשׁ, הַמְפוּרְסָם בְּיוֹתֵר. הַרְבֵּה אֲנָשִׁים מַכִּירִים אוֹתוֹ. הוּא סוֹפֵר, הוּמוֹרִיסְטָן וְעִיתּוֹנַאי. הַהוּמוֹר שֶׁלּוֹ וְהַסִּיפּוּרִים שֶׁלּוֹ הֵם חֵלֶק מֵהַתַּרְבּוּת הַיִּשְׂרְאֵלִית. תִּרְגְּמוּ אֶת הַסְּפָרִים שֶׁלּוֹ לְשָׂפוֹת רַבּוֹת.

בָּאָרֶץ לֹא מַפְסִיקִים לְדַבֵּר עַל הָעוֹלֶה הֶחָדָשׁ מֵהוּנְגַרְיָה, שֶׁמַּצְחִיק אֶת כּוּלָּנוּ.

אֶפְרַיִם קִישׁוֹן הִגִּיעַ לְיִשְׂרָאֵל בִּשְׁנַת 1949 מֵהוּנְגַרְיָה. הוּא יָדַע הֵיטֵב הוּנְגָּרִית, אַךְ לֹא יָדַע עִבְרִית. הוּא הִכְרִיחַ אֶת עַצְמוֹ לִלְמוֹד עִבְרִית - וְהִצְלִיחַ.

הוּא כָּתַב בַּסְּפָרִים שֶׁלּוֹ עַל הַיִּשְׂרְאֵלִים הַיָּפִים וְעַל הַיִּשְׂרְאֵלִים הֲלֹא כָּל כָּךְ...

הוּא הֵבִין אֶת הַבְּעָיוֹת הָאֲמִיתִּיּוֹת שֶׁל הַיִּשְׂרְאֵלִי הַפָּשׁוּט, אַף עַל פִּי שֶׁלֹּא נוֹלַד בְּיִשְׂרָאֵל. הוּא מְתָאֵר אֶת הַיִּשְׂרְאֵלִים, כְּמוֹ שֶׁהוּא רוֹאֶה אוֹתָם: הֵם לֹא רוֹצִים לִהְיוֹת רַק גִּיבּוֹרִים וַחֲלוּצִים, הֵם רוֹצִים לְשַׁקֵּר לִפְעָמִים וְלִקְנוֹת מַכְשִׁירֵי חַשְׁמַל.

מלאו את הפרטים של אפרים קישון. **Fill in the details about Efraim Kishon.**

שם פרטי: ____________

שם משפחה: ____________

שנת לידה: ____________

ארץ מוצא: ____________

תאריך עלייה: ____________

מקצוע: ____________

אפרים קישון
2005 - 1924

מה חושב אפרים קישון על הישראלים ?

What does Efraim Kishon think about Israelis?

____

____

מה אתה /את חושב /ת על הישראלים? **What do you think about Israelis?**

____

____

____

״שְׁנֵינוּ בְּיַחַד וְכָל אֶחָד לְחוּד״

אפרים קישון ואשתו

“Together We Changed and Each One of Us Separately”

Efraim Kishon and his Wife

אפרים קישון כָּתַב גם על אשתו שׂרה. הוא קוֹרֵא לה ״האישה הקטנה״.
קישון נוֹתֵן לה מַחְמָאָה (קומפלימנט). הוא אוֹמֵר שהיא יוֹדַעַת לִבְחוֹר את הסיפּורים שלו, ושהיא יָדְעָה לִבְחוֹר גם את הבַּעל שלה...
מה אוֹמֵר קישון על הנישואין שלו: ״הבּעיה שלי עם שׂרה אשתי היא, ששׂרה בת זוג נעימה, ואי-אפשר לְהִיפָּרֵד ממנה, מפּני שהיא אישה טובה. מה נִשְׁאָר לי לַעֲשׂוֹת ? אני צריך לֶאֱהוֹב אותה עד יוֹמִי האחרון״.
אם שׁוֹאֲלִים אותו, מה הסוד של הזוג קישון לנישואין מְאוּשָּׁרִים, הנה ה״רצפט״ שלהם: *עיתון בוקר שלו, ועיתון בוקר שלה. שני טלפונים, שני חדרי שינה, שני ילדים, שתי ערים וּשְׁתֵּי ארצות.*
על כּך אומרים: *״טובים השניים מן האחד״ - אבל כל אחד לחוד...*
הומור הוא דבר חשוב בּנישואין, בּעלייה, בּקליטה, בּלימוד שׂפה חדשה ובחיים בּכלל.

ענו על השאלות. **Answer the questions.**

1. מה חוֹשֵׁב אפרים קישון על אשתו?

____

2. מה ה״**רֶצֶפְּט**״ לנישואים מאושרים על פי קישון?

____

3. מה דעתך על אפרים קישון ואשתו?

____

4. אומרים ״**טוֹבִים הַשְּׁנַיִים מִן הָאֶחָד**״ – מה דעתך על אִמְרָה זו.

____

5. הַאִם הומור חשוב בּחיים ?

____

מְחַכֶּה ל... – לְחַכּוֹת
Wait for ... to Wait

קראו בציווי. **Read in the imperative.**

(אתה) m/s	(את) f/s	(אתם, אתן) m/f/pl
קַח !	קְחִי !	קְחוּ !
חַכֵּה !	חַכִּי !	חַכּוּ !

דוגמות: דני, **קַח** את הכרטיסים, **וְחַכֵּה** לי על יד התאטרון!

אירית, **קְחִי** את הכרטיסים, **וְחַכִּי** לי על יד התאטרון!

חברים, **קְחוּ** את הכרטיסים, **וְחַכּוּ** לי על יד התאטרון!

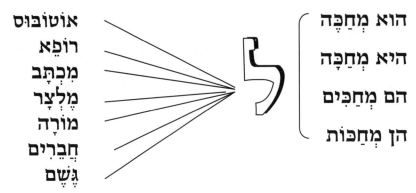

הוא מְחַכֶּה
היא מְחַכָּה
הם מְחַכִּים
הן מְחַכּוֹת

ל

אוֹטוֹבּוּס
רוֹפֵא
מִכְתָּב
מֶלְצָר
מוֹרָה
חֲבֵרִים
גֶּשֶׁם

לְמִי... *או* לְמָה... ? **For Whom ...? or For What ...?**

לְ**מִי** אתה מְחַכֶּה ? אני **מְחַכֶּה** לחברים.

לְ**מָה** אתה מְחַכֶּה ? אני **מְחַכֶּה** למכתב.

לְ**מִי** את מְחַכָּה ? ______________________

לְ**מִי** אתם מְחַכִּים ? ______________________

לְ**מָה** אתן מְחַכּוֹת ? ______________________

לְ**מָה** הם מְחַכִּים ? ______________________

השלימו את המשפטים, השתמשו בשם הפועל 'לְחַכּוֹת'.
Complete the sentences. Use the infinitive "to wait".

1. אני צריך *לחכות* לפקידה. **(בבנק)**
2. היא ______________________ **(בתחנה)**
3. הן ______________________ **(בקופת חולים)**
4. אנחנו ______________________ **(במסעדה)**
5. אתם ______________________ **(בדואר)**

נְסִיעָה בָּאוֹטוֹבּוּס

A Trip in the Bus

נוסע: האוטובוס הזה מַגִּיעַ לאוניברסיטה, לרמת אביב ?

נהג: כֵּן, בבקשה לַעֲלוֹת, לא לַעֲמוֹד ליד הדלת.

זהירות ! אני סוֹגֵר את הדלת.

נוסע: כמה עולה כרטיס לרמת אביב ?

נהג: ארבּעה שקלים ועשׂרים אגורות.

נוסע: קַח, בּבקשה, מאה שקלים.

נהג: אני מִצְטַעֵר, אין לי עודף.

חַכֵּה, בּבקשה !

לא לַעֲלוֹת יותר ! אין מקום ! בּבקשה להיכּנס פּנימה!

נוסע: אני יכול לְשַׁלֵּם עכשיו ?

נהג: כֵּן, עכשיו יש לי עודף.

קח, בּבקשה, את הכּרטיס ואת העודף.

נוסע: תודה רבּה לך.

אתה יכול לְהַגִּיד לי, איפה לָרֶדֶת ...

נהג: אתה צריך לָרֶדֶת בתחנה הבּאה.

נוסע: נֶהָג, תִּפְתַּח את הדלת, בּבקשה !

נהג: בּבקשה לָרֶדֶת בדלת האחורית.

נוסע: נֶהָג ! רגע ! הדלת !

נהג: פּה האוניברסיטה.

נוסע: סוף סוף אני יוֹרֵד.

1. הסטודנט עוֹלֶה לאוטובוס.

הסטודנטית ____________________

הסטודנטים ____________________

הסטודנטיות ____________________

2. הנוֹסֵעַ מְחַכֶּה לאוטובוס.

שׂרה ____________________

החברים ____________________

החברות ____________________

3. הוא יוֹרֵד ליד האוניברסיטה.

היא ____________________

הם ____________________

הן ____________________

4. הוא נוֹסֵעַ לרמת אביב.

היא ____________________

הם ____________________

הן ____________________

Fill in the verbs in the table. **מלאו את הפעלים בטבלה.**

infinitive	f/pl	m/pl	f/s	m/s
שם הפועל	רבות	רבים	יחידה	יחיד
לַעֲלוֹת	עוֹלוֹת	עוֹלִים	עוֹלָה	עוֹלֶה
לָרֶדֶת			יוֹרֶדֶת	
לְחַכּוֹת		מְחַכִּים		
לִנְסוֹעַ	נוֹסְעוֹת			

'בְּעַצְמִי' בנטייה — Conjugation of "בעצמי" (by myself)

בְּעַצְמִי	בְּעַצְמְךָ	בְּעַצְמֵךְ	בְּעַצְמוֹ	בְּעַצְמָהּ	בְּעַצְמֵנוּ	בְּעַצְמְכֶם /ן	בְּעַצְמָם /ן
by myself	by yourself	by yourself	by himself	by herself	by ourselves	by yourselves	by themselves
אני	אתה	את	הוא	היא	אנחנו	אתם / אתן	הם / הן

נועה בת שנה. היא לא יכולה לְהִתְלַבֵּשׁ ***בְּעַצְמָהּ***. היא לא יכולה לאכול ***בְּעַצְמָהּ***. היא לא יכולה לְהִתְרַחֵץ ***בְּעַצְמָהּ***. אימא עוֹשָׂה הכול בשבילה.

השלימו: בעצמי, בעצמך... — **Complete using, ... בעצמי, בעצמך**

1. הסטודנטית לוֹמֶדֶת תמיד __________
2. את בִּישַּׁלְתְּ ארוחת צהריים __________ ?
3. אורי הֵכִין את השיעורים __________
4. חנה ורותי עוֹשׂוֹת הכול __________
5. הם פָּתְחוּ חשבון בנק __________
6. בָּנִינוּ את הבית __________

אֶת עַצְמוֹ — Himself

הוא שואל את ***עצמו***: מה יהיה בעתיד ?
הוא אגואיסט, הוא אוהב רק את ***עצמו***.
היא אגואיסטית, היא אוהבת רק את ***עצמה***.
הם אגואיסטים, הם אוהבים רק את ***עצמם***.
הן אגואיסטיות, הן אוהבות רק את ***עצמן***.
אני לא מֵבִין את ***עצמי***.
אנחנו לא מַכִּירִים את ***עצמנו***.

עַל עַצְמִי — About Myself

רחל המשוררת כָּתְבָה: "רק ***על עצמי*** לְסַפֵּר יָדַעְתִּי"
אני יכולה לְסַפֵּר הכול ***על עצמי***.
מדוע אתה לא מספר כלום ***על עצמך*** ?
היא מְדַבֶּרֶת תמיד רק ***על עצמה***.
וגם: ***עם עצמי, לעצמי, מעצמי*** וכו'.

הוא הכין הכול בְּעַצְמוֹ... — He Prepared Everything by Himself ...

רחל: מי הֵכִין את הארוחה ?
דני ושרה: אורי הֵכִין לנו את הארוחה.
רחל: באמת ?
דני: כֵּן, אורי הֵכִין את הארוחה ***בעצמו***, וגם את הנרות הוא הִדְלִיק ***בעצמו***.
רחל: חָשַׁבְתִּי שאורי אוהב רק ***את עצמו***.
עכשיו אני יוֹדַעַת, שאורי חוֹשֵׁב לא רק ***על עצמו***, הוא חוֹשֵׁב גם עלינו.
כל הכבוד לאורי ! ! !

הפועל *'יכול'* בזמן עתיד

The Verb "Can" Future Tense

יוּכְלוּ	תּוּכְלוּ	נוּכַל	תּוּכַל	יוּכַל	תּוּכְלִי	תּוּכַל	אוּכַל
they will be able	you will be able	we will be able	she will be able	he will be able	you will be able	you will be able	I will be able
הם / הן	אתם /אתן	אנחנו	היא	הוא	את	אתה	אני

משפט תנאי קיים (ריאלי)

Conditional Sentences (Real Condition)

אִם + משפט בעתיד + משפט בעתיד

If + Clause in the Future + Clause in the Future

אִם יִהְיֶה **לי זמן, אני** ***אוּכַל*** **לבוא אליך.**

או

אני ***אוּכַל*** **לבוא אליך,** ***אִם יִהְיֶה*** **לי זמן.**

If I (in Heb. *will)* ***have*** **time , I** ***will be able*** **to come to you.**

or

I ***will be able*** **to come to you, if I** (in Heb. *will*) ***have*** **time.**

השלימו את המשפטים, וכתבו משפטים משלכם.

Complete the sentences and write your own sentences.

1. *אִם* היא תַּעֲבוֹד, _______________________________.
2. _________________________, *אִם* הן יְסַיְּימוּ את העבודה.
3. *אִם* מזג האוויר יִהְיֶה חם, _________________________ .
4. _________________________, הם יוּכְלוּ לְהַגִּיעַ בזמן.
5. *אִם* יִהְיֶה לך דרכּון, _____________________________.
6. _________________________, היא תֵּלֵךְ לקופּת חולים.
7. *אִם* הם יִהְיוּ רעבים, ____________________________.
8. _________________________, אנחנו נוכל לְבַקֵּר אצלכם.
9. לא נוּכַל לנסוע לטיול, *אִם* _________________________.
10. *אִם* ____.
11. _____________________, *אִם* _____________________.
12. *אִם* ____.

משפטי תנאי
Conditional Sentences

אם תכתוב לי
מכתב תשובה,
אוהב אותך תמיד !

קראו את משפטי התנאי, והוסיפו משפטים.
Read the conditional sentences and add your own sentences.

אם *תִּכְתּוֹב* לי מכתב, אני *אֶכְתּוֹב* לך.

אם *תֹאהַב* אותי, אני *אוֹהַב* אותך.

אם *תְּבַקֵּר* אצלי, אני *אֲבַקֵּר* אצלך.

אם *תִּיתֵּן* לי מתנה, אני *אֶתֵּן* לך נשיקה.

אם *תְּצַלְצֵל* אליי, אני *אֲצַלְצֵל* אליך.

אם *תִּשְׁאַל* אותי שאלה, אני *אַעֲנֶה* תשובה.

אם *תַּזְמִין* אותי למסיבה, אני *אַזְמִין* אותך לארוחה.

אם *תִּהְיֶה* לי עבודה, אני *אֶהְיֶה* עסוקה.

אם _____

אם _____

Write the sentences in the future.

כִּתְבוּ את המשפטים בעתיד.

1. הם **שִׁילְּמוּ** את חשבון הטלפון. _____

2. הרופא **בָּדַק** את החולה. _____

3. ראש הממשלה **בִּיקֵּר** בלונדון. _____

4. איפה **טִייַלְתֶּם** ? _____

5. את מי **רְאִיתֶן** ? _____

6. עם מי הוא **דִּיבֵּר** ? _____

7. מי **הִזְמִין** אותך ? _____

8. כמה **עוֹלֶה** הכרטיס ? _____

9. לאן **הִתְקַשַּׁרְתֶּם** ? _____

10. איך היא **מַרְגִּישָׁה** ? _____

11. מתי **נִכְנְסוּ** התלמידים לכיתה ? _____

12. מי **שָׁר** במסיבה ? _____

13. איפה **אֲכַלְתֶּם** ? _____

Lesson 12 : What have we learned? שיעור 12 : מה למדנו?

Vocabulary אוצר מילים

Nouns שְׁמוֹת עֶצֶם

egoist	(ז) אוֹטוֹבּוּס (אוֹטוֹבּוּסִים)
spouse, partner	(ז״נ) בֶּן / בַּת זוּג
husband, owner	(ז) בַּעַל (בְּעָלִים)
border, limit	(ז) גְּבוּל (גְּבוּלוֹת)
hero	(ז) גִּיבּוֹר (גִּיבּוֹרִים)
door	(נ) דֶּלֶת (דְּלָתוֹת)
traveling allowance	(ז) דְּמֵי – נְסִיעָה
humor	(ז) הוּמוֹר
humorist	(ז) הוּמוֹרִיסְטָן
Hungary	(נ) הוּנְגַרְיָה
Hungarian (lang.)	(נ) הוּנְגָרִית
surprise	(נ) הַפְתָּעָה (הַפְתָּעוֹת)
couple	(ז) זוּג (זוּגוֹת)
smile	(ז) חִיּוּךְ (חִיּוּכִים)
pioneer	(ז) חָלוּץ (חֲלוּצִים)
compliment	(נ) מַחְמָאָה (מַחֲמָאוֹת)
appliance	(ז) מַכְשִׁיר (מַכְשִׁירִים)
electrical appliance	(ז) מַכְשִׁיר (י) – חַשְׁמַל
marriage	(ז״ר) נִישּׂוּאִין
secret	(ז) סוֹד (סוֹדוֹת)
change (money)	(ז) עוֹדֶף
newspaper reporter	(ז) עִיתּוֹנַאי (עִיתּוֹנָאִים)
absorption	(נ) קְלִיטָה
complaint	(נ) תְּלוּנָה (תְּלוּנוֹת)
work conditions	(ז״ר) תְּנָאֵי עֲבוֹדָה
culture	(נ) תַּרְבּוּת (תַּרְבּוּיוֹת)

Verbs פְּעָלִים

choose	בּוֹחֵר – לִבְחוֹר
say, tell	(מַגִּיד) – לְהַגִּיד
force	מַכְרִיחַ - לְהַכְרִיחַ
make laugh	מַצְחִיק – לְהַצְחִיק
hope	מְקַוֶּוה – לְקַווֹת
describe	מְתָאֵר – לְתָאֵר
excuse, forgive	סוֹלֵחַ – לִסְלוֹחַ

Adjectives שְׁמוֹת תּוֹאַר

rear	אֲחוֹרִי (ת) (ים) (וֹת)
last	אַחֲרוֹן (ה) (ים) (וֹת)
real	אֲמִיתִּי (ת) (ים) (וֹת)
satisfied	מְרוּצֶה, מְרוּצָּה (ים) (וֹת)
many	רַבִּים, רַבּוֹת
hungry	רָעֵב (ה) (ים) (וֹת)

Adverbs תּוֹאֳרֵי הַפּוֹעַל

with a smile	בְּחִיּוּךְ
well	הֵיטֵב
separately	לְחוּד
again	שׁוּב

Miscellaneous שׁוֹנוֹת

in general, at all	בִּכְלָל
nothing	כְּלוּם
according to	לְפִי
end	סוֹף

Expressions	מבעים
Is it possible to know how many hours per day one works?	אֶפְשָׁר לָדַעַת כַּמָּה שָׁעוֹת בְּיוֹם עוֹבְדִים?
I want to know, if one works on Fridays.	אֲנִי רוֹצֶה לָדַעַת, אִם עוֹבְדִים בְּיוֹם שִׁישִּׁי .
Can I know, which bus goes to Ramat Gan?	אֲנִי יָכוֹל לָדַעַת, אֵיזֶה אוֹטוֹבּוּס מַגִּיעַ לְרָמַת גַּן?
Can you explain to me again?	אַתָּה יָכוֹל לְהַסְבִּיר לִי שׁוּב?
See you later and good luck!	לְהִתְרָאוֹת וּבְהַצְלָחָה!
Thanks and see you later!	תּוֹדָה רַבָּה וּלְהִתְרָאוֹת!
I don't believe it – it's a dream!	אֲנִי לֹא מַאֲמִין - זֶה חֲלוֹם!
What a surprise! How wonderful!	אֵיזוֹ הַפְתָּעָה! אֵיזֶה יוֹפִי!
I have to hand it to you ! Bravo !	כָּל הַכָּבוֹד!
in my opinion…	לְפִי דַּעְתִּי...
somebody special	מִישֶׁהוּ מְיוּחָד
That's not right!	זֶה לֹא בְּסֵדֶר!
I can't anymore !	אֲנִי לֹא יָכוֹל יוֹתֵר!
There's a limit to everything!	יֵשׁ גְּבוּל לְכָל דָּבָר!
I am not willing to take it anymore!	אֲנִי לֹא מוּכָן לִסְבּוֹל יוֹתֵר!
That is not how one talks to a worker .	כָּכָה לֹא מְדַבְּרִים אֶל עוֹבֵד.
I can complain and hope that it will be O.K.	אֲנִי יָכוֹל לְהִתְלוֹנֵן וּמְקַוֶּה שֶׁיִּהְיֶה טוֹב.
He made us all laugh.	הוּא הִצְחִיק אֶת כּוּלָּנוּ.
They received him with a smile.	קִיבְּלוּ אוֹתוֹ בְּחִיּוּךְ.
The pupil writes about something or someone.	הַתַּלְמִיד כּוֹתֵב עַל מַשֶּׁהוּ אוֹ עַל מִישֶׁהוּ.
Excuse me! Please wait!	תִּסְלַח לִי! חַכֵּה בְּבַקָּשָׁה!
Be careful!	זְהִירוּת!
I have no change.	אֵין לִי עוֹדֶף .
No more to get on (the bus), there's no room!	לֹא לַעֲלוֹת יוֹתֵר, אֵין מָקוֹם!
Please, go inside!	בְּבַקָּשָׁה לְהִיכָּנֵס פְּנִימָה!
Please get on, don't stand beside the door!	בְּבַקָּשָׁה לַעֲלוֹת, לֹא לַעֲמוֹד לְיַד הַדֶּלֶת!
Take the ticket and the change!	קַח אֶת הַכַּרְטִיס וְאֶת הָעוֹדֶף!
You have to get off at the next stop.	אַתָּה צָרִיךְ לָרֶדֶת בַּתַּחֲנָה הַבָּאָה .
Please exit by the rear door!	בְּבַקָּשָׁה לָרֶדֶת בַּדֶּלֶת הָאֲחוֹרִית!
Driver, please open the door!	נֶהָג, תִּפְתַּח אֶת הַדֶּלֶת בְּבַקָּשָׁה!
How old is he? He's 11 (years old).	בֶּן כַּמָּה הוּא? הוּא בֶּן אַחַת עֶשְׂרֵה.
How old is she? She's12 (years old).	בַּת כַּמָּה הִיא? הִיא בַּת שְׁתֵּים עֶשְׂרֵה.
How old are they? They are 15 (years old).	בְּנֵי כַּמָּה הֵם? הֵם בְּנֵי חֲמֵשׁ עֶשְׂרֵה.

Grammatical Structures

מִבְנִים לשוניים

1) Imperative (to take / to wait)

Take ! Wait ! (m.s. \ f.s. \ pl)

Gadi, **take** the book!

Sara, **take** the picture !

Pupils, **wait for** the bus !

1) צִיוּוּי (לָקַחַת / לְחַכּוֹת)

קַח! קְחִי! קְחוּ! / חַכֵּה! חַכִּי! חַכּוּ!

גַּדִּי, **קַח** אֶת הַסֵּפֶר!

שָׂרָה, **קְחִי** אֶת הַתְּמוּנָה!

תַּלְמִידִים, **חַכּוּ** לָאוֹטוֹבּוּס!

2) I want to know

Can I know + question word { **where / when / how / which** }

Is it possible to know

Can I know, when the bus goes to Haifa?

2) אֲנִי רוֹצֶה לָדַעַת

אֲנִי יָכוֹל לָדַעַת + מִילַּת שְׁאֵלָה { אֵיפֹה / מָתַי / אֵיךְ / אֵיזֶה }

אֶפְשָׁר לָדַעַת

אֲנִי יָכוֹל לָדַעַת, מָתַי הָאוֹטוֹבּוּס נוֹסֵעַ לְחֵיפָה?

3) Conjugation of "בְּעַצְמוֹ"

(by) myself / yourself (m) / **yourself** (f)

himself / herself / ourselves /

yourselves (m) **yourselves** (f) /

themselves (m) / **themselves** (f)

He can build a house **by himself.**

3) "בְּעַצְמוֹ" בִּנְטִיָּה

בְּעַצְמִי / בְּעַצְמְךָ / בְּעַצְמֵךְ /

בְּעַצְמוֹ / בְּעַצְמָהּ / בְּעַצְמֵנוּ /

בְּעַצְמְכֶם / בְּעַצְמְכֶן /

בְּעַצְמָם / בְּעַצְמָן

הוּא יָכוֹל לִבְנוֹת בַּיִת **בְּעַצְמוֹ** .

myself / herself / … (as dir. object.)

She loves only **herself.**

אֶת עַצְמִי / אֶת עַצְמְךָ / …

הִיא אוֹהֶבֶת רַק **אֶת עַצְמָהּ** .

about myself /about yourself / …

They are speaking **about themselves.**

עַל עַצְמִי / עַל עַצְמְךָ / …

הֵם מְדַבְּרִים **עַל עַצְמָם** .

4) The Verb "Can" – Future Tense

I / you (m) / you (f) / he / she /

we / you (m) / you (f) / they **will be able**

You **will be able** to open a new account.

4) הַפּוֹעַל "יָכוֹל" - בִּזְמַן עָתִיד

אוּכַל / תּוּכַל / תּוּכְלִי / יוּכַל / תּוּכַל /

נוּכַל / תּוּכְלוּ / יוּכְלוּ

אַתָּה **תּוּכַל** לִפְתּוֹחַ חֶשְׁבּוֹן חָדָשׁ .

5) Conditional Sentences – Real Cond.

If + clause in the fut. + clause in the fut.

If I (will) **have** time, I **will be able to** come to you.

I **will be able** to come to you , **if** I (will) **have** time.

5) מִשְׁפְּטֵי תְּנַאי קַיָּים (רֵאָלִי)

אִם + מִשְׁפָּט בֶּעָתִיד + מִשְׁפָּט בֶּעָתִיד

אִם יִהְיֶה לִי זְמַן, **אֲנִי אוּכַל** לָבוֹא אֵלֶיךָ .

אֲנִי אוּכַל לָבוֹא אֵלֶיךָ, **אִם יִהְיֶה** לִי זְמַן.

מַה אוֹמְרִים וּמָתַי ?

What Does One Say and When ?

בחתונה /בר מצווה		בוקר טוב!
לפני בחינה		שבוע טוב!
בבוקר		מזל טוב!
במוצאי שבת	**אומרים**	שלום ולהתראות!
בארוחה		שבת שלום!
בסוף פגישה		בהצלחה!
בשבת		בתיאבון!

- הָלַכְנוּ למסעדה. אכלנו ארוחת ערב. המלצר אמר לנו: *"ערב טוב", "בתיאבון".*
- חנן וחנה הִתְחַתְּנוּ. כל החברים באו לחתונה, הם אמרו להם: *"מזל טוב".*
- יוסף, סטודנט באוניברסיטה, יש לו בחינות, ההורים אוֹמְרִים לו: *"בהצלחה".*

משפטי זמן Time Clauses

כְּשֶׁ... כַּאֲשֶׁר... When ... (as a temoral conjunction)

כַּאֲשֶׁר הם אוֹכְלִים, אנחנו אוֹמְרִים להם *בתיאבון.*

כְּשֶׁיש לסטודנט בחינה, אנחנו אוֹמְרִים לו *בהצלחה.*

כַּאֲשֶׁר הם מִתְחַתְּנִים, אנחנו אוֹמְרִים להם *מזל טוב.*

כְּשֶׁאנחנו שותים יין, אנחנו אוֹמְרִים *לחיים.*

כְּשֶׁמַגִּיעַ החג, אנחנו אוֹמְרִים *חג שמח.*

כַּאֲשֶׁר אתם נוֹסְעִים לאילת, אנחנו אוֹמְרִים לכם *חופשה נעימה.*

ענו על השאלות. Answer the questions.

1. מתי אתה שָׂמֵחַ ?
   ______________, כְּשֶׁ ______________
2. מתי את לוֹמֶדֶת ?
   כַּאֲשֶׁר ______________, ______________
3. מתי הם מִתְחַתְּנִים ?
   כְּשֶׁ______________, ______________
4. מתי היא חוֹזֶרֶת הביתה ?
   ______________, כַּאֲשֶׁר ______________

הַזְמָנוֹת
Invitations

אני מַזְמִין **אֶת ה**חברים **ל**מסיבה.

אני רוצה לְהַזְמִין **אֶת ה**חברים **ל**מסיבה.

I am inviting ***the*** friends ***to the*** party.

I want to invite ***the*** friends ***to the*** party.

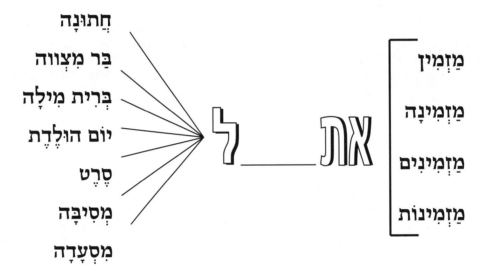

מַזְמִין
מַזְמִינָה
מַזְמִינִים
מַזְמִינוֹת

את ______ ל

חֲתוּנָה
בַּר מִצְווה
בְּרִית מִילָה
יוֹם הוּלֶדֶת
סֶרֶט
מְסִיבָּה
מִסְעָדָה

כתבו את המשפטים, השתמשו במבנים הנ"ל.

Write the sentences. Use the structures above.

1. אני מזמין את החברים לחתונה.
2. ______________________
3. ______________________
4. ______________________
5. ______________________
6. ______________________
7. ______________________

קראו את ההזמנות.

Read the invitations.

①

2.12.09

לדני שלום,
אני מזמינה אותך ליום ההולדת שלי בביתי, ביום חמישי 23.12.08 בשעה 7:00 בערב.

להתראות
ענת

②

16.11.09

שלום שרה ומשה,
אנחנו מזמינים אתכם למסיבת חנוכה בביתנו,
ביום רביעי 8/12/08
בשעה 8:00 בערב.
נשמח לראות אתכם.

משפחת דרורי

③

5.12.09

למשפחת גולן,
אני מזמין אתכם לארוחת ערב במסעדה,
ביום שני 27.12.08 בשעה 9:00 בערב.
להתראות
שלמה

כִּתבו הזמנה.

Write an invitation.

____
(תאריך)

ל__________ __________.

__________ __________ __________

ל__________ ב__________

ב__________ ב__________
(תאריך) (שעה)

להתראות

____

Wedding Invitation הזמנה לחתונה

תמי ודרור מתחתנים

החתונה תתקיים ביום שלישי
ה' באלול תשס"ח 2.9.08
בשעה 19:30
בפרדס גן חיים

נשמח לראותכם

הוריי הכלה
פנינה ורון גולן

הוריי החתן
בתיה וחיים עצמון

GOOD LUCK!

מזל טוב!

קראו את ההזמנה. ענו על השאלות בעל פה ובכתב.
Read the invitation. Answer the questions orally and in written form.

1. איפה תִּתְקַיֵּים החתונה ? _____

2. מי מַזְמִין את האורחים לחתונה. _____

3. מי מִתְחַתֵּן ? _____

4. באיזה יום החתונה ? _____

5. באיזה תאריך ? _____

6. באיזו שעה ? _____

7. מי ההורים של החתן ? _____

8. מי ההורים של הכלה ? _____

9. בהזמנה כָּתוב "*נשמח לראותכם*". כתבו זאת בארבע מילים:

אנחנו _____ _____ _____

10. מה אומְרים לחתן ולכלה ? _____

אתה /את לא יכול /ה לבוא לחתונה ? איך אתה /את מתנצל /ת?
You cannot go to the wedding. How do you apologize?

Complete the sentences. השלימו את המשפטים.

1. אני מִצְטַעֵר /ת מאוד אבל _____

2. אני לא יכול /ה לְהַגִּיעַ לחתונה, כי _____

3. סליחה, אבל ביום שני אני _____

4. לא נעים לי ש _____

5. כָּל כָּך חבל ש _____

בְּרָכוֹת וְאִיחוּלִים
Greetings and Wishes

אֲנִי מְבָרֵךְ אוֹתךָ... / אֲנִי רוֹצה לְבָרֵךְ אותךָ...

I congratulate you .../ I want to congratulate you ...

אֲנִי מְאַחֶלֶת לךָ... / אֲנִי רוֹצה לְאַחֵל לךָ...

I wish you ... / I want to wish you ...

מְבָרֵךְ	מְבָרֶכֶת	מְבָרְכִים	מְבָרְכוֹת	לְבָרֵךְ	בְּרָכָה/בְּרָכוֹת
מְאַחֵל	מְאַחֶלֶת	מְאַחֲלִים	מְאַחֲלוֹת	לְאַחֵל	אִיחוּל/אִיחוּלִים

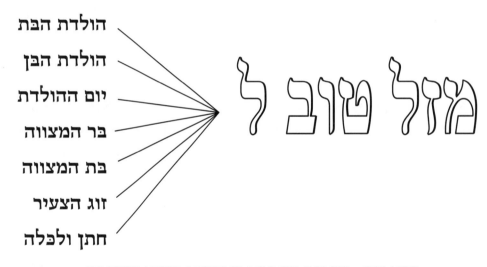

מזל טוב ל

- הולדת הבת
- הולדת הבן
- יום ההולדת
- בר המצווה
- בת המצווה
- זוג הצעיר
- חתן ולכלה

CONGRATULATIONS / GOOD LUCK ON / TO

Best Wishes on the Birth of your Son **בְּרָכָה לְהוּלֶדֶת הַבֵּן**

23.11.09

למיכל ודני,
מזל טוב
להולדת הבן

מאחלים
דינה ורון

בְּרָכָה לַחֲתוּנָּה

Wedding Greeting

5.12.09

לשרית ורוני,

ברכות חמות
ליום הנישואים
מזל טוב
והרבה אושר.

מאחלת
משפחת גולן

בְּרָכָה לְיוֹם הוּלֶדֶת

Birthday Greeting

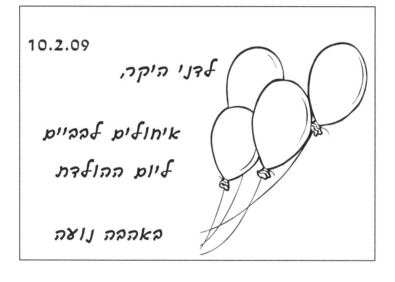

10.2.09

לדני היקר,

איחולים לבביים
ליום ההולדת

באהבה נועה

בְּרָכָה לְדִירָה חֲדָשָׁה

Congratulations on the New Apartment

18.11.09

למשפחת רון,
מזל טוב
בכניסה לדירה חדשה

מאחלת
משפחת שמואלי

בְּרָכָה לְבַר מִצְוָוה

Bar Mitzvah Wishes

7.8.09

למיכאל היקר ולהורים,

מזל טוב

לבר המצווה

שלכם

אורי וגלית

בְּרָכָה לסְטוּדֶנְט

Wishes to the Student

1.10.09

לאורי,

מאחלים לך הצלחה

בלימודים באוניברסיטה.

כל החברים

שאוהבים אותך

כִּתְבוּ לָהֶם כַּרְטִיסֵי בְּרָכָה (לפי הדוגמות הנ״ל).

Write greeting cards according to the example above.

1. לדני ולענת נוֹלַד בֵּן.
2. מיכאל מַתְחִיל ללמוד באוניברסיטה.
3. שׂרית ועופר מִתְחַתְּנִים.
4. לערן יש בר מצווה.
5. לחבר /לחברה שלכם יש יום הולדת.
6. ענת ויעקב נִכְנְסוּ לדירה חדשה.

שם הפעולה Verbal Nouns

פָּעַל "Pa'al"	פָּגַשׁ	X X יָ X ה פְּ גִ י שָׁ ה
פִּיעֵל "Pi'el"	בִּיקֵּר	X י X וּ X בִּ י ק וּ ר
הִפְעִיל "Hif'il"	הִזְמִין	ה X X X ה הַ זְ מָ נָ ה
הִתְפַּעֵל "Hitpa'el"	הִתְקַדֵּם	הִ תְ X X X וּ ת הִ תְ קַ דְּ מ וּ ת

שבצו את שמות הפעולה האלה בטבלה על פי הבניינים.

Place the verbal nouns below in the table according to their verb conjugations.

~~החלטה~~ שְׁבִיתָה הַפְסָקָה הִתְקַדְּמוּת הִתְחַמְּמוּת בִּישׁוּל

בְּדִיקָה הִשְׁתַּתְּפוּת בִּיקּוּר פְּגִישָׁה טִיּוּל הַזְמָנָה

פעל	פיעל	הפעיל	התפעל
		החלטה	

כתבו את שם הפעולה. **Write the verbal nouns.**

1. ראש הממשלה אָמַר שֶׁיֵּשׁ __________ בשיחות השלום. (לְהִתְקַדֵּם)
2. קִיבַּלְנוּ __________ לחתונה של דן ואירית. (לְהַזְמִין)
3. הרופא קָבַע לי תור ל__________. (לִבְדּוֹק)
4. כמה עולה __________ המזגן ? (לְתַקֵּן)
5. גלינה ובוריס הָלְכוּ למשרד ה__________. (לִקְלוֹט)
6. בחדשות אָמְרוּ שמחר תהיה __________ במזג האוויר. (לְהִתְחַמֵּם)
7. על השלט באוטובוס כתוב: " __________ אסור". (לְעַשֵּׁן)
8. נשיא המדינה נָסַע ל__________ במצרים. (לְבַקֵּר)
9. אנחנו מְאַחֲלִים לכם __________ בחיים. (לְהַצְלִיחַ)
10. ה__________ לגליל היה מעניין. (לְטַיֵּיל)
11. התלמידים באולפן אוֹהֲבִים את __________. (לְהַפְסִיק)
12. ה__________ של התלמידים בטיול חשובה מאוד. (לְהִשְׁתַּתֵּף)
13. יש לו __________ חשובה בשעה 10:00. (לִפְגּוֹשׁ)
14. הבנקים סְגוּרִים בגלל ה__________. (לִשְׁבּוֹת)

① Complete the table with the prepositions. **השלימו את מילות היחס.** ①

גוף / מ״י	ל	של	בּ	את	את (עם)	בשביל	אצל
אני		שֶׁלִי		אוֹתִי		בִּשְׁבִילִי	
אתה	לְךָ		בְּךָ		אִיתְךָ		אֶצְלְךָ
את		שֶׁלָךְ		אוֹתָךְ		בִּשְׁבִילֵךְ	
הוא	לוֹ		בּוֹ		אִיתוֹ		אֶצְלוֹ
היא		שֶׁלָה		אוֹתָה		בִּשְׁבִילָה	
אנחנו	לָנוּ		בָּנוּ		אִיתָנוּ		אֶצְלֵנוּ
אתם		שֶׁלָכֶם		אֶתכם		בִּשְׁבִילְכֶם	
אתן	לָכֶן		בָּכֶן		אִיתְכֶן		אֶצְלְכֶן
הם		שֶׁלָהֶם		אוֹתָם		בִּשְׁבִילָם	
הן	לָהֶן		בָּהֶן		אִיתָן		אֶצְלָן

② Complete the table with the prepositions. **השלימו את מילות היחס.** ②

גוף / מ״י	ל	של	בּ	את	את (עם)	בשביל	אצל
היא							
אני	לִי						
אתם /ן		שֶׁלָכֶם/ן					
את			בָּךְ				
הוא				אוֹתוֹ			
הם /ן					אִיתָם /ן		
אתה						בִּשְׁבִילְךָ	
אנחנו							אֶצְלֵנוּ

השלימו את מילת היחס המתאימה לפי הדוגמה.

Complete the sentences with the appropriate prepositions according to the example.

1. יש _לך_ סיגריה ? **(אתה)**
2. אני יכול לַעֲזוֹר __________ ? **(אתם)**
3. אבא אוֹמֵר לילדים: ״אני עושה הכול __________.״
4. סליחה גברת, התיק הזה __________ ?
5. היא נמצאת __________ הרופא. היא נמצאת __________ כבר חצי שעה.
6. ההורים __________ נמצאים בחוץ לארץ. **(הם)**
7. היא הוֹלֶכֶת __________ דני לקולנוע. היא הוֹלֶכֶת __________ גם לבית קפה.
8. בארון יש בגדים, יש __________ גם חגורות.
9. בכיתה יש תלמידים, יש __________ גם מורה.
10. אין __________ זמן אף פעם. **(הוא)**

השלימו את מילת היחס המתאימה: | ל, ב, מ, את, אל, אצל |

Complete the sentences with the appropriate prepositions appearing above.

1. את יכולה לַעֲזוֹר _לי_ ?
2. העולים החדשים בָּאוּ __רוסיה.
3. הוא הִגִיעַ __ישׂראל לפני שנה.
4. הסטודנטיות נִכְנְסוּ __קפיטריה.
5. התלמיד מִשְׁתַמֵש __מילון.
6. הם טָסוּ __אנגליה.
7. חברים, אני מַזְמִין ________ למסיבה.
8. סוֹגְרִים ________ החנות בשעה 19:00.
9. הסטודנט נִרְשָׁם __אוניברסיטה.
10. אני מְשַׁלֶּמֶת ________ חשבון הטלפון.
11. חנה, את יכולה לְהִתְקַשֵּׁר ________ בערב. **(אני)**
12. אימא, למה אתְ לא מְבִינָה ________ ? **(אנחנו)**
13. הם טִיילוּ __פארק בשבת.
14. אנחנו מְכִינִים ________ ארוחת הערב __אורחים.
15. ראש הממשלה נָסַע __ארצות הברית.
16. הנשׂיא מְבַקֵר ________ החולים.
17. מיכל מְבַקֶּרֶת ________ הרופא.
18. הם בִּיקְרוּ __מוזאון.
19. מי הולֵך __בנק ?
20. אָכַלְנוּ __מִסְעֶדֶת דגים.
21. את יכולה לְצַלְצֵל ________ בבוקר. **(אני)**
22. הם חָזְרוּ __הטיול מאוחר.
23. אתה רוצה לָבוֹא ________ לקולנוע ?

    כֵּן, אני רוצה לָבוֹא ________ לקולנוע. **(אנחנו)**
24. היא מְחַכָּה __מכתב.
25. אנחנו פּוֹחֲדִים __מלחמה.
26. בִּיקַשְׁנוּ __הפקידה את הטופס.

Letters and Numbers אוֹתִיּוֹת וּמִסְפָּרִים

In Hebrew, the numbers correspond to the letters as explained below.

י	ט	ח	ז	ו	ה	ד	ג	ב	א
10	9	8	7	6	5	4	3	2	1

כ	י״ט	י״ח	י״ז	ט״ז	ט״ו	י״ד	י״ג	י״ב	י״א
20	19	18	17	16	15	14	13	12	11

ת	ש	ר	ק	צ	פ	ע	ס	נ	מ	ל
400	300	200	100	90	80	70	60	50	40	30

The Hebrew Calendar הַלּוּחַ הָעִבְרִי

בַּלּוּחַ הָעִבְרִי יֵשׁ שְׁנֵים עָשָׂר חוֹדָשִׁים וְהֵם:

תִּשְׁרֵי חֶשְׁוָון כִּסְלֵו טֵבֵת שְׁבָט אֲדָר נִיסָן אִיָּיר סִיוָון תַּמּוּז אָב אֱלוּל

There are twelve months in the Hebrew calendar:
Tishre, Heshvan, Kislev, Tevet, Shvat, Adar, Nisan, Iyyar, Sivan, Tammuz, Av, Elul

(1) _א׳_ **בתשרי** ראש הַשָּׁנָה
(10) ______ **בתשרי** יוֹם הַכִּיפּוּרִים
(15) ______ **בתשרי** חַג הַסּוּכּוֹת
(22) ______ **בתשרי** שִׂמְחַת תּוֹרָה
(25) ______ **בכסלו** חַג הַחֲנוּכָּה
(15) ______ **בשבט** ראש הַשָּׁנָה לָאִילָנוֹת
(14) ______ **באדר** חַג פּוּרִים
(15) ______ **בניסן** חַג הַפֶּסַח
(4) ______ **באייר** יוֹם הַזִּיכָּרוֹן
(5) ______ **באייר** יוֹם הָעַצְמָאוּת
(18) ______ **באייר** ל״ג בָּעוֹמֶר
(6) ______ **בסיוון** חַג הַשָּׁבוּעוֹת
(9) ______ **באב** תִּשְׁעָה בְּאָב
(15) ______ **באב** חַג הָאַהֲבָה

September 2009 ספטמבר						אלול תשס״ט - תשרי תש״ע
ראשו	שני	שלישי	רביעי	חמישי	שישי	שבת
		1 יב	2 יג	3 יד	4 טו	5 טז
6 יז	7 יח	8 יט	9 כ	10 כא	11 כב	12 כג
13 כד	14 כה	15 כו	16 כז	17 כח	ערב ראש השנה 18 כט	ראש השנה 19 א
ראש השנ 20 ב	צום גדליה 21 ג	22 ד	23 ה	24 ו	25 ז	26 ח
ערב יום כיפ 27 ט	יום כיפור 28 י	29 יא	30 יב			

קראו וענו: Read and answer:

1. באיזה חודש חל כל חג ?
2. באיזה תאריך עברי חל כל חג ?

לפניכם פעלים הקשורים בחגי ישׂראל. שבצו כל פועל במשפט מתאים.

Below are verbs which are related to the holidays and special days in the Jewish calendar. Assign each verb to an appropriate sentence.

חוֹגְגִים (2), עוֹרְכִים, מְבָרְכִים, מַדְלִיקִים, אוֹכְלִים,
צָמִים, יוֹשְׁבִים, נוֹטְעִים, מַפְסִיקִים, מִתְחַפְּשִׂים, מִתְאַבְּלִים

1. בראש השנה ________ זה את זה בשנה טובה.
2. ביום הכיפורים ________, וּמְבַקְשִׁים סליחה זה מזה.
3. בחג הסוכות ________ בסוכות שבעה ימים.
4. בחג החנוכה ________ נרות שמונה ימים.
5. בט״ו בשבט יוצאים לשׂדה ו________ עצים.
6. בחג הפורים ________, אוכלים אוֹזְנֵי הָמָן, וְקוֹרְאִים את מְגִילַּת אסתר.
7. בחג הפסח ________ את ליל הסדר, אוֹכְלִים מצות, וקוֹרְאִים בהגדה.
8. ביום העצמאות ________ את הֲקָמַת המדינה.
9. בל״ג בעומר ________ את ימי האבל, וּמַדְלִיקִים מדורות.
10. בחג השבועות ________ מאכלי חלב, וְקוֹרְאִים את מגילת רות.
11. בתשעה באב ________ על חורבן בית המקדש, וְקוֹרְאִים את מגילת אֵיכָה.
12. בט״ו באב ________ את חג האהבה.

ראש השנה	**יום הכיפורים**	**חג הסוכות**
חג החנוכה	**ט״ו בשבט**	**חג הפורים**
חג הפסח	**יום העצמאות**	
חג השבועות	**תשעה באב**	**ט״ו באב**

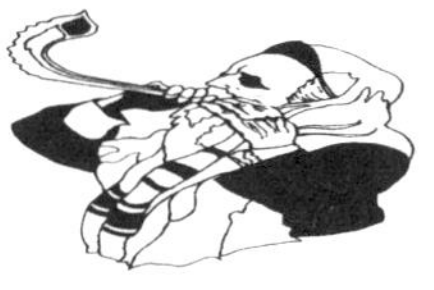

A Good Time to Love

זְמַן טוֹב לְאַהֲבָה

ט"ו באב (חֲמִישָּׁה עָשָׂר בּאב) הוּא **חַג הָאַהֲבָה.**

אני אוהב
אותך !!!

בְּעָבָר הָיוּ בְּנוֹת יִשְׂרָאֵל יוֹצְאוֹת לַכְּרָמִים בִּבְגָדִים לְבָנִים וְרוֹקְדוֹת, וּבְנֵי יִשְׂרָאֵל הָיוּ בָּאִים לִבְחוֹר לָהֶם נָשִׁים.

אֲנַחְנוּ קוֹרְאִים עַל חַג הָאַהֲבָה בַּמִּשְׁנָה (בְּמַסֶּכֶת תַּעֲנִית פֶּרֶק ד׳ מִשְׁנָה ה׳) "**לֹא הָיוּ יָמִים טוֹבִים לְיִשְׂרָאֵל כַּחֲמִישָּׁה עָשָׂר בְּאָב וּכְיוֹם הַכִּיפּוּרִים**".

בְּיִשְׂרָאֵל שֶׁל הַיּוֹם קִיבֵּל ט"ו בְּאָב אֶת הַשֵּׁם חַג הָאַהֲבָה.

בְּחַג זֶה מִתְקַיְּימוֹת חֲתוּנוֹת רַבּוֹת.

הַיִּשְׂרְאֵלִים יוֹצְאִים לַחֲנוּיוֹת לִקְנוֹת מַתָּנוֹת. הֵם קוֹנִים מַתָּנָה לָאָהוּב אוֹ לָאֲהוּבָה, לַבַּעַל אוֹ לְאִישָּׁה, וְיוֹצְאִים לַחְגוֹג יוֹם רוֹמַנְטִי אוֹ עֶרֶב רוֹמַנְטִי.

וּמַה קוֹנִים כְּמַתָּנָה ? אֶפְשָׁר לִקְנוֹת פְּרָחִים, שׁוֹקוֹלָד, תַּכְשִׁיטִים, בְּשָׂמִים, סֵפֶר אוֹ דִּיסְק - כָּל מָה שֶׁאוֹהֵב בֶּן הַזּוּג אוֹ בַּת הַזּוּג.

אֶפְשָׁר לִכְתּוֹב מִכְתַּב אַהֲבָה אוֹ לָשִׁיר שִׁירֵי אַהֲבָה. אֶפְשָׁר לִכְתּוֹב פֶּתֶק עִם מִילִּים שֶׁל אַהֲבָה, וְאוּלַי... לֹא צָרִיךְ לְחַכּוֹת עַד יוֹם הָאַהֲבָה כְּדֵי לַחֲגוֹג בַּאֲוִוירָה רוֹמַנְטִית, אֶפְשָׁר לַחְגוֹג גַּם בְּמֶשֶׁךְ הַשָּׁנָה. מָה דַּעְתְּכֶם ?

חַג שָׂמֵחַ לָאוֹהֲבִים !!!

עֲנוּ עַל הַשְּׁאֵלוֹת. **Answer the questions.**

1. מָתַי חָל חַג הָאַהֲבָה ? ____________________

2. מָה עָשׂוּ בְּנוֹת ישׂראל בְּחַג זֶה ? ____________________
____

3. מָה עָשׂוּ בני יִשְׂרָאֵל בְּחַג זֶה ? ____________________
____

4. אֵיזוֹ מַתָּנָה כְּדַאי לִקְנוֹת ? ____________________
____

5. אֵיךְ אֶפְשָׁר לַחְגוֹג אֶת חַג הָאַהֲבָה ? ____________________
____

6. מַה דעתך עַל חַג הָאַהֲבָה ? ____________________
____

♫ Sing !　　　　♫ שירו !

כתבו את הפעלים שבשיר (בזמן עתיד), והוסיפו את שם הגוף המתאים.

Write the verbs from the song (in the future tense) and add the appropriate personal pronouns.

	שם הגוף	פועל
1.	אַתְּ	תִּלְבְּשִׁי
2.	________	________
3.	________	________
4.	________	________
5.	________	________
6.	________	________
7.	________	________
8.	________	________
9.	________	________
10.	________	________
11.	________	________
12.	________	________

תִּלְבְּשִׁי לָבָן
Dress Up in White

מילים ולחן: נעמי שמר

Lyrics and melody: Naomi Shemer

בַּקַּיִץ הַזֶּה תִּלְבְּשִׁי לָבָן
תַּחְשְׁבִי מַחְשָׁבוֹת בְּהִירוֹת
אוּלַי תְּקַבְּלִי מִכְתַּב אַהֲבָה
אוּלַי נַעֲשֶׂה בְּחִירוֹת.

אֲנִי אֶבְחַר בָּךְ וְאַתְּ בִּי תִּבְחֲרִי
וּבְיַחַד נִהְיֶה לְרֹב
אִם בַּקַּיִץ הַזֶּה תִּלְבְּשִׁי לָבָן
וְתִתְפַּלְּלִי לְטוֹב.

בַּקַּיִץ הַזֶּה תִּלְבְּשִׁי לָבָן
וְכָכָה תֵּצְאִי לְבַלּוֹת
בַּקַּיִץ הַזֶּה נַעֲשֶׂה חֲתֻנָּה
וִיהִי חֶלְקֵךְ עִם הַכַּלּוֹת.

אֲנִי אֶבְחַר בָּךְ וְאַתְּ בִּי תִּבְחֲרִי...

נֵצֵא מִן הַדַּעַת בַּקַּיִץ הַזֶּה
וְאַחַר כָּךְ נֵדַע שַׁלְוָה
יִקְרֶה לָנוּ נֵס בַּקַּיִץ הַזֶּה
אִם רַק תִּלְבְּשִׁי לָבָן.

אֲנִי אֶבְחַר בָּךְ וְאַתְּ בִּי תִּבְחֲרִי...

כתבו את הפעלים בזמן עבר על פי השיר.

Write the verbs in the past tense according to the song.

אתְ _לבשת_ לבן.	אנחנו ______ לְרוֹב.
אתְ ______ מַחְשָׁבוֹת.	אתְ ______ לְטוֹב.
אתְ ______ מִכְתַב אַהֲבָה.	את ______ לְבַלוֹת.
אנחנו ______ בחירות.	אנחנו ______ חֲתוּנָּה.
אני ______ בךָ.	אנחנו ______ מן הַדַעַת.
אתְ ______ בִי.	אנחנו ______ שַׁלְוָוה.

כתבו: מה הם יַעֲשׂוּ בקיץ הזה ?

Write : What will they do this summer?

1. ______________________________
2. ______________________________
3. ______________________________
4. ______________________________
5. ______________________________

כתבו: מה אתם / אתן תַּעֲשׂוּ בקיץ הזה ?

Write: What will you do this summer?

1. ______________________________
2. ______________________________
3. ______________________________
4. ______________________________
5. ______________________________

Happy Holiday! ! חופשה נעימה

אֶת ה... את ∅

When and When Not to Use ... את ה

'אֶת' באה לפני שם עצם מיודע או שם עצם פרטי .

"את" is placed (after transitive verbs) before nouns with the definite article or before a person's first name.

קראו את המשפטים. Read the sentences.

שָׁמַעתִי חדשות ברדיו.	שָׁמַעתִי **את ה**חדשות ברדיו.
קָרָאנו עיתון היום.	קראנו **את ה**עיתון היום.
קְנִיתֶן חולצות בקניון ?	קְנִיתֶן **את ה**חולצות בקניון ?
אתה אוֹהֵב את ענת ?	כֵּן, אני אוֹהֵב **את** ענת.
רָאִיתָ את אחותי ?	כֵּן, רָאִיתִי **את** אחותך.

השלימו: את ה..., לפי הדוגמות הנ"ל.

Complete using **... את ה**, according to the examples above.

1. הסטודנט פָּגַש חברים באוניברסיטה. ______________________
2. החיילת רָאֲתָה סרט מעניין בקולנוע. ______________________
3. הילדות אָהֲבוּ גלידה. ______________________
4. התלמידים חִיפְּשוּ מילים במילון. ______________________
5. היא פָּתְחָה חלון באוטובוס. ______________________
6. כָּתַבְתָּ מכתבים לחברים? ______________________
7. שְׁתִיתֶם יין במסיבה? ______________________
8. שָׁמַעְתְּ מוסיקה קלאסית בקונצרט ? ______________________

השלימו: 'את' או ∅. Complete using **"את"**, only when necessary.

1. התלמידים לא הֵבִינוּ ______ השאלות.
2. ראש הממשלה פָּגַש ______ נשׂיא ארצות הברית.
3. רָאִינוּ ______ חדשות בטלוויזיה.
4. המורה מְלַמֶּדֶת ______ מילים חדשות.
5. הרופא בָּדַק ______ החולה.
6. קָרָאנוּ ______ ספרים מעניינים.
7. פָּגַשנוּ ______ החברים בקולנוע.
8. קִיבַּלְתָּ ______ כסף בבנק ?
9. היא מָצְאָה ______ עבודה.
10. החיילים כָּתְבוּ ______ מכתבים להורים שלהם.
11. שָׁלַחְתְּ ______ החבילה בדואר ?

אני שולח
את החבילה !
עבור

"כַּבֵּד אֶת אָבִיךָ וְאֶת אִמֶּךָ" (שמות כ, יב)

Lesson 13 : What have we learned ? שיעור 13 : מה למדנו ?

Vocabulary אוצר מילים

Nouns שְׁמוֹת עֶצֶם

beloved one (m)	(ז) אָהוּב (אֲהוּבִים)
beloved one (f)	(נ) אֲהוּבָה (אֲהוּבוֹת)
happiness	(ז) אוֹשֶׁר
meal	(נ) אֲרוּחָה (אֲרוּחוֹת)
disk	(ז) דִּיסְק (דִּיסְקִים)
birth	(נ) הוּלֶדֶת
belt	(נ) חֲגוֹרָה (חֲגוֹרוֹת)
part	(ז) חֵלֶק (חֲלָקִים)
house warming party	(נ) חֲנוּכַּת הַבַּיִת
wedding anniversary	(ז) יוֹם הַנִּישּׂוּאִים
vineyard	(ז) כֶּרֶם (כְּרָמִים)
bonfire	(נ) מְדוּרָה (מְדוּרוֹת)
thought	(נ) מַחְשָׁבָה (מַחְשָׁבוֹת)
fish restaurant	(נ) מִסְעֶדֶת דָּגִים
note	(ז) פֶּתֶק (פְּתָקִים)
peace talks	(נ"ר) שִׂיחוֹת הַשָּׁלוֹם
tranquility, calm	(נ) שַׁלְוָוה
sign	(ז) שֶׁלֶט (שְׁלָטִים)
jewelry	(ז) תַּכְשִׁיט (תַּכְשִׁיטִים)

Verbal Nouns שְׁמוֹת פְּעוּלָּה

wish	(ז) אִיחוּל (אִיחוּלִים)
medical examination	(נ) בְּדִיקָה (בְּדִיקוֹת)
choice, selection	(נ) בְּחִירָה (בְּחִירוֹת)
cooking	(ז) בִּישּׁוּל (בִּישּׁוּלִים)
greeting, blessing	(נ) בְּרָכָה (בְּרָכוֹת)
invitation	(נ) הַזְמָנָה (הַזְמָנוֹת)
decision	(נ) הַחְלָטָה (הַחְלָטוֹת)
establishment	(נ) הֲקָמָה
progress, advance	(נ) הִתְקַדְּמוּת
participation	(נ) הִשְׁתַּתְּפוּת
warming	(נ) הִתְחַמְּמוּת
entry, entrance	(נ) כְּנִיסָה (כְּנִיסוֹת)
smoking	(ז) עִישּׁוּן
strike	(נ) שְׁבִיתָה (שְׁבִיתוֹת)

Verbs פְּעָלִים

celebrate	חוֹגֵג – לַחֲגוֹג
fall on, occur	חָל - לָחוּל
wear	לוֹבֵשׁ – לִלְבּוֹשׁ
mourn, lament	מִתְאַבֵּל - לְהִתְאַבֵּל
disguise oneself	מִתְחַפֵּשׂ - לְהִתְחַפֵּשׂ
take place	מִתְקַיֵּים – לְהִתְקַיֵּים
fast	צָם - לָצוּם
strike (in a labor dispute)	שׁוֹבֵת – לִשְׁבּוֹת

Miscellaneous שׁוֹנוֹת

with love	בְּאַהֲבָה
dear	יָקָר (ה) (יָם) (וֹת)
majority	לָרוֹב
romantic	רוֹמַנְטִי (ת) (יָם) (וֹת)

Holidays and Special Days חַגִּים וּמוֹעֲדִים

New Year	רֹאשׁ הַשָּׁנָה
Day of Atonement	יוֹם הַכִּיפּוּרִים
Feast of Tabernacles	חַג הַסּוּכּוֹת
Simkhat Torah	שִׂמְחַת תּוֹרָה
Hanukah	חַג הַחֲנוּכָּה
New Year of Trees	רֹאשׁ הַשָּׁנָה לָאִילָנוֹת*
Purim	חַג פּוּרִים
Passover	חַג הַפֶּסַח
Memorial Day	יוֹם הַזִּיכָּרוֹן
Independence Day	יוֹם הָעַצְמָאוּת
Lag B'Omer	ל"ג בָּעוֹמֶר
Pentecost	חַג הַשָּׁבוּעוֹת
Day of Mourning	תִּשְׁעָה בְּאָב**
Festival of Love	חַג הָאַהֲבָה

* ט"וּ בִּשְׁבָט - Fifteenth day in the month of Shvat

** Ninth day in the month Av

Terms Related to Judaism	מוּנָחִים הַקְּשׁוּרִים לַיַּהֲדוּת
Purim pastry	(ז"ר) אוֹזְנֵי הָמָן
circumcision	(נ) בְּרִית מִילָה
Bat Mitzvah	(נ) בַּת מִצְוָוה
Haggadah	(נ) הַגָּדָה
Destruction of the Temple	(ז) חוּרְבַּן בֵּית-הַמִּקְדָּשׁ
days of mourning	(ז) יְמֵי הָאֵבֶל
night of the Passover Seder	(ז) לֵיל הַסֵּדֶר
Book of Esther	(נ) מְגִילַּת אֶסְתֵּר
Book of Lamentations	(נ) מְגִילַּת אֵיכָה
Book of Ruth	(נ) מְגִילַּת רוּת
matza (unleavened bread)	(נ) מַצָּה (מַצּוֹת)
Mishnah	(נ) מִשְׁנָה (מִשְׁנָיוֹת)
Succah (booth)	(נ) סוּכָּה (סוּכּוֹת)

The Heb. Months		הַחוֹדָשִׁים הָעִבְרִיִּים
Sept . – Oct.	Tishre	תִּשְׁרֵי
Oct. – Nov.	Heshvan	חֶשְׁוָון
Nov. – Dec.	Kislev	כִּסְלֵו
Dec. – Jan.	Tevet	טֵבֵת
Jan. – Feb.	Shvat	שְׁבָט
Feb. – Mar.	Adar	אֲדָר
Mar. – Apr.	Nisan	נִיסָן
Apr. – May	Iyyar	אִיָּיר
May – June	Sivan	סִיוָון
June – Jul.	Tammuz	תַּמּוּז
Jul. – Aug.	Av	אָב
Aug. – Sept.	Elul	אֱלוּל

Expressions — מַבָּעִים

Bon appetite !	בְּתֵיאָבוֹן!
Happy holiday !	חַג שָׂמֵחַ!
Cheers ! (lit., To life !)	לְחַיִּים!
Shabbat Shalom!	שַׁבָּת שָׁלוֹם!
Have a good week!	שָׁבוּעַ טוֹב!
Have a pleasant holiday!	חוּפְשָׁה נְעִימָה!
The wedding will take place on …	הַחֲתוּנָּה תִּתְקַיֵּים בּ ...
We'll be happy to see you. (pl)	נִשְׂמַח לִרְאוֹת אֶתְכֶם.
We'll be happy to see you. (pl)	נִשְׂמַח לִרְאוֹתְכֶם.
I congratulate you on …	אֲנִי מְבָרֵךְ אוֹתְךָ ל...
I want to congratulate you on …	אֲנִי רוֹצֶה לְבָרֵךְ אוֹתְךָ ל...
I wish you …	אֲנִי מְאַחֶלֶת לְךָ...
I want to wish you…	אֲנִי רוֹצֶה לְאַחֵל לְךָ ...
Warm greetings on (your) birthday.	בְּרָכוֹת חַמּוֹת לְיוֹם הוּלֶּדֶת (שֶׁלְּךָ).
Heartfelt congratulations on the birth of (your) daughter .	אִיחוּלִים לְבָבִיִּים לְהוּלֶּדֶת הַבַּת (שֶׁלָּכֶם).
I apologize that…	אֲנִי מִתְנַצֵּל שֶׁ...
I cannot come to…	אֲנִי לֹא יָכוֹל לְהַגִּיעַ ל...
It's not pleasant for me that…	לֹא נָעִים לִי שֶׁ...
It's such a pity that…	כָּל כָּךְ חֲבָל שֶׁ...
I am very sorry, but…	אֲנִי מִצְטַעֵר מְאוֹד, אֲבָל...

שיעור 13 269 להצליח בעברית א'

Grammatical Structures

1) Time clauses

Time clauses answer the question "when"?

When ….

When they go on a trip, we say to them, “have a good trip”.

When they go on a trip, we say to them, “have a good trip” .

2) Invitations : to invite the … to …

I am inviting my friends **to the** party.

3) Verbal Nouns (often Gerunds):

“Pa’al”- (meet) meeting

“Pi’el” – (visit) visiting / visit

“Hif’il” – (invite) invitation / inviting

“Hitpa’el” (advance) advancement / progress

The Prime Minister received **an invitation** from the President of the U.S.A.

The Pesident invited him for **a visit** to the White House.

It was an interesting **meeting.**

There was **progress** in the peace-talks.

4) The Hebrew Letter Equivalents of Numbers (1 – 400 / ת – א)

5) When to use and not to use ”... אֶת ה“

I heard **the** news on the radio.

I heard news on the radio.

מִבְנִים לשוניים

1) מִשְׁפְּטֵי זְמַן

מִשְׁפְּטֵי זְמַן עוֹנִים עַל הַשְּׁאֵלָה "מָתַי"?

כְּשֶׁ ... כַּאֲשֶׁר ...

כַּאֲשֶׁר הֵם נוֹסְעִים, אֲנַחְנוּ אוֹמְרִים לָהֶם "נְסִיעָה טוֹבָה".

כְּשֶׁהֵם נוֹסְעִים, אֲנַחְנוּ אוֹמְרִים לָהֶם "נְסִיעָה טוֹבָה".

2) הַזְמָנוֹת : לְהַזְמִין אֶת הַ ... לְ...

אֲנִי מַזְמִין **אֶת הַחֲבֵרִים** שֶׁלִּי **לִמְסִיבָּה.**

3) שֵׁם הַפְּעוּלָּה :

פָּעַל – (פָּגַשׁ) פְּגִישָׁה

פִּיעֵל – (בִּיקֵּר) בִּיקּוּר

הִפְעִיל – (הִזְמִין) הַזְמָנָה

הִתְפַּעֵל – (הִתְקַדֵּם) הִתְקַדְּמוּת

רֹאשׁ הַמֶּמְשָׁלָה קִיבֵּל **הַזְמָנָה** מִנְּשִׂיא אַרְצוֹת הַבְּרִית.

הַנָּשִׂיא הִזְמִין אוֹתוֹ לְבִיקּוּר בַּבַּיִת הַלָּבָן.

הַפְּגִישָׁה הָיְיתָה מְעַנְיֶינֶת.

הָיְיתָה **הִתְקַדְּמוּת** בְּשִׂיחוֹת הַשָּׁלוֹם.

4) אוֹתִיּוֹת וּמִסְפָּרִים (1 – 400 / א – ת)

5) אֶת הַ ... אוֹ ∅

שָׁמַעְתִּי **אֶת הַחֲדָשׁוֹת** בָּרַדְיוֹ.

שָׁמַעְתִּי חֲדָשׁוֹת בָּרַדְיוֹ.

אֲתַר חָדָשׁ בָּאִינְטֶרְנֶט — A New Site on the Internet

עוד חִידוּשׁ בְּעולם האינטרנט: מִשׂרד האוֹצר פּוֹתֵחַ **אֲתַר** מיוחד בּאינטרנט. בְּעזרת **המחשב האישי** (P.C.) אפשר לְהִיכָּנֵס לאתר בּאינטרנט וּלְקַבֵּל מֵידַע מָלֵא על תקציב המדינה.

זאת הפּעם הראשונה שֶׁאֶזְרְחֵי ישׂראל יוּכְלוּ לָדַעַת בּעזרת האינטרנט, מה עוֹשָׂה המדינה בַּמִּסִים שהם מְשַׁלְּמִים, ובמשׂרד האוצר אומרים שֶׁכָּל אזרח יכול לְהִיכָּנֵס לַאֲתַר זה.

הכּתובת של האתר היא: **www.mof.gov.il/budget2000**

ענו על השאלות. — **Answer the questions.**

1. איזה חִידוּשׁ יש בּאינטרנט ?

____

2. איזה מידע אפשר לְקַבֵּל בּעזרת האינטרנט ?

____

3. איך אפשר לְהַגִּיעַ לְמֵידַע זה ?

____

4. מי יכול לְהִיכָּנֵס לאתר זה ?

____

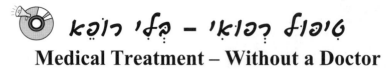

טִיפּוּל רְפוּאִי - בְּלִי רוֹפֵא
Medical Treatment – Without a Doctor

מֶמְשֶׁלֶת בְּרִיטַנְיָה עוֹשָׂה מַהְפֵּכָה בְּנוֹשֵׂא בְּרִיאוּת הַצִּיבּוּר. הִיא הֵקִימָה **אֲתַר** (site) בָּאִינְטֶרְנֶט, שֶׁעוֹזֵר לְמִי שֶׁמַּרְגִּישׁ לֹא טוֹב - לִבְדּוֹק בְּעַצְמוֹ, מָה יֵשׁ לוֹ, וּמָה כְּדַאי לוֹ לַעֲשׂוֹת.

בְּעֶזְרַת **הַמַּחְשֵׁב הָאִישִׁי** (P.C.) נִכְנָסִים אֶל הָאֲתַר, וְעוֹנִים עַל סִדְרָה שֶׁל שְׁאֵלוֹת. לְכָל שְׁאֵלָה יֵשׁ כַּמָּה תְּשׁוּבוֹת, שֶׁמּוֹפִיעוֹת עַל **הַצַּג** (הַמָּסָךְ) שֶׁל הַמַּחְשֵׁב, וְצָרִיךְ לַעֲנוֹת רַק עַל אַחַת הַשְּׁאֵלוֹת. לְמָשָׁל, עַל הַשְּׁאֵלָה: בְּאֵיזֶה חֵלֶק שֶׁל הַגּוּף יֵשׁ לְךָ בְּעָיָה ? אֶפְשָׁר לַעֲנוֹת תְּשׁוּבָה: רֹאשׁ אוֹ יָדַיִים אוֹ רַגְלַיִים אוֹ עוֹר.

כָּךְ בִּשְׁלַבִּים הַמַּחְשֵׁב הוֹלֵךְ וּמְצַמְצֵם (מַקְטִין) אֶת הָאֶפְשָׁרוּיוֹת - עַד שֶׁהוּא מְקַבֵּל תְּמוּנָה טוֹבָה שֶׁל מַצַּב הַחוֹלֶה, וְהַבְּעָיָה הָרְפוּאִית שֶׁלּוֹ, וְאָז הוּא מַצִּיעַ לַחוֹלֶה, מָה לַעֲשׂוֹת. אִם יֵשׁ לוֹ בְּעָיָה דְּחוּפָה אָסוּר לְחַכּוֹת, הַמַּחְשֵׁב אוֹמֵר לַחוֹלֶה לִפְנוֹת מִיָּד לְרוֹפֵא אוֹ לְבֵית חוֹלִים.

מֶמְשֶׁלֶת בְּרִיטַנְיָה מְקַוָּה, כִּי בַּדֶּרֶךְ הַזֹּאת יַחְסְכוּ כֶּסֶף עַל בִּיקּוּר לֹא נָחוּץ אֵצֶל הָרוֹפֵא. לֹא בְּכָל בַּיִת יֵשׁ מַחְשֵׁב אִישִׁי, וּמִסִּיבָּה זוֹ הַמֶּמְשָׁלָה תָּשִׂים מֵאוֹת רַבּוֹת שֶׁל תַּחֲנוֹת מַחְשֵׁב שֶׁנּוֹתְנוֹת תְּשׁוּבוֹת רְפוּאִיּוֹת בְּבָתֵּי מִרְקַחַת וּבְסוּפֶּרְמַרְקֶטִים.

חוֹשְׁבִים כִּי בְּכָל שָׁנָה יִפְנוּ אֶל הָאֲתַר הַזֶּה עֶשְׂרִים וַחֲמִישָּׁה מִילְיוֹן בְּנֵי אָדָם.

הָעִיקָּר לִהְיוֹת בָּרִיא !

אַל תִּשְׁכַּח
לָקַחַת אָקָמוֹל !

1. השלימו את הקטע במילים אלה:

אֲתַר, מַחשֵב אִישִי, אֲתַר, סִידְרָה, צַג

Complete the passage, using the words above.

בְּעזרת ה________ ה________ אפשר לִפְתּוֹח ________ באינטרנט.
אפשר לְהִיכָּנֵס אל ה________ וְלַעֲנוֹת על ________ של שאלות,
המוֹפִיעוֹת על ה________.

2. כִּתבוּ דוגמה לשאלה ולתשובה באתר האינטרנט.

Write an example of a question and answer on the internet site.

שאלה: ____

תשובה: ____

3. מה מַצִיעַ המחשב האישי, כּאשר מצב החולה קשה ?

____

____

4. מה הסיבּה לִפְתִיחַת אתר זה בּאינטרנט ?

____

____

5. מה יַעֲשׂוּ אנשים, שאין להם מחשב אישי בּבּית ?

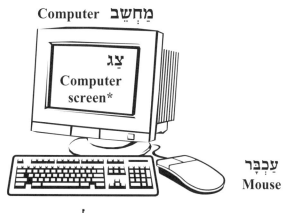

____

____

Computer מַחְשֵב
צַג
Computer screen*
עַכְבָּר
Mouse
מִקְלֶדֶת
Keyboard

*Monitor

'בְּ' בנטייה

Conjugation of the Preposition "ב" in / at / on

בִּי	בְּךָ	בָּךְ	בּוֹ	בָּהּ	בָּנוּ	בָּכֶם / בָּכֶן	בָּהֶם / בָּהֶן
on me	on you	on you	on him	on her	on us	on you	on them
אני	אתה	את	הוא	היא	אנחנו	אתם / אתן	הם / הן

מַה יֵשׁ בְּ... ? What is there in / at / on ...?

מה יש במוזאון ? יש **בּוֹ** תמונות.

מה יש בממשלה ? יש **בָּהּ** שָׂרִים.

מה יש בספרים ? יש **בָּהֶם** סיפורים.

מה יש בספריות ? יש **בָּהֶן** ספרים.

מה אַתָּה עוֹשֶׂה בְּ... ? What do you do in /at / on / with ... ?

מה אתה עוֹשֶׂה **במחשב** ? אני עוֹבֵד **בּוֹ.**

מה אתם עוֹשִׂים **באוניברסיטה** ? אנחנו לוֹמְדִים **בָּהּ.**

מה אתה עושה **בספרים** ? אני קוֹרֵא **בָּהֶם.**

מה אתְ עוֹשָׂה **בַּחֲנוּיוֹת** ? אני קוֹנָה **בָּהֶן.**

בְּמַה אַתָּה מִשְׁתַּמֵּשׁ? What do you use?

אני **מִשְׁתַּמֵּשׁ** במחשב. אני מִשְׁתַּמֵּשׁ **בּוֹ** במשׂרד.

אני **מִשְׁתַּמֵּשׁ** במצלמה. אני מְצַלֵּם **בָּהּ** את העיר העתיקה.

אני **מִשְׁתַּמֵּשׁ** בִּכְלֵי עבודה. אני מִשְׁתַּמֵּשׁ **בָּהֶם** כשאני עובד.

אני **מִשְׁתַּמֵּשׁ** במצלמות. אני מְצַלֵּם **בָּהֶן** את הסרט הֶחָדָשׁ.

השלימו: בִּי, בְּךָ, בָּךְ, בּוֹ, בָּהּ   בִּי, בְּךָ, בָּךְ, בּוֹ, בָּהּ ... Complete using

בכל המשׂרדים מִשְׁתַּמְּשִׁים במחשב. מִשְׁתַּמְּשִׁים ______ גם בבתי חולים.
המזכירה עוֹבֶדֶת במחשב, היא מַדְפִּיסָה ______ מכתבים. היא מִסְתַּכֶּלֶת במחשב, ויוֹדַעַת לְהִשְׁתַּמֵּשׁ ______.
על יד המשׂרד נמצאת מסעדה טובה. יש ______ סלטים טעימים. יש ______ מלצר נחמד, ויש ______ אווירה נעימה. לפעמים אנחנו אוֹכְלִים ______ ארוחת צהריים.
אחרי העבודה אנחנו הוֹלְכִים לקַנְיוֹן, יש ______ חנויות רבות, ויש ______ גם בתי קפה. אתמול נִכְנַסְנוּ לחנויות, וראינו ______ בגדים יפים. ראינו ______ גם מוכרות נחמדות.
חָזַרְנוּ הביתה באוטובוס. היו ______ תלמידים, והיו ______ אנשים רבים, אך לא היו ______ מקומות ישיבה פנויים.

השלימו: בִּי, בְּךָ, בָּךְ... לפי הדוגמה.
Complete using ... בִּי, בְּךָ, בָּךְ according to the example.

1. אתה מִשְׁתַּמֵּשׁ **במילון**? כן אני מִשְׁתַּמֵּשׁ _בּוֹ._
2. אתְּ מִסְתַּכֶּלֶת **בתמונות**? כֵּן, אני מִסְתַּכֶּלֶת ________.
3. יש **בדירה** רָהִיטִים? לא, אין ________ רָהִיטִים.
4. יש תנור **במטבח**? כֵּן, יש ________ תנור.
5. יש סטודנטיות **באוניברסיטה**? כֵּן, יש ________ סטודנטיות.
6. יש אנשים **במסעדה**? עכשיו יש ________ אנשים.
7. מה יש **בארונות מטבח**? יש ________ כלים.
8. אתם מִסְתַּכְּלִים **בנוף**? כֵּן, אנחנו מִסְתַּכְּלִים ________.
9. האישה מִשְׁתַּמֶּשֶׁת **במכונת כביסה**? כמובן, היא מִשְׁתַּמֶּשֶׁת ________.
10. היא פָּתְחָה את **החבילה**, היא יוֹדַעַת שיש ________ ספרים.
11. קְחוּ את **המחשבים**, אנחנו לא מִשְׁתַּמְּשִׁים ________.
12. **הדירות** יפות, יש ________ שטיחים יפים.
13. הן מִשְׁתַּמְּשׁוֹת **בכרטיסי אשראי**, הן קוֹנוֹת ________ בגדים.
14. האוטובוס הִגִּיעַ **לתחנה**, היו ________ נוֹסְעִים רבים.
15. המטוסים הִגִּיעוּ **לשׂדה התעופה**. יש ________ תיירים רבים.
16. הרופאים מְטַפְּלִים **בחולים**? כֵּן, הם מְטַפְּלִים ________.
17. ההורים מְטַפְּלִים **בילדה**? כֵּן, הם מְטַפְּלִים ________.
18. הפקידה מְטַפֶּלֶת **בתלונות**? לא, היא לא מְטַפֶּלֶת ________.

'מִן' בנטייה

Conjugation of the Preposition "מן" from

מִמֶּנִּי	מִמְּךָ	מִמֵּךְ	מִמֶּנּוּ	מִמֶּנָּה	מֵאִיתָּנוּ	מִכֶּם/מִכֶּן	מֵהֶם /מֵהֶן
from me	from you	from you	from him	from her	from us	from you	from them
אני	אתה	את	הוא	היא	אנחנו	אתם אתן	הם / הן

10.2.09

לאבא ולאימא היקרים,

אתמול קִיבַּלְנוּ *מִכֶּם* את המכתב ושָׂמַחְנוּ מאוד. בִּיקַשְׁתֶּם *מֵאִיתָּנוּ* לְהִתְקַשֵּׁר בערב. הִתְקַשַּׁרְנוּ, אבל לא שָׁמַעְנוּ *מִכֶּם* תשובה.

המורה בבית הספר של דני בִּיקְשָׁה *מִמֶּנּוּ* לְהָכִין עבודה על ירושלים העתיקה. הוא מְרוּצֶּה *מֵ*המורה, והוא לוֹמֵד *מִמֶּנָּה* הרבה דברים מעניינים.

אתמול היינו בהצגה, ונהנינו *מִמֶּנָּה* מאוד. ההצגה הָיְיתָה יפה, אבל רָאִינוּ הצגות יפות *מִמֶּנָּה*. כְּשֶׁיָּצָאנוּ *מֵ*התאטרון פָּגַשְׁנוּ חברים *מֵ*העבודה, ואחרי שֶׁנִּפְרַדְנוּ *מֵהֶם* נִכְנַסְנוּ לבית קפה.

בשבת בָּאוּ אלינו חברים. הבן שלהם פָּחַד *מֵ*הכלב שלנו וּבָרַח *מִמֶּנּוּ*, אך אחיו, שהוא קטן יותר *מִמֶּנּוּ* לא פָּחַד *מֵ*הכלב, ולא בָּרַח *מִמֶּנּוּ*.

אנחנו מְחַכִּים לִשְׁמוֹעַ *מִכֶּם*.

להתראות

ענת ועידן

השלימו לפי הדוגמה. **Complete according to the example.**

1. חברים, אני מְבַקֵּשׁ *מִכֶּם* לְהִתְקַשֵּׁר אליי בערב.
2. הסטודנט רוצה לִמְכּוֹר את המחשב שלו, אולי מיכל תִּקְנֶה אותו ________.
3. רחל בת עשׂרים, ואחותה צעירה ________ בשנתיים.
4. הילדים לא פּוֹחֲדִים מֵהכלב, ולא בּוֹרְחִים ________.
5. הגנב רָאָה את השוטרים, וּבָרַח ________.
6. החייל פָּנָה אל הפקידה, וּביקֵּשׁ ________ שאלון.
7. נִכְנַסְתִּי למעלית בקומה הראשונה, וְיָצָאתִי ________ בקומה השלישית.
8. מלצר, אפשר לְבַקֵּשׁ ________ כוס מים ?
9. אימא אוֹמֶרֶת לבנוֹתֶיהָ: "אני מְבַקֶּשֶׁת ________ לְהִתְנַהֵג בנימוס".
10. המנהל אומר לעובדים: "אני דוֹרֵשׁ ________ לְהַגִּיעַ לעבודה בזמן".
11. ההורים עשירים, הילדים רוצים ________ כסף.
12. אתה גבוה, אבל אחיך גבוה יותר ________.

Yana's Friends — הַחֲבֵרִים שֶׁל יָאנָה

אם אתם רוצים לֵיהָנוֹת מסרט ישראלי מַקְסִים, מְרַגֵּשׁ וגם עצוב, כדאי לכם לראות את הסרט "**החברים של יאנה**".

יאנה (אֶוְוֹה קַפְלוּן) ובעלה **פִימָה** (סָשָׁה דמידוֹב שַׂחְקָן תאטרון "גשר") מַגִּיעִים עם כמה מזוודות וכלבה חמודה לחדר שֶׁשָּׂכְרוּ.

בדירה הישנה גר גם שותף - דוֹן ז'וּאַן ישראלי בשם **אלי** (נִיר לֵוִי), שחי מצילום חתונות, בְּרִיתוֹת ובילוי עם חברות מִתְחַלְּפוֹת, שגם אותן הוא מְצַלֵּם במצלמת וידאו.

פימָה, הבעל של יאנה, חוזר למוסקבה עם כספי ההלוואה שלָקְחוּ מהבנק. יאנה מְגַלָּה שהיא בְּהֵירָיוֹן ושקועה בחובות, ואילו פימָה נִשְׁאָר ברוסיה.

לבניין הישן מַגִּיעִים עולים נוספים - זוג צעיר, הורים לתינוק וסבא (מוֹסקו אַלקלַעִי). לסבא יש מֶדליות, הוא היה גיבור במלחמת העולם, ועכשיו הוא נָכֶה בכיסא גלגלים. הזוג חוֹלֵם על חיים באמריקה, וחי בינתיים מכסף, שאנשים זוֹרְקִים לכובע של הסבא.

דייר נוסף בדירה הוא נַגָּן האקורדיון הַשַּׁתְיָין (שמִיל בֶּן-אָרי), הוא היה מורה מוכשר למוסיקה.

לבעלת הדירה (דליה פרידלַנדר) יש עבר רוסי ישׂראלי קשה. המצב נַעֲשָׂה קשה, כאשר הִתְחִילָה מלחמת המפרץ, ושני הגיבורים הראשיים יאנה ואלי נמצאים יחד בחדר האטום.

מסכות **האבַּ"כ*** לא מַפְרִיעוֹת לרומן לְהִתְפַּתֵּחַ. הם מִתְאַהֲבִים זה בזו.

הסרט, שסיפורו אוניברסלי, נוֹגֵעַ בכל אחד מֵאיתנו. יש בו הומור עָצוּב וכשרון קולנועי גדול של שחקנים נפלאים, בִּמַאי, תסריטאי, מוסיקאים, צלמים וְעוֹרְכִים. הסרט דוֹבֵר רוסית ועברית.

* ראשי תיבות של 'אטומי, **ב**יולוגי, **כ**ימי': שלושה סוגים של נשק לא קונבנציונאלי (נשק שאינו מורכב מחומר נפץ רגיל).

Answer the questions. **ענו על השאלות.**

1. מהן הבעיות של יאנה ?

____

____

____

2. סַפרו על כָּל "**החברים של יאנה**" הַמִּשְׁתַּתְּפִים בסרט.

פימה ______________________________

____

אלי ______________________________

____

זוג צעיר ______________________________

____

סבא ______________________________

____

נַגָּן האקורדיון ______________________________

____

3. מתי מִתְאַהֵב אלי ביאנה ?

____

____

4. מה הם עָשׂוּ, כְּשֶׁהִתְחִילָה מלחמת המפרץ ?

____

____

5. באיזו שׂפה מְדַבְּרִים בסרט ?

____

6. למה כדאי לִרְאוֹת את הסרט ?

____

____

סמנו נכון / לא נכון על יד כל משפט.

Indicate “true”/ “false” beside each sentence.

1. יאנה ובעלה פימה מַגִיעִים לארץ עם כַּלְבָּה. **נכון / לא נכון**
2. אלי הוא נַגָּן אקורדיון. **נכון / לא נכון**
3. אלי ויאנה רוצים לִנְסוֹעַ לאמריקה. **נכון / לא נכון**
4. נַגָּן האקורדיון הוא שתיין. **נכון / לא נכון**
5. פימה בָּרַח לרוסיה עם כָּל הכסף. **נכון / לא נכון**
6. במלחמת הַמִּפְרָץ הם יָשְׁבוּ בחדר אָטוּם. **נכון / לא נכון**

אלה אנשי המקצוע בסרט הקולנוע. כתבו אותם לפי הדוגמה.

These are the words for the professional personnel in the movie. Write them out according to the example.

m/s	**f/s**	**m/pl**	**f/pl**
שַׂחְקָן	שַׂחְקָנִית	שַׂחְקָנִים	שַׂחְקָנִיּוֹת
בַּמַּאי	___________	___________	___________
תַּסְרִיטַאי	___________	___________	___________
מוּסִיקַאי	___________	___________	___________
צַלָּם	___________	___________	___________
עוֹרֵךְ	___________	___________	___________

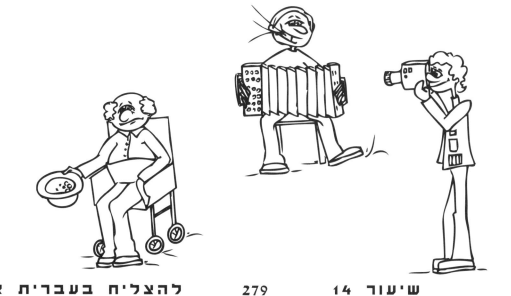

'עַל' בנטייה

Conjugation of the Preposition "על" on / about /at

עָלַיי	עָלֶיךָ	עָלַייך	עָלָיו	עָלֶיהָ	עָלֵינוּ	עֲלֵיכֶם /ן	עֲלֵיהֶם /ן
on me	on you	on you	on him	on her	on us	on you	on them
אני	אתה	את	הוא	היא	אנחנו	אתם /אתן	הם / הן

קראו את המשפטים. **Read the sentences.**

1. דני, אני חוֹשֶׁבֶת *עָלֶיךָ*.
2. ילדים, אני כּוֹעֶסֶת *עֲלֵיכֶם*.
3. עוֹרֵךְ הַדִּין עָרַךְ חוֹזֶה, ואני צריך לַחְתּוֹם *עָלָיו*.
4. הָיִינוּ בהצגה, ואנחנו מַמְלִיצִים *עָלֶיהָ*.
5. המורים מְלַמְּדִים את התלמידים, וּמַשְׁפִּיעִים *עֲלֵיהֶם*.
6. ענת, דני מִסְתַּכֵּל *עָלַייך* כָּל הזמן.
7. למה אתְ כּוֹעֶסֶת *עָלַיי*, מה עָשִׂיתִי לך ?
8. מה אתם יוֹדְעִים *עָלֵינוּ* ? אנחנו יוֹדְעִים *עֲלֵיכֶם* הרבּה דברים.
9. מה אתה שָׁמַעְתָּ *עֲלֵיהֶן* ? שָׁמַעְתִּי *עֲלֵיהֶן* דברים טובים.
10. "עוֹשֶׂה שָׁלוֹם בִּמְרוֹמָיו, הוּא יַעֲשֶׂה שָׁלוֹם *עָלֵינוּ וְעַל* כָּל יִשְׂרָאֵל וְאִמְרוּ: אָמֵן !"

השלימו את מילת היחס המתאימה.

Complete the sentences with the appropriate prepositions

1. חֲשַׁבְתֶּם על החופשה ? כֵּן, חָשַׁבְנוּ *עָלֶיהָ*
2. היא הִסְתַּכְּלָה על הסטודנטים ? כֵּן, היא הִסְתַּכְּלָה ____________.
3. חֲתַמְתֶּם על החוזה ? כֵּן, חָתַמְנוּ ____________.
4. הוא הִמְלִיץ על ההצגה ? כֵּן, הוא הִמְלִיץ ____________.
5. אתן סוֹמְכוֹת על המנהלות ? כֵּן, אנחנו סוֹמְכוֹת ____________.
6. ההורים מַשְׁפִּיעִים על הילדים ? כֵּן, הם מַשְׁפִּיעִים ____________.
7. את כּוֹעֶסֶת עליי ? לא, אני לא כּוֹעֶסֶת ____________.
8. שְׁמַעְתֶּם על הסרט החדש ? לא, לא שָׁמַעְנוּ ____________.
9. עֲנִיתֶן על השאלות ? כֵּן, עָנִינוּ ____________.
10. הם יָשְׁבוּ על הספסל ? כֵּן, הם יָשְׁבוּ ____________.
11. אתה מִסְתַּכֵּל עליי ? כֵּן, אני מִסְתַּכֵּל ____________.
12. חֲשַׁבְתֶּם עָלֵינוּ ? כֵּן, חָשַׁבְנוּ ____________.

Read the sentences **קראו את המשפטים.**

the two different ways of expressing *should / have to* .

עליך לשטוף את כל הכלים !!!

אני צריך לָלֶכֶת.	=	**עָלַיי** לָלֶכֶת
אתה צריך לִנְסוֹע.	=	**עָלֶיךָ** לִנְסוֹע
את צריכה לְהַזְמִין חברים	=	**עָלַייִך** לְהַזְמִין חברים
אתם צריכים לְהִתְקַדֵּם	=	**עֲלֵיכֶם** לְהִתְקַדֵּם

כתבו את המשפטים לפי הדוגמות הנ"ל.

Write the sentences according to the examples above.

1. היא צריכה לָקוּם מוקדם. עליהָ לקום מוקדם.
2. אתה חַיָּיב לָלֶכֶת לרופא. ______
3. למה הוא מוּכְרָח לַעֲבוֹד. ______
4. הם צריכים לְהִיכָּנֵס לתאטרון. ______
5. הן חַיָּיבוֹת לְהַצְלִיחַ בבחינה. ______
6. אתן צריכות לְבַקֵּשׁ הלוואה מֵהַבנק. ______
7. היא צריכה לִמְשׁוֹךְ כסף מֵהַבנק. ______
8. אתה מוּכְרָח לְהִישָּׁאֵר עם הילדים. ______
9. את צריכה לְהַמְשִׁיךְ את הלימודים. ______
10. אנחנו צריכים לֶאֱכוֹל ארוחת בוקר. ______
11. אני מוּכְרָחָה לְהַצְלִיחַ בבחינות. ______
12. הוא מוּכְרָח לְבַטֵּל את הנסיעה. ______
13. אנחנו צריכות לְשַׁלֵּם את החשבון. ______
14. מתי אתם צריכים לְסַיֵּים את העבודה ? ______
15. את חַיֶּיבֶת לְהִתְקַדֵּם בעבודה. ______
16. הוא צריך לִלְמוֹד מִקְצוֹעַ. ______
17. מתי את צריכה לָלֶכֶת לצבא ? ______
18. לאן הם חַיָּיבִים לִנְסוֹעַ? ______
19. הן מוּכְרָחוֹת לְהַדְפִּיס את המכתבים. ______
20. איפה הם צריכים לִהְיוֹת בבוקר ? ______

שִׂיחָה בֵּין סְטוּדֶנְטִים A Conversation Between Students

דני: שרית, מדוע את כּוֹעֶסֶת ***עָלַיי*** ?

שׂרית: אני כּוֹעֶסֶת ***עָלֶיךָ***, מִפְּנֵי שֶׁשָּׁאַלְתִּי אוֹתְךָ שאלה, ואתה לא עָנִיתָ ***עָלֶיהָ***.

דני: אני מִצְטַעֵר, אני מוּכָן לַעֲנוֹת ***עָלֶיהָ*** עכשיו. מה השאלה ?

שׂרית: ***עַל*** מה חָשַׁבְתָּ, כְּשֶׁשָּׁאַלְתִּי אוֹתְךָ ?

דני: חָשַׁבְתִּי על החוזה, ***שֶׁעָלֵינוּ*** לַחְתּוֹם ***עָלָיו*** היום.

שרית: נכון ! היום ***עָלֵינוּ*** לַחְתּוֹם על החוזה. שָׁאַלְתִּי אותך ***עַל*** הבחינה במתמטיקה.

דני: דִּיבַּרְנוּ כּבר ***עַל*** הבחינה.

שׂרית: נכון, דִּיבַּרְנוּ ***עָלֶיהָ***, אבל לא הִתְכּוֹנַנּוּ לבחינה, שָׁכַחְתָּ ?!

דני: את צוֹדֶקֶת. ***עָלֵינוּ*** לְהִתְכּוֹנֵן לבחינה היום.

השלימו לפי הדוגמה. **Complete according to the example.**

1. ***עַל*** מה דִּיבַּרְתֶּם ? דִּיבַּרְנוּ ***עַל*** הבחינות. דִּיבַּרְנוּ ***עֲלֵיהֶן***.
2. _____ מי הם חָשְׁבוּ ? הם חָשְׁבוּ _____ המשפחה. הם חָשְׁבוּ ____________.
3. _____ מה את עָנִית ? עָנִיתִי _____ השאלות. עָנִיתִי ____________.
4. _____ מה הוא קָרָא בעיתון ? הוא קָרָא _____ ראש הממשלה. הוא קָרָא ____________.
5. _____ מה מַרְצֶה הפרופסור ? הוא מַרְצֶה _____ ההיסטוריה של עם ישׂראל. הוא מַרְצֶה ____________.
6. _____ מה לוֹמְדוֹת הסטודנטיות ? הן לוֹמְדוֹת _____ מחשבים. הן לוֹמְדוֹת ____________.
7. _____ מה חָתַמְתְּ ? חָתַמְתִּי _____ החוזה. חָתַמְתִּי ____________.
8. מי חָתַם _____ הַהֶסְכֵּם ? דני וענת חָתְמוּ ____________.
9. מי חָשַׁב _____ ההורים ? ערן וחגית חָשְׁבוּ ____________.
10. מי כָּעַס _____ הילדות ? שׂרית כָּעֲסָה ____________.
11. מי מַמְלִיץ _____ הסרט ? החברים שלנו מַמְלִיצִים ____________.

Lesson 14: What have we learned ? | שיעור 14 : מה למדנו ?

Vocabulary | אוצר מילים

Verbs | פְּעָלִים

escape	בּוֹרֵחַ – לִבְרוֹחַ
throw	זוֹרֵק – לִזְרוֹק
save (time, money)	חוֹסֵךְ – לַחְסוֹךְ
has/ have to	חַיָּיב – (ת) (ים) (וֹת)
discover, reveal	מְגַלֶּה – לְגַלּוֹת
type, print	מַדְפִּיס - לְהַדְפִּיס
composed of	מוּרְכָּב (ת) (ים) (וֹת)
reduce, decrease	מְצַמְצֵם – לְצַמְצֵם
reduce, make smaller	מַקְטִין – לְהַקְטִין
establish	מֵקִים – לְהָקִים
fall in love	מִתְאַהֵב – לְהִתְאַהֵב
change	מִתְחַלֵּף – לְהִתְחַלֵּף
prepare (as for an exam)	מִתְכּוֹנֵן – לְהִתְכּוֹנֵן
develop	מִתְפַּתֵּחַ – לְהִתְפַּתֵּחַ
enjoy	נֶהֱנֶה – לֵיהָנוֹת
touch	נוֹגֵעַ – לִנְגּוֹעַ
rely	סוֹמֵךְ – לִסְמוֹךְ
edit, draw up	עוֹרֵךְ – לַעֲרוֹךְ
sink	שׁוֹקֵעַ – לִשְׁקוֹעַ

Adjectives | שְׁמוֹת תּוֹאַר

universal	אוּנִיבֶרְסָלִי (ת) (ים) (וֹת)
cute	חָמוּד (ה) (ים) (וֹת)
talented	מוּכְשָׁר (ת) (ים) (וֹת)
full	מָלֵא (ה) (ים) (וֹת)
great, wonderful	מַקְסִים (ה) (ים) (וֹת)
touching, exciting	מְרַגֵּשׁ (ת) (ים) (וֹת)
necessary	נָחוּץ (ה) (ים) (וֹת)
additional	נוֹסָף (ת) (ים) (וֹת)
regular	רָגִיל (ה) (ים) (וֹת)
medical	רְפוּאִי (ת) (ים) (וֹת)

The Arts | אוֹמָנוּת

director	(ז) בַּמַּאי (בַּמָּאִים)
musician	(ז) מוּסִיקָאִי (מוּסִיקָאִים)
video camera	(נ) מַצְלֵמַת וִידֵאוֹ (מַצְלֵמוֹת)
musician	(ז) נַגָּן (נַגָּנִים)
accordion player	(ז) נַגַּן אַקּוֹרְדְיוֹן
editor	(ז) עוֹרֵךְ (עוֹרְכִים)

Nouns | שְׁמוֹת עֶצֶם

citizen	(ז) אֶזְרָח (אֶזְרָחִים)
possibility	(נ) אֶפְשָׁרוּת (אֶפְשָׁרוּיוֹת)
England	(נ) בְּרִיטַנְיָה
wheel	(ז) גַּלְגַּל (גַּלְגַּלִּים)
debt	(ז) חוֹב (חוֹבוֹת)
material	(ז) חוֹמֶר (חוֹמָרִים)
advancement	(ז) חִידּוּשׁ (חִידּוּשִׁים)
tool	(ז) כְּלִי (כֵּלִים)
revolution	(נ) מַהְפֵּכָה (מַהְפֵּכוֹת)
tax	(ז) מַס (מִיסִּים)
mask	(נ) מַסֵּכָה (מַסֵּכוֹת)
height, heaven	(ז) מָרוֹם
lecturer	(ז) מַרְצֶה (מַרְצִים)
Finance Ministry	(ז) מִשְׂרַד הָאוֹצָר
politeness	(ז) נִימּוּס (נִימּוּסִים)
kind	(ז) סוּג (סוּגִים)
series	(נ) סִידְרָה (סְדָרוֹת)
bench	(ז) סַפְסָל (סַפְסָלִים)
help	(נ) עֶזְרָה
professor	(ז) פְּרוֹפֶסוֹר (פְּרוֹפֶסוֹרִים)
public	(ז) צִיבּוּר
initials	(ז"ר) רָאשֵׁי תֵּיבוֹת
partner, roommate	(ז) שׁוּתָּף (שׁוּתָּפִים)
phase, stage	(ז) שָׁלָב (שְׁלַבִּים)
alcoholic	(ז) שַׁתְיָין (שַׁתְיָינִים)
oven	(ז) תַּנּוּר (תַּנּוּרִים)
budget	(ז) תַּקְצִיב (תַּקְצִיבִים)

Miscellaneous | שׁוֹנוֹת

meanwhile	בֵּינְתַיִים
politely	בְּנִימּוּס
by means of …	בְּעֶזְרַת ה …
urgent	דָּחוּף
unnecessary	לֹא נָחוּץ
for example	לְמָשָׁל

photography, photocopy	(ז) צִילוּם (צִילוּמִים)
camera man, photographer	(ז) צַלָּם (צַלָמִים)
romance	(ז) רוֹמָן
actor, player	(ז) שַׂחְקָן (שַׂחְקָנִים)
script writer	(ז) תַּסְרִיטַאי (תַּסְרִיטַאִים)

Computers — מַחְשְׁבִים

site	(ז) אֲתָר (אֲתָרִים)
keyboard	(נ) מִקְלֶדֶת (מִקְלָדוֹת)
mouse	(ז) עַכְבָּר (עַכְבָּרִים)
computer screen	(ז) צָג (צָגִים)
personal	(ז) מַחְשֵׁב אִישִׁי
computer screen	(ז) מָסָךְ (מָסַכִּים)

War — מִלְחָמָה

atomic	(ז) אָטוֹמִי (ת) (יָם) (וֹת)
biological	(ז) בִּיוֹלוֹגִי (ת) (יָם) (וֹת)
sealed room	(ז) חֶדֶר אָטוּם
explosive material	(ז) חוֹמֶר (י) נֶפֶץ
chemical	(ז) כִּימִי (ת) (יָם) (וֹת)
medal	(נ) מֶדַלְיָה (מֶדַלְיוֹת)
Gulf War	(ז) מִלְחֶמֶת הַמִפְרָץ
gas masks	(נ"ר) מַסֵּכוֹת אב"כ
weapon, weaponry	(ז) נֶשֶׁק
conventional	(ז) קוֹנְבֶנְצִיוֹנָאלִי (ת)

Health — בְּרִיאוּת

hospital	(ז) בֵּית חוֹלִים (בָּתֵּי חוֹלִים)
public health	(נ) בְּרִיאוּת הַצִּיבּוּר
pregnancy	(ז) הֵרָיוֹן
wheelchair	(ז) כִּסֵּא גַּלְגַּלִים
invalid, crippled	(ז) נָכֶה (נָכִים)
skin	(ז) עוֹר

Phrases — צֵירוּפִים

1) Phrases Using "מִן" — 1) צֵירוּפֵי "מִן"

to enjoy a film	לֵיהָנוֹת מִסֶּרֶט
to hear from the parents	לִשְׁמוֹעַ מֵהַהוֹרִים
to be afraid of the dog and to flee from him	לְפַחֵד מֵהַכֶּלֶב וְלִבְרוֹחַ מִמֶּנּוּ
to learn from your teacher	לִלְמוֹד מֵהַמוֹרָה שֶׁלְךָ
to be satisfied with the work	לִהְיוֹת מְרוּצֶה מֵהָעֲבוֹדָה
to receive change from the salesman	לְקַבֵּל עוֹדֶף מֵהַמוֹכֵר
to ask more of the students	לְבַקֵּשׁ יוֹתֵר מֵהַתַּלְמִידִים
to go out of the house	לָצֵאת מֵהַבַּיִת
to require the students to work in the library	לִדְרוֹשׁ מֵהַסְּטוּדֶנְטִים לַעֲבוֹד בַּסִּפְרִיָּה
What do you want from them ?	מָה אַתָּה רוֹצֶה מֵהֶם ?
He is smaller than him.	הוּא קָטָן יוֹתֵר מִמֶּנּוּ .

2) Phrases Using "עַל" — 2) צֵירוּפֵי "עַל"

to think about the problem	לַחֲשׁוֹב עַל הַבְּעָיָה
to be angry at the drivers	לִכְעוֹס עַל הַנֶּהָגִים
to sign the contract	לַחְתּוֹם עַל הַחוֹזֶה
to recommend the new workers	לְהַמְלִיץ עַל הָעוֹבְדִים הַחֲדָשִׁים
to influence the parents	לְהַשְׁפִּיעַ עַל הַהוֹרִים
to look at the children	לְהִסְתַּכֵּל עַל הַיְלָדִים
to know (about) what he said	לָדַעַת עַל מַה שֶׁהוּא אָמַר
to hear about the good news	לִשְׁמוֹעַ עַל הַחֲדָשׁוֹת הַטוֹבוֹת
to answer the questions	לַעֲנוֹת עַל הַשְׁאֵלוֹת

to read about the prime minister	לִקְרוֹא עַל רֹאש הַמֶּמְשָׁלָה
to talk about the story	לְדַבֵּר עַל הַסִּיפּוּר
to lecture on the History of Israel	לְהַרְצוֹת עַל הַהִיסְטוֹרְיָה שֶׁל יִשְׂרָאֵל
to sit on the chair	לָשֶׁבֶת עַל הַכִּיסֵּא

3) Phrases Using "...ב"   3) צֵירוּפֵי "ב..."

to fall in love with each other	לְהִתְאַהֵב זֶה בָּזֶה
to sink in debts	לִשְׁקוֹעַ בְּחוֹבוֹת

Grammatical Structures   מבנים לשוניים

1) Conjugation of the prep. "ב"   1) "ב" בִּנְטִיָּיה

in, on, at, with   me / you (m) / you (f) /   / בִּי / בְּךָ / בָּךְ /

him / her / us / you (m) / you (f) /   / בּוֹ / בָּהּ / בָּנוּ / בָּכֶם / בָּכֶן

them (m) / them (f)   / בָּהֶם / בָּהֶן

What is there in the closets?	מַה יֵשׁ בָּאֲרוֹנוֹת ?
There are clothes in them.	יֵשׁ בָּהֶם בְּגָדִים .
What do you do with the computer ?	מַה אַתָּה עוֹשֶׂה בַּמַּחְשֵׁב ?
I work with it .	אֲנִי עוֹבֵד בּוֹ .
I use cameras. I take pictures with them.	אֲנִי מִשְׁתַּמֵּשׁ בְּמַצְלֵמוֹת. אֲנִי מְצַלֵּם בָּהֶן.

2) Conjugation of the prep. "מן"   2) "מן" בִּנְטִיָּיה

from me / you (m) / you (f) /him / her /   / מִמֶּנִּי / מִמְּךָ / מִמֵּךְ / מִמֶּנּוּ / מִמֶּנָּה

us / you (m) / you (f) them (m) / them (f)   מֵאִיתָּנוּ / מִכֶּם / מִכֶּן / מֵהֶם / מֵהֶן

We received the letter from you.	אֲנַחְנוּ קִיבַּלְנוּ מִכֶּם אֶת הַמִּכְתָּב .
You asked us to phone.	אַתֶּם בִּיקַּשְׁתֶּם מֵאִיתָּנוּ לְהִתְקַשֵּׁר .
His girlfriend requested him (Dani) to prepare lunch.	הַחֲבֵרָה שֶׁלּוֹ בִּיקְשָׁה מִמֶּנּוּ (מִדָּנִי) לְהָכִין אֲרוּחַת צָהֳרַיִים .

3) Conjugation of the prep. "על"   3) "עַל" בִּנְטִיָּיה

on , about me / you (m) / you (f) /   / עָלַיי / עָלֶיךָ / עָלַיִיךְ /

him / her / us / you (m) / you (f) /   / עָלָיו / עָלֶיהָ / עָלֵינוּ / עֲלֵיכֶם / עֲלֵיכֶן

them (m) / them (f)   / עֲלֵיהֶם / עֲלֵיהֶן

We are thinking about you.	אֲנַחְנוּ חוֹשְׁבִים עֲלֵיכֶם.
You can rely on (count on) me.	אַתָּה יָכוֹל לִסְמוֹךְ עָלַיי .

4) conjugation of the prep. "על" + Infinitive   4) "עַל" בִּנְטִיָּיה + שֵׁם הַפּוֹעַל

= have to / need to / must + Infinitive   = צָרִיךְ / חַיָּיב / מוּכְרָח + שֵׁם הַפּוֹעַל

I have to / need to / must go.	עָלַיי לָלֶכֶת = אֲנִי צָרִיךְ / חַיָּיב / מוּכְרָח לָלֶכֶת.
We have to / need to / must advance.	עָלֵינוּ לְהִתְקַדֵּם = אֲנַחְנוּ צְרִיכִים / חַיָּיבִים / מוּכְרָחִים לְהִתְקַדֵּם.

יוֹסֵף - בַּעַל הַחֲלוֹמוֹת   Joseph - Master of Dreams

צָרָה גדולה בָּאָה על יעקב: בָּנָיו מְקַנְאִים ביוסף אֲחִיהֶם. הם מוֹכְרִים אותו לְסוֹחֲרִים ישמעאלים, שֶׁעוֹבְרִים בדרך. הַסוֹחֲרִים מוֹכְרים אותו להיות עֶבֶד בְּמצרים.

ליעקב אמרו האחים, שחיה רעה **טָרְפָה** (אכלה) את יוסף, ויעקב היה בָּטוּחַ שֶׁבְּנוֹ מֵת.

מדוע מָכְרוּ האחים את יוסף ? מה גָרַם לאחים לְקַנֵא ביוסף עד כדי כך שֶׁהָיוּ מוּכָנִים לִמְכּוֹר אותו לעֶבֶד !

יעקב אָהַב את יוסף יותר מִכָּל האחים, והאהבה הזאת גָרְמָה לאסון. בתורה (בראשית ל"ז פסוק ד) כתוב: "וַיִּרְאוּ אֶחָיו כִּי אֹתוֹ אָהַב אֲבִיהֶם מִכָּל אֶחָיו וַיִּשְׂנְאוּ אֹתוֹ וְלֹא יָכְלוּ דַּבְּרוֹ לְשָׁלֹם" (הם לא היו יכולים לְדַבֵּר אִיתוֹ דִבְרֵי שלום). אבל גם יוסף גָרַם לַקִנְאָה הזאת.

יוסף חָלַם שני חלומות. הוא חָלַם שהאחים **מִשתַחֲוִים** לו ואפילו השמש, הירח ואחד עשר הכוכבים (כמספר האחים שלו) **מִשתַחֲוִים** לו.

יוסף עוֹשֶׂה טָעוּת גדולה, בִּמְקוֹם לִשְׁתוֹק, הוא מְסַפֵּר את החלומות לאֶחָיו ולאָבִיו יעקב. האחים כּוֹעֲסִים עליו, וגם אָבִיו כּוֹעֵס עליו. האחים לא סָלְחוּ לו, וְנָתְנוּ לו עוֹנֶשׁ.

מה היה הָעוֹנֶשׁ ? יוסף הִגִיעַ למצרים, ושם הָיָה עֶבֶד. הוא חַי שְׁתֵים עשׂרה שנים בְּבֵית סוֹהַר, רחוק מִמִשְׁפַּחתו וממולדתו. הָעוֹנֶשׁ של יעקב היה סֵבֶל קשה של עשׂרות שנים שבהן חָשַב, כִּי בנו יוסף מת.

"וַיִּמְכְּרוּ אֶת יוֹסֵף לַיִּשְׁמְעֵאלִים בְּעֶשְׂרִים כָּסֶף"
(בראשית, פרק ל"ז, פסוק כ"ח)

ענו על השאלות.   **Answer the questions.**

1. מדוע קִנְאוּ האחים ביוסף ?

   _____

2. איזה עוֹנֶשׁ נָתְנוּ האחים ליוסף ?

   _____

3. מה סִיפְּרוּ האחים לאביהם יעקב ?

   _____

4. מה הָייתָה הַטָעוּת של יעקב ?

   _____

   _____

5. מה סִיפֵּר יוסף לאחים שלו ולאביו ?

   _____

   _____

6. כָּל הטרגדיה קרתה בִּגְלַל דיבּוּר מְיוּתָר. הַסְבִּירוּ את האימרה:

   "סְייָג לַחָכְמָה - שְׁתִיקָה".

   _____

   _____

   _____

7. מה לָמַדְתֶם מֵהַסִיפּוּר ?

   _____

   _____

   _____

8. איך כָּתוּב בסיפּוּר ?   **How is it written in the story?**

   הבנים שלו = _____   אבא שלהם = _____

   אח שלהם = _____   משפחה שלו = _____

   אחים שלו = _____   מולדת שלו = _____

   אבא שלו = _____   בן שלו = _____

   ## "סְייָג לַחָכְמָה - שְׁתִיקָה" (אבות ג יג)

הצירופים
The Phrases

בַּעַל... בַּעֲלַת ... בַּעֲלֵי... בַּעֲלוֹת...
possess / have / own - m/s, f/s, m/pl, f/pl
חֲסַר... חַסְרַת... חַסְרֵי... חַסְרוֹת...
lack - m/s, f/s, m/pl, f/pl

אין לו עבודה	=	הוא **חֲסַר** עבודה	יש לו השכלה	=	הוא **בַּעַל** השכלה
אין לו השכלה	=	הוא **חֲסַר** השכלה	יש לו דירה	=	הוא **בַּעַל** דירה
אין לו ניסיון	=	הוא **חֲסַר** ניסיון	יש לו ניסיון	=	הוא **בַּעַל** ניסיון
אין לו סבלנות	=	הוא **חֲסַר** סבלנות	יש לו מִקְצוֹעַ	=	הוא **בַּעַל** מִקְצוֹעַ.

He has no work = He *lacks* work
He has no education = He *lacks* education
He has no experience =He *lacks* experience
He has no patience = He *lacks* patience

He has education = He *has* education
He has a flat = He *owns / possesses* a flat
He has experience = He *has* experience
He has a profession = He *has* a profession

קראו והשלימו את המשפטים.
Read and complete the sentences.

.1	הוא *בַּעַל* מִקְצוֹעַ.	היא ______ מִקְצוֹעַ.
.2	הוא *בַּעַל* השכלה.	הם ______ השכלה.
.3	היא *חַסְרַת* מזל.	הן ______ מזל.
.4	אתה *חֲסַר* נימוס.	את ______ נימוס.
.5	אתם *חַסְרֵי* ביטחון.	אתן ______ ביטחון.
.6	המרק *חֲסַר* טַעַם.	הפיצה ______ טעם.
.7	הוא *חֲסַר* סבלנות.	את ______ סבלנות.
.8	היא *חַסְרַת* הצלחה.	הן ______ השכלה.
.9	הוא *חֲסַר* יֶדַע.	אתם ______ יֶדַע.
.10	אני *בַּעֲלַת* ביטחון עצמי.	הוא ______ ביטחון עצמי.

כִּתבו את המשפטים לפי הדוגמה.
Write the sentences according to the example.

.1 יש לי ניסיון בעבודה. = *אני בַּעַל ניסיון בעבודה.*
.2 יש לו חוש הומור. = ______
.3 אין לה סבלנות. = ______
.4 יש להם דירה. = ______
.5 אין להן מקצוע. = ______
.6 יש לך השכלה. = ______
.7 אין לך מקצוע. = ______
.8 יש לכם השכלה. = ______
.9 אין לכן יֶדַע במחשבים. = ______
.10 יש לכם תפקיד חשוב. = ______

הֵיי דָּרוֹמָה לְאֵילַת ! Hey, South to Eilat !

אילת היא העיר הדרומית ביותר בישׂראל. בחורף היא מוֹשֶׁכֶת אליהָ הרבה מְבַקְּרִים מהארץ ומחוץ לארץ. הם באים לְבַקֵּר בה, כי יש בה חוף ים יפה ואקלים מצוין.

האקלים החם והיבש, המים הַצְּלוּלִים ונוף הֶהָרִים היפה - כָּל אלה הָפְכוּ את אילת לעיר הנופש מספר אחת של ישׂראל.

נופשים רבים בעיקר מהארצות הקרות באים לִצְלוֹל במים של אילת וּלְהִשְׁתַּזֵּף בשמש הישׂראלית החמה.

חוף ים סוף מוֹשֵׁךְ אליו צוֹלְלָנִים מִכָּל העולם בגלל האקלים הנוח בחודשי החורף ובגלל הנוף התַת-יָמִי של דגים וְאַלְמוּגִים.

אחד המקומות הַמְעַנְיְינִים באילת הוא המוזאון התַת-יָמִי. אפשר לָשׁוּט בסירות זכוכית ולראות את העולם התַת-יָמִי הֶעָשִׁיר של שְׁמוּרַת הָאַלְמוּגִים.

אילת נִזְכֶּרֶת בתורה כאחת התחנות בְּמַסַּע בני ישׂראל לארץ כנען: **"וַנַּעֲבוֹר... מִדֶּרֶךְ הָעֲרָבָה, מֵאֵילַת וּמֵעֶצְיוֹן גָּבֶר"** (דברים פרק ב׳, פסוק ח׳).

אילת היא גם עיר נמל חשובה. נמל אילת מְקַשֵּׁר את ישׂראל עם ארצות רבות באפריקה ובאסיה. הנמל מְשַׁמֵּשׁ לִיבּוּא (אימפורט) וְלִיצּוּא (אקספורט) של סחורות אל המזרח הרחוק ומזרח אפריקה.

לפני מלחמת שֵׁשֶׁת הימים בשנת 1967 סָגְרוּ הַמִּצְרִים את מְצָרֵי טִירָאן בפני שַׁיִט של אוניות ישׂראליות, אך כוחות צה״ל הִשְׁמִידוּ את התוֹתָחִים המצרים, וּפָתְחוּ את מִפְרָץ אילת לשַׁיִט חופשי.

כתבו: *'נכון'* או *'לא נכון'* על יד כל משפט.

Write : *true* or *false* beside each sentence.

1. אילת נמצאת במרכז הארץ. ________
2. האקלים באילת קר מאוד. ________
3. אפשר לְהִשְׁתַזֵף באילת. ________
4. באילת יש אוניברסיטה מפורסמת. ________
5. אפשר לִצְלוֹל בים סוף. ________
6. אפשר לָשוּט בסירות באילת. ________
7. אפשר לִרְאוֹת הצגות תאטרון באילת. ________
8. אפשר לִנְסוֹע לאפריקה דרך אילת. ________

ענו על השאלות. **Answer the questions.**

1. למה אילת מוֹשֶכֶת מְבַקְרִים רבּים ?

____

____

2. איפה כדאי לְבַקֵר באילת ?

____

____

3. מדוע נמל אילת חשוב לישׂראל ?

____

____

4. מדוע מַגִיעִים צוֹלְלָנִים מִכָּל העולם לאילת ?

____

____

5. מה קָרָה לפני מלחמת שֵשֶת הימים (1967) באילת ?

____

____

The Negative Word

מילת השלילה 'אֵין' בנטייה

Conjugation of "אין" am / are / is NOT (present tense)

אֵינָם /ן	אֵינְכֶם /ן	אֵינֶנּוּ	אֵינָה אֵינֶנָה	אֵינוֹ	אֵינֵךְ	אֵינְךָ	אֵינִי אֵינֶנִי
they are not	you are not	we are not	she is not	he is not	you are not	you are not	I am not
הם /הן	אתם /אתן	אנחנו	היא	הוא	את	אתה	אני

קראו והשלימו את המשפטים בהווה, במקום 'לא' כתבו 'אֵין' בנטייה.

Read and complete the sentences in the present. Instead of "לא" write the conjugation of "אין".

Example: I don't know

דוגמה: אני **לא** יוֹדֵעַ = *אֵינִי יוֹדֵעַ.*

1.	ראש הממשלה לא בארץ.	= _____
2.	הם לא מְבִינִים.	= _____
3.	אתם לא בעבודה.	= _____
4.	הסטודנטים לא באוניברסיטה.	= _____
5.	המורה לא בכיתה.	= _____
6.	אתן לא בעבודה.	= _____
7.	אתְ לא עסוקה.	= _____
8.	החיילות לא בצבא.	= _____
9.	אתה לא חולה.	= _____
10.	אנחנו לא עייפים.	= _____

Dialog: Doctors' Strike

דיאלוג: שְׁבִיתַת רוֹפְאִים

דני: מדוע אֵינְךָ הוֹלֵךְ לאוניברסיטה היום ?

יעקב: אֵינֶנִי לוֹמֵד היום, כי אֵינֶנִי מרגיש טוב.

דני: אם אֵינְךָ מַרְגִּיש טוב, מדוע אֵינְךָ הולך לרופא ?

יעקב: מפני שהרופא אֵינוֹ נִמְצָא במרפאה, גם הרופאה אֵינָה נִמְצֵאת במרפאה.

דני: מדוע הרופאים אֵינָם נִמְצָאִים במרפאה ?

יעקב: אֵינֶנִי יודע, אני חוֹשֵב שהם שוֹבְתִים. האם הם אֵינָם מְבִינִים, שהחולים אֵינָם יכולים לחכות עד שֶׁתִּסְתַּיֵּים השביתה ?

סִרְטֵי אַלִימוּת — Films of Violence

ילדים צוֹפִים בטלוויזיה. הם רוֹאִים סרטים שיש בהם אַלִימוּת (שימוש בכוח).
הורים שואלים: האם הַצְּפִייה בטלוויזיה מַשְׁפִּיעָה על הילדים ? האם היא מַזִּיקָה לילדים ? האם הם אֵינָם לוֹמְדִים להיות אַלִימִים ?

לַמֶּחְקָרים שנֶעֶרכוּ בנושא זה אין תשובה אחת. בחלק מן המֶחְקָרים מָצְאוּ שילדים מִתְנַהֲגִים כמו הגיבורים של הסרטים. אחרי שהם רוֹאִים סרט שיש בו אַלִימוּת, הם מַכִּים וְצוֹעֲקִים יותר מֵאֲשֶׁר קודם.

אבל בְּמֶחְקָרִים אחרים הִגִּיעוּ למסקנה שילדים שֶׁרוֹאִים סרטים, שיש בהם אַלִימוּת, מַרְגִּישִׁים כאילו הם מִשְׁתַּתְּפִים בסרט, כאילו הם מְקַבְּלִים וְנוֹתְנִים מַכּוֹת בעצמם. אחרי סרט כזה - הם הרבה יותר שְׁקֵטִים וּרְגוּעִים.

החוֹקְרִים אוֹמְרִים שילדים צריכים לְהִתְפָּרֵק מֵהַתּוֹקְפָנוּת שלהם, ויותר טוב שֶׁיַּעֲשׂוּ זאת על ידי צְפִייה בסרטים. מי יודע, מי מֵהֶם צוֹדֵק ?

ענו על השאלות. — **Answer the questions.**

1. מה שם המַאֲמָר ?

____

2. איזה מִשְׁפָּט מַצִּיג את הבְּעָיָה ?

____

3. לחוקרים יש שתי דֵעוֹת על נוֹשֵׂא הָאַלִימוּת, כתבו אותן.

א. ______________________________

ב. ______________________________

4. איזו דֵּיעָה נכונה, לפי דעתך ? מדוע.

____

____

____

5. איך אפשר לפתור את בְּעָיַית הָאַלִימוּת?

____

____

השלימו את הקטע, היעזרו במאגר המילים.

Complete the passage using the list of words below.

ילדים __________ בטלוויזיה, וְרוֹאִים בה סרטי __________. הַאִם סרטי האלימות __________ על הילדים, ו__________ להם ?

חלק מהחוקְרִים חוֹשְׁבִים שהסרטים האלימים __________ על הילדים ו__________ להם. אחרי הסרט הילדים __________ כמו הגיבורים מַכִּים ו__________.

חלק מהחוקרים הִגִיעוּ ל__________ שילדים שֶׁרוֹאִים סרט, מַרְגִישִׁים כאילו הם __________ בו, ואחרי הסרט הם שְׁקֵטִים ו__________, כי הם הִצְלִיחוּ __________ מֵהַתוֹקְפָּנוּת שלהם.

מאגר מילים

מַזִיקִים (2x), מַשְׁפִּיעִים (2x), אַלִימוּת, צוֹעֲקִים, מַסְקָנָה, צוֹפִים, מִתְנַהֲגִים, רְגוּעִים, מִשְׁתַתְּפִים, לְהִתְפָּרֵק

השלימו את הפעלים בזמן הווה.

Complete the sentences with verbs in the present tense.

1. ההורים והמורים __________ על הילדים. **(לְהַשְׁפִּיעַ על)**
2. עישון הסיגריות __________ לַבְּרִיאוּת. **(לְהַזִיק ל...)**
3. כל התלמידות __________ במסיבה. **(לְהִשְׁתַתֵּף ב...)**
4. הפקידה __________ לבנק בשעה שמונה. **(לְהַגִיעַ ל...)**
5. איך אנחנו __________ את הבעיה ? **(לִפְתוֹר את)**

כתבו את המשפטים הנ"ל בזמן עבר.

Complete the sentences above in the past tense.

1. ההורים והמורים *הִשְׁפִּיעוּ* על הילדים.
2. ______________________________
3. ______________________________
4. ______________________________
5. ______________________________

יוֹם הוּלֶדֶת לְפּוּשְׁקִין Pushkin's Birthday

בחודש יוני 1999, מָלְאוּ מָאתיים שנים לפושקין. בערים רבות ברוסיה חגגו את היום הזה בְּשִׂמְחָה גדולה. חגיגות גדולות היו גם במוסקבה, עיר הבירה של רוסיה, והעיר שבה נוֹלַד פושקין.

1837-1799

אַלֶכְּסנדר סֶרגֵייבִיץ' פּוּשקִין נוֹלַד במוסקבה בשנת 1799. הוא היה בן למשפחה אצילה (אריסטוקרטית), וּכְבָר בגיל 15 פִּרְסֵם את השירים הראשונים שלו. הוא כתב על ידידות, יַיִן ונשים.

בשנת 1817 עָבַר לפֶּטֶרסבּוּרג, הוא היה רגיש מאוד למצב הקשה של האיכָּרים ברוסיה. באותן שנים היו רוב בני העם הרוסי איכָּרים. הם חָיוּ חיי עוֹני, עָבְדוּ קשה ולא ידעו לקרוא ולכתוב. הם היו עֲבָדִים של האצילים.

לפושקין הָיְיתָה ביקורת (קריטִיקָה) רבה על היחס לאִיכָּרים. הוא כָּתַב שירים פוליטיים, שבהם הוא בִּיקֵר את הַמִּשְׁטָר ואת היחס לאִיכָּרים. כאשר קָרָא הצאר (המלך) את השירים שלו, הוא הֶחְלִיט לְהַעֲנִיש אותו, וּשְׁלַח אותו מִפֶּטֶרסבּוּרג. פושקין עבר בין ערים רבות ברוסיה, הוא לא הִפְסִיק לכתוב. הוא כָּתַב יצירות חשובות ומפורסמות. בשנת 1824 שוב הִגִיעוּ לידי הצאר יצירות שכתב פושקין. הוא קרא אותן, וכעס על הדֵעוֹת והרעיונות שלו.

בשנת 1826 חזר פושקין לפֶּטֶרסבּוּרג, אך שוטרים שָׁמְרוּ עליו כָּל הזמן. הם בָּדְקוּ מה הוא כּוֹתב, ועם מי הוא נִפְגָש וכו'.

הצאר ניקולאי הראשון קיוָוה שפושקין יִתְקָרֵב לארמון, ויהיה **"מְשׁוֹרֵר החצר"** (מי שכותב שירים לפי הרצון והדעות של המלך), אך פושקין לא הִסְכִּים, וְהִמְשִׁיך לכתוב לפי הדעות שלו.

בשנת 1831 הִתְחַתֵן פושקין עם **נַטַלְיָה גוֹנצָ'רוֹבָה**, אחת הנשים היפות בְּפֶטֶרסבּוּרג. בשנת 1837 סִפְּרוּ לפושקין כִּי אַחַד האצילים, **הרוֹזֵן דַ'אנתֶס**, **מְחַזֵר אחרי** אשתו, הוא הִזְמִין אותו **לדו-קרב** (דוּאֶל). פושקין נִפְצַע קשה מאוד, וְנִפְטַר לאחר יומיים. פושקין כתב יצירות רבות וחשובות. הוא היה מְשׁוֹרֵר גדול וסוֹפֵר גדול ברוסיה, וְהָיְיתָה לו הַשְׁפָּעָה רבה על המשוררים והסופרים הרוסים.

בין היצירות המפורסמות שֶׁכָּתַב: **"יֶבגֶני אוֹנייֶגין"**, **"בת הקַפִּיטָן"**, **"פּוֹלטַאבָה"**, ו**"בוריס גוֹדוּנוֹב"**.

ענו על השאלות. **Answer the questions.**

1. מתי נוֹלַד פושקין ?

2. מדוע הִתְנַגֵּד פושקין לַמִּשְׁטָר של הצאר ?

3. איזה עוֹנֶש נתן הצאר לפושקין, ומדוע ?

4. מה רָצָה הצאר ניקולאי הראשון ?

5. מדוע הִזְמִין פושקין את הרוזן ד׳אנתֶס לדו-קרב ?

6. על מי הִשְׁפִּיעַ פושקין ?

7. האם קראת ספרים של פושקין ? אם כן, איזה ?

כְּתבו: ׳נכון׳ **או** ׳לא נכון׳ על יד כל משפט.
Write: *true* or *false* beside each sentence.

1. פּושקין נוֹלַד בְּפֶּטֶרסְבּוּרג. _____

2. אשתו של פּושקין הָיְיתָה יפה מאוד. _____

3. הָאיכּרים הָיו עניים מאוד. _____

4. הצאר (המלך) אָהַב את פּושקין. _____

5. פּושקין הָיָה רק משוֹרֵר. _____

6. ד׳אנתֶס הִזְמִין את פּושקין לדו-קרב. _____

7. לפּושקין הָיְיתָה בִּיקוֹרֶת על האיכּרים. _____

8. פּושקין כָּתַב את הספר "מלחמה ושלום" _____

כְּתבו: מה קרה בתאריכים האלה?   Write: What happened on these dates?

1799 _____

1817 _____

1824 _____

1826 _____

1831 _____

1837 _____

כתבו: מה אתם יודעים על פּושקין?   Write: What do you know about Pushkin?

_____

_____

_____

_____

_____

_____

_____

הצירופים
The Phrases

דוֹמֶה ל...	**דוֹמָה ל...**	**דוֹמִים ל...**	**דוֹמוֹת ל...**
similar to... m/s,	f/s,	m/pl,	f/pl
שׁוֹנֶה מ...	**שׁוֹנָה מ...**	**שׁוֹנִים מ...**	**שׁוֹנוֹת מ...**
different from... m/s,	f/s,	m/pl,	f/pl

קראו את המשפטים. **Read the sentences.**

אנחנו דומות,
ממש כמו תאומות!

דני לא **דוֹמֶה ל**אחיו, הוא **שׁוֹנֶה מ**מנו.

שרית לא **דוֹמָה ל**אחותה, היא **שׁוֹנָה מִ**מֶּנָּה.

יוסף ויעקב לא **דוֹמִים ל**אחים שלהם, הם **שׁוֹנִים מֵ**הֶם.

דפנה וענת לא **דוֹמוֹת ל**אחיות שלהן, הן **שׁוֹנוֹת מֵ**הֶן.

השלימו: *'דומה' או 'שונה'.* **Complete: Use "דומה" or "שונה".**

1. האחיות של גדי לא ________ לו בכלל.
2. שׂרה ________ מאוד מרותי, היא הרבה יותר נחמדה.
3. רועי ועידן כָּל כָּך ________, הם ממש כמו תאומים.
4. המוזאון בירושלים ________ מהמוזאון בתל-אביב.
5. האווירה בירושלים לא ________ לאווירה בתל-אביב.
6. הנוף בחיפה ________ מהנוף במצפה רמון.
7. הם חברים טובים, אבל הם אוֹהֲבִים דברים ________.
8. ההורים שלך אינם ________ להורים שלי, הם ________ מהם.
9. הַדֵעוֹת שלה ________ מֵהַדֵעוֹת שלי.
10. מזג האוויר ברוסיה ________ ממזג האוויר בישׂראל.
11. לאנשים ________ יש דֵעוֹת________.
12. לאנשים ________ יש דֵעוֹת________.
13. דִיבַּרְנוּ על נושׂאים ________.
14. יש להם דֵעוֹת________ על פוליטיקה, לכן הם מִתְוַוכְּחִים.
15. למי הן ________ ? הן ________ לאביהן.
16. אוניברסיטת תל אביב ________ מאוניברסיטת באר שבע.

Lesson 15 : What have we learned ? — שיעור 15 : מה למדנו ?

Vocabulary — אוצר מילים

Nouns — שְׁמוֹת עֶצֶם

(ז) אִיכָּר (אִיכָּרִים)	farmer, peasant
(נ) אַלִּימוּת	violence
(ז) אָסוֹן (אֲסוֹנוֹת)	disaster, catastrophe
(ז) אַקְלִים	climate
(ז) בִּיטָּחוֹן עַצְמִי	self confidence
(נ) בִּיקוֹרֶת (בִּיקוֹרוֹת)	criticism
(ז) דּוּ-קְרָב	duel
(נ) הַשְׁפָּעָה (הַשְׁפָּעוֹת)	influence
(נ) זְכוּכִית (זְכוּכִיּוֹת)	glass
(נ) חֲגִיגָה (חֲגִיגוֹת)	celebration
(ז) חוֹקֵר (חוֹקְרִים)	researcher
(ז) חוּשׁ (חוּשִׁים)	sense
(ז) חוּשׁ הוּמוֹר	sense of humor
(נ) חַיָּה (חַיּוֹת)	animal
(נ) חָכְמָה	intelligence, wisdom
(ז) חֲלוֹם (חֲלוֹמוֹת)	dream
(נ) טָעוּת (טָעוּיּוֹת)	mistake
(ז) טַעַם (טְעָמִים)	taste
(נ) טְרָגֶדְיָה (טְרָגֶדְיוֹת)	tragedy
(ז) יְבוּא	import
(נ) יְדִידוּת	friendship
(ז) יָרֵחַ	moon
(ז) יְצוּא	export
(נ) יְצִירָה (יְצִירוֹת)	creation
(ז) מַאֲמָר (מַאֲמָרִים)	article
(ז) מְבַקֵּר (מְבַקְּרִים)	visitor, critic
(ז) מֶחְקָר (מֶחְקָרִים)	research, study
(נ) מַכָּה (מַכּוֹת)	blow
(ז) מַסָּע (מַסָּעוֹת)	journey, voyage
(נ) מַסְקָנָה (מַסְקָנוֹת)	conclusion
(ז) מִשְׁטָר (מִשְׁטָרִים)	regime
(ז) מְשׁוֹרֵר הֶחָצֵר	court poet
(ז) נוֹף הָרִים	mountain landscape
(ז) סוֹחֵר (סוֹחֲרִים)	trader, merchant
(ז) עֶבֶד (עֲבָדִים)	slave
(ז) עוֹנִי	poverty
(נ) צְפִיָּיה	viewing
(נ) צָרָה (צָרוֹת)	misfortune
(נ) קִנְאָה	jealousy, envy
(ז) רָצוֹן (רְצוֹנוֹת)	will
(נ) שְׁמוּרָה (שְׁמוּרוֹת)	reserve
(ז״ר) תְּאוֹמִים	twins
(נ) תּוֹקְפָנוּת	aggressiveness
(ז) תּוֹתָח (תּוֹתָחִים)	canon

Verbs — פְּעָלִים

cause	גּוֹרֵם – לִגְרוֹם
prey on	טוֹרֵף – לִטְרוֹף
attract	מוֹשֵׁךְ – לִמְשׁוֹךְ
visit, criticize	מְבַקֵּר – לְבַקֵּר
damage	מַזִּיק – לְהַזִּיק
court	מְחַזֵּר – לְחַזֵּר
hit, strike	מַכֶּה - לְהַכּוֹת
fence in	מְסַיֵּיג – לְסַיֵּיג
is finished	מִסְתַּיֵּים - לְהִסְתַּיֵּים
punish	מַעֲנִישׁ – לְהַעֲנִישׁ
is jealous of	מְקַנֵּא – לְקַנֵּא
connect	מְקַשֵּׁר - לְקַשֵּׁר
destroy	מַשְׁמִיד – לְהַשְׁמִיד
bow down to	מִשְׁתַּחֲוֶוה – לְהִשְׁתַּחֲווֹת
get a sun tan	מִשְׁתַּזֵּף – לְהִשְׁתַּזֵּף
argue	מִתְוַוכֵּחַ - לְהִתְוַוכֵּחַ
let oneself go	מִתְפָּרֵק - לְהִתְפָּרֵק
approach	מִתְקָרֵב – לְהִתְקָרֵב
is mentioned	נִזְכָּר - לְהִיזָּכֵר
set up	נֶעֱרָךְ – לְהֵיעָרֵךְ
die	נִפְטָר – לְהִיפָּטֵר
is wounded, injured	נִפְצָע – לְהִיפָּצַע
solve	פּוֹתֵר – לִפְתּוֹר
yell	צוֹעֵק - לִצְעוֹק
dive	צוֹלֵל – לִצְלוֹל
view, watch	צוֹפֶה – לִצְפּוֹת
hate	שׂוֹנֵא – לִשְׂנוֹא
is silent	שׁוֹתֵק – לִשְׁתּוֹק
sail	שָׁט – לָשׁוּט

Adjectives — שְׁמוֹת תּוֹאַר

violent	אַלִּים (ה) (ים) (וֹת)
noble, aristocratic	אָצִיל (ה) (ים) (וֹת)
certain, safe	בָּטוּחַ (ה) (ים) (וֹת)
southern	דְּרוֹמִי (ת) (ים) (וֹת)
free	חוֹפְשִׁי (ת) (ים) (וֹת)
unnecessary	מְיוּתָּר (ת) (ים) (וֹת)
correct	נָכוֹן (ה) (ים) (וֹת)
rich	עָשִׁיר (ה) (ים) (וֹת)
political	פּוֹלִיטִי (ת) (ים) (וֹת)
clear	צָלוּל (ה) (ים) (וֹת)
relaxed, calm	רָגוּעַ (ה) (ים) (וֹת)
sensitive	רָגִישׁ (ה) (ים) (וֹת)

The Sea	הַיָּם	Miscellaneous	שׁוֹנוֹת
coral	(ז) אַלְמוֹג (אַלְמוּגִּים)	most	בְּיוֹתֵר
ship	(נ) אֳנִיָּה (אֳנִיּוֹת)	more than before	יוֹתֵר מֵאֲשֶׁר קֹדֶם
boat	(נ) סִירָה (סִירוֹת)	really	מַמָּשׁ
glass boat	(נ) סִירַת זְכוּכִית	to such an extent that..	עַד כְּדֵי כָּךְ
diver	(ז) צוֹלְלָן (צוֹלְלָנִים)		
sailing undersea	(ז) שַׁיִט תַּת יַמִּי		

People	אֲנָשִׁים	Places	מְקוֹמוֹת
Ishmaelite	(ז) יִשְׁמְעֵאלִי (ים)	Asia	(נ) אַסְיָה
Nicholas	נִיקוֹלַאי הָרִאשׁוֹן,	Africa	(ז נ) אַפְרִיקָה
Pushkin	פּוּשְׁקִין	Underwater Museum	(נ) מוּזֵאוֹן- תַּת- יַמִּי
Alexander	אֲלֶכְּסַנְדֶּר	homeland	(נ) מוֹלֶדֶת
Czar	(ז) צָאר	Far East	(ז) מִזְרָח הָרָחוֹק
		strait	(נ) מֵיצַר, מֵיצָרִים
		Straits of Tiran	(ז"ר) מִצְרֵי
		gulf	(נ) מִפְרָץ טִירָאן (מִפְרָצִים)
		Mitzpe Ramon	(ז) מִצְפֵּה רָמוֹן
		port	(נ) נָמֵל (נְמֵלִים)
		St. Petersburg	(נ) סָנְט פֶּטֶרְסְבּוּרְג
		nature reserve	(נ) שְׁמוּרָה

Phrases	צֵירוּפִים
to cause people disaster	לִגְרוֹם לַאֲנָשִׁים אָסוֹן
to bow down to Joseph	לְהִשְׁתַּחֲווֹת לְיוֹסֵף
to harm (cause damage to) children	לְהַזִּיק לִילָדִים
to reach the conclusion	לְהַגִּיעַ לְמַסְקָנָה
to forgive him	לִסְלוֹחַ לוֹ
200th anniversary (of the birth) of Pushkin	לִמְלֹאות מָאתַיִם שָׁנִים לְפוּשְׁקִין
to move to Moscow	לַעֲבוֹר לְמוֹסְקְבָה
to be sensitive **to** the situation	לִהְיוֹת רָגִישׁ לַמַּצָּב
to envy / be jealous of someone	לְקַנֵּא בְּמִישֶׁהוּ
to watch television	לִצְפּוֹת בַּטֶּלֶוִויזְיָה
to take part in (participate in) the film	לְהִשְׁתַּתֵּף בְּסֶרֶט
to keep watch over him	לִשְׁמוֹר עָלָיו
Pushkin had **criticism about** what he saw.	לְפוּשְׁקִין הָיְיתָה בִּיקוֹרֶת עַל מָה שֶׁהוּא רָאָה
to court his wife	לְחַזֵּר אַחֲרֵי אִשְׁתּוֹ
to attract many friends	לִמְשׁוֹךְ אֵלָיו הַרְבֵּה חֲבֵרִים

They lived a life of poverty.
He criticized the regime.
He wasn't the court poet.

הֵם חָיוּ חַיֵּי עוֹנִי
הוּא בִּיקֵּר אֶת הַמִּשְׁטָר
הוּא לֹא הָיָה מְשׁוֹרֵר הֶחָצֵר.

Grammatical Structures

מִבְנִים לשוניים

Possess / Have / Own (m /f / s / pl) …
He **owns** a house. = He **has** a house .
They are educated. = They **have** education .
Sara **has** (**possesses**) experience. =
Sara **has** experience.

1) **בַּעַל … בַּעֲלַת … בַּעֲלֵי … בַּעֲלוֹת …**
הוּא בַּעַל **הַבַּיִת** = **יֵשׁ** לוֹ בַּיִת.
הֵם בַּעֲלֵי **הַשְׂכָּלָה** = **יֵשׁ** לָהֶם הַשְׂכָּלָה
שָׂרָה בַּעֲלַת **נִיסָּיוֹן** = **יֵשׁ** לְשָׂרָה **נִיסָּיוֹן**.

Lack (m /f /s / pl) **…**

חָסֵר … חַסְרַת … חַסְרֵי … חַסְרוֹת…

He **lacks** a house. = He **has no** house.
They **lack** education. = They **have no** education .
Sara **doesn't have (lacks)** experience.=
Sara has **no** experience.

הוּא חָסֵר **בַּיִת** = **אֵין** לוֹ בַּיִת
הֵם חַסְרֵי **הַשְׂכָּלָה** = **אֵין** לָהֶם הַשְׂכָּלָה
שָׂרָה חַסְרַת **נִיסָּיוֹן** = **לְשָׂרָה** אֵין **נִיסָּיוֹן**

Conjugation of "2" to be not + verb in the present tense
I / you (m) **/ you** (f) **/ he /**
she / we / you (m) **/ you** (f) **/**
they (m) **/ they** (f) **---- am, are, is NOT**

2) **אֵין – בִּנְטִיָּיה, מִילַּת שְׁלִילָה + פּוֹעַל בְּהוֹוֶה**

אֵינִי / אֵינֶנִּי / אֵינְךָ / אֵינֵךְ /
אֵינוֹ (**אֵינֶנּוּ**) **/ אֵינָהּ** (**אֵינֶנָּה**) **/ אֵינְכֶם /**
אֵינְכֶן / אֵינָם / אֵינָן

I **don't** know.
The teacher **isn't** there .
They **don't** understand.
You **aren't** at work.

(**אֵינִי**) אֵינֶנִּי יוֹדֵעַ = אֲנִי לֹא יוֹדֵעַ.
הַמּוֹרָה (**אֵינָהּ**) אֵינֶנָּה שָׁם = הַמּוֹרָה לֹא שָׁם.
הֵם אֵינָם מְבִינִים = הֵם לֹא **מְבִינִים**.
אֵינְכֶן בָּעֲבוֹדָה = אַתֶּן לֹא בָּעֲבוֹדָה.

similar to … (m / f / s / pl)
different from … (m / f / s / pl)

3) **דּוֹמֶה לְ… דּוֹמָה לְ… דּוֹמִים לְ… דּוֹמוֹת לְ…**
שׁוֹנֶה מִ… שׁוֹנָה מִ… שׁוֹנִים מִ… שׁוֹנוֹת מִ…

Dani is **not similar to** his brother .
He is **different from** him.
Her opinions are **different from** my opinions.
Sometimes **similar** people have **different** opinions.

דָּנִי **לֹא דּוֹמֶה** לְאָחִיו, **הוּא שׁוֹנֶה** מִמֶּנּוּ.
הַדֵּעוֹת **שֶׁלָּהּ שׁוֹנוֹת** מֵהַדֵּעוֹת שֶׁלִּי.
לִפְעָמִים לַאֲנָשִׁים דּוֹמִים יֵשׁ **דֵּעוֹת** דּוֹמוֹת.

תרגיל חזרה - מילות יחס

Review Exercise - Prepositions

השלימו את מילת היחס המתאימה:

Complete the sentences, using the appropriate prepositions below:

ב..., ל..., מ..., אצל, על, בשביל, אל, את

דוגמה: מי יעזור לענת ? חגית תעזור לה.

1. קִיבַּלְתָ מתנה **מ**החברים ? כן, קִיבַּלְתִי ________ מתנה.
2. הרופא טִיפֵּל **ב**חולים ? כן, הוא טִיפֵּל ________.
3. אתם מְחַכִּים **ל**פקידה ? לא אנחנו לא מְחַכִּים ________.
4. החבילות **בשביל** החיילים ? כן, החבילות ________.
5. ראש הממשלה פָּגַש **את** הנשיא ? כן, הוא פָּגַש ________.
6. קניתן **ב**חנות מחשב ? לא, קָנִינוּ ________ קלטות.
7. מי יִבְדוֹק **את** החולָה ? הרופא יִבְדוֹק ________.
8. הנשׂיא דִיבֵּר **עם** ראש הממשלה ? כן, הוא דִיבֵּר ________.
9. שַׂמְתֶם **את** החולצות בארון ? כן, שַׂמְנוּ ________ בארון.
10. היא הִתְקַשְׁרָה **אל** המזכירה ? לא, היא לא הִתְקַשְׁרָה ________.
11. מה קָנִיתְ **ל**ילדים ? קָנִיתִי ________ מחשב חדש.
12. הוא בִּיקֵש טוֹפֶס **מ**הפקידה ? כן, הוא בִּיקֵש ________ טוֹפֶס.
13. הפקידה נָתְנָה **ל**אנשים שאלונים ? לא, היא לא נָתְנָה ________ שאלונים.
14. הם הִסְתַכְּלוּ **ב**תכנית הטלוויזיה ? כן, הם הִסְתַכְּלוּ ________.
15. הן חָשְׁבוּ **על** ההורים ? כן, הן תמיד חוֹשְׁבוֹת עליהן.
16. הסטודנטים גָרִים רחוק **מ**האוניברסיטה ? לא, הם לא גָרִים רחוק ________.
17. ענת דוֹמָה **ל**אבא שלה ? כן, היא דוֹמָה ________ מאוד.
18. בִּיקַרְתֶם **אצל** הדודות ? כן, בִּיקַרְנוּ ________ בשבת.
19. שָׁמַעְתָ **את** החדשות בטלוויזיה ? לא, לא שָׁמַעְתִי ________.
20. הם רָאוּ **את** הסרט החדש ? לא, הם לא ראו ________.
21. הקפה **בשבילי** ? כן, הקפה ________.
22. המנהלת מַמְלִיצָה **על** התלמיד ? כן, היא מַמְלִיצָה ________.
23. הילדות פוֹחֲדוֹת **מ**הכלבים ? כן, הן פוֹחֲדוֹת ________.
24. הסטודנט קָרָא **את** הספר ? לא, הוא לא קָרָא ________.
25. המהנדס סִיֵּים **את** העבודה ? לא, הוא לא סִיֵּים ________.

סיכום - מילות יחס בנטייה

Summing-Up – Conjugation of Prepositions

מילת יחס	לְ	שֶׁל	אֶת	בִּשְׁבִיל	אֶת (עִם)
שם הגוף					
אני	לִי	שֶׁלִּי	אוֹתִי	בִּשְׁבִילִי	אִיתִּי
אתה	לְךָ	שֶׁלְּךָ	אוֹתְךָ	בִּשְׁבִילְךָ	אִיתְּךָ
את	לָךְ	שֶׁלָּךְ	אוֹתָךְ	בִּשְׁבִילֵךְ	אִיתָּךְ
הוא	לוֹ	שֶׁלּוֹ	אוֹתוֹ	בִּשְׁבִילוֹ	אִיתּוֹ
היא	לָהּ	שֶׁלָּהּ	אוֹתָהּ	בִּשְׁבִילָהּ	אִיתָּהּ
אנחנו	לָנוּ	שֶׁלָּנוּ	אוֹתָנוּ	בִּשְׁבִילֵנוּ	אִיתָּנוּ
אתם	לָכֶם	שֶׁלָּכֶם	אֶתְכֶם	בִּשְׁבִילְכֶם	אִיתְּכֶם
אתן	לָכֶן	שֶׁלָּכֶן	אֶתְכֶן	בִּשְׁבִילְכֶן	אִיתְּכֶן
הם	לָהֶם	שֶׁלָּהֶם	אוֹתָם	בִּשְׁבִילָם	אִיתָּם
הן	לָהֶן	שֶׁלָּהֶן	אוֹתָן	בִּשְׁבִילָן	אִיתָּן

מילת יחס	אֵצֶל	אֶל	בְּעַצְמִי	עַל	מִן	בְּ
שם הגוף						
אני	אֶצְלִי	אֵלַי	בְּעַצְמִי	עָלַי	מִמֶּנִּי	בִּי
אתה	אֶצְלְךָ	אֵלֶיךָ	בְּעַצְמְךָ	עָלֶיךָ	מִמְּךָ	בְּךָ
את	אֶצְלֵךְ	אֵלַיִךְ	בְּעַצְמֵךְ	עָלַיִךְ	מִמֵּךְ	בָּךְ
הוא	אֶצְלוֹ	אֵלָיו	בְּעַצְמוֹ	עָלָיו	מִמֶּנּוּ	בּוֹ
היא	אֶצְלָהּ	אֵלֶיהָ	בְּעַצְמָהּ	עָלֶיהָ	מִמֶּנָּה	בָּהּ
אנחנו	אֶצְלֵנוּ	אֵלֵינוּ	בְּעַצְמֵנוּ	עָלֵינוּ	מֵאִיתָּנוּ	בָּנוּ
אתם	אֶצְלְכֶם	אֲלֵיכֶם	בְּעַצְמְכֶם	עֲלֵיכֶם	מִכֶּם	בָּכֶם
אתן	אֶצְלְכֶן	אֲלֵיכֶן	בְּעַצְמְכֶן	עֲלֵיכֶן	מִכֶּן	בָּכֶן
הם	אֶצְלָם	אֲלֵיהֶם	בְּעַצְמָם	עֲלֵיהֶם	מֵהֶם	בָּהֶם
הן	אֶצְלָן	אֲלֵיהֶן	בְּעַצְמָן	עֲלֵיהֶן	מֵהֶן	בָּהֶן

הפועל - תרגילי סיכום

THE VERB –
SUMMING UP EXERCISES

בניין פעל - גזרת השלמים

The “Pa’al” Conjugation – Strong Verb Type

השורש: כ.ת.ב **שם הפועל: לִכְתּוֹב** **שם הפעולה: כְּתִיבָה**

שם הגוף	עבר	הווה	עתיד		ציווי	
			אֶפְעוֹל	אֶפְעַל		
אני	כָּתַבְתִּי	כּוֹתֵב	אֶכְתּוֹב	אֶלְמַד		
אתה	כָּתַבְתָּ		תִּכְתּוֹב	תִּלְמַד	כְּתוֹב !	לְמַד !
את	כָּתַבְתְּ	כּוֹתֶבֶת	תִּכְתְּבִי	תִּלְמְדִי	כִּתְבִי !	לִמְדִי !
הוא	כָּתַב		יִכְתּוֹב	יִלְמַד		
היא	כָּתְבָה	כּוֹתְבִים	תִּכְתּוֹב	תִּלְמַד		
אנחנו	כָּתַבְנוּ		נִכְתּוֹב	נִלְמַד		
אתם /אתן	כְּתַבְתֶּם /תֶן	כּוֹתְבוֹת	תִּכְתְּבוּ	תִּלְמְדוּ	כִּתְבוּ !	לִמְדוּ !
הם/הן	כָּתְבוּ		יִכְתְּבוּ	יִלְמְדוּ		

כִּתבו את הפועל בהווה ובעתיד, והוסיפו את שם הפועל.

Write the verb in the present and the future and add the infinitive.

	עבר	הווה	עתיד	שם הפועל
1.	הטכנאי בָּדַק את המזגן.	בודק	יבדוק	לבדוק
2.	העיתונאית כָּתְבָה את הסיפור.	________	________	________
3.	העובדים גָּמְרוּ את העבודה.	________	________	________
4.	בחנות הזאת מָכְרוּ נעליים.	________	________	________
5.	המזכירה מָסְרָה הודעה למנהל.	________	________	________
6.	עדיין לא פָּתַרְנוּ את הבעיה.	________	________	________
7.	ראש הממשלה פָּגַשׁ את הנשיא.	________	________	________
8.	הם מָשְׁכוּ 200 שקלים מהבנקט.	________	________	________
9.	לא זָכַרְתִּי את כָּל הפרטים.	________	________	________
10.	השוטר תָּפַס את הגנב.	________	________	________
11.	החיילים שָׁמְרוּ עלינו.	________	________	________
12.	האם רָשַׁמְתְּ את הכתובת ?	________	________	________
13.	הם רָקְדוּ במסיבה.	________	________	________
14.	האם שְׂכַרְתֶּם דירה ?	________	________	________
15.	סָגְרוּ את החנויות בשעה 19:00.	________	________	________

בניין פעל - גזרת ע״ו / ע״י

The “Pa’al” Conjugation – Weak Verb Type ע״ו \ ע״י

השורש: ק.ו.ם　　**שם הפועל:** לָקוּם　　**שם הפעולה:** קִימָה

עבר		הווה	עתיד			ציווי
קַמְתִּי	בָּאתִי	קָם	אָקוּם	אָבוֹא	אָשִׁיר	
קַמְתָּ	בָּאתָ		תָּקוּם	תָּבוֹא	תָּשִׁיר	קוּם ! בּוֹא ! שִׁיר !
קַמְתְּ	בָּאתְ	קָמָה	תָּקוּמִי	תָּבוֹאִי	תָּשִׁירִי	קוּמִי ! בּוֹאִי ! שִׁירִי !
קָם	בָּא		יָקוּם	יָבוֹא	יָשִׁיר	
קָמָה	בָּאָה	קָמִים	תָּקוּם	תָּבוֹא	תָּשִׁיר	
קַמְנוּ	בָּאנוּ		נָקוּם	נָבוֹא	נָשִׁיר	
קַמְתֶּם /תֶן	בָּאתֶם /תֶן	קָמוֹת	תָּקוּמוּ	תָּבוֹאוּ	תָּשִׁירוּ	קוּמוּ ! בּוֹאוּ ! שִׁירוּ !
קָמוּ	בָּאוּ		יָקוּמוּ	יָבוֹאוּ	יָשִׁירוּ	

כתבו את הפעלים בעבר, בהווה ובעתיד, והוסיפו את שם הפועל.

Write the verbs in the past, present and future and add the infinitive.

	עבר	הווה	עתיד	שם הפועל
.1	איפה את (גור) *גַרְתְּ* ?	*גָרָה*	*תָגוּרִי*	*לָגוּר*
.2	מתי אתם (**קום**) __________ בשבת ?	______	______	______
.3	המטוסים לא (**טוס**) __________ בגלל השביתה.	______	______	______
.4	דני (**שים**) __________ את החלב במקרר.	______	______	______
.5	אנחנו (**צום**) __________ ביום הכיפורים.	______	______	______
.6	הַזַּמֶּרֶת (**שיר**) __________ שירים יפים.	______	______	______
.7	שׂר החוץ (**טוס**) __________ לארצות הברית.	______	______	______
.8	הכנסת (**דין**) __________ בתקציב המדינה.	______	______	______
.9	הן (**רוץ**) __________ בבוקר.	______	______	______
.10	איפה אתן (**שים**) __________ את המפתח ?	______	______	______
.11	איפה הן (**גור**) __________ ?	______	______	______
.12	מתי את (**בוא**) __________ לְבַקֵּר אצלנו ?	______	______	______

״אָנוּ בָּאנוּ אַרְצָה לִבְנוֹת וּלְהִיבָּנוֹת בָּהּ״

בניין פעל – גזרת ל״י / ל״ה

The "Pa'al" Conjugation – Weak Verb Type ל״י \ ל״ה

השורש: ק.נ.ה   שם הפועל: לִקְנוֹת   שם הפעולה: קְנִייה

שם הגוף	עבר	הווה	עתיד	ציווי
אני	קָנִיתִי	קוֹנֶה	אֶקְנֶה	
אתה	קָנִיתָ		תִּקְנֶה	קְנֵה !
את	קָנִית	קוֹנָה	תִּקְנִי	קְנִי !
הוא	קָנָה		יִקְנֶה	
היא	קָנְתָה	קוֹנִים	תִּקְנֶה	
אנחנו	קָנִינוּ		נִקְנֶה	
אתם / אתן	קְנִיתֶם /תֶן	קוֹנוֹת	תִּקְנוּ	קְנוּ !
הם / הן	קָנוּ		יִקְנוּ	

כִּתבו את הפועל בעבר, בהווה ובעתיד, והוסיפו את שם הפועל.

Write the verb in the past, present and the future and add the infinitive.

עבר	הווה	עתיד	שם הפועל
1. יהודים רבים (**עלה**) עלו מרוסיה לישראל ?	עולים	יעלו	לעלות
2. מדוע אתה לא (**ענה**) ________ לטלפון ?	______	______	______
3. אני חוֹשֵב (**טעה**) ש________ בכתובת.	______	______	______
4. המהנדסים (**בנה**) ________ את הגשר.	______	______	______
5. תְּאוּנַת דְרָכִים (**קרה**) ________ בצפון הארץ.	______	______	______
6. בליל הסדר (**שתה**) ________ ארבע כוסות.	______	______	______
7. היינו אצלכם, אך לא (**היה**) ________ בבית.	______	______	______
8. בקיץ הם (**שחה**) ________ בבריכה.	______	______	______
9. הילדה (**בכה**) ________ בגן הילדים.	______	______	______
10. אני (**תלה**) ________ את התמונות על הקיר.	______	______	______
11. הם (**רצה**) ________ לטוס ללונדון .	______	______	______
12. הנהג (**פנה**) ________ ימינה אחרי הרמזור.	______	______	______
13. היא (**ראה**) ________ סרט מעניין בטלוויזיה.	______	______	______
14. הם (**קנה**) ________ רהיטים מודרניים.	______	______	______

להצליח בעברית א׳ 306

השורש ה.י.ה - בניין פעל
The Verb Root – ה.י.ה. "Pa'al" Conjugation

שם הפועל: לִהְיוֹת

שם הגוף	אני	אתה	את	הוא	היא	אנחנו	אתם /ן	הם /ן
עבר:	הָיִיתִי	הָיִיתָ	הָיִית	הָיָה	הָייְתָה	הָיִינוּ	הייתֶם /תֶן	הָיוּ
עתיד:	אֶהְיֶה	תִּהְיֶה	תִּהְיִי	יִהְיֶה	תִּהְיֶה	נִהְיֶה	תִּהְיוּ	יִהְיוּ
ציווי:		הֱיֵה !	הֲיִי !				הֱיוּ !	

כִּתבו את המשפטים בעבר ובעתיד.

Write the sentences in the past and the future.

הווה	עבר	עתיד
1. הם בלונדון.	הם היו בלונדון.	הם יהיו בלונדון.
2. היא בקונצרט.		
3. הוא חכם.		
4. ירושלים בירת ישׂראל.		
5. הקונצרט בתל אביב.		
6. החייל בצבא.		
7. הספרים בספרייה.		
8. המהנדס בעבודה.		
9. הקורסים מעניינים.		
10. הרופאות בבית החולים.		

כִּתבו את המשפטים בעבר ובעתיד.

Write the sentences in the past and the future.

הווה	עבר	עתיד
1. יש לי רֵיאָיוֹן.	היה לי ריאיון.	יהיה לי ריאיון.
2. אין לי ניסיון.		
3. יש להם אורחים.		
4. אין לנו בעיות.		
5. יש לו המלצות.		
6. יש לי טלכּרט.		
7. אין לי כּרטיס אשראי.		
8. יש לך תעודת זהות.		
9. אין לה דרכּון.		
10. יש להם חופשה.		

בניין פיעל - גזרת שלמים

The "Pi'el" Conjugation – Strong Verb Type

השורש: ד.ב.ר **שם הפועל: לְדַבֵּר** **שם הפעולה: דִיבּוּר**

שם הגוף	עבר	הווה	עתיד	ציווי
אני	דיבַּרְתִי	מְדַבֵּר	אֲדַבֵּר	
אתה	דיבַּרְתָ		תְדַבֵּר	דַבֵּר !
את	דיבַּרְתְ	מְדַבֶּרֶת	תְדַבְּרִי	דַבְּרִי !
הוא	דיבֵּר		יְדַבֵּר	
היא	דיבְּרָה	מְדַבְּרִים	תְדַבֵּר	
אנחנו	דיבַּרְנוּ		נְדַבֵּר	
אתם / אתן	דיבַּרְתֶם /תֶן	מְדַבְּרוֹת	תְדַבְּרוּ	דַבְּרוּ !
הם / הן	דיבְּרוּ		יְדַבְּרוּ	

כִּתבו את הפועל בעבר, בהווה ובעתיד.

Write the verb in the past, present and future.

	עבר	הווה	עתיד
1.	היא שילמה (**לְשַלֵּם**) את החשבון בדואר.	משלמת	תשלם
2.	המורים לא ________ (**לְלַמֵּד**) בזמן השביתה.	________	________
3.	מי ________ (**לְטַייל**) בעיר העתיקה ?	________	________
4.	אנחנו ________ (**לְחַפֵּשׂ**) דירה בתל-אביב.	________	________
5.	מַדוּעַ את ________ (**לְמַהֵר**) ?	________	________
6.	המדריך ________ (**לְצַלֵּם**) אותנו בטיול.	________	________
7.	הסטודנטים ________ (**לְסַיֵים**) את הבחינות.	________	________
8.	הם ________ (**לְבַטֵל**) את הטיול בגלל מזג האוויר.	________	________
9.	המנהל לא ________ (**לְפַטֵר**) את הפקידה.	________	________
10.	חברת "בזק" ________ (**לְנַתֵק**) את הטלפון.	________	________
11.	נשיא המדינה ________ (**לְבַקֵר**) ביישובי הצפון.	________	________
12.	אני ________ (**לְסַדֵר**) את הספרים על המדף.	________	________
13.	מה את ________ (**לְבַשֵל**) לערב שבת ?	________	________
14.	כמה זמן אתה ________ (**לְעַשֵן**) ?	________	________
15.	הנער ________ (**לְנַגֵן**) בגיטרה.	________	________
16.	מי ________ (**לְסַפֵּר**) לך את הסיפור ?	________	________
17.	אני ________ (**לְקַבֵּל**) תעודת זהות חדשה.	________	________

השלימו את הטבלה לפי הדוגמה.
Fill in the table according to the example.

שם הגוף	עבר	הווה	עתיד	שם הפועל	שם הפעולה
אני	סִידַרְתִי	מְסַדֵר /ת	אֲסַדֵר	לְסַדֵר	סִידוּר
אתה		מְטַיֵיל			
את			תְחַפְּשִׂי		
הוא				לְבַקֵר	
היא	סִיפְּרָה				סִיפּוּר
אנחנו				לְבַשֵל	
אתם / אתן			תְלַמְדוּ		
הם / הן		מְעַשְנִים /ות			

שבצו את הפעלים בטור המתאים בטבלה.
Place the verbs in the appropriate column of the table.

נְחַפֵּשׂ, מְבַקֶשֶת, שִילֵם, תְסַדְרִי, סִיפַּרְתִי, מְבַקְרִים, תְקַבְּלוּ, בִּישְלוּ,
מְטַיֵיל, יְבַשֵל, סִידַרְנוּ, תְבַקֵר, חִיפַּשְׂתֶן, תְבַטֵל, קִיבַּלְתָ, מְשַלְמוֹת,
אֲטַיֵיל, יְסַיְימוּ, בִּיטַלְתֶם, תְסַפְּרוּ, סִייְמָה, בִּיקַשְתְ.

שם הגוף	עבר	הווה	עתיד
אני	סיפרתי		
אתה			
את			
הוא			
היא			
אנחנו			
אתם			
אתן			
הם / הן			

בניין הפעיל - גזרת השלמים

The "Hif'il" Conjugation – Strong Verb Type

השורש: פ.ס.ק **שם הפועל: לְהַפְסִיק** **שם הפעולה: הַפְסָקָה**

שם הגוף	עבר	הווה	עתיד	ציווי
אני	הִפְסַקְתִּי	מַפְסִיק	אַפְסִיק	
אתה	הִפְסַקְתָּ		תַּפְסִיק	הַפְסֵק !
את	הִפְסַקְתְּ	מַפְסִיקָה	תַּפְסִיקִי	הַפְסִיקִי !
הוא	הִפְסִיק		יַפְסִיק	
היא	הִפְסִיקָה	מַפְסִיקִים	תַּפְסִיק	
אנחנו	הִפְסַקְנוּ		נַפְסִיק	
אתם / אתן	הִפְסַקְתֶּם /תֶּן	מַפְסִיקוֹת	תַּפְסִיקוּ	הַפְסִיקוּ !
הם / הן	הִפְסִיקוּ		יַפְסִיקוּ	

כתבו את הפועל בהווה ובעתיד, והוסיפו את שם הפועל.

Write the verb in the present and the future and add the infinitive.

עבר	הווה	עתיד	שם הפועל
1. איך **הִרְגַּשְׁתֶּם** ?	מרגישים	תרגישו	להרגיש
2. הם **הִפְסִיקוּ** את העבודה.	______	______	______
3. הסטודנט **הִצְלִיחַ** בבחינה.	______	______	______
4. הסטודנטים **הִמְשִׁיכוּ** בשביתה.	______	______	______
5. הנשׂיא **הִזְמִין** את ראש הממשלה לביקור.	______	______	______
6. האנשים **הִפְגִּינוּ** מול משׂרדי הממשלה.	______	______	______
7. הנהג **הִדְלִיק** את אורות המכונית.	______	______	______
8. הנוסעים **הִמְתִּינוּ** לטיסה שלוש שעות.	______	______	______
9. הפקיד **הִכְנִיס** את המכתב למעטפה.	______	______	______
10. הסטודנטית **הִתְחִילָה** ללמוד באוניברסיטה.	______	______	______
11. המורה **הִסְבִּיר** לנו המילים החדשות.	______	______	______
12. מי **הִמְלִיץ** על הסרט החדש ?	______	______	______

שבצו את הפעלים האלה בטור המתאים בטבלה.

Place the verbs below in the appropriate column of the table.

יַסְבִּירוּ, מַמְשִׁיכִים, הִפְגַּנְתֶּן, מַחְלִיטוֹת, נַפְגִּין, תַּחְלִיטִי, אַמְשִׁיךְ, ~~הִזְמַנְתִּי~~, מַקְשִׁיב, תַּמְלִיץ, הִמְשִׁיכוּ, הִסְבִּיר, הִתְחִילָה, יַמְלִיץ, מַפְסִיקָה, תַּזְמִינוּ, הִתְחַלְתֶּם, הִסְכַּמְתְּ, הִמְלַצְנוּ, תַּתְחִיל, תַּפְסִיקוּ, הִפְסַקְתָּ.

שם הגוף	עבר	הווה	עתיד
אני	הזמנתי	X	
אתה			
את			
הוא		X	
היא		X	
אנחנו		X	
אתם			
אתן			
הם / הן		X	

כתבו את שם הפועל ואת שם הפעולה.

Write the infinitives and the verbal nouns.

הִמְלַצְתִּי	להמליץ	המלצה
הִרְגַּשְׁתִּי		
נַתְחִיל		
יַפְגִּינוּ		
מַשְׂכִּירִים		
הִזְמַנְתֶּם		
יַדְלִיקוּ		
מַצְלִיחוֹת		
מַאֲזִינָה		
יַשְׁפִּיעַ		
מַפְרִיעַ		
הִפְסַקְתֶּן		

כָּל הַהַתְחָלוֹת קָשׁוֹת

בניין התפעל - גזרת השלמים

The “Hitpa’el” Conjugation – Strong Verb Type

השורש: ל.ב.ש **שם הפועל: לְהִתְלַבֵּשׁ**

שם הגוף	עבר	הווה	עתיד	ציווי
אני	הִתְלַבַּשְׁתִּי	מִתְלַבֵּשׁ	אֶתְלַבֵּשׁ	
אתה	הִתְלַבַּשְׁתָּ		תִּתְלַבֵּשׁ	הִתְלַבֵּשׁ !
את	הִתְלַבַּשְׁתְּ	מִתְלַבֶּשֶׁת	תִּתְלַבְּשִׁי	הִתְלַבְּשִׁי !
הוא	הִתְלַבֵּשׁ		יִתְלַבֵּשׁ	
היא	הִתְלַבְּשָׁה	מִתְלַבְּשִׁים	תִּתְלַבֵּשׁ	
אנחנו	הִתְלַבַּשְׁנוּ		נִתְלַבֵּשׁ	
אתם / אתן	הִתְלַבַּשְׁתֶּם /תֶּן	מִתְלַבְּשׁוֹת	תִּתְלַבְּשׁוּ	הִתְלַבְּשׁוּ !
הם / הן	הִתְלַבְּשׁוּ		יִתְלַבְּשׁוּ	

Write the sentences in the future tense. **כִּתבו את המשפטים בזמן עתיד.**

1. היא **הִתְלַבְּשָׁה** בבוקר. היא תתלבש בבוקר.
2. הם **הִתְחַתְּנוּ** בקיץ. ____________
3. אנחנו **מִתְרַחֲצִים** בים. ____________
4. מתי **הִתְקַשַּׁרְתֶּם** להורים ? ____________
5. באיזה בית כנסת אתם **מִתְפַּלְּלִים** ? ____________
6. שׂר האוצר **הִתְפַּטֵּר** מהממשלה. ____________
7. החתן והכלה **הִתְרַגְּשׁוּ** בחתונה. ____________
8. הן **מִתְנַגְּדוֹת** לדיקטטורה. ____________
9. התלמידים **מִשְׁתַּמְּשִׁים** במילון. ____________
10. היא **מִתְנַצֶּלֶת** על הטעות. ____________
11. הוא **מִתְגַּלֵּחַ** בבוקר. ____________
12. אתן **מִתְקַשְּׁרוֹת** למשׂרד. ____________
13. אתְּ **הִתְקַדַּמְתְּ** בעבודה. ____________

בניין נפעל - גזרת השלמים

The “Nif’al” Conjugation – Strong Verb Type

השורש: כ.נ.ס **שם הפועל: להיכָּנֵס**

שם הגוף	עבר	הווה	עתיד	ציווי
אני	נִכְנַסְתִּי	נִכְנָס	אֶכָּנֵס	
אתה	נִכְנַסְתָּ		תִּיכָּנֵס	הִיכָּנֵס !
את	נִכְנַסְתְּ	נִכְנֶסֶת	תִּיכָּנְסִי	הִיכָּנְסִי !
הוא	נִכְנַס		יִיכָּנֵס	
היא	נִכְנְסָה	נִכְנָסִים	תִּיכָּנֵס	
אנחנו	נִכְנַסְנוּ		נִיכָּנֵס	
אתם / אתן	נִכְנַסְתֶּם /תֶּן	נִכְנָסוֹת	תִּיכָּנְסוּ	הִיכָּנְסוּ !
הם / הן	נִכְנְסוּ		יִיכָּנְסוּ	

כִּתבו את הפעלים בהווה ובעתיד, והוסיפו את שם הפועל.

Write the verbs in the present and future, and add the infinitive.

	עבר	הווה	עתיד	שם הפועל
.1	התלמידים **נִכְנְסוּ** לכיתה.	נִכְנָסִים	יִיכָּנְסוּ	לְהִיכָּנֵס
.2	החייל **נִכְנַס** לקולנוע.	______	______	______
.3	הכסף **נִשְאַר** בחשבון הבנק.	______	______	______
.4	החולים **נִבְדְקוּ** בקופת חולים.	______	______	______
.5	החבילה **נִשְלְחָה** בדואר.	______	______	______
.6	המחבלים **נִתְפְסוּ** על ידי החיילים.	______	______	______
.7	החנות **נִסְגְרָה** בשעה שבע.	______	______	______
.8	הבנק **נִפְתַח** בשעה שמונה וחצי.	______	______	______
.9	אתן **נִכְנַסְתֶן** לקפיטריה.	______	______	______
.10	למה את **נִשְאַרְתְ** בבית ?	______	______	______
.11	**נִרְשַמְתִי** לאוניברסיטה.	______	______	______
.12	הבריטים **נִכְנְסוּ** לארץ בשנת 1917.	______	______	______
.13	מתי **נִרְשַמְתָ** לקורס ?	______	______	______

בניין פעל - גזרת פ״י

The “Pa’al” Conjugation – Weak Verb Type פ״י

השורש: י.ש.ב **שם הפועל:** לָשֶׁבֶת **שם הפעולה:** יְשִׁיבָה

עבר	הווה	עתיד			ציווי
יָשַׁבְתִּי	יוֹשֵׁב	אֵשֵׁב	אֵרֵד	אֵדַע	
יָשַׁבְתָּ		תֵּשֵׁב	תֵּרֵד	תֵּדַע	שֵׁב ! רֵד ! דַע !
יָשַׁבְתְּ	יוֹשֶׁבֶת	תֵּשְׁבִי	תֵּרְדִי	תֵּדְעִי	שְׁבִי ! רְדִי ! דְעִי !
יָשַׁב		יֵשֵׁב	יֵרֵד	יֵדַע	
יָשְׁבָה	יוֹשְׁבִים	תֵּשֵׁב	תֵּרֵד	תֵּדַע	
יָשַׁבְנוּ		נֵשֵׁב	נֵרֵד	נֵדַע	
יְשַׁבְתֶּם /תֶן	יוֹשְׁבוֹת	תֵּשְׁבוּ	תֵּרְדוּ	תֵּדְעוּ	שְׁבוּ ! רְדוּ ! דְעוּ !
יָשְׁבוּ		יֵשְׁבוּ	יֵרְדוּ	יֵדְעוּ	

כִּתבו את הפועל בעבר ובעתיד, והוסיפו את שם הפועל.

Write the verb in the past and future and add the infinitive.

	עבר	עתיד	שם הפועל
1.	הריבית בבנקים (**ירד**) *יָרְדָה* בחצי אחוז.	*תֵּרֵד*	*לָרֶדֶת*
2.	שׂר החוץ (**יצא**) ________ לארה״ב.	________	________
3.	הסטודנטים (**ישב**) ________ בקפיטריה.	________	________
4.	התיירים (**הלך**) ________ לְבַקֵּר במוזאון.	________	________
5.	הם לא (**ידע**) ________ איך לפתור את הבעיה.	________	________
6.	היא לא (**ידע**) ________ את התשובה.	________	________
7.	אנחנו (**ישב**) ________ בתאטרון במקומות טובים.	________	________
8.	הטמפרטורות (**ירד**) ________ במשך השבוע.	________	________
9.	השלג בירושלים (**ירד**) ________ במשך יומיים.	________	________
10.	האם (**ילד**) ________ את בנה השני.	________	________

״בַּסֻּכֹּת תֵּשְׁבוּ שִׁבְעַת יָמִים״ (ויקרא פרק כ״ג, פסוק ל״ט)

השלימו את המשפטים בעתיד. Complete the sentences in the future.

1. אם הדיירים ________ (לָצֵאת) מהדירה, הם ________ (לָקַחַת) את הרהיטים.
2. אם הטמפרטורות ________ (לָרֶדֶת), יִהְיֶה מזג אוויר קר יותר.
3. אם אנחנו ________ (לָצֵאת) מהבית, ________ (לָלֶכֶת) למסעדה ו________ (לָשֶׁבֶת) לאכול משהו.
4. אם אתְ ________ (לָלֶכֶת) לרופא, ________ (לָדַעַת) מה מַחֲלָתֵךְ.
5. אם ________ (לָרֶדֶת) שלג בירושלים, התושבים ________ (לָשֶׁבֶת) בבתים, ולא ________ (לָלֶכֶת) לעבודה.
6. אם היא ________ (לָקַחַת) את התרופות, היא תַּבְרִיא.
7. אם את ________ (לָלֶכֶת) עמי, אני ________ (לָלֶכֶת) איתך.

כִּתבו את הפועל בעתיד. Write the verb in the future.

1. אם אתה ________ (ידע) מתי הקונצרט, תִּתְקַשֵּׁר אליי.
2. אִם הַמִּשְׁלַחַת ________ (יצא) לחו״ל, ראש הממשלה ________ (ידע) על כך.
3. בחודש הבא היא ________ (ילד) את התינוק.
4. הם ________ (יצא) מהבית, ________ (ירד) במעלית, ו________ (הלך) לעבודה.
5. אם הריבית בבנקים לא ________ (ירד), הם לא ________ (לקח) את ההלוואה.
6. שׂרי הממשלה ________ (ישב) לָדוּן בְּנוֹשֵׂא התקציב.
7. גברת, אַל ________ (לקח) את המטרייה. לא ________ (ירד) גשם
8. אם אתם ________ (יצא) לחופשה בחורף, ________ (לקח) איתכם מעילים.
9. אם אתם ________ (הלך) לקולנוע, ________ (לקח) אותי איתכם.
10. ילדים, אל ________ (ישב) על הספסל השבור.

השלימו את שם הפעולה. Write the verbal nouns.

לָרֶדֶת - *ירידה*	לָדַעַת - ________	לָלֶכֶת - ________
לָקַחַת - ________	לָצֵאת - ________	לָשֶׁבֶת - ________

בניין פעל - גזרת פ"נ

The "Pa'al" Conjugation - Weak Verb Type פ"נ

השורש: נ.ס.ע **שם הפועל: לִנְסוֹעַ** **שם הפעולה: נְסִיעָה**

עבר	הווה	עתיד			ציווי
נָסַעְתִי	נוֹסֵעַ	אֶסַּע	אֶפּוֹל	אֶגַּשׁ	
נָסַעְתָ		תִיסַּע	תִיפּוֹל	תִיגַּשׁ	סַע ! נְפוֹל ! גַּשׁ !
נָסַעְתְ	נוֹסַעַת	תִיסְעִי	תִיפְּלִי	תִיגְּשִׁי	סְעִי ! נִפְלִי ! גְּשִׁי !
נָסַע		יִיסַּע	יִיפּוֹל	יִיגַּשׁ	
נָסְעָה	נוֹסְעִים	תִיסַּע	תִיפּוֹל	תִיגַּשׁ	
נָסַעְנוּ		נִיסַּע	נִיפּוֹל	נִיגַּשׁ	
נְסַעְתֶם /תֶן	נוֹסְעוֹת	תִיסְעוּ	תִיפְּלוּ	תִיגְּשׁוּ	סְעוּ ! נִפְלוּ ! גְּשׁוּ !
נָסְעוּ		יִיסְעוּ	יִיפְּלוּ	יִיגְּשׁוּ	

כאשר ע' הפועל גרונית א, ה, ח, ע הנטייה היא כמו השלמים.

When the middle letter of the root is guttural (א, ה, ח, ע), the verb is conjugated in the same way as the strong verb type.

השורש: נ.ה.ג **שם הפועל: לִנְהוֹג** **שם הפעולה: נְהִיגָה**

שם הגוף	עבר	הווה	עתיד	ציווי
אני	נָהַגְתִי	נוֹהֵג	אֶנְהַג	נְהַג !
אתה	נָהַגְתָ		תִנְהַג	נַהֲגִי !
את	נָהַגְתְ	נוֹהֶגֶת	תִנְהֲגִי	
הוא	נָהַג		יִנְהַג	
היא	נָהֲגָה	נוֹהֲגִים	תִנְהַג	
אנחנו	נָהַגְנוּ		נִנְהַג	נַהֲגוּ !
אתם / אתן	נְהַגְתֶם /תֶן	נוֹהֲגוֹת	תִנְהֲגוּ	
הם / הן	נָהֲגוּ		יִנְהֲגוּ	

כך גם: לנחות (**נחת**), לנעול (**נעל**), לנאום (**נאם**), לנבוח (**נבח**)

כתבו את הפועל בהווה ובעתיד, והוסיפו את שם הפועל.

Write the verb in the present and future and add the infinitive.

נָסַע - ייסַּע	נָהַג - יִנְהַג

	עבר	הווה	עתיד	שם הפועל
1.	ראש הממשלה **נָאַם** בכנסת.	______	______	______
2.	הם **לָקְחוּ** את הספרים לספרייה.	______	______	______
3.	הילד **נָגַע** בתנור החם וּבָכָה.	______	______	______
4.	הכלב **נָבַח** על הילדים.	______	______	______
5.	הבחור **נָהַג** במהירות.	______	______	______
6.	הילדה **נָפְלָה** מהכיסא.	______	______	______
7.	החתן והכלה **נָסְעוּ** לירח דבש.	______	______	______
8.	הוא **נָתַן** לה מתנה ביום הולדתה.	______	______	______
9.	התלמידים **נָטְעוּ** עצים בט״ו-בשבט.	______	______	______
10.	ראש הממשלה **נָסַע** לארה״ב.	______	______	______
11.	היא **נָעֲלָה** את הדלת במפתח.	______	______	______
12.	המטוס **נָחַת** בשדה התעופה.	______	______	______

כתבו את המשפטים בציווי בשלילה.

Write the sentences in the negative imperative.

1. **(אתה)** אַל **תִּיגַּע** בתמונות !

(את) ______________________ !

(אתם) ______________________ !

2. אַל **תִּיקַּח** את הדרכון !

(את) ______________________ !

(אתם) ______________________ !

3. אַל **תִּנְעַל** את הדלת !

(את) ______________________ !

(אתם) ______________________ !

4. אַל **תִּנְהַג** במהירות במכונית !

(את) ______________________ !

(אתם) ______________________ !

5. אַל **תִּיסַּע** בדרך הזאת !

(את) ______________________ !

(אתם) ______________________ !

6. אַל **תִּיגַּש** למנהל !

(את) ______________________ !

(אתם) ______________________ !

״אֵיךְ נָפְלוּ גִיבּוֹרִים״! (שמואל ב׳ א-יט)

תרגיל סיכום: בניין פעל

Summing-up Exercise: The "Pa'al" Conjugation

כתבו את הפועל בעבר ובעתיד, והוסיפו את שם הפועל.

	עבר	עתיד	שם הפועל
.1	אני (**כתב**) _כתבתי_ את השיר.	אכתוב	לכתוב
.2	הסטודנטים (**שכר**) ________ דירה.	________	________
.3	המורים (**בדק**) ________ את הבחינות.	________	________
.4	הבחורות (**מדד**) ________ את השמלות.	________	________
.5	השותפה שלי (**מסר**) ________ לי הודעה.	________	________
.6	המשפחה (**מכר**) ________ את המכונית.	________	________
.7	העובדים (**גמר**) ________ את הפרוייקט.	________	________
.8	החברים (**פתח**) ________ את המזגן.	________	________
.9	האיש (**שמח**) ________ לְקַבֵּל את הפרס.	________	________
.10	ההורים (**שלח**) ______ את החבילה בדואר.	________	________
.11	אתם (**שכח**) ________ את המפתחות.	________	________
.12	המנהל (**קבע**) ______ ריאיון למועמד לעבודה.	________	________
.13	אתְ (**שאל**) ________ אותי שאלות קשות.	________	________
.14	שני הצדדים (**חתם**) ________ על ההסכם.	________	________
.15	שׂר הביטחון (**חזר**) ________ לארץ.	________	________
.16	המכונית (**עצר**) ________ לפני מעבר החצייה.	________	________
.17	הם (**עבד**) ________ במפעל חדש.	________	________
.18	היא (**אמר**) ________ לי שלום.	________	________
.19	הם (**קנה**) ________ רהיטים חדשים.	________	________
.20	אתן (**ראה**) ________ את ההצגה החדשה.	________	________

עבר	עתיד	שם הפועל
21. אני (**פנה**) ________ ללשכת הַתַעֲסוּקָה.	________	________
22. הריבית בבנקים לא (**ירד**) ________.	________	________
23. ראש הממשלה (**יצא**) ________ לארה״ב.	________	________
24. הם (**היה**) ________ בקונצרט.	________	________
25. (**היה**) ________ לו מכונית.	________	________
26. לא (**היה**) ________ להם כרטיסים.	________	________
27. הם (**טוס**) ________ לפאריס בקיץ.	________	________
28. היא (**נסע**) ________ לירושלים.	________	________
29. הוא (**קרא**) ________ את העיתון.	________	________
30. הן (**שחה**) ________ בברֵיכה.	________	________
31. אני (**זמן**) ________ את הכרטיסים.	________	________
32. התלמיד (**שמש**) ________ במילון.	________	________
33. אני לא (**ראה**) ________ את הסרט.	________	________
34. אנחנו (**בקש**) ________ ממנו את העיתון.	________	________
35. הבנק (**סגר**) ________ בשעה 12:30.	________	________
36. הפקיד (**אשר**) ________ לי את ההלוואה.	________	________
37. התלמידה (**צרף**) ________ לטיול.	________	________
38. חיים (**פנה**) ________ אל המלצר.	________	________
39. התלמידה (**ענה**) ________ על השאלות.	________	________
40. הם (**קרא**) ________ את הסיפור.	________	________
41. הסטודנטים (**עמד**) ________ בתחנה.	________	________
42. הן (**עלה**) ________ במעלית.	________	________

כתבו את הפועל בעבר, בהווה ובעתיד.

עבר	הווה	עתיד
1. דוד (**לְהִתְקַשֵּׁר**) ______ אֵלַי בטלפון.	______	______
2. אימא (**לְבַקֵּשׁ**) ______ מִמֶּנִּי לַעֲזוֹר לה.	______	______
3. ההורים שלי (**לְהִיפָּרֵד**) ______ מֵהָאוֹרְחִים.	______	______
4. הסטודנט (**לְהִתְקַדֵּם**) ______ מאוד בלימודים.	______	______
5. אתם לא (**לְהַגִּיעַ**) ______ בזמן לפגישה.	______	______
6. הוא (**לְהָכִין**) ______ אֲרוּחָה טובה.	______	______
7. החברים (**לְהִיפָּגֵשׁ**) ______ בבית קפה.	______	______
8. הרופאה (**לְטַפֵּל**) ______ בחולים.	______	______
9. התלמידות (**לְהִתְרַגֵּשׁ**) ______ לפני המבחן.	______	______
10. הכלבים (**לְהִישָּׁאֵר**) ______ בבית.	______	______
11. הילד (**לְהָבִין**) ______ את כל המילים בסיפור.	______	______
12. התייר (**לְצַלֵּם**) ______ את ירושלים העתיקה.	______	______
13. למה אתם לא (**לְצַלְצֵל**) ______ אֵלֵינוּ.	______	______
14. בעלת הבית (**לְהַשְׂכִּיר**) ______ לי את הדירה.	______	______
15. סבא (**לְבָרֵךְ**) ______ על הַיַּיִן.	______	______
16. אסתר (**לְהִתְרַחֵץ**) ______ במים קָרִים.	______	______
17. אני (**לְהַסְבִּיר**) ______ לו את המילים.	______	______
18. הפגישה (**לְהִיקָּבַע**) ______ לשעה שֵׁשׁ.	______	______
19. אני לא ______ (**לְהַכִּיר**) את האיש הזה.	______	______
20. ההורים (**לְהִתְרַגֵּז**) ______ עָלֵינוּ.	______	______
21. רותי (**לְקַבֵּל**) ______ בְּשִׂמְחָה את המתנה.	______	______
22. אתה (**לְהַחְלִיף**) ______ בגדים בשבת.	______	______

השלימו את מילות היחס המתאימות.

Complete the sentences by filling the appropriate **prepositions**.

1. רחל שׁוֹלַחַת ______ החבילה ____אח שלה.
2. דן הִכִּיר ______ בּועז ____ישׂראל.
3. המורה מְלַמֶּדֶת ______ התלמידים ____כּיתה.
4. אני מְקַווה שאתְ לא כּוֹעֶסֶת ______ .
5. הטלוויזיה מַשְׁפִּיעָה ______ ילדים.
6. טַסְנוּ __מטוס אל על __ישׂראל
7. השנה החדשה מַתְחִילָה ____חודש תשרי.
8. אורי הִזְמִין ______ חברים ____מסיבּה.
9. הילדים הִסְבִּירוּ ___הורים _____ הבּעיה.
10. שׂרה, מתי את תְּצַלְצְלִי ______?
11. הבּנות נִפְגְּשׁוּ ______ סבתא שלהן ___בּשבת.
12. שלום גברת, אני מִתְקַשֵּׁר ______ בּקשר ___דירה.
13. המורה בִּיקְשָׁה __חנה לכתוב ____ השאלות.
14. הרכּבת הִגִּיעָה ___תל אביב ___ שעה שבע.
15. ענת נִפְגְּשָׁה _____ המנהל.
16. דני, אני רוצה לְבַקֵּר ______ בּחופשה.
17. סבתא אוֹמֶרֶת לנכדים: אני אֶקְנֶה ______ מתנות.
18. יש לנו כּלב. רק ______ אנחנו אוֹהֲבִים לטייל.
19. ההורים ______ אוֹהֲבִים אותנו.
20. הספר הזה שלך. קַח ______.
21. רותי הִזְמִינָה ______ החברים __מסיבּה.
22. הסטודנטים חיכּו ___רכּבת ___תחנה.

השלימו את מילת הקישור המתאימה.

Complete the sentences by filling the appropriate **conjunction**.

1. אורי נִשְׁאַר בבית, ________ הוא חולה.
(כִּי, בִּגְלַל, לָכֵן)

2. אמא הִתְקַשְׁרָה למרפאה ________ לִקְבּוֹעַ תור.
(כִּי, כְּדֵי, מִפְּנֵי שֶׁ...)

3. ________ אֲסַיים את הלימודים, אֶסַע לטיול.
(כְּדֵי, כַּאֲשֶׁר, לָכֵן)

4. ________ אַצְלִיחַ בבחינות, אַזְמִין את כל החברים למסיבה.
(אִם, לָכֵן, כִּי)

5. ________ הם יַעַבְרוּ לדירה החדשה, הם יִקְנוּ רהיטים חדשים.
(אַחֲרֵי שֶׁ..., כְּדֵי שֶׁ..., בִּגְלַל)

6. ________ הוא שׁוֹתֶה קפה, וְאַחַר כָּךְ הוא הוֹלֵךְ לעבודה.
(אַחֲרֵי הַ..., לִפְנֵי הַ... , קוֹדֶם)

7. ________ אָכַלְתִּי אֲרוּחַת בוקר, הָלַכְתִּי לבית הספר.
(לִפְנֵי שֶׁ..., אַחֲרֵי שֶׁ..., מִפְּנֵי שֶׁ...)

8. ________ היא נִכְנְסָה הביתה, הטלפון צִלְצֵל.
(כַּאֲשֶׁר, כִּי, כְּדֵי)

9. הן מרוּצוֹת מֵהעבודה, ________ הן שְׂמֵחוֹת.
(כְּשֶׁ..., בִּגְלַל, לָכֵן)

10. תלמידי הכיתה לא נָסְעוּ לטיול ________ הגשם החזק.
(כִּי, מִפְּנֵי שֶׁ..., בִּגְלַל)

11. ________ הם הִתְחַתְּנוּ , ואחר כך נסעו לירח הדבש.
(אִם, קוֹדֶם, כְּשֶׁ...)

12. פרעה לא הִסְכִּים __בני ישׂראל יֵצְאוּ מִמִּצְרַיִם.

(אֲשֶׁר, אֲבָל, שֶׁ...)

13. ______ __משה נולד, אימא שלו שָׂמָה אותו בתוך תיבה.

(לִפְנֵי שֶׁ..., אַחֲרֵי שֶׁ...., קוֹדֶם)

14. קודם הוא לָמַד באוניברסיטה, ________הוא עָבַד.

(לִפְנֵי שֶׁ..., בִּזְמַן שֶׁ..., אַחַר כָּךְ)

15. ______ בני ישׂראל היו במדבר, הם גָּרוּ בסוכּות.

(כּאשר, לַמְרוֹת הַ..., לָכֵן)

16. היהודים חָזְרוּ לארץ ישׂראל ______ לִבְנוֹת בּה מדינה.

(כִּי, כְּשֶׁ..., כְּדֵי)

17. רותי מרוצה מֵהָעֲבוֹדָה שלה, _______ היא שְׂמֵחָה.

(כִּי, לָכֵן, בִּזְמַן שֶׁ...)

18. ___ מזג האוויר יהיה גשום, לא נוּכַל לִנְסוֹעַ לטיול.

(אִם, לַמְרוֹת, בִּגְלַל)

19. תלמידי הכיתה לא נָסְעוּ לטיול ______ הגשם החזק.

(בִּגְלַל, לָכֵן, כַּאֲשֶׁר)

20. הן נָסְעוּ לירושלים ______ לְטַייל בעיר העתיקה.

(אַחַר כָּךְ, כִּי, כְּדֵי)

21. _______ הם נִכְנְסוּ לקפיטריה, הם היו בשיעור.

(לִפְנֵי שֶׁ..., קוֹדֶם, מִפְּנֵי ש...)

22. היא רָצְתָה לִשְׁלוֹחַ את החבילה, _______ היא הָלְכָה לדואר.

(כְּדֵי, לָכֵן, בִּגְלַל)

Terms		מונחים	
feminine	נְקֵבָה נ׳	vocabulary	אוֹצַר מִילִּים ז׳
cause	סִיבָּה נ׳	letter	אוֹת נ׳
suffix	סִיוֹמֶת נ׳	expression/phrase	בִּיטּוּי ז׳
construct state	סְמִיכוּת נ׳	verb conjugation	בִּנְיָין ז׳
impersonal	סְתָמִי ז׳	person	גּוּף ז׳
past tense	עָבָר ז׳	verb type	גִּזְרָה נ׳
future tense	עָתִיד ז׳	the definite article	הֵא הַיְדִיעָה נ׳
verb	פּוֹעַל ז׳	present tense	הוֹוֶה
form	צוּרָה נ׳	concession	וִיתּוּר ז׳
imperative	צִיוּוּי ז׳	masculine	זָכָר ז׳
phrase	צֵירוּף ז׳	tense	זְמַן ז׳
reading passage	קֶטַע ז׳	singular	יָחִיד ז׳, יְחִידָה נ׳
plural	רַבִּים, רַבּוֹת	personal pronoun	כִּינּוּי גּוּף ז׳
question	שְׁאֵלָה נ׳	possessive pronoun	כִּינּוּי שַׁיָּיכוּת ז׳
root	שׁוֹרֶשׁ ז׳	demonstrative pronoun	כִּינּוּי רֶמֶז ז׳
infinitive	שֵׁם הַפּוֹעַל ז׳	object	מוּשָׂא ז׳
verbal noun/gerund	שֵׁם הַפְּעוּלָּה ז׳	question word	מִילַּת שְׁאֵלָה נ׳
adjective	שֵׁם תּוֹאַר ז׳	negative word	מִילַּת שְׁלִילָה נ׳
result	תּוֹצָאָה נ׳	number	מִסְפָּר ז׳
prefix	תְּחִילִּית נ׳	sentence	מִשְׁפָּט ז׳
condition	תְּנַאי ז׳	pattern, form, type	מִשְׁקָל ז׳
vowel	תְּנוּעָה נ׳	conjugation	נְטִיָּיה נ׳

Abbreviations	קיצורים
Eng. – English	אַנְגְּלִית
per. – person	גּוּף
ex. - example	דּוּגְמָה
m. masculine	ז׳ - זָכָר
s. - singular	י׳ – יָחִיד / יְחִידָה
dir. obj - direct object	מוּשָׂא יָשִׁיר
lit. - literally	מִילּוּלִי
prep. - preposition	מ״י - מִילַּת יַחַס
conj. - conjuction	מִילּוֹת קִישּׁוּר
gend. - gender	מִין
no. - number	מס׳ - מִסְפָּר
obj. - object	מוּשָׂא
f. - feminine	נ׳ - נְקֵבָה
Heb. - Hebrew	עִבְרִית
fut. - future	עָתִיד
pl. - plural	ר׳ – רַבִּים / רַבּוֹת
infin. - infinitive	שה״פ - שֵׁם הַפּוֹעַל
lang. - language	שָׂפָה
adj. - adjective	ש״ת - שֵׁם תּוֹאַר
adv.- adverb	תה״פ - תּוֹאַר הַפּוֹעַל
cond. - condition	תְּנַאי

הערות

1. **כָּל הַמִּילִּים** מתורגמות לפי משמעותן בהקשר של המשפט או של הקטע.
2. **כָּל הַפְּעָלִים** מופיעים בצורת זכר יחיד בהווה ולידם שם הפועל,
לדוגמה: **כּוֹתֵב - לִכְתּוֹב.**
3. **שְׁמוֹת הָעֶצֶם** מופיעים בזכר או בנקבה יחיד/ה רבים/רבות. המין וצורת הריבוי מופיעים בסוגריים, לדוגמה: (ז') **בּוּל (בּוּלִים)**, (נ') **חוּלְצָה (חוּלְצוֹת)**.
4. במילון שבסוף הספר מופיע ציון המין ליד שם העצם, וצורת הרבים בסוגריים,לדוגמה: **בּוּל** *ז׳* **(בּוּלִים)**, **חוּלְצָה** *נ׳* **(חוּלְצוֹת)**
ליד כל ערך מילוני מצוין מספר השיעור שבו הוא מופיע. המספרים המודגשים מתייחסים למספרי העמוד של תרגילי הסיכום בסוף הספר.
5. **שְׁמוֹת הַתּוֹאַר** מופיעים בצורת זכר יחיד, ובסוגריים - סיומות נקבה, רבים ורבות,
לדוגמה: **חדש (ה) (ים) (ות).**
6. באותיות **ב, כ, פ** מופיע דגש רק לצורכי הגייה, לדוגמה: מדבר **(b) -** עובד **(v)**,
כּותב (k) - מכתב **(kh)**, **פּיצה (p) -** פלאפל **(f).**

Notes

1. **All of the words** have been translated according to the context of the sentences or the reading passages in which they appear.

2. **All of the verbs** are given in the masculine singular, present tense accompanied by the infinitive. Ex. **כּוֹתֵב - לִכְתּוֹב**

3. **Nouns** appear in the masculine or feminine singular and plural forms. Their gender and plural are indicated in parenthesis.
Ex. **(ז) בּוּל (בּוּלִים), (נ') חוּלְצָה (חוּלְצוֹת)**

4. In the **dictionary**, at the end of the book, gender designation appears after the noun, and the plural form in parenthesis. Ex. **בּוּל** *ז׳* **(בּוּלִים), חוּלְצָה** *נ׳* **(חוּלְצוֹת)**
For easy student reference, we have also placed beside each dictionary item, the lesson number where the word is cited for the first time. The emphasized numbers refers to the page numbers of the summing-up exercises at the end of the book.

5. **Adjectives** are given in their masculine singular form. The feminine and the plural suffix have been placed in parenthesis. Ex. **חָדָשׁ (ה) (ים) (ות)**

6. The letters **ב, כ, פ** have been printed in the manner in which they are pronounced, with or without stress.
Ex. מְדַבֵּר (b) - **עוֹבֵד** (v), **כּוֹתֵב** (k) - מִכְתָּב (kh), **פִּיצָה** (p) - **פָלָאפֶל** (f).

Hebrew - English Dictionary מילון עברי-אנגלי*

אב	13	Av (Heb. month)
אַבָּא ז׳ (אָבוֹת)	1	father, dad
אֲבַטִּיחַ ז׳ (אֲבַטִּיחִים)	7	watermelon
אָבִיב ז׳	7	spring
אֲבָל	5	but
אֶגוֹאִיסְט ז׳/(ים)	12	egoist
אֲגוֹרָה נ׳ (אֲגוֹרוֹת)	3	agora, cent
אַגְרוֹנוֹמְיָה נ׳	9	agronomy
אָדוֹם (ה) (ים) (וֹת)	7	red
אֲדוֹנִי	10	sir
אָדִיב (ה) (ים) (וֹת)	11	courteous, polite
אָדָם ז׳	4	man
אֲדָר	13	Adar (Heb. month)
אַהֲבָה נ׳ (אֲהָבוֹת)	6	love
אָהוּב ז׳ (אֲהוּבִים)	13	beloved one (m)
אֲהוּבָה נ׳ (אֲהוּבוֹת)	13	beloved one (f)
אוֹגוּסְט	6	August
אוֹהֵב- לֶאֱהוֹב	3	like, love
אֲוִויר ז׳	8	air
אֲוִוירָה נ׳	10	atmosphere
אוֹזֶן נ׳ (אוֹזְנַיִים)	4	ear
אוֹזְנֵי הָמָן ז״ר	13	Purim pastry
אוֹטוֹ ז׳	7	auto, car
אוֹטוֹבּוּס ז׳ (ים)	2	bus
אוֹכֶל ז׳	10	food
אוֹכֵל - לֶאֱכוֹל	2	eat
אוֹכֶל סִינִי ז׳	6	Chinese food
אוּלַי	2	maybe, perhaps
אוּלְפָּן ז׳ (אוּלְפָּנִים)	1	ulpan
אוֹמֵר – לוֹמַר	7	say
אוּנִיבֶרְסִיטָה נ׳ (אוֹת)	1	university
אוּנִיבֶרְסָלִי (ת)(ים)(וֹת)	14	universal
אוֹנִיָּה נ׳ (אוֹנִיּוֹת)	15	ship
אוֹסְטְרִי ז׳ (אוֹסְטְרִים)	6	Austrian
אוֹפְּטִימִיסְט ז׳	7	optimist
אוֹפְּטִיקַאי ז׳ (ת)(ים)(וֹת)	1	optician
אוֹפֶּרָה נ׳ (אוֹפֶּרוֹת)	7	opera
אוֹקְטוֹבֶּר	6	October
אוֹר ז׳ (אוֹרוֹת)	7	light
אוֹרֶז ז׳	5	rice
אוֹרֵחַ ז׳ (אוֹרְחִים)	6	guest
אוֹשֶׁר ז׳	13	happiness
אָז	3	then, so
אֶזְרָח ז׳ (אֶזְרָחִים)	14	citizen
אָח ז׳ (אַחִים)	4	brother

אָחוּז ז׳ (אֲחוּזִים)	3	Percent
אֲחוֹרִי (ת) (ים) (וֹת)	12	rear
אָחוֹת נ׳ (אֲחָיוֹת)	9 ,3	sister, nurse
אַחַר כָּךְ	4	afterwards
אַחֲרוֹן (ה) (ים) (וֹת)	12	last
אַחֲרֵי	7	after
אַחֲרֵי כֵּן	8	afterwards (then)
אַחֲרֵי הַצָּהֳרַיִים	2	afternoon
אַחֲרֵי שֶׁ...	8	afterwards (then)
אֲטוֹמִי (ת) (ים) (וֹת)	14	atomic
אִי אֶפְשָׁר	10	impossible
אֵיזֶה?	3	which?
אֵיזוֹ?	2	which?
אִיחוּל ז׳ (אִיחוּלִים)	13	wish
אִיטַלְיָה נ׳	1	Italy
אִיטַלְקִי ז׳ (אִיטַלְקִים)	6	Italian
אִיָּיר	13	Iyyar (Heb. month)
אֵיךְ?	2	how?
אִיכָּר ז׳ (אִיכָּרִים)	15	farmer, peasant
אֵילוּ?	6	which?
אֵילַת נ׳	2	Eilat
אִימָא נ׳ (אִימָּהוֹת)	1	mother, mum
אִימְבֶּר נַפְתָּלִי הֶרְץ	8	imber, Naphtali Herz
אֵין	2	there is / are no
אִינְטֶרְנֶט	8	internet
אִינְפְלַצְיָה ז׳	3	inflation
אִיסְטַנְבּוּל נ׳	11	Istanbul
אֵיפֹה?	1	where (is)?
אֵירוֹפָּה נ׳	8	Europe
אִישָּׁה נ׳ (נָשִׁים)	2	woman
אַךְ	7	but
אֶל	11	to
אֵלֶּה ז״נ	1	these (m/f)
אֱלוּל	13	Elul (Heb. month)
אַלִּים (ה) (ים) (וֹת)	15	violent
אַלִּימוּת נ׳	15	violence
אַלְכּוֹהוֹל ז׳	10	alcohol
אַלְמוֹג ז׳ (אַלְמוֹגִים)	15	coral
אַמְבַּטְיָה נ׳ (אַמְבַּטְיוֹת)	11	bathtub, bathroom
אֲמִיתִּי (ת)	12	real
אַמְסְטֶרְדָּם נ׳	11	Amsterdam
אֶמְצַע	3	middle, center
אָמֶרִיקָה נ׳	1	America
אֶמֶשׁ	6	last night
אַנְגְלִיָּה נ׳	1	England

* המספרים בעמודות מציינים את מספר השיעור

אֲנַחְנוּ	1	we (are)
אֲנִי	1	I (am)
אֶנֶרְגְּיָה נ׳	9	energy
אֲנָשִׁים ז״ר	2	people
אָסוֹן ז׳ (אֲסוֹנוֹת)	15	disaster, catastrophe
אָסוּר	4	forbidden
אַסְיָה נ׳	15	Asia
אַף ז׳	4	nose
אַף אֶחָד	8	no one
אַף עַל פִּי שֶׁ ...	9	although, though
אַף פעם לֹא	6	never
אָפוֹר (ה) (יִם) (וֹת)	7	gray
אֲפִילוּ	6	even
אַפִּיפְיוֹר ז׳	7	pope
אַפְּרִיל	6	April
אַפְרִיקָה נ׳	15	Africa
אֶפְשָׁר	2	it's possible
אֶפְשָׁרוּת נ׳ (אֶפְשָׁרוּיוֹת)	14	possibility
אָצִיל (ה) (יִם) (וֹת)	15	noble, aristocratic
אֵצֶל ז׳	4	at (the place of)
אָקָדֶמָאִי (ת) (יִם) (וֹת)	9	academic
אַקְלִים ז׳	15	climate
אֲרוּחָה נ׳ (אֲרוּחוֹת)	13	meal
אֲרוּחַת בּוֹקֶר נ׳	4	breakfast
אֲרוּחַת עֶרֶב נ׳	2	supper, dinner,
אֲרוּחַת צָהֳרַיִים נ׳	7	lunch
אָרוֹן ז׳ (אֲרוֹנוֹת)	1	cupboard, closet
אֲרוֹנוֹת מִטְבָּח ז״ר	11	kitchen cabinets
אֲרוֹנוֹת קִיר ז״ר	11	wall cupboards
אֲרִיסְטוֹקְרָטִי (ת)	9	aristocratic
אַרְמוֹן ז׳ (אַרְמוֹנוֹת)	7	palace
אַרְמוֹן וֶרְסַאי ז׳	11	Palace of Versailles
אֶרֶץ לֵידָה נ׳	9	country of birth
אֶרֶץ מוֹצָא נ׳	8	country of origin
אַרְצוֹת הַבְּרִית נ׳	4	U.S.A.
אַשְׁדּוֹד נ׳	8	Ashdod
אַשְׁקְלוֹן נ׳	8	Ashkelon
אַתְּ	1	you (are) f/s
אַתָּה	1	you (are) m/s
אַתוּנָה נ׳	11	Athens
אַתֶּם	1	you (are) m/pl
אֶתְמוֹל	6	yesterday
אַתֶּן	1	you (are) f/pl
אֲתָר ז׳ (אֲתָרִים)	14	site
בָּא- לָבוֹא	2	come
בְּאַהֲבָה	13	with love
בְּאֵיזוֹ?	2	at which?

בֶּאֱמֶת	3	really
בְּאֵר שֶׁבַע נ׳	8	Beer Sheba
בַּבַּיִת	1	at home
בָּבֶל נ׳	10	Babylonia
בְּבַקָּשָׁה	5	please
בְּגָדִים ז״ר	5	clothes
בִּגְלַל	7	because of
בַּד ז׳ (בַּדִּים)	10	canvas, cloth
בְּדִידוּת נ׳	9	loneliness
בְּדִיּוּק	2	exactly
בְּדִיקָה נ׳ (בְּדִיקוֹת)	13	medical examination
בָּהִיר (ה) (יִם) (וֹת)	10	clear
בְּהַצְלָחָה!	9	good luck !
בּוּבָּה נ׳ (בּוּבּוֹת)	9	doll
בּוֹדֵק- לִבְדּוֹק	6	check, look into
בְּוַודַּאי	11	of course
בּוֹחֵר – לִבְחוֹר	12	choose
בּוֹכֶה – לִבְכּוֹת	306	cry
בּוּל ז׳ (בּוּלִים)	1	stamp
בּוֹנֶה- לִבְנוֹת	3	build, construct
בּוֹקֶר ז׳ (בְּקָרִים)	2	morning
בּוֹרֵחַ – לִבְרוֹחַ	14	escape
בּוֹשֶׂם ז׳ (בְּשָׂמִים)	8	perfume
בִּזְמַן	7	at the time of
בַּחוֹדֶשׁ הַבָּא	10	next month
בַּחוּץ	1	outside
בָּחוּר ז׳ (בַּחוּרִים)	2	young man, fellow
בַּחוּרָה נ׳ (בַּחוּרוֹת)	2	young woman
בְּחִיּוּךְ	12	with a smile
בְּחִינָה נ׳ (בְּחִינוֹת)	2	test, examination
בְּחִירָה נ׳ (בְּחִירוֹת)	13	choice, selection
בטהובן	8	Beethoven
בָּטוּחַ (ה) (יִם) (וֹת)	15	certain, safe
בֶּטַח!	6	sure! certainly!
בֶּטֶן נ׳	4	stomach
בִּיּוֹלוֹגִי (ת) (יִם) (וֹת)	14	biological
בְּיוֹתֵר	15	most
בִּיטָחוֹן עַצְמִי ז׳	15	self confidence
בֵּייג׳ינְג נ׳	11	Beijing
בֵּינוֹנִי (ת) (יִם) (וֹת)	11	moderate, medium
בֵּינְתַיִים	14	meanwhile
בִּיקּוּר ז׳ (בִּיקּוּרִים)	5	visit
בִּיקּוֹרֶת נ׳ (בִּיקּוֹרוֹת)	15	criticism
בִּירָה נ׳	1	beer
בִּישּׁוּל ז׳ (בִּישּׁוּלִים)	13	cooking
בֵּית (בָּתֵּי) הַכְּנֶסֶת ז׳	2	synagogue
בֵּית (בָּתֵּי) הַקְּבָרוֹת ז׳	9	cemetery

בֵּית (בָּתֵּי) חוֹלִים ז׳	3	hospital
בֵּית (בָּתֵּי) מָלוֹן ז׳	2	hotel
בֵּית (בָּתֵּי) מִרְקַחַת ז׳	3	drugstore
בֵּית (בָּתֵּי) מִשְׁפָּט ז׳	2	law court
בֵּית (בָּתֵּי) סוֹהַר ז׳	8	jail
בֵּית (בָּתֵּי) סֵפֶר ז׳	1	school
בֵּית (בָּתֵּי) קָפֶה ז׳	2	cafe
בַּיִת (בָּתִּים) ז׳	1	house, home
בֵּית הַמִּקְדָּשׁ ז׳	8	the Jewish Temple
בֵּית הַמִּקְדָּשׁ הָרִאשׁוֹן ז׳	10	First Temple
בֵּית הַמִּקְדָּשׁ הַשֵּׁנִי ז׳	10	Second Temple
בֵּית רְאוּבֵן ז׳	10	Rubin's House
בְּכָל מָקוֹם	6	in every place
בִּכְלָל	12	in general, at all
בִּלְבַד	9	alone, only
בְּלִי	4	without
בַּמַּאי ז׳ (בַּמָּאִים)	14	director (of a film or play)
בַּמֶּה?	11	what?
בִּמְזוּמָּן	6	in cash
בְּמֶשֶׁךְ	7	during
בֶּן יְהוּדָה, אֱלִיעֶזֶר	9	Ben Yehuda, Eliezer
בֶּן / בַּת זוּג ז״נ	12	spouse, partner
בַּנְגְקוֹק נ׳	11	Bangkok
בִּנְיָין ז׳ (בִּנְיָינִים)	8	building
בְּנֵי יִשְׂרָאֵל ז׳	7	the Children of Israel
בְּנִימוּס	14	politely
בַּנְק ז׳ (בנקים)	1	bank
בְּסֵדֶר	2	O. K., it's all right
בַּסּוֹף	4	at the end (of the street)
בֶּעָבָר	6	in the past
בְּעַד	6	for (in favor of)
בְּעוֹד	8	in another
בְּעוֹד חוֹדֶשׁ	10	in another month
בְּעוֹד שָׁבוּעַ	10	in another week
בְּעוֹד שָׁעָה	10	in another hour
בְּעֶזְרַת	14	by means of
בְּעָיָה נ׳ (בְּעָיוֹת)	5	problem
בְּעִיקָּר	11	mainly
בַּעַל ז׳ (בְּעָלִים)	12	husband, owner
בַּעַל רֶכֶב ז׳	9	vehicle owner
בְּעֵרֶךְ	2	about, approximately
בֶּעָתִיד	10	in the future
בַּצַּד	4	at / on the side
בַּקְבּוּק ז׳ (בַּקְבּוּקִים)	1	bottle
בַּקָּשָׁה נ׳ (בַּקָּשׁוֹת)	9	request
בְּקֶשֶׁר ל ...	11	regarding the
בַּר מִצְוָוה ז׳	7	Bar Mitzvah
בְּרֶגֶל	4	by foot
בְּרוֹנְזָה נ׳	8	bronze
בְּרָזִיל נ׳	1	Brazil
בָּרִיא (ה) (ים) (וֹת)	4	healthy
בְּרִיאוּת נ׳	11	health
בְּרִיאוּת הַצִּיבּוּר נ׳	14	public health
בְּרִיטַנְיָה נ׳	14	England, Britain
בְּרֵיכָה נ׳ (בְּרֵיכוֹת)	306	pool
בְּרִיסֶל נ׳	11	Brussels
בְּרִית מִילָה נ׳	13	circumcision
בֶּרֶךְ נ׳ (בִּרְכַּיִים)	4	knee
בְּרָכָה נ׳ (בְּרָכוֹת)	13	greeting, blessing
בֶּרְלִין נ׳	11	Berlin
בִּרְצוֹנִי ...	9	I would like to…
בָּרָק ז׳ (בְּרָקִים)	11	lightning
בִּשְׁבִיל מִי?	4	for whom?
בַּשָּׁנָה הַבָּאָה	10	next year
בָּשָׂר ז׳ (בְּשָׂרִים)	7	meat
בַּת נ׳ (בָּנוֹת)	4	daughter, girl
בַּת מִצְוָוה נ׳	13	Bat Mitzvah
בְּתוֹךְ	6	inside
בַּתּוֹר	11	in turn (to wait)
בְּתֵיאָבוֹן!	13	Bon appetite !
גַּב ז׳	4	back
גַּבָּה נ׳ (גַּבּוֹת)	4	eyebrow
גָּבוֹהַּ (ה) (ים) (וֹת)	11	high
גְּבוּל ז׳ (גְּבוּלוֹת)	12	border, limit
גְּבִינָה נ׳ (גְּבִינוֹת)	7	cheese
גְּבֶרֶת נ׳ (גְּבָרוֹת)	3	Miss, lady
גָּדוֹל (ה) (ים) (וֹת)	1	big, large
גָּדֵל - לִגְדּוֹל	7	grow up
גּוֹבַהּ ז׳	8	height
גּוֹמֵר- לִגְמוֹר	6	finish
גּוּף ז׳	4	body
גּוֹרֵם – לִגְרוֹם	15	cause
גִּיבּוֹר ז׳ (גִּיבּוֹרִים)	12	hero
גִּידּוּל ז׳	9	raising (children), growth
גִּיטָרָה נ׳ (גִּיטָרוֹת)	7	guitar
גִּיל ז׳	9	age
גִּינָּה נ׳ (גִּינּוֹת)	11	garden
גַּלְגַּל ז׳ (גַּלְגַּלִּים)	14	wheel
גְּלוּיָה נ׳ (גְּלוּיוֹת)	6	postcard
גְּלִידָה נ׳ (גְּלִידוֹת)	9	ice cream
גָּלִיל נ׳	8	Galilee
גָּלִיצְיָה נ׳	8	Galicia
גַּם	4	also
גַּן (גַּנֵּי) יְלָדִים ז׳	306	kindergarden

גַּן ז׳ (גַּנִּים)	2	kindergarten
גַּן צִיבּוּרִי ז׳	3	public park, garden
גַּנָּב ז׳ (גַּנָּבִים)	7	thief
גַּנֵּי וֶרְסַאי ז׳	11	Gardens of Versailles
גַּנֵּי לוּקְסַמְבֶּרְג ז׳	11	Luxembourg Gardens
גֵּר- לָגוּר	1	live
גָּרוֹן ז׳	4	throat
גֶּרְמַנְיָה נ׳	1	Germany
גֶּרְמָנִית נ׳	1	German (language)
גָּשׁוּם	11	rainy
גֶּשֶׁם ז׳ (גְּשָׁמִים)	8	rain
גֶּשֶׁר ז׳ (גְּשָׁרִים)	3	bridge
ד״ר סְפּוֹק בִּנְיָמִין	9	Dr. Spock, Benjamin
דָּג ז׳ (דָּגִים)	5	fish
דֶּגֶל ז׳ (דְּגָלִים)	7	flag
דּוֹאֵג – לִדְאוֹג	10	worry, be concerned
דּוֹאַר ז׳	1	post office
דּוּגְמָה נ׳ (דּוּגְמוֹת)	8	example
דּוֹדָה נ׳ (דּוֹדוֹת)	1	aunt
דּוֹחֶה – לִדְחוֹת	7	reject, protest
דָּוִיד הַמֶּלֶךְ	10	King David
דּוֹמֶה ל ...	15	similar to…
דּוֹקְטוֹר ז׳ (ד״ר)	9	doctor (as a title)
דּוּ-קְרָב ז׳	15	duel
דָּחוּף	14	urgent
דִּיאֶטָה נ׳	9	diet
דִּיבּוּר ז׳ (דִּיבּוּרִים)	7	speech, utterance
דַּיָּיר ז׳ (דַּיָּירִים)	7	tenant, resident
דִּיסְק ז׳ (דִּיסְקִים)	13	disk
דִּירָה נ׳ (דִּירוֹת)	1	flat, apartment
דֶּלֶת נ׳ (דְּלָתוֹת)	12	door
דְּמֵי – נְסִיעָה ז׳	12	traveling allowance
דִּמְיוֹן ז׳	10	imagination
דָּן- לָדוּן	7	discuss (subject)
דֵּעָה נ׳ (דֵּעוֹת)	9	opinion
דֶּצֶמְבֶּר	6	December
דַּק (ה) (ים) (וֹת)	6	thin
דַּקָּה נ׳ (דַּקּוֹת)	11	minute
דָּרוֹם	8	south
דְּרוֹמִי (ת) (ים) (וֹת)	14	southern
דָּרוּשׁ (ה) (ים) (וֹת)	9	help wanted (in a newspaper ad)
דְּרִישׁוֹת נ״ר	9	requirements
דְּרִישַׁת שָׁלוֹם נ׳ (ד״ש)	10	regards
דֶּרֶךְ נ׳ (דְּרָכִים)	8	way
דַּרְכּוֹן ז׳ (דַּרְכּוֹנִים)	3	passport
דֶּשֶׁא ז׳ (דְּשָׁאִים)	7	grass, lawn
דָּת נ׳ (דָּתוֹת)	8	religion
דָּתִי ז׳ (ה) (ים) (וֹת)	9	religious person
הַגָּדָה נ׳ (שֶׁל פֶּסַח)	13	Haggadah (Passover)
הוּא	1	he (is)
הוֹדָעָה נ׳ (הוֹדָעוֹת)	10	announcement
הוּלֶּדֶת נ׳	13	birth
הוֹלֵךְ- לָלֶכֶת	2	go, walk
הוֹלַנְד נ׳	1	Holland
הוּמוֹר ז׳	12	humor
הוּמוֹרִיסְטָן ז׳	12	humorist
הוּנְגַרְיָה נ׳	12	Hungary
הוּנְגָּרִית נ׳	12	Hungarian (language)
הוֹפֵךְ – לַהֲפוֹךְ	9	turn into
הוֹרָאָה נ׳ (הוֹרָאוֹת)	10	instruction
הוֹרִים ז״ר	1	parents
הוֹרֵס – לַהֲרוֹס	10	destroy
הַזְמָנָה נ׳ (הַזְמָנוֹת)	13	invitation
הַחְלָטָה נ׳ (הַחְלָטוֹת)	13	decision
הִיא	1	she (is)
הִיגָּיוֹן ז׳	9	logic
הֵיטֵב	12	well (adv.)
הֵיכָל הַתַּרְבּוּת ז׳	8	cultural center
הִיסְטוֹרְיָה נ׳	8	history
הֵרָיוֹן ז׳ (הֶרְיוֹנוֹת)	14	pregnancy
הַכּוֹל	7	everything
הָלוֹ!	11	hello!
הַלְוָואָה נ׳ (הַלְוָואוֹת)	7	loan
הֲלִיכָה נ׳	11	walk
הֵם	1	they (are) (m)
הַמְבּוּרְגֵר ז׳	6	hamburger
הַמְלָצָה נ׳ (הַמְלָצוֹת)	7	recommendation
הִמְנוֹן ז׳	8	national anthem
הֵן	1	they (are) (f)
הַנָּדוֹן ...	9	referring to (in a formal letter)
הִנֵּה	5	here is
הַנְהָלַת חֶשְׁבּוֹנוֹת נ׳	9	bookkeeping
הֲנָחָה נ׳ (הֲנָחוֹת)	5	discount, reduction
הֶסְכֵּם ז׳ (הֶסְכֵּמִים)		contract
הָעִיקָּר	11	the main thing, mainly
הַפְסָקָה נ׳ (הַפְסָקוֹת)	7	break, pause, recess
הַפְתָּעָה נ׳ (הַפְתָּעוֹת)	12	surprise
הַצָּגָה נ׳ (הַצָּגוֹת)	2	play (theatrical), show
הַצְלָחָה נ׳ (הַצְלָחוֹת)	7	success
הֲקָמָה נ׳	13	establishment
הַר ז׳ (הָרִים)	8	mountain
הַר הָחֶרְמוֹן ז׳	8	Mount Hermon
הַר הַכַּרְמֶל ז׳	8	Mount Carmel
הַר הֶרְצֵל ז׳	10	Mount Herzl

הַר הַתָּבוֹר ז׳	8	Mount Tabor
הַר מִירוֹן ז׳	8	Mount Meiron
הַרְבֵּה	2	many
הֶרְגֵּל ז׳ (הֶרְגֵּלִים)	8	habit
הַרְגָּשָׁה נ׳ (הַרְגָּשׁוֹת)	10	feeling
הֶרְצֵל, בִּנְיָמִין זְאֵב	8	Herzl, Theodor
הֶרְצְלִיָּה נ׳	8	Herzliya
הַשְׂכָּלָה נ׳	9	formal education
הַשְׂכָּלָה אַקָדֶמָאִית נ׳	9	higher education
הַשְׁפָּעָה נ׳ (הַשְׁפָּעוֹת)	15	influence
הִשְׁתַּתְּפוּת נ׳	13	participation
הִתְבַּגְּרוּת נ׳	9	adolescence, puberty
הִתְחַמְּמוּת נ׳	13	warming
הִתְקַדְּמוּת נ׳	13	progress, advance
וּולְפְסוֹן דָּוִיד	8	Wolfson, David
וּוֹשִׁינְגְטוֹן נ׳	10	Washington
וִינָה נ׳	6	Vienna
וְעוֹד	6	etc., and others
וָרוֹד (ה) (ים) (ות)	7	pink
וֶתֶק ז׳	9	seniority
זֹאת / זוֹ	1	this (is) (f)
זֶה	1	this (is) (m)
זֶה אֶת זֶה	6	each other, one another
זָהָב ז׳	8	gold
זְהִירוּת נ׳	12	be careful
זוּג ז׳ (זוּגוֹת)	12	couple, pair
זוֹכֵר – לִזְכּוֹר	304	remember
זוֹרֵק – לִזְרוֹק	14	throw
זָז – לָזוּז	10	move
זַיִת ז׳ (זֵיתִים)	8	olive
זְכוּכִית נ׳ (זְכוּכִיּוֹת)	15	glass
זֵכֶר ז׳	8	memory
זְמַן ז׳ (זְמַנִּים)	3	time
זַמָּר ז׳ (ת) (ים) (ות)	7	singer
זָקֵן (ה) (ים) (ות)	6	old
זֶרֶם ז׳ (זְרָמִים)	7	current
חֲבִילָה נ׳ (חֲבִילוֹת)	6	package, parcel
חֲבִיתָה נ׳ (חֲבִיתוֹת)	9	omelette
חֲבָל	7	too bad, a pity
חָבֵר ז׳ (חֲבֵרִים)	1	friend, boyfriend
חֲבֵרָה נ׳ (חֲבֵרוֹת)	1	friend, girlfriend
חַבְרֵי כְּנֶסֶת ז״ר	10	Members of the Knesset
חֶבְרַת בִּיטוּחַ נ׳	9	insurance company
חֶבְרַת חַשְׁמַל נ׳	7	electric company
חֶבְרַת מַחְשְׁבִים נ׳	9	computer company
חַג ז׳ (חַגִּים)	10	festival, holiday
חַג הָאַהֲבָה ז׳	13	Festival of Love
חַג הַחֲנוּכָּה ז׳	13	Hanukkah
חַג הַסּוּכּוֹת ז׳	13	Feast of Tabernacles
חַג הַפֶּסַח ז׳	13 ,10	Passover
חַג הַשָּׁבוּעוֹת ז׳	13 ,10	Pentecost
חַג פּוּרִים ז׳	13	Purim
חַג שָׂמֵחַ !	13	happy holiday !
חֲגוֹרָה נ׳ (חֲגוֹרוֹת)	13	belt
חֲגִיגָה נ׳ (חֲגִיגוֹת)	15	celebration
חֶדֶר ז׳ (חֲדָרִים)	2	room
חֲדַר אוֹכֶל ז׳	1	dining hall
חֶדֶר אָטוּם ז׳	14	sealed room
חֲדַר אַמְבַּטְיָה ז׳	11	bathroom
חֲדַר הוֹרִים ז׳	11	master bedroom
חֲדַר הַמְתָּנָה ז׳	7	waiting room
חֲדַר עֲבוֹדָה ז׳	10	workroom, study
חֲדַר שֵׁינָה ז׳	11	bedroom
חָדָשׁ (ה) (ים) (ות)	2	new
חֲדָשׁוֹת נ״ר	2	news
חוֹב ז׳ (חוֹבוֹת)	14	debt
חוֹגֵג – לַחְגוֹג	13	celebrate
חוֹדֶשׁ ז׳ (חוֹדָשִׁים)	2	month
חוֹדֶשׁ שֶׁעָבַר	6	last month
חוֹזֶה ז׳ (חוֹזִים)	7	contract
חוֹזֵר- לַחֲזוֹר	2	return
חוֹל ז׳ (חוֹלוֹת)	10	sand, sand dune
חוֹלֶה - לַחֲלוֹת	9	get sick
חוֹלֶה ז׳ (ים) (ות)	6 ,4	sick person, patient
חוֹלֵם – לַחֲלוֹם	9	dream
חוּלְצָה נ׳ (חוּלְצוֹת)	1	shirt, blouse
חוּם (ה) (ים) (ות)	7	brown
חוֹם ז׳	4	fever
חוֹם ז׳	9	warmth
חוּמוּס ז׳	6	humus
חוֹמֶר ז׳ (חוֹמָרִים)	14	material
חוֹמֶר (י) נֶפֶץ ז׳	14	explosive material
חוֹסֵךְ – לַחְסוֹךְ	14	save (time, money)
חוֹף הַיָּם ז׳	3	beach
חוּפְשָׁה נ׳ (חוּפְשׁוֹת)	2	holiday, vacation
חוֹפְשִׁי (ת) (ים) (ות)	15	free
חוּץ לָאָרֶץ (חו״ל)	2	abroad
חוֹצֶה- לַחֲצוֹת	4	cross
חוֹקֵר ז׳ (חוֹקְרִים)	15	researcher
חוּרְבַּן בֵּית הַמִּקְדָּשׁ ז׳	13	Destruction of the Temple
חוֹרֶף ז׳	11	winter
חוּשׁ ז׳ (חוּשִׁים)	15	sense
חוּשׁ הוּמוֹר ז׳	15	sense of humor
חוֹשֵׁב- לַחְשׁוֹב	3	think

חוֹתֵם- לַחְתּוֹם	6	sign
חוֹתֵן ז׳ (חוֹתְנִים)	6	father-in-law
חוֹתֶנֶת נ׳ (חוֹתְנוֹת)	6	mother-in-law
חָזֶה ז׳	4	chest
חָזָק (ה) (ים) (ות)	8	strong
חַי – לִחְיוֹת	6	live
חִידּוּשׁ ז׳ (חִידּוּשִׁים)	14	advancement
חַיָּה נ׳ (חַיּוֹת)	15	animal
חִיּוּךְ ז׳ (חִיּוּכִים)	12	smile
חַיָּיב – (ת) (ים) (ות)	14	has / have to
חַיָּיל ז׳ (חַיֶּלֶת)(ים)(ות)	1	soldier
חַיִּים ז״ר	3	life
חֵיפָה נ׳	1	Haifa
חָכָם ז׳ (ה) (ים) (ות)	307	wise, intelligent
חָכְמָה נ׳	15	intelligence, wisdom
חָל – לָחוּל	13	fall on, occur
חָלָב ז׳	1	milk
חֲלוֹם ז׳ (חֲלוֹמוֹת)	15	dream
חַלּוֹן ז׳ (חַלּוֹנוֹת)	1	window
חָלוּץ ז׳ (חֲלוּצִים)	12	pioneer
חֲלִיפָה נ׳ (חֲלִיפוֹת)	11	suit
חֵלֶק ז׳ (חֲלָקִים)	13	part
חֶלְקִי (ת) (ים) (ות)	11	partly
חַלָּשׁ (ה) (ים) (ות)	11	weak
חַם (ה) (ים) (ות)	7	hot
חָמוּד (ה) (ים) (ות)	14	cute
חֲמוּצִים ז״ר	6	pickles
חַמִּים	11	warm
חֲנוּכַּת הַבַּיִת נ׳	13	house warming party
חֲנוּת נ׳ (חֲנוּיוֹת)	2	store, shop
חֲנוּת יְרָקוֹת נ׳	3	vegetable store
חֲנוּת נַעֲלַיִים נ׳	2	shoe store
חַנְיוֹן ז׳ (חַנְיוֹנִים)	11	car park
חֲנִיָּיה נ׳	11	parking
חֲצִי ז׳	4	half
חֲצִי מְחִיר ז׳	8	half price
חָצִיל ז׳ (חֲצִילִים)	7	egg plant
חַקְלַאי ז׳ (חַקְלָאִים)	9	agriculturalist
חֶשְׁבּוֹן ז׳ (חֶשְׁבּוֹנוֹת)	1	bill, bank account
חֶשְׁבּוֹן בַּנְק ז׳	7	bank account
חֶשְׁבּוֹן חַשְׁמַל ז׳	7	electricity bill
חֶשְׁבּוֹן טֶלֶפוֹן ז׳	8	telephone bill
חֶשְׁבּוֹן מַיִם ז׳	7	water bill
חָשׁוּב (ה) (ים) (ות)	2	important
חֶשְׁוָון	13	Heshvan (Heb. month)
חַשְׁמַל ז׳	7	electricity
חֲתוּנָּה נ׳ (חֲתוּנּוֹת)	2	wedding

חָתָן ז׳ (חֲתָנִים)	8	groom
טַבְלָה נ׳ (טַבְלָאוֹת)	2	chart, table
טֶבַע ז׳	10	nature
טַבַּעַת נ׳ (טַבָּעוֹת)	11	ring
טְבֶרְיָה נ׳	8	Tiberias
טֵבֵת	13	Tevet (Heb. month)
טָהוֹר (ה) (ים) (ות)	8	pure
טוֹב (ה) (ים) (ות)	2	good
ט״וּ בִּשְׁבָט	13	fifteenth of Sh'vat
טוֹלְסְטוֹי	8	Tolstoy
טוֹן ז׳ (טוֹנוֹת)	8	ton
טוּנָה נ׳	7	tuna
טוֹעֶה – לִטְעוֹת	306	make a mistake
טוֹפֶס ז׳ (טְפָסִים)	3	form
טוֹקְיוֹ נ׳	11	Tokyo
טוֹרוֹנְטוֹ נ׳	11	Toronto
טוֹרֵף – לִטְרוֹף	15	prey on
טְחִינָה נ׳	6	tehina
טִיּוּל ז׳ (טִיּוּלִים)	7	trip, excursion
טַיָּיס ז׳(ת) (ים) (ות)	9	pilot
טֵייפּ ז׳ (=רְשַׁמְקוֹל)	7	radio-tape
טִיסָה נ׳ (טִיסוֹת)	5	flight
טִיפּ ז׳ (= תֶּשֶׁר)	11	tip
טִיפּוּל ז׳ (טִיפּוּלִים)	9	treatment, care
טִיפּוּס ז׳ (טִיפּוּסִים)	10	personality type
טֶכְנַאי ז׳ (טֶכְנָאִים)	304	technician
טֶכְנוֹלוֹגְיָה נ׳ (טֶכְנוֹלוֹגְיוֹת)	8	technology
טֶלֶוִויזְיָה נ׳ (טֶלֶוִויזְיוֹת)	1	television
טַלִּית נ׳ (טַלִּיתוֹת)	8	prayer shawl
טֶלֶכַּרְט ז׳	1	phone card
טֶלֶפוֹן ז׳ (טֶלֶפוֹנִים)	2	telephone
טֶלֶפוֹן צִיבּוּרִי ז׳	3	public telephone
טֶמְפֶּרָטוּרָה נ׳ (טֶמְפֶּרָטוּרוֹת)	11	temperature
טָס- לָטוּס	5	fly
טָעוּת נ׳ (טָעוּיוֹת)	15	mistake
טָעִים (ה) (ים) (ות)	3	tasty
טַעַם ז׳ (טְעָמִים)	15	taste
טְרָגֶדְיָה נ׳ (טְרָגֶדְיוֹת)	15	tragedy
יְבוּא ז׳	15	import
יָבֵשׁ (ה) (ים) (ות)	11	dry
יָד נ׳ (יָדַיִים)	4	hand
יְדִידוּת נ׳	15	friendship
יְדִיעָה נ׳ (יְדִיעוֹת)	9	knowledge, news
יְהוּדִי ז׳ (יְהוּדִים)	8	Jew
יוֹדֵעַ- לָדַעַת	2	know
יוּלִי	6	July
יוֹם ז׳ (יָמִים)	2	day

birthday	3	יוֹם הוּלֶדֶת ז׳
Memorial Day	13	יוֹם הַזִּיכָּרוֹן ז׳
Day of Atonement	13	יוֹם הַכִּיפּוּרִים ז׳
wedding anniversary	13	יוֹם הַנִּישׂוּאִים ז׳
Independence Day	13	יוֹם הָעַצְמָאוּת ז׳
daily	6	יוֹם יוֹם
two days	8	יוֹמַיִים ז׳
June	6	יוּנִי
great ! wonderful !	2	יוֹפִי!
go out	7	יוֹצֵא – לָצֵאת
go down, get off	4	יוֹרֵד- לָרֶדֶת
sit	2	יוֹשֵׁב – לָשֶׁבֶת
more than…	4	יוֹתֵר מ...
together	2	יַחַד
together with	9	יַחַד עִם
relationship	7	יַחַס ז׳ (יְחָסִים)
wine	5	יַיִן ז׳ (יֵינוֹת)
can	3	יָכוֹל - יְכוֹלָה (יִם) (וֹת)
boy, child, children	1	יֶלֶד ז׳ (יְלָדִים)
girl, child, children	1	יַלְדָּה נ׳ (יְלָדוֹת)
sea	2	יָם ז׳ (יַמִּים)
Dead Sea	8	יַם הַמֶּלַח ז׳
Mediterranean Sea	8	יַם הַתִּיכוֹן ז׳
Red Sea	8	יַם סוּף ז׳
days of mourning	13	יְמֵי הָאֵבֶל ז׳
right	4	יָמִין (ית) (יִם) (יּוֹת)
to the right	4	יָמִינָה (לְיָמִין)
January	6	יָנוּאָר
forest	10	יַעַר ז׳ (יְעָרוֹת)
pretty, beautiful	2	יָפֶה (יִם) (וֹת)
Jaffa	9	יָפוֹ נ׳
Japan	1	יַפָּן נ׳
Japanese (language)	1	יַפָּנִית נ׳
export	15	יְצוּא ז׳
creation	15	יְצִירָה נ׳ (יְצִירוֹת)
dear, expensive	13	יָקָר (ה) (יִם) (וֹת)
Jordan	1	יַרְדֵּן נ׳
green	7	יָרוֹק (ה) (יִם) (וֹת)
Jerusalem	1	יְרוּשָׁלַיִם נ׳
moon	15	יָרֵחַ ז׳
honeymoon	8	יֶרַח דְּבַשׁ ז׳
drop, decline, fall	11	יְרִידָה נ׳ (יְרִידוֹת)
Jericho	8	יְרִיחוֹ נ׳
thigh	4	יָרֵךְ נ׳ (יְרֵכַיִים)
vegetables	8	יְרָקוֹת ז״ר
there is / are	2	יֵשׁ
settlement	308	יִשּׁוּב ז׳ (יִשּׁוּבִים)
Ishmaelite	15	יִשְׁמְעֵאלִי ז׳ (יִם)
sleep	2	יָשֵׁן- לִישׁוֹן
straight	4	יָשָׁר
Israel	1	יִשְׂרָאֵל נ׳
Israeli	2	יִשְׂרְאֵלִי (ת) (יִם) (וֹת)
as if	10	**כְּאִילּוּ**
here	1	כָּאן
when (conj.)	4	כַּאֲשֶׁר (=כְּשֶׁ...)
road, highway	3	כְּבִישׁ ז׳ (כְּבִישִׁים)
already	7	כְּבָר
worthwhile	4	כְּדַאי
ball	6	כַּדּוּר ז׳ (כַּדּוּרִים)
falafel balls	6	כַּדּוּרֵי פָלָאפֶל ז״ר
in order to…	8	כְּדֵי לְ...
pain, hurt	4	כּוֹאֵב - לִכְאוֹב
hat	11	כּוֹבַע ז׳ (כּוֹבָעִים)
conquer	10	כּוֹבֵשׁ – לִכְבּוֹשׁ
strength, power	3	כּוֹחַ ז׳ (כּוֹחוֹת)
star	8	כּוֹכָב ז׳ (כּוֹכָבִים)
all	2	כּוֹל
everyone	8	כּוּלָּם
all of us	3	כּוּלָּנוּ
(drinking) glass	3	כּוֹס נ׳ (כּוֹסוֹת)
be angry	9	כּוֹעֵס – לִכְעוֹס
arm chair	11	כּוּרְסָא נ׳ (כּוּרְסָאוֹת)
write	1	כּוֹתֵב- לִכְתּוֹב
wall	7	כּוֹתֶל ז׳
Western Wall	8	כּוֹתֶל מַעֲרָבִי ז׳
blue	5	כָּחוֹל (ה) (יִם) (וֹת)
because	4	כִּי (= מִפְּנֵי שֶׁ)
sink	11	כִּיּוֹר ז׳ (כִּיּוֹרִים)
chemical	14	כִּימִי (ת)
violin	7	כִּינּוֹר ז׳ (כִּינּוֹרִים / וֹת)
Sea of Galilee	8	כִּינֶּרֶת נ׳
chair	1	כִּיסֵּא ז׳ (כִּיסְאוֹת)
wheelchair	14	כִּיסֵּא גַּלְגַּלִּים ז׳
easy chair	10	כִּיסֵּא נוֹחַ ז׳
fun	3	כֵּיף
gas stove, gas burners	11	כִּירַיִים גַּז ז׳
talent	8	כִּישְׁרוֹן ז׳ (כִּישְׁרוֹנוֹת)
class, classroom	1	כִּיתָּה נ׳ (כִּיתּוֹת)
in this way, so	8	כָּךְ
so, so	3	כָּכָה
everything	12	כָּל דָּבָר
Bravo !	12	כָּל הַכָּבוֹד!
dog	7	כֶּלֶב ז׳ (כְּלָבִים)
bride	8	כַּלָּה נ׳ (כַּלּוֹת)

כְּלוּם	12	nothing
כְּלִי ז׳ (כֵּלִים)	14	tool
כַּלְכָּלָה נ׳	9	economics
כַּלְכָּלִי (ת) (יִם) (וֹת)	9	economic
כַּמָּה?	3	how many?
כַּמָּה זְמַן?	7	how long?
כְּמוֹ	6	like
כַּמּוּבָן	5	of course
כִּמְעַט	8	almost
כְּנִיסָה נ׳ (כְּנִיסוֹת)	13	entry, entrance
כְּנֶסֶת נ׳	1	Knesset
כַּנָּר ז׳ (כַּנָּרִים)	8	violinist
כַּנִּרְאֶה	9	it seems like, probably
כִּסְלֵו	13	Kislev (Heb. month)
כֶּסֶף ז׳ (כְּסָפִים)	1	money
כַּרְטִיס ז׳ (כַּרְטִיסִים)	1	ticket
כַּרְטִיס אַשְׁרַאי ז׳	3	credit card
כַּרְטִיס טִיסָה ז׳	9	plane ticket
כֶּרֶם ז׳ (כְּרָמִים)	13	vineyard
כְּשֶׁ... (= כַּאֲשֶׁר)	4	when (conj.)
כָּתוּב (ה) (יִם) (וֹת)	6	written
כְּתוֹבֶת נ׳ (כְּתוֹבוֹת)	3	address
כָּתוֹם (ה) (יִם) (וֹת)	7	orange
כְּתִיבָה נ׳	7	writing
ל״ג בָּעוֹמֶר	13	Lag B'Omer (33 B'Omer)
לְאוּמִּי (ת) (יִם) (וֹת)	8	national
לְאַחַר ה...	7	after the…
לְאַט	3	slowly
לְאָן?	2	where (to)?
לֵב ז׳	3	heart
לְבַד	7	alone
לָבָן (ה) (יִם) (וֹת)	7	white
לְבָנוֹן נ׳	8	Lebanon
לְהַשְׂכָּרָה	11	for rent
לְהִתְרָאוֹת	2	bye, see you later
לוֹבֵשׁ – לִלְבּוֹשׁ	13	wear
לוּחַ ז׳ (לוּחוֹת)	6	blackboard
לוֹמֵד- לִלְמוֹד	1	study, learn
לוֹנְדוֹן נ׳	6	London
לוֹס – אַנְגֶ׳לֶס נ׳	11	Los Angeles
לוֹקֵחַ- לָקַחַת	5	take
לְחוּד	12	separately
לְחִי נ׳ (לְחָיַיִם)	4	cheek
לְחַיִּים!	13	to life ! cheers !
לֶחֶם ז׳ (לְחָמִים)	3	bread
לַחַן ז׳ (לְחָנִים)	6	tune, melody
לְיַד	8	beside, next to
לֵידָה נ׳ (לֵידוֹת)	8	birth
לֵיל הַסֵּדֶר ז׳	13	night of the Passover Seder
לַיְלָה ז׳ (לֵילוֹת)	7	night
לִימּוּד ז׳ (לִימּוּדִים)	11	studies
לִימוֹן ז׳ (לִימוֹנִים)	9	lemon
לִכְבוֹד	9	to (+ name on an envelope)
לְכַמָּה זְמַן?	7	for how long?
לָכֵן	10	therefore
לָמָּה?	3	why?
לְמַטָּה	8	below
לְמִידָה נ׳	10	learning
לִמְכִירָה	11	for sale
לְמַעַן	8	for the sake of
לַמְרוֹת	9	in spite of
לַמְרוֹת ה...	9	in spite of the …
לַמְרוֹת זֹאת	9	nevertheless
לְמָשָׁל	14	for example
לְעִתִּים רְחוֹקוֹת	11	rarely, seldom
לְפָחוֹת	4	at least
לְפִי	12	according to
לְפִי דַעְתִּי	12	in my opinion
לִפְנֵי ה...	7	before the…
לִפְנֵי חוֹדְשַׁיִים	6	two months ago
לִפְנֵי יוֹמַיִים	6	two days ago
לִפְנֵי שֶׁ...	8	before (conj.)
לִפְנֵי שָׁעָה	6	an hour ago
לִפְנֵי שְׁעָתַיִים	6	two hours ago
לִפְעָמִים	4	sometimes
לָרוֹב	13	majority
לִשְׁכַּת הַתַּעֲסוּקָה נ׳	318	employment bureau
לְשָׁם	3	(to) there
לְשֵׁם כָּךְ	9	for that purpose
לְשֵׁם מָה?	9	for what purpose?
מְאוֹד	3	very, very much
מְאוּחָר	4	late
מְאוּשָּׁר (ת) (יִם) (וֹת)	7	happy
מֵאָז	9	since
מַאֲזִין – לְהַאֲזִין	8	listen to
מְאַחֵל – לְאַחֵל	5	wish
מַאי	6	May
מֵאַיִן?	1	(from) where?
מַאֲכָל ז׳ (מַאֲכָלִים)	6	food
מַאֲכָל לְאוּמִּי ז׳	6	national food
מַאֲמָר ז׳ (מַאֲמָרִים)	15	article
מַאֲמִין – לְהַאֲמִין	9	believe
מָארְס	6	March
מְבוּגָּר ז׳ (מְבוּגָּרִים)	9	adult

מִבְחָן ז׳ (מִבְחָנִים)	7	test, examination
מִבְחַן כְּנִיסָה ז׳	7	entrance examination
מְבַטֵּא – לְבַטֵּא	8	express
מַבְטִיחַ – לְהַבְטִיחַ	7	promise
מְבַטֵּל – לְבַטֵּל	7	cancel
מֵבִיא – לְהָבִיא	10	bring
מֵבִין- לְהָבִין	3	understand
מְבַלֶּה – לְבַלּוֹת	8	spend time
מְבַצֵּעַ – לְבַצֵּעַ	8	carry out, execute
מְבַקֵּר – לְבַקֵּר	2, 15	visit, criticize
מְבַקֵּר ז׳ (מְבַקְּרִים)	15	visitor, critic
מְבַקֵּשׁ- לְבַקֵּשׁ	6	ask for, request
מַבְרִיא – לְהַבְרִיא	315	get well, become healthy
מְבָרֵךְ – לְבָרֵךְ	7	bless, congratulate
מִבְרָק ז׳ (מִבְרָקִים)	3	telegram
מְבַשֵּׁל – לְבַשֵּׁל	7	cook
מִגְדָּל ז׳ (מִגְדָּלִים)	7	tower
מִגְדַּל אַייפֶל ז׳	7	Eiffel Tower
(מַגִּיד) – לְהַגִּיד	12	say, tell
מְגִילַּת אֵיכָה נ׳	13	Book of Lamentations
מְגִילַּת אֶסְתֵּר נ׳	13	Book of Esther
מְגִילַּת רוּת נ׳	13	Book of Ruth
מַגִּיעַ – לְהַגִּיעַ	2	go, get to, arrive
מְגַלֶּה – לְגַלּוֹת	14	discover, reveal
מָגֵן דָּוִד ז׳	8	Shield of David
מַגָּשׁ ז׳ (מַגָּשִׁים)	9	tray
מִדְבָּר ז׳ (יִם / וֹת)	7	desert
מְדַבֵּר - לְדַבֵּר	1	speak, talk
מַדּוּעַ?	10	why?
מְדוּרָה נ׳ (מְדוּרוֹת)	13	bonfire
מִדַּי	11	too (much)
מְדִינָה נ׳ (מְדִינוֹת)	6	state
מֶדַלְיָה נ׳ (מֶדַלְיוֹת)	14	medal
מַדְלִיק- לְהַדְלִיק	6	switch on, light
מַדָּף ז׳ (מַדָּפִים)	8	shelf
מַדְפִּיס – לְהַדְפִּיס	14	type, print
מַדְרִיד נ׳	11	Madrid
מַדְרִיךְ ז׳ (מַדְרִיכִים)	7	guide
מָה?	1	what?
מְהִירוּת נ׳	317	speed
מְהַנְדֵּס ז׳ (ת) (יִם) (וֹת)	1	engineer
מְהַנְדֵּס אֶלֶקְטְרוֹנִיקָה ז׳	9	electronic engineer
מְהַנְדֵּס מְכוֹנוֹת ז׳	9	mechanical engineer
מַהְפֵּכָה נ׳ (מַהְפֵּכוֹת)	14	revolution
מַהֵר	10	fast, quickly
מוֹדֵד- לִמְדּוֹד	5	measure, try on
מוֹדִיעִין ז׳	8	information
מוֹדָעָה נ׳ (מוֹדָעוֹת)	2	advertisement
מוֹדֶרְנִי (ת) (יִם) (וֹת)	10	modern
מָוֶות ז׳	10	death
מְוַותֵּר – לְוַותֵּר	9	renounce, give up
מוּזֵאוֹן הַלּוּבְר ז׳	11	the Louvre
מוּזֵאוֹן יָד וָשֵׁם ז׳	10	Holocaust Museum
מוּזֵאוֹן תַּת-יַמִּי ז׳	15	Underwater Museum
מוּכָן (ה) (יִם) (וֹת)	6	ready, prepared
מוֹכֵר ז׳ (מוֹכְרִים)	8	seller, salesperson
מוֹכֵר- לִמְכּוֹר	6	sell
מוּכְרָח (ה) (יִם) (וֹת)	9	must
מוּכְשָׁר (ת) (יִם) (וֹת)	14	talented
מוּל	2	opposite, across from
מוֹלֶדֶת נ׳	15	homeland
מונטמרטר נ׳	11	Montmartre
מוֹנִית נ׳ (מוֹנִיּוֹת)	5	taxi
מוּסִיקַאי (ת) (יִם) (וֹת)	14	musician
מוּסִיקָה נ׳	3	music
מוּסִיקָה מוֹדֶרְנִית נ׳	10	modern music
מוּסִיקָה קְלָאסִית נ׳	8	classical music
מוּסְלְמִי ז׳ (מוּסְלְמִים)	10	Moslem
מוֹסְקְבָה נ׳	11	Moscow
מוֹסֵר- לִמְסוֹר	6	transmit, deliver
מוּעֲמָדוּת נ׳	9	candidacy
מוֹפִיעַ – לְהוֹפִיעַ	8	appear
מוֹצֵא- לִמְצוֹא	7	find
מוֹצָאֵי שַׁבָּת	7	Saturday night
מוֹצִיא – לְהוֹצִיא	9	take out, publish
מוּקְדָּם	3	early
מוֹרֶה, מוֹרָה (יִם) (וֹת)	1	teacher
מוּרְכָּב (ת) (יִם) (וֹת)	14	composed of
מוֹשֵׁךְ – לִמְשׁוֹךְ	15	attract
מוֹשֵׁךְ – לִמְשׁוֹךְ	3	withdraw (money)
מוּתָּר	4	allowed, permitted
מֶזֶג אֲוִויר ז׳	8	weather
מַזְגָן ז׳ (מַזְגָנִים)	6	air conditioner
מִזְדַּקֵּן – לְהִזְדַּקֵּן	8	is getting older
מִזְווָדָה נ׳ (מִזְווָדוֹת)	7	suitcase
מְזוּמָּן ז׳ (מְזוּמָּנִים)	6	cash
מַזִּיק – לְהַזִּיק	15	damage
מַזְכִּיר – לְהַזְכִּיר	11	remind
מַזְכִּירָה נ׳ (מַזְכִּירוֹת)	2	secretary
מַזָּל ז׳ (מַזָּלוֹת)	7	luck
מַזָּל טוֹב!	5	congratulations, good luck!
מַזְמִין- לְהַזְמִין	5	order, invite
מִזְרָח ז׳	8	east
מִזְרָח הָרָחוֹק ז׳	15	Far East

מְחַבֵּל ז׳ (מְחַבְּלִים)	313	terrorist
מְחַבֵּר- לְחַבֵּר	3	compose
מַחְבֶּרֶת נ׳ (מַחְבָּרוֹת)	4	notebook
מֵחָדָשׁ	10	anew
מְחַזֵּר – לְחַזֵּר	15	court
מְחִיר ז׳ (מְחִירִים)	7	price
מְחַכֶּה – לְחַכּוֹת	7	wait
מַחְלִיט – לְהַחְלִיט	9	decide
מַחֲמָאָה נ׳ (מַחֲמָאוֹת)	12	compliment
מְחַנֵּךְ – לְחַנֵּךְ	9	educate
מְחַפֵּשׂ- לְחַפֵּשׂ	4	look for
מֶחְקָר ז׳ (מֶחְקָרִים)	15	research, study
מָחָר	5	tomorrow
מָחֳרָתַיִם	10	the day after tomorrow
מַחְשֵׁב ז׳ (מַחְשֵׁבִים)	2	computer
מַחְשֵׁב אִישִׁי ז׳	14	personal computer
מַחְשָׁבָה נ׳ (מַחְשָׁבוֹת)	15	thought
מִטְבָּח ז׳ (מִטְבָּחִים)	8	kitchen
מְטוּגָּן (ת) (ים) (וֹת)	11	fried
מָטוֹס ז׳ (מְטוֹסִים)	7	airplane
מְטַיֵּיל- לְטַיֵּיל	2	travel, tour, wander
מְטַפֵּל – לְטַפֵּל	7	treat
מַטְקוֹת נ״ר (סְלֶנְג)	10	racquets (Matkot)
מֶטֶר ז׳ (מֶטְרִים)	8	meter
מִטְרִיָּה נ׳ (מִטְרִיּוֹת)	315	umbrella
מִי?	1	who (is)?
מִיָּד	8	immediately
מִידָּה נ׳ (מִידּוֹת)	11	size, number
מֵידָע ז׳	11	information
מְיוּחָד (ת) (ים) (וֹת)	6	special
מְיוּתָר (ת) (ים) (וֹת)	15	unnecessary
מִיטָּה נ׳ (מִיטּוֹת)	10	bed
מִיטָּה זוּגִית נ׳	11	double bed
מִילָאנוֹ נ׳	7	Milan
מִילָּה נ׳ (מִילִּים)	6	word
מִילוֹן ז׳ (מִילוֹנִים)	9	dictionary
מִילְיוֹן ז׳ (מִילְיוֹנִים)	9	million
מַיִם ז״ר	3	water
מִיץ ז׳ (מִיצִים)	3	juice
מִיץ אֶשְׁכּוֹלִיּוֹת ז׳	5	grapefruit juice
מֵיצַר ז׳ (מֵיצָרִים)	15	strait
מֵיצָרֵי טִירַאן ז״ר	15	Straits of Tiran
מִיקוּד ז׳	9	postal code
מִישֶׁהוּ	2	someone, somebody
מְכַבֵּס – לְכַבֵּס	7	launder
מַכֶּה - לְהַכּוֹת	15	hit, strike
מַכָּה נ׳ (מַכּוֹת)	15	blow
מְכוֹנִית נ׳ (מְכוֹנִיּוֹת)	1	car
מְכוֹנַת (וֹת) כְּבִיסָה נ׳	7, 11	washing machine
מִכְחוֹל ז׳ (מִכְחוֹלִים)	10	paint brush
מֵכִין – לְהָכִין	2	prepare
מַכִּיר- לְהַכִּיר	6	know (a person)
מְכִירוֹת נ׳	9	sales
מַכְנִיס – לְהַכְנִיס	7	insert, put in
מִכְנָסַיִים ז״ר	5	trousers, pants
מַכְרִיחַ – לְהַכְרִיחַ	12	force
מַכְשִׁיר ז׳ (מַכְשִׁירִים)	12	appliance
מַכְשִׁיר חַשְׁמַלִּי ז׳	12	electrical appliance
מִכְתָּב ז׳ (מִכְתָּבִים)	1	letter
מָלֵא (ה) (ים) (וֹת)	14	full
מַלְבִּישׁ – לְהַלְבִּישׁ	7	dress (someone)
מֶלַח ז׳	3	salt
מִלְחָמָה נ׳ (מִלְחָמוֹת)	9	war
מִלְחֶמֶת הַמִּפְרָץ נ׳	14	Gulf War
מִלְחֶמֶת הָעוֹלָם הָרִאשׁוֹנָה	9	First World War
מִלְחֶמֶת שֵׁשֶׁת הַיָּמִים נ׳	10	Six Day War
מֶלֶךְ ז׳ (מְלָכִים)	7	king
מַלְכָּה נ׳ (מְלָכוֹת)	4	queen
מְלַמֵּד – לְלַמֵּד	6	teach
מְלָפְפוֹן ז׳ (מְלָפְפוֹנִים)	7	cucumber
מֶלְצָר ז׳ (מֶלְצָרִים)	3	waiter
מֶלְצָרִית נ׳ (מֶלְצָרִיּוֹת)	3	waitress
מְמַהֵר – לְמַהֵר	11	hurry
מְמַלֵּא – לְמַלֵּא	10	fill out (form)
מַמְלִיץ – לְהַמְלִיץ	8	recommend
מַמְצִיא – לְהַמְצִיא	9	invent
מַמָּשׁ	15	really
מַמְשִׁיךְ- לְהַמְשִׁיךְ	4	continue
מֶמְשָׁלָה נ׳ (מֶמְשָׁלוֹת)	2	government
מִמָּתַיי?	4	since when?
מַמְתִּין – לְהַמְתִּין	11	wait
מִן	7	from
מְנַגֵּן – לְנַגֵּן	7	play (a musical instrument)
מָנָה נ׳ (מָנוֹת)	6	serving, portion
מַנְהִיג ז׳ (מַנְהִיגִים)	7	leader
מְנַהֵל ז׳ (מְנַהֲלִים)	2	manager, director
מְנַהֵל חֶשְׁבּוֹנוֹת ז׳	9	accountant
מְנוֹרָה נ׳ (מְנוֹרוֹת)	1	light, lamp
מְנַתֵּק – לְנַתֵּק	11	disconnect
מַס ז׳ (מִיסִּים)	14	tax
מְסָבִיב ל...	10	around
מַסְבִּיר- לְהַסְבִּיר	6	explain
מְסַדֵּר – לְסַדֵּר	7	arrange
מְסִיבָּה נ׳ (מְסִיבּוֹת)	2	party

מְסַיֵּיג – לְסַיֵּיג	15	fence in
מְסַיֵּים – לְסַיֵּים	10	finish, conclude
מָסָךְ ז׳ (מָסַכִּים)	14	screen
מַסֵּכָה נ׳ (מַסֵּכוֹת)	14	mask
מַסֵּכוֹת אב״כ נ׳	14	gas masks
מַסְכִּים- לְהַסְכִּים	6	agree
מִסְכֵּן (ה) (יִם) (וֹת)	8	poor fellow
מִסְמָךְ ז׳ (מִסְמָכִים)	7	document
מְסַמֵּל – לְסַמֵּל	8	symbolize
מַסָּע ז׳ (מַסָּעוֹת)	15	journey, voyage
מִסְעָדָה נ׳ (מִסְעָדוֹת)	2	restaurant
מִסְעֶדֶת דָּגִים נ׳	13	fish restaurant
מַסְפִּיק – לְהַסְפִּיק	7	have enough time
מִסְפָּר ז׳ (מִסְפָּרִים)	2	number, numeral
מְסַפֵּר- לְסַפֵּר	7	tell about
מַסְקָנָה נ׳ (מַסְקָנוֹת)	15	conclusion
מִסְתַּדֵּר – לְהִסְתַּדֵּר	8	get along, manage
מִסְתַּיֵּים – לְהִסְתַּיֵּים	15	is finished
מִסְתַּכֵּל – לְהִסְתַּכֵּל	8	look at
מִסְתָּרֵק – לְהִסְתָּרֵק	8	comb oneself
מַעֲבַר (י) חֲצִיָּיה ז׳	4	crosswalk
מְעוּנְיָין (ת) (יִם) (וֹת)	9	interested
מְעוּנָּן	11	cloudy
מְעוּנָּן חֶלְקִית	11	partly cloudy
מְעַט	8	a little
מַעֲטָפָה נ׳ (מַעֲטָפוֹת)	6	envelope
מְעִיל ז׳ (מְעִילִים)	7	coat
מַעֲלָה נ׳ (מַעֲלוֹת)	11	degree (temperature)
מַעֲלִית נ׳ (מַעֲלִיּוֹת)	11	elevator
מְעַנְיֵין (ת) (יִם) (וֹת)	2	interesting
מַעֲנִישׁ – לְהַעֲנִישׁ	15	punish
מַעֲרָב ז׳	8	west
מְעַשֵּׁן – לְעַשֵּׁן	7	smoke
מַפְגִּין – לְהַפְגִּין	11	demonstrate
מַפָּה נ׳ (מַפּוֹת)	11	map
מְפוּרְסָם (ת)(יִם) (וֹת)	7	famous
מְפַחֵד – לְפַחֵד	10	be afraid of, fear
מַפְחִיד – לְהַפְחִיד	11	frighten
מְפַטֵּר – לְפַטֵּר	7	fire, dismiss
מִפְּנֵי שֶׁ... (= כִּי)	4	because
מַפְסִיק- לְהַפְסִיק	5	stop
מִפְעָל ז׳ (מִפְעָלִים)	8	factory
מַפְקִיד – לְהַפְקִיד	8	deposit
מַפְרִיעַ – לְהַפְרִיעַ	11	disturb
מְפַרְסֵם – לְפַרְסֵם	9	publish, advertise
מִפְרָץ ז׳ (מִפְרָצִים)	15	gulf
מַפְתֵּחַ ז׳ (מַפְתְּחוֹת)	3	key

מַצָּב ז׳ (מַצָּבִים)	9	situation, status
מַצָּב כַּלְכָּלִי ז׳	9	financial status
מַצָּב מִשְׁפַּחְתִּי ז׳	9	marital status
מְצָדָה נ׳	8	Massada
מַצָּה נ׳ (מַצּוֹת)	13	matza (unleavened bread)
מְצוּיָּן (ת) (יִם) (וֹת)	2	excellent
מֵצַח ז׳	4	forehead
מַצְחִיק – לְהַצְחִיק	12	make laugh
מִצְטַלֵּם – לְהִצְטַלֵּם	8	is photographed
מִצְטַנֵּן- לְהִצְטַנֵּן	8	is getting a cold
מִצְטַעֵר- לְהִצְטַעֵר	6	regret, feel sorry
מְצִיאוּת נ׳	9	reality
מַצִּיג – לְהַצִּיג	10	present
מְצַיֵּיר – לְצַיֵּיר	8	draw, paint
מַצִּיעַ – לְהַצִּיעַ	8	suggest
מַצְלִיחַ – לְהַצְלִיחַ	2	succeed
מְצַלֵּם - לְצַלֵּם	4	take a picture, film
מַצְלֵמָה נ׳ (מַצְלֵמוֹת)	11	camera
מַצְלֵמַת וִידֵאוֹ נ׳	14	video camera
מְצַלְצֵל- לְצַלְצֵל	3	phone, call up
מְצַמְצֵם – לְצַמְצֵם	14	reduce, decrease
מִצְפֵּה רָמוֹן נ׳	15	Mitzpe Ramon
מִצְרַיִם נ׳	7	Egypt
מְקַבֵּל – לְקַבֵּל	7	receive, get
מְקַוֶּוה – לְקַוּוֹת	12	hope
מְקוּלְקָל (ת) (יִם) (וֹת)	8	out of order, broken
מָקוֹם ז׳ (מְקוֹמוֹת)	2	place
מְקוֹם לֵידָה ז׳	9	place of birth
מַקְטִין – לְהַקְטִין	14	reduce, make smaller
מֵקִים – לְהָקִים	14	establish
מַקְלִיט – לְהַקְלִיט	7	record, tape
מְקַנֵּא – לְקַנֵּא	15	is jealous of
מַקְסִים (ה) (יִם) (וֹת)	14	great, wonderful
מִקְצוֹעַ ז׳ (מִקְצוֹעוֹת)	2	profession
מַקָּרוֹנִי ז׳	6	macaroni
מְקָרֵר ז׳ (מְקָרְרִים)	1	refrigerator
מְקַשֵּׁט - לְקַשֵּׁט	8	decorate
מַקְשִׁיב- לְהַקְשִׁיב	4	listen
מְקַשֵּׁר – לְקַשֵּׁר	15	connect
מַרְגִּישׁ- לְהַרְגִּישׁ	2	feel
מְרַגֵּשׁ (ת) (יִם) (וֹת)	14	touching, exciting
מְרוֹהָט (ת) (יִם) (וֹת)	8	furnished
מָרוֹם ז׳	14	height, heaven
מְרוּצֶּה (יִם) (וֹת)	12	satisfied
מָרוֹקוֹ נ׳	1	Morocco
מֶרְכָּז ז׳	8	center
מִרְפָּאָה נ׳ (מִרְפָּאוֹת)	1	clinic

מִרְפֶּסֶת נ׳ (מִרְפָּסוֹת)	7	balcony
מַרְפֵּק ז׳ (מַרְפֵּקִים)	4	elbow
מַרְצֶה ז׳ (מַרְצִים)	14	lecturer
מָרָק ז׳ (מְרָקִים)	8	soup
מְרַק יְרָקוֹת ז׳	5	vegetable soup
מַשְׁאִיר – לְהַשְׁאִיר	7	leave (something)
מַשֶּׁהוּ	3	something
מְשׁוֹרֵר ז׳ (מְשׁוֹרְרִים)	8	poet
מְשׁוֹרֵר הֶחָצֵר ז׳	15	court poet
מְשַׂחֵק- לְשַׂחֵק	2	play, act
מִשְׁטָר ז׳ (מִשְׁטָרִים)	15	regime
מַשְׂכּוֹרֶת נ׳ (מַשְׂכּוֹרוֹת)	7	salary
מִשְׁלַחַת נ׳ (מִשְׁלָחוֹת)	315	delegation
מְשַׁלֵּם - לְשַׁלֵּם	4	pay for
מַשְׁמִיד – לְהַשְׁמִיד	15	destroy
מִשְׁמַעַת נ׳	9	discipline
מִשְׁנָה נ׳ (מִשְׁנָיוֹת)	13	Mishnah
מִשְׁפָּחָה נ׳ (מִשְׁפָּחוֹת)	2	family
מִשְׁפָּט ז׳ (מִשְׁפָּטִים)	6	sentence
מַשְׁפִּיעַ – לְהַשְׁפִּיעַ	7	influence
מִשְׁקָל ז׳	8	weight
מִשְׁקָפַיִים ז״ר	10	eye glasses
מְשַׁקֵּר- לְשַׁקֵּר	4	tell a lie
מִשְׂרַד כַּרְטִיסִים ז׳	8	ticket office
מִשְׂרָד ז׳ (מִשְׂרָדִים)	1	office
מִשְׂרַד הָאוֹצָר ז׳	14	Finance Ministry
מִשְׂרַד הַפְּנִים ז׳	4	Interior Ministry
מִשְׂרַד הַקְּלִיטָה ז׳	4	Ministry of Absorption
מִשְׁתַּחֲוֶוה - לְהִשְׁתַּחֲווֹת	15	bow down to
מִשְׁתַּזֵּף – לְהִשְׁתַּזֵּף	15	get a sun tan
מִשְׁתַּמֵּשׁ – לְהִשְׁתַּמֵּשׁ	8	use
מִשְׁתַּתֵּף – לְהִשְׁתַּתֵּף	8	participate
מֵת – לָמוּת	8	die
מִתְאַבֵּל – לְהִתְאַבֵּל	13	mourn, lament
מִתְאַהֵב – לְהִתְאַהֵב	14	fall in love
מַתְאִים – לְהַתְאִים	11	suit, fit
מַתְאִים (ה) (ים) (וֹת)	8	suitable, appropriate
מְתָאֵר – לְתָאֵר	12	describe
מִתְגַּלֵּחַ – לְהִתְגַּלֵּחַ	11	shave
מִתְוַוכֵּחַ – לְהִתְוַוכֵּחַ	15	argue
מַתְחִיל- לְהַתְחִיל	5	begin
מִתְחַלֵּף – לְהִתְחַלֵּף	14	change places
מִתְחַמֵּם – לְהִתְחַמֵּם	8	is warmed up
מִתְחַפֵּשׂ – לְהִתְחַפֵּשׂ	13	disguise oneself
מִתַּחַת	8	beneath, underneath
מִתְחַתֵּן - לְהִתְחַתֵּן	5	get married
מָתַי?	2	when?

מִתְכּוֹנֵן – לְהִתְכּוֹנֵן	14	prepare (as for an exam.)
מִתְכַּתֵּב – לְהִתְכַּתֵּב	8	correspond
מִתְלַבֵּשׁ- לְהִתְלַבֵּשׁ	4	dress (oneself)
מִתְלוֹנֵן- לְהִתְלוֹנֵן	7	complain
מָתֵמָטִיקָה נ׳	8	mathematics
מִתְנַגֵּד – לְהִתְנַגֵּד	9	oppose, be against
מַתָּנָה נ׳ (מַתָּנוֹת)	3	present, gift
מִתְנַהֵג – לְהִתְנַהֵג	8	behave
מָתְנַיִים נ״ר	4	hip, waist
מִתְנַצֵּל – לְהִתְנַצֵּל	11	apologize
מִתְעַטֵּף – לְהִתְעַטֵּף	8	wrap oneself up in
מִתְפַּטֵּר – לְהִתְפַּטֵּר	312	resign
מִתְפַּלֵּל- לְהִתְפַּלֵּל	5	pray
מִתְפָּרֵק – לְהִתְפָּרֵק	15	let oneself go
מִתְפַּתֵּחַ – לְהִתְפַּתֵּחַ	14	develop
מִתְקַדֵּם- לְהִתְקַדֵּם	5	advance, progress
מִתְקַיֵּים – לְהִתְקַיֵּים	13	take place
מְתַקֵּן – לְתַקֵּן	7	correct, fix, repair
מִתְקָרֵב – לְהִתְקָרֵב	15	approach
מִתְקָרֵר – לְהִתְקָרֵר	8	is getting cold
מִתְקַשֵּׁר- לְהִתְקַשֵּׁר	6	phone, call up
מְתַרְגֵּם – לְתַרְגֵּם	9	translate
מִתְרַגֵּשׁ- לְהִתְרַגֵּשׁ	5	get excited
מִתְרַחֵץ- לְהִתְרַחֵץ	4	wash (oneself)

נָאֶה	11	pleasant, fine, nice
נִבְדָּק- לְהִיבָּדֵק	6	is checked
נֶגֶב נ׳	8	Negev
נְגִינָה נ׳	8	music, melody
נִגְמָר- לְהִיגָּמֵר	6	is finished
נַגָּן ז׳ (נַגָּנִים)	14	musician
נַגַּן אַקּוֹרְדְיוֹן ז׳	14	accordion player
נֶהָג ז׳ (נֶהָגִים)	1	driver
נֶהְדָּר (ת) (ים) (וֹת)	7	wonderful
נְהִיגָה נ׳	8	driving
נֶהֱנֶה – לֵיהָנוֹת	14	enjoy
נַהֲרִיָּה נ׳	8	Nahariya
נוֹאֵם – לִנְאוֹם	316	make a speech
נוֹבֵחַ – לִנְבּוֹחַ	316	bark
נוֹבֶמְבֶּר	6	November
נוֹגֵעַ – לִנְגּוֹעַ	14	touch
נוֹהֵג – לִנְהוֹג	318	drive
נוֹחַ (ה) (ים) (וֹת)	11	comfortable
נוֹחֵת – לִנְחוֹת	316	land (in a plane)
נוֹטֵעַ- לִנְטוֹעַ	3	plant (a tree)
נוֹלָד – לְהִיוָּולֵד	3	is born
נוֹסֵעַ ז׳ (נוֹסְעִים)	2	passenger
נוֹסֵעַ- לִנְסוֹעַ	2	travel

נוֹסָף (ת) (ים) (וֹת)	14	additional
נוֹעֵל – לִנְעוֹל	316	lock
נוֹף ז׳ (נוֹפִים)	8	landscape, view
נוֹף הָרִים ז׳	15	mountain landscape
נוֹפֵל – לִיפּוֹל	8	fall
נוֹצְרִי ז׳ (נוֹצְרִים)	10	Christian
נוֹרָא (ה)	8	awful, terrible
נוֹרְמָלִי ז׳ (נוֹרְמָלִית)	9	normal
נוֹשֵׂא ז׳ (נוֹשְׂאִים)	7	subject, matter
נוֹשֵׁם – לִנְשׁוֹם	10	breathe
נוֹתֵן- לָתֵת	3	give
נִזְכָּר – לְהִיזָּכֵר	8	recollect
נִזְכָּר (ת) (ים) (וֹת)	15	is mentioned
נַזֶּלֶת נ׳	8	cold, sniffles
נָח- לָנוּחַ	2	rest
נָחוּץ (ה) (ים) (וֹת)	14	necessary
נֶחְמָד (ה) (ים) (וֹת)	2	nice
נְחֶמְיָה	10	Nehemia (Biblical name)
נֶחְתָּם – לְהֵיחָתֵם	8	is signed
נִיגַּשׁ – לָגֶשֶׁת	316	go up to, approach
נִיוּ יוֹרְק נ׳	7	New York
נְיָיר ז׳ (נְיָירוֹת)	7	paper
נִימוּס ז׳ (נִימוּסִים)	14	politeness, courtesy
נִיסָּיוֹן ז׳ (נִיסְיוֹנוֹת)	3	experience
נִיסָּיוֹן בַּעֲבוֹדָה ז׳	7	work experience
נִיסָן	13	Nisan (Heb. month)
נִיקוֹלַאי הָרִאשׁוֹן	15	Nicholas 1
נִישּׂוּאִין ז׳	12	marriage
נָכֶה ז׳ (נָכִים)	14	invalid, crippled person
נָכוֹן (ה) (ים) (וֹת)	15	correct
נִכְנָס- לְהִיכָּנֵס	4	enter, get into
נִכְשָׁל – לְהִיכָּשֵׁל	8	fail
נִכְתָּב – לְהִיכָּתֵב	8	is written
נָמוּךְ (ה) (ים) (וֹת)	11	low
נָמֵל ז׳ (נְמָלִים)	15	port
נִמְצָא- לְהִימָּצֵא	2	is located
נֵס ז׳ (נִיסִּים)	9	miracle
נִסְגָּר – לְהִיסָּגֵר	8	is closed
נְסִיעָה נ׳ (נְסִיעוֹת)	7	trip, journey
נְעוּרִים ז״ר	9	youth
נָעִים (ה) (ים) (וֹת)	8	pleasant
נַעַל נ׳ (נַעֲלַיִים)	2	shoe
נֶעֱרָךְ – לְהֵיעָרֵךְ	15	set up
נִפְגָּשׁ- לְהִיפָּגֵשׁ	6	meet
נִפְטָר – לְהִיפָּטֵר	15	die
נִפְלָא (ה) (ים) (וֹת)	10	wonderful
נִפְסָק – לְהִיפָּסֵק	8	is stopped
נִפְצָע – לְהִיפָּצַע	15	is injured, wounded
נִפְרָד – לְהִיפָּרֵד	8	is separated
נִפְתָּח – לְהִיפָּתַח	8	is opened
נָצְרַת נ׳	8	Nazerath
נִקְבָּר – לְהִיקָּבֵר	9	is buried
נָקִי (ה) (ים) (וֹת)	10	clean
נִקְלָט – לְהִיקָּלֵט	8	is absorbed
נַקְנִיק ז׳	9	sausage
נֵר ז׳ (נֵרוֹת)	6	candle
נִרְטָב – לְהֵירָטֵב	8	get wet
נִרְשָׁם – לְהֵירָשֵׁם	8	is registered
נִשְׁאַר- לְהִישָּׁאֵר	6	stay, remain
נְשׂוּאָה נ׳ (נְשׂוּאוֹת)	3	married
נָשׂוּי ז׳ (נְשׂוּאִים)	6	married
נָשִׂיא ז׳ (נְשִׂיאִים)	3	president
נְשִׁיקָה נ׳ (נְשִׁיקוֹת)	3	kiss
נִשְׁלָח – לְהִישָּׁלַח	6	is sent
נֶשֶׁק ז׳	14	weapon, weaponry
נִתְפַּס – לְהִיתָּפֵס	8	is caught
סָבִיב ל...	10	around
סֵבֶל ז׳	9	suffering
סַבְלָנוּת נ׳	7	patience
סַבְתָא נ׳ (סָבְתוֹת)	6	grandmother
סָגוֹל (ה) (ים) (וֹת)	7	purple
סָגוּר (ה) (ים) (וֹת)	3, 6	closed
סוֹבֵל – לִסְבּוֹל	9	suffer
סוּג ז׳ (סוּגִים)	14	kind
סוֹגֵר- לִסְגּוֹר	3	close
סוֹד ז׳ (סוֹדוֹת)	12	secret
סוֹחֵר – סוֹחֲרִים	15	trader, merchant
סוּכָּה נ׳ (סוּכּוֹת)	13	Succah (booth)
סוֹלֵחַ – לִסְלוֹחַ	12	excuse, forgive
סוֹלֵל- לִסְלוֹל	3	pave
סוֹמֵךְ – לִסְמוֹךְ	14	rely
סוֹף ז׳	12	end
סוֹף סוֹף	11	finally, at long last
סוֹפֵר ז׳ (סוֹפֶרֶת)	9	writer, author
סוּפֶּרְמַרְקֶט ז׳ (ים)	1	supermarket
סוּרְיָה נ׳	8	Syria
סְטוּדְיוֹ ז׳	10	studio
סְטוּדֶנְט ז׳ (סְטוּדֶנְטִית)	1	student
סְטֵייק ז׳ (סְטֵייקִים)	5	steak
סִיגַרְיָה נ׳ (סִיגַרְיוֹת)	3	cigarette
סִידְנִי נ׳	11	Sidney
סִידְרָה נ׳ (סְדָרוֹת)	14	series
סִיוָון	13	Sivan (Heb. month)
סִימְפוֹנְיָה נ׳ (סִימְפוֹנִיּוֹת)	8	symphony

Singapore	11	סִינְגָּפּוּר נ׳
Chinese	6	סִינִי ז׳ (סִינִים)
story	1	סִיפּוּר ז׳ (סִיפּוּרִים)
boat	15	סִירָה נ׳ (סִירוֹת)
glass boat	15	סִירַת זְכוּכִית נ׳
living room, salon	1	סָלוֹן ז׳
salad	3	סָלָט ז׳ (סָלָטִים)
vegetable salad	6	סָלָט יְרָקוֹת ז׳
excuse me	2	סְלִיחָה
symbol	8	סֵמֶל ז׳ (סְמָלִים)
national symbol	8	סֵמֶל לְאוּמִי ז׳
semester	2	סֵמֶסְטֶר ז׳ (סֵמֶסְטְרִים)
chin	4	סַנְטֵר ז׳
spaghetti	7	סְפָּגֵטִי ז׳
sofa, couch	11	סַפָּה נ׳ (סַפּוֹת)
sport	11	סְפּוֹרְט ז׳
September	6	סֶפְּטֶמְבֶּר
bench	14	סַפְסָל ז׳ (סַפְסָלִים)
book	1	סֵפֶר ז׳ (סְפָרִים)
Spain	1	סְפָרַד נ׳
Spanish (language)	1	סְפָרַדִּית נ׳
library	1	סְפָרִייָּה נ׳ (סְפָרִיּוֹת)
movie, film	2	סֶרֶט ז׳ (סְרָטִים)
fall, autumn	11	סְתָיו
slave	15	**עֶבֶד ז׳** (עֲבָדִים)
work	2	עֲבוֹדָה נ׳ (עֲבוֹדוֹת)
previous work	9	עֲבוֹדָה קוֹדֶמֶת נ׳
past	6	עָבָר ז׳
Hebrew (language)	1	עִבְרִית נ׳
tomato	3	עַגְבָנִייָּה נ׳ (עַגְבָנִיּוֹת)
until	3	עַד
to such an extent that …	15	עַד כְּדֵי כָּךְ שֶׁ ...
till when?	7	עַד מָתַי?
still	5	עֲדַיִין
work	1	עוֹבֵד- לַעֲבוֹד
go over, pass over, pass	7	עוֹבֵר- לַעֲבוֹר
cake	3	עוּגָה נ׳ (עוּגוֹת)
even more, still more	11	עוֹד יוֹתֵר
not yet	7	עוֹד לֹא
soon, in a little while	11	עוֹד מְעַט
change (money)	5	עוֹדֶף ז׳
leave	9	עוֹזֵב – לַעֲזוֹב
helper, assistant	8	עוֹזֵר ז׳ (עוֹזְרִים)
help	7	עוֹזֵר- לַעֲזוֹר
cleaning lady, helper	2	עוֹזֶרֶת נ׳ (עוֹזְרוֹת)
cost	6	עוֹלֶה – לַעֲלוֹת
new immigrant (m/f)	1	עוֹלֶה חָדָשׁ ז׳ (ה)

new immigrants (f)	1	עוֹלוֹת חֲדָשׁוֹת נ״ר
new immigrants (m)	1	עוֹלִים חֲדָשִׁים ז״ר
world	7	עוֹלָם ז׳
stand	4	עוֹמֵד- לַעֲמוֹד
season	11	עוֹנָה נ׳ (עוֹנוֹת)
answer	2	עוֹנֶה- לַעֲנוֹת
poverty	15	עוֹנִי ז׳
punishment	8	עוֹנֶשׁ ז׳ (עוֹנָשִׁים)
work as, occupied as	3	עוֹסֵק- לַעֲסוֹק
stop, arrest	7	עוֹצֵר – לַעֲצוֹר
skin	14	עוֹר ז׳
edit, draw up	14	עוֹרֵךְ – לַעֲרוֹךְ
editor	14	עוֹרֵךְ ז׳ (עוֹרְכִים)
lawyer	2	עוֹרֵךְ דִּין ז׳
set up, edit	11	עוֹרֵךְ- לַעֲרוֹךְ
do, make	8	עוֹשֶׂה – לַעֲשׂוֹת
Ezra (Biblical name)	10	עֶזְרָא
help	14	עֶזְרָה נ׳
tired	2	עָיֵף (ה) (יִם) (וֹת)
eye	4	עַיִן נ׳ (עֵינַיִים)
city	2	עִיר נ׳ (עָרִים)
capital city	2	עִיר בִּירָה נ׳
old city	3	עִיר עַתִּיקָה נ׳
Holy City	10	עִיר קְדוֹשָׁה נ׳
Municipality of Tel-Aviv	10	עִירִיַּית תֵּל אָבִיב נ׳
smoking	13	עִישׁוּן ז׳
newspaper	1	עִיתּוֹן ז׳ (עִיתוֹנִים)
newspaper reporter	12	עִיתוֹנַאי ז׳ (עִיתוֹנָאִים)
mouse	14	עַכְבָּר ז׳ (עַכְבָּרִים)
Acre	3	עַכּוֹ נ׳
now	1	עַכְשָׁיו
beside	2	עַל יַד
about what?	2	עַל מָה?
according to	9	עַל פִּי
rise (in temperature)	11	עֲלִייָּה נ׳ (עֲלִיּוֹת)
people (as in Jewish people)	7	עַם ז׳ (עַמִּים)
page	2	עַמּוּד ז׳ (עַמּוּדִים)
with whom?	4	עִם מִי?
cloud	7	עָנָן ז׳ (עֲנָנִים)
branch	8	עָנָף ז׳ (עֲנָפִים)
busy, occupied	6	עָסוּק (ה) (יִם) (וֹת)
tree, wood	3	עֵץ ז׳ (עֵצִים)
olive tree	8	עֵץ זַיִת ז׳
advice	9	עֵצָה נ׳ (עֵצוֹת)
sad	4	עָצוּב (ה) (יִם) (וֹת)
potted plant	11	עָצִיץ ז׳ (עֲצִיצִים)
himself, itself	9	עַצְמוֹ

עֶרֶב ז׳ (עֲרָבִים)	2	evening
עַרְבִית נ׳	1	Arabic (language)
עֲרָד נ׳	2	Arad
עָשִׁיר (ה) (ים) (וֹת)	15	rich
עָתִיד ז׳	7	future

פָּארִיס נ׳	7	Paris
פָּארְק ז׳ (פָּארְקִים)	3	park
פֶּבְּרוּאָר	6	February
פְּגִישָׁה נ׳ (פְּגִישׁוֹת)	2	meeting
פֹּה	1	here
פֶּה נ׳	4	mouth
פּוֹגֵשׁ- לִפְגּוֹשׁ	2	meet
פּוֹלִיטִי (ת) (ים) (וֹת)	15	political
פּוֹלִיטִיקָה נ׳	3	politics
פּוֹנֶה- לִפְנוֹת	4	turn
פּוֹפּוֹלָארִי (ת) (ים) (וֹת)	6	popular
פּוֹרֵחַ (ת) (ים) (וֹת)	3	blooming, flowering
פּוּשְׁקִין אֲלֶכְּסַנְדֶר	15	Pushkin, Alexander
פּוֹתֵחַ - לִפְתּוֹחַ	3	open
פּוֹתֵר – לִפְתּוֹר	10	solve
פֶּטֶרְסבּוּרְג נ׳	15	St. Petersburg
פִּטְרִיָּה נ׳ (פִּטְרִיּוֹת)	8	mushroom
פִּיזִיקָה נ׳	11	physics
פִּינָּה נ׳ (פִּינּוֹת)	11	corner
פִּינַּת אוֹכֶל נ׳	11	dining area
פִּיצָה נ׳ (פִּיצוֹת)	1	pizza
פִּיצֵרִיָּה נ׳	8	pizzeria
פִּיקָאסוֹ	8	Picasso
פִּיתָּה נ׳ (פִּיתּוֹת)	6	pita
פֶּלֶאפוֹן ז׳	7	mobile phone
פָלָאפֶל ז׳	1	falafel
פָּלֶטָה נ׳ (פָּלֶטוֹת)	10	palette
פִּלְפֵּל ז׳ (פִּלְפְּלִים)	6	pepper
פָּנוּי (ה) (ים) (וֹת)	6	free, unoccupied
פָּנִים נ״ר	4	face
פְּנִימָה	12	to the inside
פִּנְקָס (י) שֶׁקִים ז׳	5	check book
פַּס ז׳ (פַּסִים)	8	stripe
פֶּסִימִיסְט ז׳	7	pessimist
פְּסַנְתֵּר ז׳ (פְּסַנְתֵּרִים)	7	piano
פְּעוּלָּה נ׳ (פְּעוּלּוֹת)	8	action, act
פָּעִיל (ה) (ים) (וֹת)	7	active
פַּעַם	7	once
פַּעַם בְּחוֹדֶשׁ	10	once a month
פַּעֲמַיִם	9	twice
פָּקוּלְטָה לְמִשְׁפָּטִים ז׳	8	law faculty
פָּקִיד ז׳ (ה) (ים) (וֹת)	1	clerk
פְּקִידוּת קַבָּלָה נ״ר	9	clerks reception
פְּרוֹפֶסוֹר ז׳ (פְּרוֹפֶסוֹרִים)	14	professor
פֶּרַח ז׳ (פְּרָחִים)	1	flower
פְּרָט ז׳ (פְּרָטִים)	11	detail
פְּרָטִי (ת) (ים) (וֹת)	8	private
פְּרִי ז׳ (פֵּירוֹת)	11	fruit
פְּרִיזָאִי ז׳ (ת) (ים) (וֹת)	11	Parisian
פֶּרְלְמַן יִצְחָק	8	Perlman, Yitzhak
פַּרְלָמֶנְט ז׳	2	parliament
פְּרָס ז׳ (פְּרָסִים)		prize
פַּרְעֹה ז׳	7	pharaoh
פַּרְפַּר ז׳ (פַּרְפַּרִים)	9	butterfly
פָּשׁוּט (ה) (ים) (וֹת)	10	simple, simply
פִּתְאוֹם	7	suddenly
פָּתוּחַ (ה) (ים) (וֹת)	3	open
פֶּתֶק ז׳ (פְּתָקִים)	13	note

צָאר ז׳ (צָארִים)	15	czar
צָבָא ז׳ (צְבָאוֹת)	7	army
צֶבַע ז׳ (צְבָעִים)	5	color
צָג ז׳ (צָגִים)	14	computer screen, monitor
צַד ז׳ (צְדָדִים)	8	side
צָהוֹב (ה) (ים) (וֹת)	7	yellow
צָהֳרַיִים	2	afternoon
צַוָּואר ז׳	4	neck
צוֹבֵעַ- לִצְבּוֹעַ	7	paint
צוֹדֵק – לִצְדּוֹק	11	is right, justified
צוֹחֵק – לִצְחוֹק	8	laugh
צוֹלֵל – לִצְלוֹל	15	dive
צוֹלְלָן ז׳ (צוֹלְלָנִים)	15	diver
צוֹעֵק – לִצְעוֹק	15	yell
צוֹפֶה – לִצְפּוֹת	15	view, watch
צִיבּוּר ז׳	14	public
צִיּוֹנִי ז׳ (ת) (ים) (וֹת)	8	Zionist
צִיּוּר ז׳ (צִיּוּרִים)	8	drawing
צַיָּיר ז׳ (צַיָּירִים)	10	painter
צִילּוּם ז׳ (צִילּוּמִים)	14	photography, photocopy
צִ׳יפְּס ז׳	6	chips (potato)
צִיר ז׳ (ים) (בַּקוֹנְגְּרֶס)	8	delegate (at a congress)
צִירִיךְ נ׳	11	Zurich
צָלוּל (ה) (ים) (וֹת)	15	clear
צַלָּם ז׳ (צַלָּמִים)	14	camera man, photographer
צָם – לָצוּם	13	fast (a day of fasting)
צָעִיר (ה) (ים) (וֹת)	2, 10	young
צָפוֹן ז׳	7	north
צָפוּף (ה) (ים) (וֹת)	10	crowded
צְפִיָּיה נ׳	15	viewing
צְפַרְדֵּעַ ז׳ (צְפַרְדֵּעִים)	6	frog

צְפַת נ׳	3	Safed
צַר (ה) (ים) (וֹת)	11	narrow, tight
צָרָה נ׳ (צָרוֹת)	15	misfortune, anguish
צָרִיךְ – צְרִיכָה	2	need, has to
צָרְפַת נ׳	1	France
צָרְפָתִי ז׳ (צָרְפָתִים)	6	French
צָרְפָתִית נ׳	1	French (language)
קָבוּעַ (ה) (ים) (וֹת)	6	permanent
קֶבֶר ז׳ (קְבָרִים)	9	grave
קָהִיר נ׳	11	Cairo
קָהָל ז׳	10	public, congregation
קַו ז׳ (קַוִּים)	7	line
קוֹבֵעַ – לִקְבּוֹעַ	7	determine, set up
קוֹדֶם	8	first
קוֹלְנוֹעַ ז׳ (בָּתֵּי קוֹלְנוֹעַ)	2	movie theater
קוֹמָה נ׳ (קוֹמוֹת)	8	storey (of a building)
קוֹנְבֶנְצְיוֹנָאלִי (ת) (ים)	14	conventional
קוֹנְגְרֶס ז׳	8	congress
קוֹנֶה ז׳ (קוֹנִים)	6	buyer
קוֹנֶה- לִקְנוֹת	3	buy, purchase
קוֹנְצֶרְט ז׳ (קוֹנְצֶרְטִים)	1	concert
קוּפָּה נ׳ (קוּפּוֹת)	8	cash desk
קוֹפֶּנְהָאגֶן נ׳	11	Copenhagen
קוּפְסָה נ׳ (קוּפְסוֹת)	7	box
קוֹפֵץ – לִקְפּוֹץ	7	jump
קוּפַּת חוֹלִים נ׳	3	public health clinic
קוֹרֵא- לִקְרוֹא	9	read, call
קוֹרֶה- לִקְרוֹת	7,9	happen
קוֹרוֹת חַיִּים ז״ר	9	curriculum vitae
קוּרְס ז׳ (קוּרְסִים)	7	course
קוּרְס מַזְכִּירוּת ז׳	9	secretarial course
קוֹשִׁי ז׳ (קְשָׁיִים)	9	difficulty
קָטָן (ה) (ים) (וֹת)	1	small, little
קִיבּוּץ ז׳ (קִיבּוּצִים)	9	kibbutz
קִיבּוּץ דְּגַנְיָה נ׳	9	kibbutz Degania
קִידוֹמֶת נ׳	9	telephone area code
קִילוֹמֶטֶר ז׳ (קִילוֹמֶטְרִים)	7	kilometer
קַיִץ ז׳	6	summer
קִיר ז׳ (קִירוֹת)	7	wall
קַל (ה) (ים) (וֹת)	7	easy, light
קַלֶּטֶת נ׳ (קַלָּטוֹת)	7	cassette
קְלִיטָה נ׳	12	absorption
קָם- לָקוּם	2	rise, get up
קָן ז׳ (קָנִים)	8	candlestick branch
קִנְאָה נ׳	15	jealousy, envy
קָנַדָה נ׳	6	Canada
קָנִיבָּלִים ז״ר	6	cannibals
קַנְיוֹן ז׳ (קַנְיוֹנִים)	4	shopping center

קְנִיָּיה נ׳ (קְנִיּוֹת)	10	buying, purchase
קָפֶה ז׳	1	coffee
קָפֵיטֶרְיָה נ׳ (קָפֵיטֶרְיוֹת)	1	cafeteria
קָצָר (ה) (ים) (וֹת)	7	short
קְצָת	7	a little, a bit
קַר (ה) (ים) (וֹת)	7	cold
קָרוֹב ל...	4	close to…
קָרוֹב (ה) (ים) (וֹת)	8	close, next, near
קְרוֹבֵי מִשְׁפָּחָה ז״ר	2	family relatives
קָרִיר	11	cool
קָשֶׁה	7	difficult, hard
קָשׁוּר (ה) (ים) (וֹת)	9	connected to
קֶשֶׁר ז׳ (קְשָׁרִים)	7	contact
רֹאשׁ ז׳	4	head
רֹאשׁ הַמֶּמְשָׁלָה ז׳	3	prime minister
רֹאשׁ הַשָּׁנָה ז׳	13	New Year
רֹאשׁ הַשָּׁנָה לָאִילָנוֹת ז׳	13	New Year of Trees
רִאשׁוֹן (ה) (ים) (וֹת)	7	first
רָאשֵׁי תֵּיבוֹת ז׳	14	initials
רָב	8	much
רַב ז׳ (רַבָּנִים)	11	rabbi
רָב- לָרִיב	4	quarrel, fight
רַבִּים (רַבּוֹת)	12	many
רֶבַע ז׳	4	quarter
רָגוּעַ (ה) (ים) (וֹת)	15	relaxed, calm
רָגִיל (ה) (ים) (וֹת)	14	regular
רָגִישׁ (ה) (ים) (וֹת)	15	sensitive
רֶגֶל נ׳ (רַגְלַיִים)	4	leg
רֶגַע ז׳ (רְגָעִים)	3	a moment, just a moment
רַדְיוֹ ז׳	1	radio
רָהִיטִים ז״ר	2	furniture
רוֹאֶה- לִרְאוֹת	2	see, watch
רוּבִּין, רְאוּבֵן	10	Rubin, Reuven
רוּחַ נ׳ (רוּחוֹת)	11	wind, windy
רוֹחַב ז׳	8	length
רוֹמָא ז׳	11	Rome
רוֹמָאִים ז״ר	10	Romans
רוֹמָן ז׳	14	romance
רוֹמַנְטִי (ת) (ים) (וֹת)	13	romantic
רוֹמַנְיָה	10	Romania
רוּסְיָה נ׳	1	Russia
רוּסִית נ׳	1	Russian (language)
רוֹפֵא ז׳ (ה) (ים) (וֹת)	1	doctor, physician
רוֹצֶה- לִרְצוֹת	1	want
רוֹקֵד- לִרְקוֹד	3	dance
רוֹשֵׁם – לִרְשׁוֹם	304	list, write down
רָזֶה, רָזָה (ים) (וֹת)	6	thin
רְחוֹב ז׳ (רְחוֹבוֹת)	1	street

רָחוֹק (ה) (ים) (וֹת)	8	far
רָחוֹק מ...	11	far from…
רָחֵל (הַמְשׁוֹרֶרֶת)	9	Rachel (the poet)
רֵאָיוֹן ז׳ (רֵאָיוֹנוֹת)	5	interview
רִיבִּית נ׳ (רִיבִּיוֹת)		interest (bank)
רַכֶּבֶת נ׳ (רַכָּבוֹת)	9	train
רַמְזוֹר ז׳ (רַמְזוֹרִים)	4	traffic light
רָמַת הַגּוֹלָן נ׳	8	Golan Heights
רַע (ה) (ים) (וֹת)	3	bad
רָעֵב (ה) (ים) (וֹת)	12	hungry
רַעְיוֹן ז׳ (רַעְיוֹנוֹת)	8	idea
רַעַם ז׳ (רְעָמִים)	11	thunder
רַעֲנָנָה נ׳	8	Ra'anana
רְפוּאִי (ת) (ים) (וֹת)	14	medical
רָץ- לָרוּץ	4	run
רָצוֹן ז׳ (רְצוֹנוֹת)	15	will
רִצְפָּה נ׳ (רְצָפוֹת)	10	floor
רַק	3	only
רִשְׁיוֹן ז׳ (רִשְׁיוֹנוֹת)	10	license
רִשְׁיוֹן נְהִיגָה ז׳	10	driving license
רִשְׁיוֹן רֶכֶב ז׳	11	vehicle permit
רִשְׁמִי (ת) (ים) (וֹת)	9	official

שְׁאֵלָה נ׳ (שְׁאֵלוֹת)	6	question
שְׁאֵלוֹן ז׳ (שְׁאֵלוֹנִים)	3	questionnaire
שָׁבוּעַ ז׳ (שָׁבוּעוֹת)	2	week
שָׁבוּעַ שֶׁעָבַר	6	last week
שְׁבוּעַיִים	7	two weeks
שָׁבוּר (ה) (ים) (וֹת)	315	broken
שְׁבָט	13	Shvat (Heb. month)
שְׁבִיתָה נ׳ (שְׁבִיתוֹת)	14	strike (labor)
שַׁבָּת נ׳ (שַׁבָּתוֹת)	6	Shabbat
שָׁגָאל	8	Chagall
שְׂדֵה (וֹת) תְּעוּפָה ז׳	2	airport
שׁוֹאֵל – לִשְׁאוֹל	2	ask
שׁוּב	12	again
שׁוֹבֵר – לִשְׁבּוֹר	11	break
שׁוֹבֵת – לִשְׁבּוֹת	13	strike (in a labor dispute)
שׂוֹחֶה – לִשְׂחוֹת	10	swim
שׁוֹטֵר ז׳ (שׁוֹטְרִים)	7	policeman
שׁוֹכֵב – לִשְׁכַּב	10	lie down
שׁוֹכֵחַ – לִשְׁכּוֹחַ	8	forget
שׂוֹכֵר – לִשְׂכּוֹר	7	rent
שׁוֹלֵחַ ז׳ (שׁוֹלְחִים)	9	sender
שׁוֹלֵחַ- לִשְׁלוֹחַ	3	send
שׁוּלְחָן ז׳ (שׁוּלְחָנוֹת)	1	table
שׁוּלְחַן אוֹכֶל ז׳	11	dining table
שׁוּלְחַן כְּתִיבָה ז׳	11	desk
שׁוּם דָּבָר	10	nothing

שׁוֹמֵעַ- לִשְׁמוֹעַ	3	hear
שׁוֹמֵר – לִשְׁמוֹר	11	keep, watch over
שׂוֹנֵא – לִשְׂנוֹא	15	hate
שׁוֹנֶה מ...	15	different from…
שׁוֹנִי ז׳	10	difference
שׁוֹעֵר ז׳ (שׁוֹעֲרִים)	11	gatekeeper
שׁוֹפֶּן	11	Chopin
שׁוּק ז׳ (שְׁוָוקִים)	4	market
שׁוֹק נ׳	4	leg (below the knee)
שׁוֹקוֹלָד ז׳	7	chocolate
שׁוֹקֵל – לִשְׁקוֹל	8	weigh
שׁוֹקֵעַ – לִשְׁקוֹעַ	14	sink
שׁוּרָה נ׳ (שׁוּרוֹת)	2	row
שׁוֹתֶה- לִשְׁתּוֹת	2	drink
שׁוּתָּף ז׳ (שׁוּתָּפִים)	14	partner, roommate
שׁוֹתֵק – לִשְׁתּוֹק	15	is silent
שָׁחוֹר (ה) (ים) (וֹת)	7	black
שַׁחֶפֶת נ׳	9	tuberculosis
שַׂחְקָן ז׳ (שַׂחְקָנִים)	14	actor, player
שָׁט – לָשׁוּט	15	sail
שְׁטוֹקְהוֹלְם נ׳	11	Stockholm
שֶׁטַח ז׳ (שְׁטָחִים)	8	surface area, territory
שָׁטִיחַ ז׳ (שְׁטִיחִים)	7	carpet, rug
שִׁגָּעוֹן ז׳ (שִׁגְעוֹנוֹת)	9	madness
שִׂיחָה נ׳ (שִׂיחוֹת)	5	conversation
שִׂיחוֹת הַשָּׁלוֹם נ״ר	13	peace talks
שַׁיִט ז׳	15	sailing
שִׁיעוּר ז׳ (שִׁיעוּרִים)	6	lesson
שִׁיעוּרֵי בַּיִת ז״ר	2	homework
שֵׂיעָר ז׳	4	hair
שֵׁירוּתִים ז״ר	10	washroom
שְׁכוּנָה נ׳ (שְׁכוּנוֹת)	9	neighborhood
שָׂכוּר (ה) (ים) (וֹת)	6	rented
שָׁכֵן ז׳ (שְׁכֵנִים)	7	neighbor
שֶׁל	2	of
שָׁלָב ז׳ (שְׁלַבִּים)	14	phase, stage
שֶׁלֶג ז׳ (שְׁלָגִים)	7	snow
שַׁלְוָוה נ׳	13	tranquility, calm
שָׁלוֹם ז׳	1	hello, goodbye, peace
שֶׁלֶט ז׳ (שְׁלָטִים)	13	sign
שְׁלִישִׁי (שְׁלִישִׁית)	8	third
שָׁלֵם ז׳ (ה) (ים) (וֹת)	4	full, whole, complete
שְׁלֹמֹה הַמֶּלֶךְ	10	King Solomon
שִׁלְשׁוֹם	6	the day before yesterday
שָׁם	1	there
שֵׁם ז׳ (שֵׁמוֹת)	7	name
שָׂם- לָשִׂים	6	put
שֵׁם מִשְׁפָּחָה ז׳	9	surname

English	#	עברית
first name	9	שֵׁם פְּרָטִי ז׳
to the left	4	שְׂמֹאלָה (לִשְׂמֹאל)
reserved	6	שָׁמוּר (ה) (ים) (ות)
reserve	15	שְׁמוּרָה נ׳ (שְׁמוּרוֹת)
nature reserve	15	שְׁמוּרַת טֶבַע נ׳
be glad, be happy	7	שָׂמַח- לִשְׂמֹחַ
happiness, joy	3	שִׂמְחָה נ׳ (שְׂמָחוֹת)
joy of life	9	שִׂמְחַת חַיִּים נ׳
Simkhat Torah	13	שִׂמְחַת תּוֹרָה נ׳
sky	7	שָׁמַיִם ז״ר
dress	2	שִׂמְלָה נ׳ (שְׂמָלוֹת)
fat	10	שָׁמֵן (ה) (ים) (ות)
sun	7	שֶׁמֶשׁ נ׳
tooth	4	שֵׁן נ׳ (שִׁינַיִים)
year	2	שָׁנָה נ׳ (שָׁנִים)
last year	6	שָׁנָה שֶׁעָבְרָה
second	8	שֵׁנִי (שְׁנִיָּיה)
schnitzel	5	שְׁנִיצֵל ז׳ (שְׁנִיצְלִים)
year of birth	9	שְׁנַת לֵידָה נ׳
year of immigration	8	שְׁנַת עֲלִיָּיה נ׳
hour	2	שָׁעָה נ׳ (שָׁעוֹת)
watch, clock	2	שָׁעוֹן ז׳ (שְׁעוֹנִים)
reception hours	10	שְׁעוֹת בִּיקּוּר נ״ר
rabbit	8	שָׁפָן ז׳ (שְׁפָנִים)
be quiet !!	10	שֶׁקֶט !!
quiet	10	שָׁקֵט (ה) (ים) (ות)
shekel (NIS)	2	שֶׁקֶל ז׳ (שְׁקָלִים) ₪
(cabinet) minister	2	שַׂר ז׳ (שָׂרִים)
Minister of Finance	312	שַׂר הָאוֹצָר ז׳
Minister of Defense	7	שַׂר הַבִּיטָחוֹן ז׳
Foreign Minister	314	שַׂר הַחוּץ ז׳
(cabinet) minister	2	שַׂר ז׳ (שָׂרִים)
sing	3	שָׁר- לָשִׁיר
alcoholic	14	שַׁתְיָין ז׳ (שַׁתְיָינִים)

תְּאוֹמִים ז״ר

English	#	עברית
twins	15	תְּאוֹמִים ז״ר
accident	306	תְּאוּנָה נ׳ (תְּאוּנוֹת)
road accident	306	תְּאוּנַת דְּרָכִים נ׳
theater	6	תֵּאַטְרוֹן ז׳
date	6	תַּאֲרִיךְ ז׳ (תַּאֲרִיכִים)
date of birth	9	תַּאֲרִיךְ לֵידָה ז׳
date of immigration	9	תַּאֲרִיךְ עֲלִיָּיה ז׳
process	4	תַּהֲלִיךְ ז׳ (תַּהֲלִיכִים)
degree (academic)	9	תּוֹאַר ז׳ (תְּאָרִים)
B.A.	9	תּוֹאַר רִאשׁוֹן ז׳
M.A.	9	תּוֹאַר שֵׁנִי ז׳
thank you (very much)	3	תּוֹדָה (רַבָּה)
hang	306	תּוֹלֶה – לִתְלוֹת
catch	304	תּוֹפֵס – לִתְפּוֹס
result	11	תּוֹצָאָה נ׳ (תּוֹצָאוֹת)
aggressiveness	15	תּוֹקְפָנוּת נ׳

English	#	עברית
turn, appointment	5	תּוֹר ז׳ (תּוֹרִים)
doctor's appointment	7	תּוֹר לְרוֹפֵא ז׳
Torah	4	תּוֹרָה נ׳
resident, inhabitant	8	תּוֹשָׁב ז׳ (תּוֹשָׁבִים)
canon	15	תּוֹתָח ז׳ (תּוֹתָחִים)
orchestra	8	תִּזְמוֹרֶת נ׳ (תִּזְמוֹרוֹת)
stop, station	3	תַּחֲנָה נ׳ (תַּחֲנוֹת)
bus stop	8	תַּחֲנַת אוֹטוֹבּוּס נ׳
railway station	3	תַּחֲנַת הָרַכֶּבֶת נ׳
central bus station	8	תַּחֲנָה מֶרְכָּזִית נ׳
the new central bus station	2	תַּחֲנָה מֶרְכָּזִית חֲדָשָׁה נ׳
appetite	7	תֵּיאָבוֹן ז׳
theory	9	תֵּאוֹרִיָּה נ׳ (תֵּאוֹרִיּוֹת)
tourist (m)	1	תַּייָר ז׳ (תַּייָרִים)
tourist (f)	1	תַּייֶרֶת נ׳ (תַּייָרוֹת)
baby (m)	7	תִּינוֹק ז׳ (תִּינוֹקוֹת)
baby (f)	7	תִּינוֹקֶת נ׳ (תִּינוֹקוֹת)
purse, hand bag, file	3	תִּיק ז׳ (תִּיקִים)
repair, correction	8	תִּיקּוּן ז׳ (תִּיקּוּנִים)
program, plan	7	תָּכְנִית נ׳ (תָּכְנִיּוֹת)
jewelry	13	תַּכְשִׁיט ז׳ (תַּכְשִׁיטִים)
Tel Aviv	1	תֵּל אָבִיב נ׳
complaint	12	תְּלוּנָה נ׳ (תְּלוּנוֹת)
pupil (m/f)	1	תַּלְמִיד ז׳ (תַּלְמִידִים)
pupil (f/s)	1	תַּלְמִידָה נ׳ (תַּלְמִידוֹת)
Tammuz (Heb. month)	13	תַּמּוּז
picture	1	תְּמוּנָה נ׳ (תְּמוּנוֹת)
always	6	תָּמִיד
Bible	9	תַּנַ״ךְ ז׳
condition	7	תְּנַאי ז׳ (תְּנָאִים)
work conditions	12	תְּנָאֵי עֲבוֹדָה ז״ר
oven	14	תַּנּוּר ז׳ (תַּנּוּרִים)
script writer	14	תַּסְרִיטַאי ז׳ (תַּסְרִיטָאִים)
diploma, certificate	9	תְּעוּדָה נ׳ (תְּעוּדוֹת)
identity card	2	תְּעוּדַת זֶהוּת נ׳
exhibition	10	תַּעֲרוּכָה נ׳ (תַּעֲרוּכוֹת)
orange (fruit)	7	תַּפּוּז ז׳ (תַּפּוּזִים)
occupied	6	תָּפוּס (ה) (ים) (ות)
prayer	9	תְּפִילָה נ׳ (תְּפִילוֹת)
menu	5	תַּפְרִיט ז׳ (תַּפְרִיטִים)
hope	8	תִּקְוָוה נ׳ (תִּקְווֹת)
budget	14	תַּקְצִיב ז׳ (תַּקְצִיבִים)
culture	12	תַּרְבּוּת נ׳ (תַּרְבּוּיּוֹת)
medicine	5	תְּרוּפָה נ׳ (תְּרוּפוֹת)
answer	9	תְּשׁוּבָה נ׳ (תְּשׁוּבוֹת)
*Day of Mourning	13	תִּשְׁעָה בְּאָב
tip (in a restaurant)	11	תֶּשֶׁר ז׳
Tishri (Heb. month)	13	תִּשְׁרִי
undersea	15	תַּת-יַמִּי (ת)

* Ninth day in the month of Av

The Verb	**הפועל**

Conjugation of Prepositions	**מילות יחס בנטייה**

תחביר (מבנה המשפט) Syntax (sentence structure)

השמות The Nouns

* * *

First Printed: 2004

Writing and Linguistic Editing: Meira Ma'adia

Illustrations: Dana Lior

English Translations: Dr. Joe Schwarz

Consultancy and Editing: Hadar Krupnik, Kenny Krupnik

Printed in Israel - 2009

Published in Israel - 2009

By Meira Ma'adia

Meira Ma'adia

P.O.Box 7533, Ramat- Gan 52175, ISRAEL

12/3 Rimalt st. Ramat- Gan, 52281

Tel: +972-3-5740833

Cell: +972-50-5706941

Fax: +972-3-6741276

E-mail: contact@succeedinhebrew.com

Web: www.succeedinhebrew.com

ISBN: 978-965-7493-02-1

TO SUCCEED IN HEBREW

ALEPH *For beginners*

Accompanied by English Translations

NEW EDITION

Meira Ma'adia

P.O.Box 7533, Ramat-Gan 52175, ISRAEL

12/3 Rimalt st., Ramat Gan, 52281

Tel: +972-3-5740833

Cell: +972-50-5706941

Fax: +972-3-6741276

E-mail: contact@succeedinhebrew.com

Web: www.succeedinhebrew.com

סדרה של אחד עשר ספרים ללימוד השפה העברית

המחברת היא מאירה מעדיה, בעלת תואר שני בלשון עברית וביהדות ובעלת ניסיון רב בהוראת העברית במוסדות חינוך שונים בארץ ובחו"ל. תעודות הוקרה על כתיבת הספרים הוענקו למחברת ע"י משרד החינוך - האגף לחינוך מבוגרים.

"להצליח בעברית א' - למתחילים" + 2 תקליטורים

הספר מציג שיטה חדשנית ומעניינת ללימוד עברית למתחילים. הספר כולל טקסטים, שיחות, מבעי לשון, פעולות דיבור וחומר אותנטי מחיי היום-יום.

"להצליח בעברית א' - למתחילים" - בליווי תרגום לאנגלית +2 תקליטורים

מהדורה זו כוללת הוראות, הסברים, אוצר מילים, מבנים לשוניים ומבעים המתורגמים לאנגלית. מילון עברי-אנגלי מופיע בסוף כל שיעור ובסוף הספר.

בליווי תרגום לאנגלית

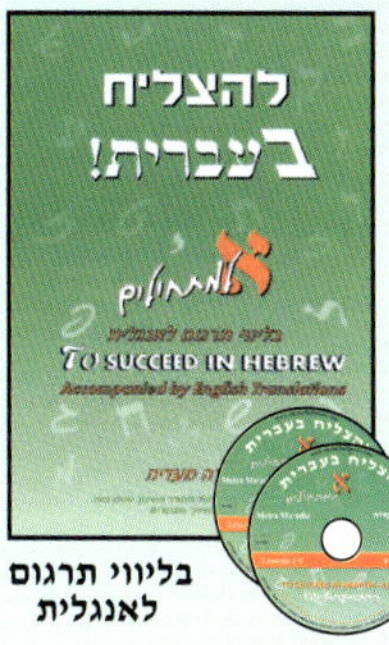

"להצליח בעברית ב' - למתקדמים"

הספר כולל טקסטים מעניינים הלקוחים מתחום הספרות, המדע, הציונות, היהדות ועוד. כמו-כן, הספר כולל תרגילים בכתיב, בפועל, בתחביר ועוד.

"להצליח בעברית ג' - למתקדמים"

הספר כולל טקסטים מעניינים ברמה גבוהה. הטקסטים לקוחים מתחומים שונים: ציונות, יהדות, ספרות, תקשורת, פסיכולוגיה ועוד. הטקסטים מלווים בתרגילים בהבנת הנקרא, סוגיות תחביריות, סלנג ועוד.

"להצליח בהבעה, בלשון ובכתיבה"!

הספר משפר את העברית בשלושה תחומים:

הבעה בעל פה - שימוש בפעולות דיבור.

תרגילי לשון - תרגילים בפועל ובתחביר.

הבעה בכתב - כתיבת פתקים, מכתבים ועוד.

"להצליח בפועל ובתחביר"

הספר כולל את כל נטיות הפועל בבניינים השונים בכל הגזרות. כמו-כן הספר כולל תרגילי תחביר (מבנה המשפט).

"להצליח בכתיב"!

כללים ותרגילים

בספר שיטה חדשנית ומקורית ללימוד כתיב נכון. הספר כולל תרגילים רבים ופעילויות משעשעות. הוא מיועד ללומדי עברית מתקדמים.

"להצליח בעברית – חגים ומועדים"

ספר ללימוד מורשת ישראל תוך העמקת השליטה בשפה העברית. הספר עוסק בחגי ישראל, במועדי ישראל ובימי הזיכרון על פי מיקומם בלוח השנה העברי. הספר מיועד ללומדי עברית מתקדמים.

"להצליח בעברית קלה א"

"להצליח בעברית קלה ב"

"להצליח בעברית קלה ג"

שלושה ספרים ללימוד עברית קלה למתחילים ולמתקדמים. הספרים כוללים קטעי קריאה מעניינים, תרגילי לשון, שירים, דיאלוגים ועוד.הספרים מיועדים לילדים ולמבוגרים.

בליווי הוראות באנגלית

מאירה מעדיה
ת"ד 7533, רמת גן 52175, ישראל
טל: 03-5740833
נייד: 050-5706941
פקס: 03-6741276

Meira Ma'adia
P.O.B 7533, Ramat-Gan 52175 , Israel
Tel: +972-3-5740833
Cell: +972-50-5706941
Fax: +972-3-674-1276

E-mail: contact@succeedinhebrew.com
Web: www.succeedinhebrew.com

A Series of Eleven Hebrew Language Textbooks by Meira Ma'adia

The author is Meira Ma'adia, an M.A graduate in Hebrew Language and Judaic Studies and widely experienced in Hebrew language instruction.

TO SUCCEED IN HEBREW ! "Aleph" – BEGINNERS LEVEL +2xCDs

This textbook represents a modern and exciting approach in studying Hebrew for beginners. It includes interesting and relevant reading passages, dialogs, expressions and authentic materials from everyday life.

TO SUCCEED IN HEBREW ! "Aleph" – BEGINNERS LEVEL
Accompanied by English Translations +2xCDs

An additional edition of the "SUCCEED IN HEBREW ! "Aleph". All instructions and vocabulary lists are translated to English. A Hebrew-English dictionary appears at the end of the book and in each chapter.

Accompanied by English Translations

TO SUCCEED IN HEBREW ! "Bet" – ADVANCED LEVEL

This textbook has higher level reading passages from the fields of literature, Zionism, Judaism, etc. The book also includes spelling exercises and verb drills.

TO SUCCEED IN HEBREW ! "Gimmel" – ADVANCED LEVEL

This textbook challenges the learner with interesting, advanced-level reading passages from various fields: Zionism, Judaism, literature, communications, psychology, etc. The passages are accompanied by reading comprehension exercises, advanced syntax and colloquial expressions.

TO SUCCEED IN HEBREW EXPRESSION, GRAMMAR AND COMPOSITION !

This book focuses on 3 areas:
Oral Expression – speech functions and expressions.
Language Practice – verbs, syntax and other aspects of Hebrew.
Written Expressions – correct and effective writing of notes, letters, etc.

TO SUCCEED IN HEBREW! VERBS AND SYNTAX

This book contains all of the conjugations of the various verb structures according to all of their forms as well as a series of advanced exercises in Hebrew syntax (sentence structure).

TO SUCCEED IN SPELLING HEBREW !

A modern, innovative and original apporoach toward learning how to write Hebrew correctly: spelling rules, etc. This book provides challenging activities intended for the advanced level learner of Hebrew.

TO SUCCEED IN HEBREW HOLIDAYS AND SPECIAL EVENTS

This book focuses on learning the Jewish heritage while deepening the mastery of the Hebrew language. The book deals with the Jewish holidays, special Israeli events and memorial days according to their appearance in the Jewish calendar.
The book is intended for advanced level learners.

TO SUCCEED IN BASIC HEBREW ! "Aleph"
TO SUCCEED IN BASIC HEBREW ! "Bet",
TO SUCCEED IN BASIC HEBREW ! "Gimmel"

Three books intended for beginners and advanced level learners, for acquiring the basics of the Hebrew language. The books include interesting reading passages, grammatical exercises, songs, dialogs and more. The books are suitable for children and adults

Accompanied by English Instructions

Meira Ma'adia
P.O.B 7533
Ramat-Gan 52175
Israel

E-mail: contact@succeedinhebrew.com
Web: www.succeedinhebrew.com

Tel: +972-3-5740833
Cell: +972-50-5706941
Fax: +972-3-674-1276